古典文獻研究輯刊

二三編

潘美月・杜潔祥 主編

第 10 冊

《孔叢子》研究

傅 亞 庶 著

國家圖書館出版品預行編目資料

《孔叢子》研究／傅亞庶 著 — 初版 — 新北市：花木蘭文化出
版社，2016〔民105〕
目 4+266 面；19×26 公分
（古典文獻研究輯刊 二三編；第 10 冊）
ISBN 978-986-404-849-6（精裝）
1. 孔叢子 2. 研究考訂
011.08   105015205

ISBN-978-986-404-849-6

9 789864 048496

古典文獻研究輯刊
二三編 第 十 冊   ISBN：978-986-404-849-6

《孔叢子》研究

作　　者　傅亞庶
主　　編　潘美月　杜潔祥
總 編 輯　杜潔祥
副總編輯　楊嘉樂
編　　輯　許郁翎、王筑　美術編輯　陳逸婷
企劃出版　北京大學文化資源研究中心
出　　版　花木蘭文化出版社
社　　長　高小娟
聯絡地址　235 新北市中和區中安街七二號十三樓
　　　　　電話：02-2923-1455／傳真：02-2923-1452
網　　址　http://www.huamulan.tw 信箱 hml810518@gmail.com
印　　刷　普羅文化出版廣告事業
初　　版　2016 年 9 月
全書字數　229747 字
定　　價　二三編 21 冊（精裝）新台幣 40,000 元　　版權所有·請勿翻印

《孔叢子》研究

傅亞庶 著

作者簡介

傅亞庶，1954 年生，黑龍江拜泉人。初中畢業到農村插隊三年，1973 年應徵入伍。1978 年考入東北師範大學中文系，1986 年畢業於東北師範大學中國古典文獻學專業，獲碩士學位。現爲東北師範大學文學院教授、博士生導師。求學上師從著名文史學家何善周教授，爲聞一多先生的學術再傳。多年從事於中國古代諸子文獻與上古文化的研討，代表性的成果：《劉子校釋》（新編諸子集成），中華書局，1998 年（後入選 2013 年國家新聞出版廣播電影電視總局、全國古籍整理出版規劃小組組織的「首屆向全國推薦建國以來的優秀古籍整理圖書」）。《孔叢子校釋》（新編諸子集成續編），中華書局，2011 年。《中國上古祭祀文化》第二版（初版遴選爲 2003 年教育部推薦全國研究生教學用書），高等教育出版社，2005 年。曾主持完成多項教育部人文社會科學規劃項目立項課題，發表學術論文幾十篇。

提　　要

　　《孔叢子》是繼《論語》之後漢代儒學的一部重要文獻，由孔門後人相繼編撰而成。該書自宋代以來開始被懷疑爲僞書，因此其價值長期以來得不到學界重視。本書是進行專書文獻研究的著作，內容涉及到《孔叢子》的性質、《孔叢子》所載孔門家學考述、歷代《孔叢子》注解、清儒《小爾雅》研究、《孔叢子》版本源流考證等幾個方面。筆者從《孔叢子》的辨僞入手，繼而對書中所載孔子及其孔門後代的言行、《孔叢子》宋代以來的重要注釋、清儒《小爾雅》研究、《孔叢子》文獻傳承等作了系統的論述。關於《孔叢子》辨僞的研究，按相關文獻記載及古人成說的立論角度、立論根據、考證方法、古人撰述習慣、文獻流傳特點等方面展開，辯證出相對合理的結論。全書整體以微觀研究爲主，對孔子、子思、子高、子順言行採取靜態考述，《孔叢子》歷代注釋、《小爾雅》研究、《孔叢子》版本等採取動態梳理的方法，在窮盡第一手材料的基礎上進行闡釋與分析，力爭反映出歷史上《孔叢子》研究的發展變化過程，具有較高的學術價值。

教育部 2012 年人文社會科學研究規劃一般項目

目次

前　言

　　《孔叢子》是記敘孔子及後世子孫某些言論、事跡的一部古書，該書歷史上最早出現在魏晉時期的《帝王世紀》中，後來裴駰《史記・貨殖列傳》集解、劉孝標《世說新語・文學》注、酈道元《水經・泗水注》等都有過引述。見於書目文獻著錄最早的是《隋書・經籍志》，謂《孔叢子》為西漢時期孔子後人孔鮒所撰，但《孔叢子》卷七《連叢子》所記述的是孔鮒身後之事，為此自宋代開始，「孔鮒撰」之說遭到質疑。宋晁公武以為《孔叢子》即《漢志・孔甲盤盂書》而亡六篇，《連叢》即《漢志・孔臧書》，而其子孫或續之也，宋宋咸謂此書蓋孔氏子孫所集，宋洪邁以為《孔叢子》略無楚、漢間氣骨，宋朱熹懷疑《孔叢子》說話多類東漢人，其文氣軟弱，全不似西漢文字，明李濂推測或子豐、季彥輩集先世遺文而成之，《四庫全書提要》謂《孔叢子》與《偽孔傳》、偽《家語》並同，清顧實認為《孔叢子》、《孔子家語》二書並出王肅依託。在成書年代上，近現代學家在總括前人之說的基礎上，為《孔叢子》的成書年代大致定了一個下限時斷。日本漢學家冢田虎認為成書當在東漢延光之後，陳夢家通過分析《連叢子》，看出其中的《序書》部分與孔臧的時代有刺謬之處，懷疑《敘書》有被後人更改的可能。其考證《敘書》所述是東晉孔愉的事，由此帶出的結論是，《孔叢子》的最後成書，當在東晉義熙四年前後。後來黃懷信撰文，考證《孔叢子》二十三篇的最後編定，當在東漢桓、靈之際。綜合上述諸家所論，比較一致的看法是，孔鮒不是《孔叢子》的最後編定者，但陳夢家先生的考證給我們留下了繼續探討的空間。關於《孔叢子》的內容，出現的某些記言記事，有在人物關係、時間上出現互相矛盾的現象，這成為後人認為是偽書的主要根據。

宋、明以來，一些學家從敘事、考史的角度，考證出一些問題。宋人葉適從書中《嘉言》、《居衛》、《獨治》、《連叢子》四篇中看出一些問題，提出疑問。後來，葉大慶、高似孫、王謨、羅根澤、錢穆等均從考據學的角度，就事論事，證明《孔叢子》是僞書，因此長期以來，《孔叢子》一書的價值得不到肯定。

筆者認爲《孔叢子》是繼《論語》之後儒學的一部重要文獻，該書歷代流傳，經久不沒，實際是一部思想內容豐富，且具有較高史料價值的傳世文獻。在前人系統研究不足的情況下，本書從文獻學角度對《孔叢子》展開研究，涉及以下幾方面的內容。

第一，《孔叢子》的編撰與成書。針對前人諸多論證僞書的材料與結論，筆者認爲，歷史上一些關於史實記載互相矛盾的現象，許多是當代流行的說法，如《風俗通義・窮通篇》「孟軻受業子思」，《列女傳・母儀鄒孟母傳》「孟子師事子思」，《漢書・藝文志》注「孟子，子思弟子」，趙岐《孟子題辭》「（孟子）師事孔子之孫子思」等，後人以此事與史料不合，以爲古人誤記，謂當改作「受業子思之門人」。實際上「孟子受業子思」爲漢人流行之說，至於與今人所見史實是否相合，是另外的事。在古代圖書分類中列入「諸子」一類的文獻，其人物、記事中往往會出現這種現象。如果在微觀上統以有關人物、事件之「不合」來論其眞僞，恐怕諸子書中很難有哪一部典籍能僥倖逃脫「僞書」之究。就先秦諸子中《墨子》、《莊子》來看，其中有些內容顯係墨、莊後學所記，這與《孔叢子》中有些內容出自孔鮒身後之筆是相同的。對《孔叢子》來說，其所以然，除了該書摻雜進了成書之後被後人改寫的一些內容外，主要是應當與《孔叢子》這一類書的記言記事特點有關。《孔叢子》一書，基本上是以一些短篇故事或某些話題組合來論道說理，這種撰寫體例，實爲漢代及後期流行的方式，與《說苑》、《新序》、《晏子春秋》、《風俗通義》等書有相似之處。書中爲講學說理而選用的材料，或根據前代典籍的記載，或根據社會上長時期人們口頭輾轉傳播，因此這些流傳中的內容，就容易發生分歧和增損。同樣的一件事，在不同地區、不同的時期，內容可能會出入很大，同一個人在不同的文獻記載中，可能會生活在不同的年代。這些就是子書一類文獻的形成過程，並且這些文獻的產生，主要是爲說理、立論而撰寫，他們所能掌握的材料，一部分來源於家學，一部分來源於傳聞中的「異辭」，所據材料只要符合說理標準即可，往往是借前人之語、前代之

事以申己意，並不會去刻意考核，實際上當時可能是根本無從考核某些材料的「真僞」，這些就是某些古書形成時期的學術氛圍。以這樣的標準核之《孔叢子》，其記言記事中的一些問題，當屬正常現象。站在這樣的角度認識問題，《孔叢子》的「僞書」說，就不攻自破了。

　　第二，《孔叢子》所載孔子言行考論。關於孔子言行，傳世文獻中較集中的見於《論語》、《孔子家語》以及《孔叢子》，秦漢及以後其它一些文獻，清代學者孫星衍等將其中有關於孔子言行的材料及後代流行的相關材料輯爲一書，謂之《孔子集語》。這些傳世文獻材料說明，秦漢時期，有一大批記載孔子言行的材料在社會上流傳，學者們著書時各取所需，形成了不同稱名的著作，近年來一些地下材料的相繼發現，則很好地說明了這些問題，如河北定縣八角廊40號漢墓出土的一批竹簡，其中有記載孔子言行的內容，竹簡整理後定名爲《儒家者言》，內容與《說苑》、《新序》相關，可以相互補充。就《孔叢子》來說，孫氏編訂《集語》，因《孔叢子》爲專書，且通行較廣而不收，近代學者受「僞書」之說所圍，於其中的材料不肯用之，故而在此以專章論述。《孔叢子》中記載的孔子言行，可歸納爲孔子言《詩》，孔子論《書》，孔子游學三部分。孔子言《詩》的內容，在《記義篇》，所論由《二南》至《小雅》，涉及到《柏舟》、《淇澳》、《考盤》、《木瓜》、《緇衣》、《雞鳴》、《伐檀》、《蟋蟀》、《下泉》、《七月》、《東山》、《狼跋》、《鹿鳴》、《彤弓》、《羔羊》（《無羊》）、《節南山》、《蓼莪》、《四月》（《楚茨》）、《裳裳者華》、《采菽》二十一篇。由於宋、明以來，《孔叢子》被懷疑爲僞書，後來幾成定論，所以《孔叢子》中孔子論《詩》的內容不被學界所重視。直到2001年，上海博物館所收購的戰國竹書首批資料公佈，竹書中一批簡文記載有孔子論《詩》的內容，可與《孔叢子》中的孔子《詩》論內容相比照，由此《孔叢子》的價值得到重新評估。孔子論《書》的內容，在記載形式上，包括弟子問《書》、諸侯問《書》、士大夫問《書》等，而孔子答弟子問的內容，也十分豐富，包括以《書》論道義、以《書》論禮、以《書》論廟制、以《書》論樂、以《書》論天命、以《書》論刑罰等。《孔叢子》所見關於孔子論《書》的內容共十九段文字，涉及到《尚書》中《堯典》、《大禹謨》、《皋陶謨》、《益稷》、《洛誥》、《禹貢》、《洪範》、《泰誓》、《甫刑》、《高宗肜日》、《康誥》、《無逸》、《舜典》等十三篇。孔子生前的一些言論，經弟子們廣爲傳播，見於當時文獻記載者有之，於民間口頭輾轉傳播後經文獻記載者有之，某些言論，本爲孔學

後人所言，於傳播中記爲孔子所言者亦當有之，這些論述，大量地見於《禮記》、《晏子春秋》、《尚書大傳》、《韓詩外傳》、《說苑》、《新序》、《鹽鐵論》、《風俗通義》、《白虎通》、《孔子家語》等各種典籍，也較集中地見於《孔叢子》。由此看來，這些論《書》的材料，明顯留有後人增補的痕跡，非一時一人所成，也是非常明顯的。

第三，作爲記載孔氏家學內容的專書，《孔叢子》中保留了孔子後代子孫子思、子高、子順、子魚等人的言行。子思的事跡，《雜訓篇》記載十事，《居衛篇》記載十事，《巡守篇》記載一事，《公儀篇》記載九事，《抗志篇》記載十九事，共五篇記載四十九事。子高的事跡，《公孫龍篇》記載四事，《儒服篇》記載七事，《對魏王篇》記載六事，共三篇記載十七事。子順的事跡，《陳士義篇》記載十一事，《論勢篇》記載八事，《執節篇》記載十四事，共三篇記載三十三事。子魚的事跡，《詰墨篇》記載十事，《獨治篇》記載六事，《問軍禮篇》記載三事，《答問篇》記載五事，共四篇記載二十四事。要之，子思、子高、子順、子魚之言行共一百二十三事。其記事記言的內容，有長有短，短的不足百字，長的如《巡守篇》，通篇記載子思在齊國答問陳莊伯關於遠古帝王巡守四境及祭禮之事，雖然只一事，內容卻相當豐富。這些記事記言，較集中反映了孔氏家族學脈的延綿不絕，也成爲研究孔門家學的重要內容。

第四，《孔叢子》注釋研究。在宋代以前，無人爲《孔叢子》作注解。北宋嘉祐三年，始有宋咸爲之校勘注釋，這是歷史上第一次，也是最爲完整的一次注釋。至南宋時期，由於有朱熹、葉適等人對《孔叢子》的性質、作者等提出質疑，明清時期更是被懷疑爲僞書，至而該書的價值得不到應有的肯定，導致宋咸《孔叢子注》的注釋文字在流傳中一再遭到刪削甚至完全刪除。在南宋流傳的巾箱本《孔叢子注》，其注釋文字已經被大幅度削減。明代翻刻的七卷本及三卷本《孔叢子》，已經看不到宋咸的注釋了，只有明人翻刻的七卷巾箱本尚保留有簡單的注釋文字。至清雍正年間，姜兆錫撰《孔叢子正義》五卷，這是歷史上爲《孔叢子》做的第二部注釋，可惜過於簡單，只是在某些章節間或闡釋一下義理性的內容。後道光年錢熙祚撰《孔叢子注校》七卷，是依據巾箱本的《孔叢子注》校勘《孔叢子》正文。《孔叢子》在傳播中也流於海外，乾隆年間日本漢學家冢田虎撰《冢注孔叢子》十卷。因姜兆錫撰《孔叢子正義》過於簡單，本章不將其作爲專門的研究內容。對

於其它三家，則詳細分析他們注釋中的校勘體例、注解體例、注解的長處與不足。

　　第五，《小爾雅》研究。在歷史上，一直是將《小爾雅》與《孔叢子》分別對待而進行研究的，學界一直認爲《孔叢子》是僞書，但《小爾雅》是經典的語言學著作。《小爾雅》最早見於《漢書·藝文志》，本爲單獨流傳，自宋代開始併入《孔叢子》，今最早見於北宋嘉祐八年刻宋咸《孔叢子注》第十一篇。至清代，研究《小爾雅》成爲熱點，代表作有莫栻《小爾雅廣注》、葛其仁《小爾雅疏證》、胡承珙《小爾雅義證》、王煦《小爾雅疏》、宋翔鳳《小爾雅訓纂》、朱駿聲《小爾雅約注》、胡世琦《小爾雅義證》以及阮元、戴震、洪亮吉、段玉裁、胡世琦等的來往書信，其所爭論的焦點問題與研究價值，集中體現在各自所載他人序文的評價與自序及其意見交流的書信上。筆者在本章研討了以下幾個問題：首先闡釋《小爾雅》與《孔叢子》的聯繫，其次考論清代諸家關於《小爾雅》的名物訓詁研究，再次是梳理清儒《小爾雅》名物訓詁之爭，最後討論了清儒治《小爾雅》的局限。

　　第六，考論《孔叢子》版本源流。通過書目文獻記載，結合學術界的考證及大量的內證材料，比照各個時期流傳的《孔叢子》不同刻本與鈔本，爲《孔叢子》在歷史上的流傳，畫出一個大致的軌跡。北宋時期，《孔叢子》已經有多種刻本流傳，嘉祐年間，宋咸彙集不同刻本「損益補竄」，爲之校勘注釋，於嘉祐三年完成。嘉祐八年，門人呂逢以其書付梓，故宋咸《孔叢子注》七卷始通行於世，史稱嘉祐本。南宋朱熹撰《儀禮經傳通解》及《續》引有宋咸《孔叢子注》，大部分爲《孔叢子·刑論篇》的文字，其中所見宋咸的注文，與嘉祐本比較，已有諸多不同，說明宋咸的注本，到了南宋時期，已被改動過，明代翻刻《孔叢子注》七卷刻本有《宛委別藏》收影鈔宋巾箱本與周叔弢藏明翻刻巾箱本，這兩種本子都是出自於宋刻巾箱本。明代還有無宋咸注文的七卷本，著錄爲明據宋本覆刻，爲杭州葉氏所藏，即《四部叢刊》所據影印本，該本後附宋人王蘭的跋文，說明王蘭曾爲之校訂。據此，宋刻本《孔叢子》存在三系：嘉祐本一系，巾箱本一系，王蘭校訂本一系，後來三系各有傳世之本。明清時期諸刻本，主要的有周子義《子彙》本、鍾惺評本、孔胤植重刻本、程榮本、馮夢禎本、崇禎十年本、《四庫全書》本、清刻何允中本、孔毓圻本、光緒元年《百子全書》本等，經考證：周子義《子彙》本出自宋嘉祐本，鍾惺評本、孔胤植重刻本出自明翻宋刻巾箱

本，程榮本、馮夢禎本、崇禎十年本出自鍾惺評本，孔毓圻本出自孔胤植本，清刻何允中本、光緒元年《百子全書》本出自崇禎十年本。民國時期有民國六年潮陽鄭氏刊《龍溪精舍叢書》本，是以程榮本爲底本校刻。又有民國二十六年上海商務印書館刊《叢書集成初編》本，乃影印周子義《子彙》本。關於《小爾雅》的單行本，有明代正德、嘉靖間刊顧元慶編《陽山顧氏文房小說》本。該本半頁十行，行十八字，雙行小注，題「明正德嘉靖間顧氏刻本」，卷尾題「夷白齋宋本重雕」。夷白齋是顧元慶藏書堂的堂號，是其以家藏宋本重雕。檢核清儒研究《小爾雅》所據諸本，文字雖各有異同，但與顧元慶本相同的概率較高，可以說顧元慶本是他們校刻與注解的主要參校本。

全書的研究，側重於從文獻學的角度展開，每一章節的內部，在資料上盡可能做到窮盡式地搜集，論證中也盡可能運用大量的資料來求證問題。如在分析《孔叢子》中孔子言行這部分內容時，將孔子的言與行相對分開。在「孔子言論考」部分，分爲第一，孔子言《詩》。第二，孔子論《書》的記載形式，這部分進一步分解爲 1、以弟子、諸侯、士大夫問《書》，孔子作答的形式出現。2、以孔子直接用「《書》曰」的方式闡釋《書》義。第三，孔子引《書》論政教，下面進一步分解爲 1、以《書》論道義。2、以《書》論廟制。3、以《書》論樂。4、以《書》論天命。第四，孔子引《書》論刑罰。第五，孔子論《書》與《尚書》篇章的流傳。第六，孔子論禮。第七，孔子論政。第八，孔子明志等部分。在分析《孔叢子》歷代注釋的內容時，在傳統的分類基礎上，儘量做到實事求是地重新分類闡釋、評析，在梳理「宋咸《孔叢子注》」這部分，除分析宋咸注的校勘體例，重點分析了其注釋體例。將體例分解爲：第一，解題，說明章旨。第二，注解詞語、術語、典故、史實。下面進一步分析，1、直接注解一般詞語。2、以「猶」、「猶言」、「若」、「謂」、「言」「之貌」等術語說明詞語較抽象的含義。3、簡單注解人物。4、注解人物，涵概人物生平、事跡、經歷。5、注解地理、地名。6、注解名物、典故。7、注解歷史故實。第三，標注讀音。第四，闡明典章制度。下面進一步分析，1、闡明禮制。2、闡明宗族。3、闡明祭禮。4、闡明喪禮。5、闡明軍禮。第五，闡發語句內涵，間申己意。下面進一步分析，1、闡發詞語意義內涵。2、、闡發語句意義內涵。3、直接闡發分句語義內涵。4、間接闡發分句語義內涵。第六，概括段落大意。第七，闡發歷史事件。

　　專書文獻研究是一項繁複而費盡心力的事情，直面大量的微觀問題，不容許有絲毫的疏忽與懈怠，儘管如此，還會有很多掛一漏萬的地方。筆者在此以這部《孔叢子研究》的書稿，求教於方家，希望得到教誼。

傅亞庶

2016 年孟夏之月

於東北師範大學文學院

第一章 《孔叢子》的編撰與成書

　　《孔叢子》是記敘孔子及後世子孫某些言論、事跡的一部古書，《漢書·藝文志》無著錄，其書的出現，最早見於兩晉時期。

　　《孔叢》所謂「憂思三年，追悔前愆，起而即政，謂之明王」者也。（《太平御覽》卷八三引《帝王世紀》，〔註1〕這段文字見於宋本《孔叢子·論書篇》，「即政」作「復位」）

　　《孔叢子》曰：「猗頓，魯之窮士也，耕則常饑，桑則常寒。聞朱公富，往而問術焉。朱公告之曰：『子欲速富，當畜五牸。』於是乃適西河，大畜牛羊於猗氏之南。十年之間，其息不可計，貲擬王公，馳名天下，以興富於猗氏，故曰猗頓。」（裴駰《史記·貨殖列傳集解》引。〔註2〕這段文字見於宋本《孔叢子·陳士義篇》）

　　《孔叢子》曰：「趙人公孫龍云：『白馬非馬。馬者所以命形，白者所以命色。夫命色者，非命形。故曰白馬非馬也。』」（劉孝標《世說新語·文學注》引。〔註3〕據文意，該文當為宋本《孔叢子·公孫龍篇》「或謂子高曰」下的佚文，這段文字又見於《公孫龍子·白馬論》）

　　《孔叢子》曰：「夫子塋方一里，在魯城北六里泗水上，諸孔氏封五十餘所，人名昭穆，不可復識。有銘碑三所，獸碣具存。」（酈

〔註1〕　李昉：《太平御覽》，中華書局，1992年。
〔註2〕　司馬遷：《史記》，中華書局，1972年。
〔註3〕　余嘉錫：《世說新語箋疏》，上海古籍出版社，1993年。

　　道元《水經‧泗水注》引。〔註4〕這一段文字不見於宋本《孔叢子》，
　　當爲《孔叢子》佚文）

從文獻記載看，《孔叢子》最早出現在西晉皇甫謐《帝王世紀》中，該書有「陳
留王即位禪晉，封陳留王就國治鄴，奉魏宗祀」一段文字，陳留王即魏元帝
曹奐，滅國之年爲公元263年，〔註5〕《帝王世紀》記事止於此，就其中所引
有《孔叢子‧論書篇》文字來看，雖然不一定是《孔叢子》定本，但當爲目
前所見引用《孔叢子》的最早文獻。《孔叢子》一書在流傳中，經歷代學家按
自己所處時代的學術標準考證，發現有一些問題。

第一節　《孔叢子》作者考證

　　皇甫謐《帝王世紀》、劉孝標《世說新語注》、裴駰《史記集解》所引述
《孔叢子》，只是零星的文句，並沒有涉及到《孔叢子》的作者問題。從現有
文獻記載看，該書最早見於《隋書‧經籍志》所載，謂「《孔叢子》七卷，陳
勝博士孔鮒撰」，〔註6〕然而《孔叢子》第七卷《連叢子》，記述的是孔鮒身後
東漢時期的事情，故「孔鮒撰」說引起質疑。

一、宋代學者考證

　　北宋嘉祐三年，宋咸爲《孔叢子》作注釋，其《序言》曰：「《孔叢子》
者，乃孔子八世孫鮒，字子魚，仕陳勝爲博士，以言不見用，託目疾而退，
論集先君仲尼、子思、子上、子高、子順之言及己之事，凡二十一篇，爲六
卷，名之曰《孔叢子》，蓋言有善而叢聚之也。至漢孝武朝，太常孔臧又以其
所爲賦與書謂之《連叢》上、下篇爲一卷，附之於末。」〔註7〕宋咸認爲其書
前六卷出於孔鮒之手所編，後來孔臧把《連叢子》附於其後，故有了七卷本
的《孔叢子》。宋咸由於系統地整理過《孔叢子》，其看法比較客觀。到了南
宋時期，諸家看法開始變得隨意，多了一些猜測。晁公武以爲「《漢志》無
《孔叢子》而儒家有《孔臧》十篇，雜家有《孔甲盤盂書》二十六篇，其注
謂『孔甲，黃帝史，或曰夏帝』，疑皆非。今此書一名《盤盂》。《獨治篇》又

〔註4〕楊守敬、熊會貞：《水經注疏》，江蘇古籍出版社，1999年。
〔註5〕據余嘉錫《世說新語箋疏》所考。
〔註6〕魏徵等：《隋書》，中華書局，1991年。
〔註7〕宋咸：《孔叢子注》，北宋嘉祐八年刻本。

云：『鮒或稱孔甲。』《連叢》又出孔臧。意者《孔叢子》即《漢志‧孔甲盤盂書》而亡六篇，《連叢》即《漢志‧孔臧書》，而其子孫續之也」。〔註8〕陳振孫以為「《中興書目》稱『漢孔鮒撰，一名《盤盂》』。案：《孔光傳》，夫子八世孫鮒，魏相子順之子，為陳涉博士，死陳下，則固不得為漢人。而其書紀鮒之末，第七卷號《連叢子》者，又記太常臧而下數世，迄於延光三年季彥之卒，則又安得以為鮒撰？案：《儒林傳》所載為博士者，又曰孔甲。顏注曰：『將名鮒而字甲也。今考此書稱子魚，名鮒，陳人，或謂之子鮒，或稱孔甲。』然則顏監未嘗見此書耶？《藝文志》有《孔甲盤盂》二十六篇，本注謂黃帝史，或曰夏帝孔甲，似皆非也。其書蓋田蚡所學者，與孔鮒初不相涉也。《中興書目》乃曰『一名盤盂』，不知何據，豈以《漢志》所謂孔甲即陳王博士之孔甲邪」。〔註9〕晁公武、陳振孫共同的看法有兩點，一是看到《漢書‧藝文志》沒有記載，孔鮒編撰《孔叢子》之事就值得可疑。二是對於《中興書目》乃曰「一名盤盂」之說存在疑惑，在《漢書‧藝文志》中查詢有無可以與《孔叢子》相似的書目，看到有《孔甲盤盂》二十六篇，然該書與《孔叢子》又大相逕庭，與孔鮒之事亦不相符，最後不能確定《孔叢子》為何人所作。洪邁認為「《孔叢子》一書，《漢‧藝文志》不載，蓋劉向父子所未見。但於儒家有太常蓼侯《孔臧》十篇，今此書之末，有《連叢子》上下二卷，云孔臧著書十篇，疑即是已。然所謂《叢子》者，本陳涉博士孔鮒子魚所論集，凡二十一篇，為六卷。唐以前不為人所稱……今讀其文，略無楚、漢間氣骨，豈非齊、梁以來好事者所作乎」。〔註10〕洪邁以為《漢書‧藝文志》不載《孔叢子》，為劉向父子所未見，這是客觀的看法，較晁公武、陳振孫前進了一步，然認為《孔臧》十篇即《連叢子》則為臆斷，又以為《孔叢子》「豈非齊、梁以來好事者所作」，當為猜測之詞。朱熹懷疑「只《孔叢子》說話多類東漢人，其文氣軟弱，全不似西漢文字。兼西漢初若有此等話，何故略不見於賈誼、董仲舒所述？恰限到東漢方突出來，皆不可曉」。〔註11〕又「《孔叢子》是後來白撰出」，又「《孔叢子》乃其所注之人偽作。讀其首幾章，皆

〔註8〕　晁公武《郡齋讀書志》，元馬端臨《文獻通考》卷二百九引，影印文淵閣《四庫全書》本。
〔註9〕　陳振孫：《直齋書錄解題》卷九儒家類，影印文淵閣《四庫全書》本。
〔註10〕　洪邁：《容齋隨筆‧三筆》，中華書局，2005年。
〔註11〕　引自元馬端臨：《文獻通考》卷二百九《經籍考》三十六子部儒家，影印文淵閣《四庫全書》本。

法《左傳》句，已疑之。及讀其《後序》，乃謂渠好《左傳》，便可見」，又「《孔叢子》鄙陋之甚，理既無足取，而詞亦不足觀。有一處載『其君曰必然』云云，是何言語」，〔註12〕又「《孔叢子》敘事至東漢，然辭氣甚鄙近，亦非東漢人」。〔註13〕朱熹的主要根據是《孔叢子》「辭氣甚鄙近」，從而推斷作者不可能是東漢時期人，乃懷疑其為所注之人（宋咸）偽作。綜上，懷疑《孔叢子》非孔鮒撰之說，當起始於南宋時期。

二、明、清學者考證

明、清學者在宋人的基礎上又有新說。宋濂說：「《孔叢子》七卷，……嘉祐中，宋咸為之注。雖然，此偽書也。偽之者其宋咸歟？」〔註14〕胡應麟認為「《孔叢子》稱孔鮒撰，非也。孔氏子孫雜記先世言行，其文詞類東京及間有魏、晉手筆，如孔臧《與安國書》是已。宋咸嘗為注訓，景濂遂以即咸偽撰，而體不甚類宋人，或未必盡然也。書七卷，所記子思、子上、子高、子順、子魚及漢孔臧、子琳十餘世，至季彥與楊伯起、皇甫威明同時，政（按：當「正」）東漢之末，則此書當是季彥輩裒集先世遺言軼行而成，而宋人從潤飾之。其《小爾雅》、《詰墨》等篇皆鮒撰者為多，遂通為鮒作。其書胥不事奇詭而一循規矩，不稍涉於異端，故吾夫子家法也。漢《藝文志》及隋、唐俱無《孔叢子》，至宋《中興書目》始著錄，故前輩往往疑之。第其間詞義有非宋咸輩所辦者，且其所敘家世，孔臧後孔琳以迨季彥十餘傳不應全屬烏有。考《漢志》儒家有太常孔臧十篇，梁有太常孔臧集二卷，至隋已亡，而《唐書‧藝文志》仍有之。蓋梁所謂孔臧集即《漢志》儒家十篇，亡於隋而復出於唐，宋咸因取其中雜記先代者，傅以六經、諸子所載厥宗言行，綴緝而成此書。孔琳迄季彥十餘世，要皆臧原書，集末所附若文中家傳例耳。余此辯竊謂得之，與前說並存，以俟精識之士」。〔註15〕胡應麟所述要點有三，第一，《孔叢子》不是宋咸所偽撰。第二，此書當是東漢孔氏後人季彥等裒集先世遺言軼行而成書，經宋咸的潤飾通行。第三，《漢書‧藝文志》

〔註12〕 黎靖德編：《朱子語類》卷第一百三十七《戰國漢唐諸子》，中華書局，1999年。
〔註13〕 朱熹：《孝經刊誤‧附記》，影印文淵閣《四庫全書》本。
〔註14〕 宋濂：《文憲集》卷二十七《諸子辨》，影印文淵閣《四庫全書》本。
〔註15〕 胡應麟：《少室山房筆叢》丙部卷二八《九流緒論》中，上海書店出版社，2001年。

儒家的「太常孔臧十篇」，就是後來的太常《孔臧集》二卷，這些書中的內容就是宋咸「潤飾」的根據。第四，孔琳至季彥十幾代人的著述，就是《連叢子》所記的內容。胡應麟認為《孔叢子》是「東漢孔氏後人季彥等裒集先世遺言軼行而成書」這一點可取，其它均為臆測之詞。明李濂推測「或子豐、季彥輩集先世遺文而成之，故其書東京始行」。〔註16〕李濂之說較胡應麟更近一步，肯定作者為子封、季彥等人，否定經過宋咸潤飾的可能，故曰「其書東京始行」。

至清代，由於《四庫全書總目》的出現，《孔叢子》的作者開始與王肅扯上關係，《提要》曰「《隋書・經籍志》論語家有《孔叢》七卷，注曰：『陳勝博士孔鮒撰。』其《序錄》稱『《孔叢》、《家語》並孔氏所傳仲尼之旨』，則其書出於唐以前。然《家語》出王肅依託，《隋志》既誤以為真，則所云《孔叢》出孔氏所傳者，亦未為確證。朱子所疑，蓋非無見。即如《舜典》『禋於六宗』，何謂也？子曰：『所宗者六，皆潔祀之也。埋少牢於泰昭，所以祭時也；祖迎於坎壇，所以祭寒暑也；主於郊宮，所以祭日也；夜明，所以祭月也；幽禜，所以祭星也；雩禜，所以祭水旱也。禋於六宗，此之謂也。』其說與《偽孔傳》、偽《家語》並同，是亦晚出之明證也」，〔註17〕《提要》懷疑《孔叢子》為王肅之作。後來周中孚、顧實則明確提出王肅偽撰《孔叢子》之說，顧實謂「《孔叢子》、《孔子家語》二書並出王肅依託」，斷言「《孔叢子・論書篇》，其說與《偽孔傳》、偽《家語》並同，此即王肅偽造《孔叢》之明證也」。〔註18〕日本寬政七年，漢學家冢田虎曾注釋《孔叢子》，對於《孔叢子》作者，認為「然則此書之出於孔氏，而敷行於世，在東漢延光後也必矣，故《漢志》未之載也。其此書之出焉，雖則在東漢，然此書之所編，至第十篇，則其家所舊藏焉。第十二篇以下，則是往往所附錄，而將非一手之所筆焉，而傳以為孔鮒之所撰，未之詳也」。〔註19〕冢田虎之說較為客觀，第一，認為該書第十篇之前的內容為孔氏之家舊藏，第十二篇《公孫龍》以下，為孔氏子孫多人所記。第二，根據《連叢子》所記，該書最後成書當於東漢延光之後，這一點與明代胡應麟看法有近似之處。冢田虎的觀點實事求是，也為後人研究該書作者的問題釐清了思路，而不再局限在單純考

〔註16〕 李濂：《孔叢子序》，明崇禎十年刻白口本鍾惺評《孔叢》四卷。
〔註17〕 紀昀等：《四庫全書總目》卷九十一儒家類一，中華書局，1992年。
〔註18〕 顧實：《重考古今偽書考》，大東書局，1926年。
〔註19〕 冢田虎：《冢注孔叢子・序》，日本寬政七年刻本。

證爲某人所作的範圍。

三、近代學者考證

近代學者的研究結果，實質上並沒有超過冢田虎。某些結論，對於冢田氏的研究來說，是一種倒退，羅根澤經過煩瑣考證，認爲「（一）絕對是僞書。（二）作僞的時代在曹魏。（三）作僞的人大概是王肅」。〔註 20〕在這個問題上，羅氏實際是先有了《孔叢子》僞書的概念，然後根據當代學術研究的規範，脫離古代文獻在流傳中產生的一些共性問題，對其記事內容進行繁瑣考證，看出該書的記事漏洞百出，故而斥其爲僞書。

第二節　《孔叢子》的成書年代

研究《孔叢子》的成書年代是與考核其書的作者緊密聯繫在一起的，如果不單純把《孔叢子》看作是某一個人所撰述，而是根據目前所能掌握的材料，暫時不涉及有關「僞書」的問題，就其成書年代進行實事求是的分析，則問題會相對清晰一些。

一、東漢成書論

前文所述，明人胡應麟認爲《孔叢子》是「東漢孔氏後人季彥等裒集先世遺言軼行而成書」，把成書年代大致確定爲東漢時期，這與班固生活的時代接近，故《漢書·藝文志》不收《孔叢子》，是當時《孔叢子》尚未通行，班氏撰《漢志》尚未及見，不能認爲《漢志》不收之書就值得可疑，這一點明、清學者已經注意到，但近代一些學者們還持此觀點來對待《孔叢子》及相關的古籍，就顯得很荒謬了。冢田虎根據《連叢子》的記事，確定《孔叢子》的成書，當在東漢延光後，延光是漢安帝劉祜的年號，當公元 122 年之後。近現代學家在總括前人之說的基礎上，爲《孔叢子》的成書年代大致定了一個下限時斷。冢田虎之後，此事沉寂了二百多年，當代學者黃懷信認爲《孔叢子》二十三篇的最後編定，在東漢桓、靈之際。〔註 21〕漢桓帝與漢靈帝在位時期是在公元 147～189 年這四十幾年間，這比冢田虎之說下延了半個世紀左右，其根據，也主要是《連叢子》及與之相關的材料。

〔註20〕 羅根澤：《諸子考索·孔叢子探源》，人民出版社，1958 年。
〔註21〕 黃懷信：《孔叢子的時代與作者》，《西北大學學報》1987 年第 1 期。

二、東晉成書論

早於黃懷信之前，陳夢家在考證古文《尚書》作者問題時，認爲東晉的孔安國可能是古文《尚書》作者，其論據是分析了《連叢子》中的記事材料得出來的，所以間接地涉及到《孔叢子》成書的問題。陳先生認爲「關於孔安國注《尚書》的事，不見正史，惟在《孔叢子》中有兩段重要的材料。此書朱子以爲僞書，並且說它和古文《尚書》是一手僞作。此書之所以不僞，及其與孔傳古文的不同別詳專文。……《孔叢子》分上中下三篇，下篇即《連叢子》。此《敍書》在第一篇，略近序言，《敍書》述孔臧事，所以後世以《連叢子》爲孔臧所作。今考孔臧事，《漢書·高惠高后文功臣表》云：『蓼夷侯孔聚，以執盾，前元年從起碭，以左司馬入漢爲將軍，三年以都尉擊項藉，屬韓信侯。高祖六年正月丙午封，三十年薨。孝文九年侯臧嗣，四十五年元朔三年坐爲太常衣冠道橋壞，不得度，免。元康四年聚玄孫長安公士宣詔復家。』又《漢書·藝文志》敍，公孫宏奏『謹與太常臧、博士平等議』，又儒家有『太常蓼侯《孔臧》十篇』。凡此孔臧嗣侯爵，官太常，當武帝時，著書十篇，都與《敍書》一一符合。但細審此篇確經後人竄改，其迹如下：

（一）據《漢書·孔光傳》漢元帝時封孔霸爲褒成君關內侯，奉夫子祀王莽時改君爲侯。《成帝紀》綏和元年封『孔吉爲殷紹嘉侯，三月進爵爲公』。又《後漢書·王莽傳》中『殷後宋公孔弘運轉次移，更封爲章昭侯，位爲恪。然宣尼公後褒成子孔鈞已前定矣』。孔鈞即孔均，霸曾孫，嗣褒成侯，原名莽，見《孔光傳》、《王莽傳》上。以上封殷後和奉夫子祀官都在漢武帝後。

（二）據《史記·孔子世家》曰『安國爲今皇帝（武帝）博士，至臨淮太守，蚤卒』。《漢書·儒林傳》曰『安國爲諫大夫』。都無爲侍中的記載。

（三）安國與臧雖同時，是否兄弟輩不得而知。

（四）《與從弟書》『舊章潛於壁室，正於紛擾之際』，武帝時如何謂之紛擾？

由上述四點看出《敍書》與孔臧時代有刺謬之處，進而懷疑《敍書》本身或有造僞的可能。

但《敍書》並不僞，是後來編輯者有所更易。《敍書》末節顯係編者案語，知其文已非原來面目。編者因爲看到孝武皇帝，以爲是西漢的孝武皇帝；看到安國，以爲是前漢的孔安國，因此一切易以西漢的人物。我們看出有未改

以前的遺跡，知道《敘書》所述是東晉孔愉的事。今據《孔愉傳》把《敘書》復原如下：

彥──愉

臧──汪

安國──東晉孔安國

孝武皇帝──晉孝武帝

蓼侯──餘不亭侯

高祖──中宗

以所改的孔愉事重讀《敘書》、《與從弟書》，則時、地、人三者更為合宜。

（一）《敘書》云：先世『相魏，居大梁』，《孔愉傳》云：『其先居梁國』。

（二）《敘書》云：『始有三子焉』云云，《孔愉傳》云『三子：誾、汪、安國；誾嗣爵，……誾子靜，字季恭……』，《宋書・孔季恭傳》、《南史・孔靖傳》均作靖。《晉書・孝武帝紀》曰『太元十一年八月庚午封孔靖之為奉聖亭侯，奉宣尼嗣』。孔靖之即孔靖（靖下多一『之』字，或因『孔琳之』等例誤加），《宋書・孔季恭傳》永初三年（公元四二二年）卒，年七十四，則太元十一年當三十八歲。

（三）《敘書》汪拜太常在孝武帝時，時安國為侍中。考《宋書・禮志三》曰『太元十二年詔議明堂郊祀，太常孔汪議曰……』，是孔汪於太元十二年（公元三八七年）已為太常，比安國為侍中早一年。此中恐有年數小誤，但孔汪為太常、安國為侍中皆在孝武帝太元中，則與《敘書》符合。又孔汪卒於太元十七年，（公元三九二年），距其拜太常才數年，所以《敘書》說『遂拜太常……在官數年，著書十篇而卒』。

（四）《隋書・經籍志》集部『梁有太常《孔汪集》十卷，亡』，與《敘書》所謂『著書十篇』相合。

惟有兩點似乎不合。《敘書》臧嗣爵則是汪嗣愉爵，而《孔愉傳》誾嗣爵，這恐怕一個嗣餘不亭侯，一個嗣奉聖亭侯。誾子靖為奉聖亭侯，可證。《與從弟書》，作書者與受書人是從兄弟，而《晉書・孔愉傳》汪與安國是愉之子，而《續晉陽秋》則以安國為愉第六子（《尚書・泰誓正義》云『武帝時有太常蓼侯孔臧者，安國之從兄也，《與安國書》云：時人惟聞《尚書》二十八篇，取象二十八宿，謂為信然，不知其有百篇也』。本之《孔叢子》）。

由上所述，《敘書》與《與從弟書》所述並東晉會稽孔安國、孔汪兄弟事，

那麼其中關於編綴《尚書》的事同樣可信。讀《與從弟書》，知安國先有書報汪。而《敘書》與《與從弟書》中所述可與孔傳本《尚書序》比較，今取《尚書序》有關各節錄之如下：

先君孔子……討論墳典，斷自唐、虞以下迄於周，芟夷煩亂，剪截浮辭，舉其宏綱，撮其幾要，足以垂世立教，典謨訓誥誓命之文凡百篇。《與從弟書》云『何圖古文乃自百篇耶』。

至魯共王好治宮室，壞孔子舊宅以廣其居，於壁中得先人所藏古文虞、夏、商、周之書及《論語》、《孝經》，皆科斗文字。王又升孔子堂，聞金石絲竹之聲，乃不壞宅，悉以書還孔氏。科斗書廢已久，時人無能知者。以所聞伏生之書考論文義，定其可知者為隸古定，更以竹簡寫之，增多伏生二十五篇。伏生又以《舜典》合於《堯典》，《益稷》合於《皋陶謨》，《盤庚》三篇合為一，《康王之誥》合於《顧命》，復出此篇，並序凡五十九篇，為四十六卷。其餘錯亂摩滅弗可復知，悉上送官，藏之書府，以待能者。《與從弟書》云『知以今讎古，以隸篆推科斗，已定五十餘篇，並為之傳，云其餘錯亂文字磨滅，不可分了，欲垂待後賢，誠合先君闕疑之義』。書中所謂『云其餘……』明是安國與汪書中語如此，正是《大序》所述。《與從弟書》云『如《堯典》說者以為堯、舜同道，弟素常以為雜有《舜典》，今果如所論』，所論者即《大序》云『伏生又以《舜典》合於《堯典》』。科斗書指孔子壁中書，『科斗書廢已久』或指壁中書已失傳，不得已『以所聞伏生之書考論文義』，即《與從弟書》所說『以今讎古，以隸篆推科斗』，是從今文《尚書》，推造古文《尚書》，故二十五篇古文除引用先秦書籍中所引逸書外，其形式無一非模仿今文。《與從弟書》云『以弟博恰溫敏，既善推理，又習其書』，此所謂『推』即書中所謂『以隸篆推科斗』。五十八篇外尚有四十二篇，孔安國未曾再推造，故《與從弟書》云『而猶尚絕意，莫肯垂留三思，嗚呼惜哉！先王遺典，缺而不補，聖祖之業，分半而泯』。《隋書·經籍志》有《尚書逸篇》二卷，《新唐書·藝文志》有《尚書逸篇》三卷，徐邈注，《隋書·經籍志》云『又有《尚書逸篇》出於齊、梁之間，考其篇目似孔氏壁中書之殘缺者』。此《逸篇》或是孔安國的剩稿『悉上送官藏之書府』，故徐邈為之作注；或是先孔安國已有，安國據之推造古文者。

承詔為五十九篇作傳，於是遂研精覃思，博考經籍，採摭羣言，以立訓傳，約文申義，敷暢厥旨，庶幾有補於將來。此即《敘書》所云『侍中安國

承詔綴集古義』，《與從弟書》云『已定五十餘篇，並爲之傳』。《大序》至此已完，而今孔穎達正義本於此下更有一段：《書序》，序所以爲作者之意，昭然義見，宜相附近，故引之各冠其篇首，定五十八篇。既畢，會國有巫蠱事，經籍道息，用不復以聞。傳之子孫，以貽後代，若好古博雅君子與我同志，亦所不隱也。自『書序』至『不復以聞』，疑是齊、梁、隋、唐間人所竄入。孔傳五十八篇《尚書》外，兼亦爲序作傳，所以《大序》說『並序凡五十九篇』『承昭爲五十九篇作傳』，明《書序》亦是一篇。東漢今文《尚書序》另成一卷，附於經文後，孔傳本當亦如此。不知何時將序分冠各篇，所以才有『定五十八篇』之語。補此段者不知作傳的孔安國並非西漢孔安國，所以插入巫蠱一事。此段當陸德明《經典釋文》時已有。

由此說來，侍中孔安國在《尚書序》中並沒有意冒充西漢的孔安國，孔汪與安國的信正當安國作好古文《尚書》和《傳》以後，故《尚書序》與《與從弟書》互相一致。安國既是孔氏後裔，對於當日的俗儒淫辭繁說十分不滿，所以根據東漢傳下來的百篇《序》推造百篇中的五十八篇，此五十八篇有三十三篇仍用今文，所造只二十五篇。四十六卷五十九篇去序一卷一篇，尚有四十五卷五十八篇，桓譚《新論》云『古文《尚書》舊有四十五卷五十八篇』，孔安國本此。只有這一點，孔安國有意與它符合」。〔註22〕

陳夢家上述文字是通過分析《連叢子》，看出其《序書》與孔臧的時代有刺謬之處，懷疑《敘書》有被後人更改的可能。考證《敘書》所述是東晉孔愉的事，《敘書》與《與從弟書》所述並東晉會稽孔安國、孔汪兄弟事，並認爲東晉有一與西漢臨淮太守孔安國同名的孔安國，此孔安國卒於東晉義熙四年（公元408年），《與從弟書》所言編綴《古文尚書》，出於東晉孔安國之手。由此帶出的結論是，《孔叢子》的最後成書，當在東晉義熙四年前後，這相當於公元408年前後。陳夢家先生的文章寫於1942年，按其所論述，這種從實際史料出發的考證更具有說服力。

三、《孔叢子》成書年代辨析

繼前文陳夢家所言，關於孔安國，有兩個問題，一是獻書，二是撰寫《尚書傳》。馬雍認爲劉歆在《移讓太常博士書》中把孔安國獻《古文尚書》的年

〔註22〕 陳夢家：《尚書通論‧古文尚書作者考》下篇，中華書局，2005年。（1960年，
　　　　陳夢家又謹愼地認爲，「東晉孔安國雖不能確定他必是孔傳本的作者，但孔傳
　　　　本的作者，還是和他同時的」。《尚書補述》）

代弄錯了,「劉歆在信中說,孔安國獻書,遇到巫蠱案發生,未能立於學官,這些都是武帝天漢以後的事。但我們考察孔安國的生平,他早在天漢元年以前就死去了……看來,只可能是由於這樣一種原因。漢武帝時期曾發生過好幾次巫蠱案,其中有一次發生在元光五年……孔安國擔任博士正在元光年間,他獻書時所遇到的巫蠱案應當是元光五年的那一次。……近代學者有人指出劉歆這個錯誤,從而根本否認孔安國有過獻古文《尚書》的事。」〔註23〕關於孔安國撰《尚書傳》,馬雍說:「就在魏末晉初的時候,又發生了一件稀奇的事,這就是所謂孔安國《尚書傳》的出現。我們已經說過,孔安國本人並沒有寫過《尚書傳》,班固的《漢書·藝文志》中沒有見到孔安國的著作,直到東漢末年也從來沒有人提到過孔安國寫過什麼書籍。可是,在三國時期,首先出現了孔安國所著的《論語注》,當魏國的何晏和鄭沖等人編輯《論語集解》的時候就採取了孔安國的注解,這已經是一件可怪的事。接著,到魏國末年,又出現了孔安國的一部《尚書傳》。這部書出現的年代,大概在孔安國的《論語注》出現以後,而且還應當在曹髦和庾峻討論《尚書》的事件以後。它和孔安國的《論語注》一樣,肯定是後人偽造的。這部偽造的《尚書傳》是怎樣出現的,歷史上沒有保留任何記載……我們搜集各方面的材料,仔細加以分析,可以證明這部偽書的出現和後出的《偽孔傳古文尚書》還不是一回事。為了區別起見,我們不妨暫且名之為『前《偽孔傳》』。……它並沒有偽造經文,只等於在四家舊有的注解以外另寫了一部注解而冒充是孔安國所著的罷了……所以它的突然出現竟沒有引起什麼懷疑和爭論……從它之很快地立於學官而沒有遭到任何學術者的反對來看,我們很有理由懷疑這部偽書是司馬氏授意某個(或某些)學者造出來的。……差不多與此同時,又出現了另一部偽書,叫《孔叢子》。《孔叢子》裏面有好多地方是專門為前《偽孔傳》作宣傳的(馬雍於頁下注「《孔叢子》專門記載孔子及其子孫的言論事跡……其中最荒唐的是把前《偽孔傳》中某些說法說成是孔子的解釋,這部偽書似應出現在前《偽孔傳》之後」),……看來這兩部偽書有著密切的關係,同時都是為司馬氏奪取政權服務。」〔註24〕比較陳夢家與馬雍的觀點,看出:1、雙方都認為西漢的孔安國沒有寫過《尚書傳》。2、馬雍認為前《偽孔傳》是司馬氏授意某個(或某些)學者造出來的,《孔叢子》裏面的

〔註23〕 馬雍:《尚書史話》,中華書局,1972 年,第 21~22 頁。
〔註24〕 馬雍:《尚書史話》,第 43~45 頁。

一些內容是專門爲前《僞孔傳》作宣傳的，《孔叢子》也是爲司馬氏奪取政權而僞造的。前《僞孔傳》與後來的《僞孔傳古文尚書》是有聯繫的，到南齊時期，前《僞孔傳》失傳，而後《僞孔傳古文尚書》的作者可能採用了前《僞孔傳》中的大量內容，《孔叢子》似應出現在前《僞孔傳》之後。3、陳夢家考證的結果是後來的《僞孔傳古文尚書》，作者應該是東晉的孔安國，因爲與西漢的孔安國重名，故而出現錯誤的記載，所以陳氏認爲《連叢子》有被改寫的可能。

　　檢討《孔叢子》中的一些論述確與前《僞孔傳》中某些說法十分接近，如：《孔叢子‧論書篇》：「子夏問《書》大義。子曰：『吾於《帝典》，見堯、舜之聖焉；於《大禹》、《皋陶謨》、《益稷》，見禹、稷、皋陶之忠勤功勳焉。』」《尚書大傳》卷五陳壽祺按曰：「《孔叢》言《大禹謨》、《益稷》者，蓋作僞者羼入，而不知眞古文與今文皆無《大禹謨》。其《益稷》一篇，則統於《皋陶謨》中也。」〔註25〕《大禹謨》一篇不在伏生所傳二十八篇之內，乃見於孔宅壁中書《尚書》十六篇之內。《益稷》一篇篇名始見東晉豫章內使梅賾所傳《僞孔傳古文尚書》之內，實乃爲鄭玄注本《皋陶謨》篇之後半，僅分篇提名有所不同，實際內容並非新添。又《論書篇》「維高宗報上甲微」，「維高宗報上甲微」句不見於今本《尚書》，或爲《孔叢子》成書時編者所見之《尚書》佚文。姜兆錫《孔叢子正義》說：「《書》無文，蓋逸《書》與？」〔註26〕高宗報上甲微事，又見《國語‧魯語上》「上甲微，能帥契者也，商人報焉」，〔註27〕故此爲先秦流行之史料，史書與子書各自是從不同的角度來記載的，至於孔子是否與魯定公有過問答之事，則是所傳聞異辭之類的事情。又：「魯哀公問：『《書》稱夔曰「於，予擊石拊石，百獸率舞，庶尹允諧」』，何謂也？」按：《尚書‧益稷》：「夔曰：『於，於予擊石拊石，百獸率舞，庶尹允諧。』」是《孔叢子》所言，乃本《益稷》之文。前《僞孔傳》：「尹，正也。眾官之長，信皆和諧，言神人治始於任賢，立政以禮，治成以樂，所以太平。」這些與前《僞孔傳》相近的說法，並不一定能證明《孔叢子》是爲前《僞孔傳》作宣傳而出現的，因爲《孔叢子》裏還有許多內容是和前《僞孔傳》沒有任何關係的，單憑《論書篇》的一些與之相近的記載，就簡單歸併，立論是難

〔註25〕　《尚書大傳》，《四部叢刊》影印陳壽祺重校補本。
〔註26〕　姜兆錫：《孔叢子正義》五卷，《四庫全書存目叢書》影印清雍正十一年寅清樓刻本。
〔註27〕　《國語》，上海古籍出版社，1982年。

以成立的，尤其是馬雍先生的一些說法是在假設的前提下來立論，就更難以服人了，究其所因，是由於先有了一個《孔叢子》偽書的前提，才開始爲之找證據，懷疑歸懷疑，但並不是結論。

　　《孔叢子・公孫龍篇》所載有關公孫龍事跡的一段文字，與今本《公孫龍子・跡府篇》第二段基本相同。一般認爲《跡府篇》是後人雜採他書而輯成，譚戒甫說：「文袛二段：前段爲後漢桓譚所作，後段核由《孔叢子》抄襲而成，或唐人所增。」又說：「《太平御覽》四百六十四人事部引桓譚《新論》曰：『公孫龍，六國時辯士也，爲守白之論：假物取譬，謂白馬爲非馬。非馬者，言白所以名色，馬所以名形也。色非形，形非色。』……若《御覽》所引《新論》，於原文果有刪節，則今《跡府》前段全屬譚作無疑。」〔註28〕《太平御覽》所引《新論》與劉孝標《世說新語注》所引《孔叢子》關於公孫龍「白馬非馬」的文字，當爲同一來源，現在看來，《孔叢子・公孫龍篇》後段關於「臧三耳」的文字，上見於《呂氏春秋・淫辭篇》，而前段文字當來源於桓譚《新論》。《後漢書・桓譚傳》：「初，譚著書言當世行事二十九篇，號曰《新論》，上書獻之，世祖善焉。」〔註29〕則桓譚《新論》的出現，在東漢初，而《孔叢子》編著者采其文入《公孫龍篇》，可在桓譚身後之時。據唐李賢《後漢書・桓譚傳注》，當時尚得《新論》二十九篇各篇之篇名，知其時《新論》一書尚存。內容基本相同的一段文字，劉孝標屬之《孔叢子》，《太平御覽》屬之《新論》，可以間接證明《孔叢子・公孫龍篇》的一段文字，當出於桓譚《新論》，亦可證《孔叢子・公孫龍篇》之成文，當在東漢後。《孔叢子・居衛篇》：「《尚書》虞、夏數四篇，善也。」許華峰說：「『數四』一詞，先秦典籍中未見。現有的文獻中，大約以東漢劉珍《東觀漢紀・張純傳》『一日或數四引見』較早使用。此詞至魏、晉、南北朝才廣泛出現。」〔註30〕此以內證立論，亦可作爲陳夢家「東晉成書」說佐證之一。

　　我們認爲，就《孔叢子》所引《尚書》中的《益稷》、《太甲上》來看，該書的最後成書，應在曹魏末年至東晉時期，這又可成爲《孔叢子》「東晉成書說」又一佐證。從《孔叢子》的早期被引用情況來看，皇甫謐《帝王世紀》

〔註28〕　譚戒甫：《公孫龍子・跡府第二發微》、又《流別第七甲桓譚微》，中華書局，1987年。
〔註29〕　范曄：《後漢書》，中華書局，1982年。
〔註30〕　許華峰：《孔叢子引尚書相關材料分析》，輔仁大學《先秦兩漢學術》第一期，2004年3月。

有「陳留王即位禪晉，封陳留王就國治鄴，奉魏宗祀」一段文字，陳留王即
魏元帝曹奐，滅國之年爲公元 263 年，《帝王世紀》記事止於此，就其中所引
有《孔叢子・論書篇》文字來看，雖然不一定是《孔叢子》的完整定本，但
當爲目前所見引用《孔叢子》的最早文獻。劉孝標的《世說新語注》大概寫
於梁武帝天監六、七年（公元 507 年～508 年）間，裴駰撰《史記集解》的時
間，史無明論，但其父裴松之是卒於公元 451 年的，則《史記集解》的時間，
亦有了大致的斷限，酈道元卒於公元 527 年。從《孔叢子》見諸文獻所引而
推測其最後成書時間，到該書的通行，其間相隔大約 200 年左右，這也符合
古書出現後通行的一般規律。

第三節　《孔叢子》記言記事的眞僞

　　《孔叢子》書中的某些記事，有在人物關係、時間上出現互相矛盾的現
象，這成爲後人謂其僞書的根據。宋、明以來，學家從敘事、考史的角度，
考證出一些問題。

一、宋人葉適《習學記言》的辨析

　　宋人葉適撰《習學記言》，從《孔叢子》的《嘉言》、《居衛》、《獨治》、《連
叢子》四篇中看出一些問題，提出疑問：

　　　　《嘉言》，載萇弘言孔子，淺矣，誕矣！至「堯、舜、文、武之
　　道，或弛而墜，禮樂崩喪，夫亦正其統紀而已」，「統紀」二字，《論
　　語》無之，始見於此：司馬遷遂言「垂六藝之統紀」。孔氏子孫所謂
　　統紀者，或是用漢儒言語相承記之，不知眞所謂統紀者安在也。孔
　　子曰：「天之將喪斯文也，後死者不得與於斯文也；天之未喪斯文
　　也，匡人其如予何！」又曰：「參乎，吾道一以貫之。」「賜也，汝
　　以予爲多學而識之者歟？」曰：「然，非歟？」曰：「非也。予一以
　　貫之。」夫斯文興喪之異，由於一貫迷悟之殊，或者統紀之學幾在
　　是耶？然自孔氏之高弟不足以知之，各因其質之所安而謂道止乎如
　　此；況於後世，不能言統紀者固非，而能言者亦未必是也，然則終
　　安所明乎！

　　　　《居衛》，載子思歲月，全不可考。按子思年十六適宋，樂朔與
　　之言《尚書》，不悅而退，曰：「孺子辱吾。」其徒請攻之，遂圍子

思。宋君聞之，駕而救子思。子思既免，曰：「文王厄於羑里，作《周易》；祖君屈於陳、蔡，作《春秋》；吾困於宋，可無作乎？」於是撰《中庸》之書四十九篇。詳此，則《中庸》之作遠在孔子歿後，而子思往往不逮事王父矣。然伯魚之死五十，去其父不遠，以年推之，孔子歿時，子思壯長矣。又《孔叢子》自載子思從夫子於郯，遇程子，而謂十六著《中庸》，此可憑乎？子思與魯穆公同時，穆公之薨，子思在衛不爲服，亦《孔叢子》所記，孟子言子思、穆公甚詳，可以無疑矣。然《史記世家》，魯哀公二十七年薨，悼公立，三十七年薨，元公立，二十一年薨，穆公立，三十三年薨，恭公立。然則子思之年，上距定、哀，下迄恭公，按《家語》世次，子思年六十二卒。又，《左氏》仲尼見郯子學官名在昭公十七年之後，年二十八九矣。所稱遇程子傾蓋，當是異時往返，不然，則未有子思從行也。當百餘歲矣，則《世家》之紀年又可信乎？大抵堯、舜以來，史文不繼，歲月斷闕，孔子以《書》、《詩》次之，存其大略，惟春秋二百餘年最爲明備，所以尤惓惓於此書，蓋問學統紀之大者。孔子歿而《春秋》廢，雖其子孫自記家事，而於子思之歲月尚訛舛如此，況其它乎！

《獨治》，子思之後，子高、子順、子魚皆守家法，學者祖之。叔孫通本學於子魚，子魚使仕始皇。陳餘儒者，與子魚善。陳勝首事，餘薦子魚，餘輕韓信以取敗亡，魪死陳下，儒學幾絕；獨通遺種僅存，卒賴以有立。司馬遷、班固曾不能言其所自來，乃爲《儒林傳》自武帝始。楚、漢間辨士說客多妄言，遷、固一切信之，反以陸賈爲優於叔孫通。余固深歎漢、隋、唐末之禍，他書盡亡，無以質正，而惟遷、固之信，使學者不復識孔氏本末，然則何止秦火爲害也！

《連叢子》「闕里無故荊棘叢生，一旦自闢，廣千數百步，從舊講堂坦然至里門」，太守鮑永因之行饗禮，遂禽滅董憲、彭豐等，此永詭說也。流傳既久，其家信之，遂筆於書，使後世學者謂闕里神怪若此，豈不害大義乎！〔註31〕

但葉適與後代學者不同，看問題比較客觀，認爲「大抵堯、舜以來，史文不

〔註31〕 葉適：《習學記言序目・孔叢子》，中華書局，2009 年。

繼，歲月斷闕，孔子以《書》、《詩》次之，存其大略，惟春秋二百餘年最為明備，所以尤惓惓於此書，蓋問學統紀之大者。孔子歿而《春秋》廢，雖其子孫自記家事，而於子思之歲月尚訛舛如此，況其它乎」，說明由於時代久遠，孔氏子孫自記家事，會出現誤記的現象，而非有意作偽。

二、高似孫、王謨、羅根澤、錢穆諸家之「偽書」考

《孔叢子‧記問篇》載有子思與孔子問答事，宋高似孫撰《子略》，認為：「孟子以子思在魯穆公時固常師之，是為的然矣。按孔子沒於哀公十六年，後十六年哀公卒。又悼公立三十七年，元公立二十一年。穆公既立，距孔子之沒七十年矣，當是時，子思猶未生，則問答之事，安得有之耶？」〔註32〕

《孔叢子‧雜訓篇》記有「子思從夫子於郯，遇程子於途」之事，清人王謨撰《增訂漢魏叢書‧孔叢子跋》，辨駁說：「按《左傳》孔子見郯子在昭公十七年，孔子時年二十八，伯魚尚幼，子思安得遂從夫子於郯耶？」〔註33〕

《孔叢子‧雜訓》、《居衛》二篇記有孟子受業子思之事，羅根澤撰《諸子考索‧孔叢子探源》，考證說：「孟子是受業子思之門人，不是受業子思之門，……孔子卒年，依《公羊傳》、《穀梁傳》、《史記》等書，在周敬王 41 年，當公元前 479 年。孟子生年，雖然不能確考，但大蓋在周烈王 4 年左右，當公元前 372 年左右。自孔子之卒，到孟子之生，前後相距一百多年，孟子那能親受業子思之門呢？……《居衛篇》說：『子思在齊，尹文子生子不類，告子思曰：「非吾子也，吾妻殆不婦。」』考《漢書‧藝文志‧尹文子下》，班自注說是『說齊宣王』，師古引劉向說：『與宋鈃俱遊稷下。』依《史記‧六國表》，宣王之立，在周顯王 27 年，為公元前 342 年。這時候的子思，大概是『墓已拱矣』。」〔註34〕

《孔叢子‧陳士義篇》、《論勢篇》、《執節篇》等記有子順之事，錢穆撰《先秦諸子繫年‧孔叢子載孔子順事跡辨》，結合相關史料，於其中某些記載加以辯駁，如《論勢篇》記「齊攻趙，圍廩丘。趙使孔青帥五萬擊之，克齊軍，獲師三萬。……子順曰：『非所以窮之也，……貧齊之術，乃宜歸師。』」錢穆據《呂氏春秋》核之，勸歸齊屍者為寧越，其事在威烈王時，下

〔註32〕 高似孫：《子略》卷一，影印文淵閣《四庫全書》本。
〔註33〕 王謨：《增訂漢魏叢書‧孔叢子跋》，清乾隆五十六年刻本。
〔註34〕 羅根澤：《諸子考索‧孔叢子探源》，人民出版社，1958 年。

距子順之世尚百七十年，並認爲《孔叢子》中《對魏王篇》、《陳士義篇》、《論勢篇》、《執節篇》所記子順之事，核之史料，有五不合之處，「趙與魏相會魯柯，謂出子順之謀，一不合也。又其後五國共擊秦，本書謂子順會之，不應謝事高隱之後，無端復出，二不合也。又其後二年，嫪毐封長信侯，本書謂秦急攻趙，魏王駕如孔氏，子順進以國贊嫪毐之謀，其時去謝事去相已二十餘年，其爲魏國老，較之乃祖孔子之於魯，遠過之矣。恐亦無此情事，三不合也。子順既退，其語新桓固曰……若當秦、趙相搏長平，諸侯合縱救趙之際，豈得云此，四不合也。本書又有魏王使相國子順修好鄰國，遂聯和於趙，趙王問所以求北狄。若當秦攻趙長平，趙王何來有此瑕思，五不合也。」〔註35〕

三、《孔叢子》記事記言辨僞

《孔叢子》中的記事，有諸多之處與傳統的史料不合，這是不爭的事實。上述諸家所考，皆就事論事，從史實的角度看，也確爲考之精當，這是事情的一方面。另一方面，我們還看到，其它一些古書中關於人物、事件的某些記載，按後來的考據標準，亦往往有許多互相牴牾之處。如《風俗通義·窮通篇》：「孟軻受業子思。」《列女傳·母儀鄒孟母傳》：「孟子師事子思。」《漢書·藝文志》注：「孟子，子思弟子。」趙岐《孟子題辭》：「（孟子）師事孔子之孫子思。」後人以此事與史料不合，以爲古人誤記，謂當改作「受業子思之門人」。實際上「孟子受業子思」爲漢人流行之說，至於與今人所見史實是否相合，是另外的事，況且對某些史料，尚有爭議，如關於「子思年六十二」之說，毛奇齡考證：「孟子受業子思之門人，出《史記》列傳，然隋秘書監王劭謂『人』是衍字。……嘗舉以詢座客，多無識者，惟王草堂辨之極悉，……則《史記》所云『子思年六十二』者，或是八十二之誤，……則受業子思，或未可盡非者與？」〔註36〕姚際恒據此以定孔子卒時，子思尚或未生，不可能與子思有問答之事〔註37〕。對於孔子與子思所處時代，黃雲眉引汪琬及梁玉繩的考證，認爲孔子與子思問答之事，或不訛。〔註38〕就《孔叢子》來說，孔氏後人由於年代久遠而誤記前代之事，這在當時的文化氛圍

〔註35〕錢穆：《先秦諸子繫年·孔叢子載孔子順事跡辨》，商務印書館，2001年。
〔註36〕毛奇齡：《四書賸言》卷三，影印文淵閣《四庫全書》本。
〔註37〕姚際恒：《古今僞書考·孔叢子》，樸社，民國22年。
〔註38〕黃雲眉：《古今僞書考補正·孔叢子》，齊魯書社，1980年。

下，是正常的，後代學者據相關史料考證出的結論也是科學的，但這二件事是不能互補的。宋人葉適尚能正確看待這樣的問題，我們不能退到葉適以前，故今人不可以此非彼，按時下的標準來強改古人之說。《孔叢子》中的某些記載，應當辯證地看待。

古書記事出現互相牴牾的現象，在諸子一類的典籍中，往往帶有一些普遍性。《呂氏春秋・義賞篇》：「趙襄子出圍，賞有功者五人，高赫爲首。……仲尼聞之曰：『襄子可謂善賞矣。賞一人而天下之爲人臣莫敢失禮。』」事又見《韓非子・難一篇》、《說苑・復恩篇》。宋人葉大慶考證：「晉陽罷圍，乃貞定王十六年，……時孔子卒已二十六年。此謂趙襄子善賞士爲仲尼之言，考其年歲先後，則知其誤也。」〔註39〕則《呂氏春秋》等書所記，當爲傳聞之辭。《說苑・君道篇》：「晏子沒，十有七年，景公飲諸大夫酒。」據向宗魯《校證》所考，晏子卒於景公四十八年，後十年景公卒，則此云晏子卒後十七年景公尚存，誣也。《晏子春秋・內篇》雜下第六：「晏子使吳，吳王謂行人曰：『吾聞晏嬰，蓋北方辯於辭、習於禮者也。命擯者曰：「客見則稱天子請見。」』……然後吳王曰：『夫差請見。』」葉大慶《考古質疑》：「《左傳》，吳王夫差立於定之十四年。按：《史記・齊世家》，晏子卒於定之十年，二書皆出於劉向之前，合是而觀，晏子卒而夫差未爲吳王，夫差立而晏子已卒四年矣。然則此事爲誤明矣。」在古代圖書分類中列入「諸子學」一類的文獻，其人物、記事中往往會出現這種現象。如果在微觀上統以有關人物、事件之「不合」來論其眞僞，恐怕諸子書中很難有哪一部典籍能僥倖逃脫「僞書」之究。就先秦諸子中《墨子》、《莊子》來看，其中有些內容顯係墨、莊後學所記，這與《孔叢子》中有些內容出自孔鮒身後之筆是相同的。如《莊子》中出現過孔子的一些言論、事跡，而這些「言、事」，顯係《莊》文撰者爲突出莊學思想而杜撰出來的，如以此核之《論語》等，謂爲《莊》文之僞，則大錯而特錯，然而古今學家實則無人以此爲據而否《莊》文，亦無人據《呂氏春秋》等記事有牴牾而非之，而獨於《孔叢子》，緊緊盯住不放，如此苛責。對同樣的客觀對象，考證上採用雙重標準，不能不說是某些學家的偏見之舉。其所以然，除《孔叢子》摻雜進了成書之後被後人改寫的一些內容外，主要是應當與《孔叢子》這一類書的記言記事特點有關。《孔叢子》一書，基本上是以一些短篇故事或某些話題組合來論道說理，這種撰寫體例，實爲漢代及

〔註39〕葉大慶：《考古質疑》，影印文淵閣《四庫全書》本。

後期流行的方式，與《說苑》、《新序》、《晏子春秋》、《風俗通義》等書有相似之處。書中爲講學說理而選用的材料，或根據前代典籍的記載，或根據社會上長時期人們口頭輾轉傳播，因此這些流傳中的內容，就容易發生分歧和增損。同樣的一件事，在不同地區、不同的時期，內容可能會出入很大，同一個人在不同的文獻記載中，可能會生活在不同的年代。這些就是子書一類文獻的形成過程，並且這些文獻的產生，主要是爲說理、立論而撰寫，它不同於官家主修的史籍。史籍所修，一則有許多官府藏書可資參閱，二則在敘事上有嚴謹的標準與傳統。然而即使如此，後來者於早期的史料選擇，還會遇到「所見異辭、所聞異辭、所傳聞異辭」之類的事情。〔註40〕又以今人的考證，尚多有失實之處，古時私家著述，可想而知。他們所能掌握的材料，一部分來源於家學，一部分來源於傳聞中的「異辭」，所據材料只要符合說理標準即可，往往是借前人之語、前代之事以申己意，並不會去刻意考核，實際上當時可能是根本無從考核某些材料的「眞僞」，這些就是某些古書形成時期的學術氛圍。以這樣的標準核之《孔叢子》，其記言記事中的一些問題，當屬正常現象。嚴可均謂「良知所見異辭、所聞異辭、所傳聞異辭。不必同李斯之法，別黑白而定一尊。淺學之徒，少所見多所怪，謂某事與某書違異，某人與某人不相值，生二千載後而欲畫一二千載以前之事，甚非多聞闕疑之意」，〔註41〕這段話同樣適合於《孔叢子》。從宏觀上說，考經史之學與治諸子，在上述問題上，應當是雙重標準。在微觀上，治其它子書與治《孔叢子》，在上述問題上，則不應該是雙重標準。日本漢學家冢田虎撰《冢注孔叢子》，對《孔叢子》有過較公允的評價，「此書之所編，自首篇至第十篇，記仲尼、子思遺言，而末附錄《小爾雅》者，則似是孔氏所舊藏焉。第十二篇以下，則其家有往往所錄，而孔鮒沒後，其弟子之所追纂也與？而以虎觀之，自首篇至第五篇，其聖人之遺言也，則懿訓邵義，固不可以間然矣。自第六篇至第十篇，其子思之言行，亦克負荷其聖業而與道進退。……第十二篇以下，子高、子順、子魚，皆父子相承，善繼其志，善述其事，……而晦庵視此書如土芥者，虎太疑焉。此何事而鄙陋之甚？何理而無足取？何詞而不足觀？……又假令此書實後來撰出，亦必孔氏之子孫，撰於其所傳，取於其所聞，所以編輯之也。則雖非正其辭，於事無非，於義無失，乃亦所以爲孔氏

〔註40〕　《公羊傳‧哀公十四年》之文，《十三經注疏》本。
〔註41〕　嚴可均：《鐵橋漫稿‧書說苑後》，《續修四庫全書》本。

之書也。……而《連叢子》二篇，……其篇末記季彥之卒，則知季彥子弟，輯孔臧以來遺記，以連乎其家書者也矣。然則此書之出於孔氏，而敷行於世，在東漢延光後也必矣，故《漢志》未之載也。其此書之出焉，雖則在東漢，然此書之所編至第十篇，則其家所舊藏焉。第十二篇以下，則是往往所附錄，而將非一手之筆焉」〔註42〕，冢田虎對《孔叢子》一書的內容、性質、編者及成書年代，均作了實事求是的闡釋，相比較於中國宋、明以來的一些學者的研究，冢田虎可謂不受束縛，說法相當客觀。其文撰於日本寬政七年（公元 1795 年），當中國清乾隆 60 年，其中關於《孔叢子》編者及成書年代的推測，時至今日，仍具有十分重要的意義。〔註43〕

第四節　《孔叢子》的文獻與思想價值

在明確了《孔叢子》的性質、編者及大致成書年代的前提下，就《孔叢子》記言記事內容，從文獻流傳的角度看，該書有以下幾方面的價值。

一、《孔叢子》的校勘學價值

《孔叢子》中某些文句、某些敘事，引用、套用前代典籍舊語較多，因此可據以補正被引用、套用的前代文獻在流傳中所發生的訛誤。

（一）是書對於研究《墨子》有參考價值。《墨子》有《非儒下》，《孔叢子》有《詰墨篇》。《非儒下》傳世刻本的一些文字訛誤，可據《孔叢子》得以校正。

《墨子·非儒下》：「齊景公問晏子曰：『孔子為人何如？』晏子不對，公又復問，不對。景公曰：『以孔某語寡人者眾矣，俱以賢人也。』」孫詒讓《閒詁》：「『以』下當據《孔叢子·詰墨篇》增『為』字。」按：《孔叢子·詰墨篇》：「墨子稱景公問晏子以孔子而不對，又問三皆不對。公曰：『以孔子語寡人者眾矣，俱以為賢人。今問子而不對，何也？』」〔註44〕按：孫詒讓之說是，此為補《非儒下》脫文最直接之據。

《墨子·非儒下》：「孔某窮於陳、蔡之間，藜羹不糝。十日，子路為亨豚。」孫詒讓《閒詁》：「王云：『「為」字後人所加。「亨」即今之「烹」字也，

〔註42〕冢田虎：《冢注孔叢子·序》，日本寬政七年刻本。
〔註43〕傅亞庶、張明：《再論孔叢子的成書與真偽》，《蘭州學刊》2013 年第 1 期。
〔註44〕孫詒讓：《墨子閒詁》，中華書局，2001 年。

經典省作「亨」，後人誤讀爲燕享之「享」，故又加「爲」字耳。《孔叢子·詰墨篇》、《藝文類聚》獸部中、《太平御覽》人事部百二十七、飲食部十一、獸部十五引此皆作「子路烹豚」，無「爲」字。』按：《孔叢子·詰墨篇》：「孔子厄於陳、蔡之間，子路烹豚，孔子不問肉之所由來而食之。」足證今本《墨子·非儒下》「爲」字當刪。

（二）是書對於研究《呂氏春秋》有參考價值。《孔叢子》中某些敘事與《呂氏春秋》相近，其文可能採自《呂氏春秋》，也可能採自相同的某些傳說，二者比較，有《呂氏春秋》傳世本誤而《孔叢子》不誤之文，可資補正《呂氏春秋》之誤。

《呂氏春秋·樂成篇》：「孔子始用於魯，魯人鷖誦之曰：『麛裘而韠，投之無戾。韠而麛裘，投之無郵。』」畢沅曰：「『鷖』蓋魯人名，《孔叢子》作『謗』。」孫詒讓謂「鷖」當讀爲「緊」，爲發聲詞。章炳麟謂通作「殹」，爲病聲也。陳奇猷謂「鷖」乃「翳」之異文，引申有「密」義，鷖誦即密誦，即今語背後誦之。〔註45〕《孔叢子·陳士儀篇》：「先君初相魯，魯人謗誦曰：『麛裘而芾，投之無戾；芾之麛裘，投之無郵。』」謗即背後議論之義。此文作「謗」，較釋「鷖」爲「翳」之異文以引申而解，更爲直接、簡明。又「韠」字，畢沅曰：「原訛『韠』，當作『韠』，與『芾』、『紱』字同，《孔叢子》正作『芾』。」〔註46〕按：《左傳·桓公二年》「袞冕黻珽」，孔穎達正義：「鄭玄《詩箋》云：『芾，大古蔽膝之象也，……以韋爲之。』……經傳作『黻』，或作『韨』，或作『芾』，音同也。……魏、晉以來，用絳紗爲之，……以其用絲，故字或有爲『紱』者。」上古無輕唇音，「芾」當爲古字，後「韠」、「韠」、「黻」、紱等字皆爲因名物之沿革而生之今字，則此文《呂氏春秋》用今字，而《孔叢子》用古字，然不可謂《孔叢子》襲用《呂氏春秋》，此文二書或有共同的來源，可互相參校。

《呂氏春秋·淫辭篇》：「孔穿、公孫龍相與論於平原君所，深而辯，至於臧三牙。」《孔叢子·公孫龍篇》：「公孫龍又與子高泛論於平原君所，辨理至於臧三耳。」治《呂氏春秋》諸家，清代學者如畢沅、盧文弨、王念孫，近人馬敘倫、王啓湘俱言當據《孔叢子》作「臧三耳」。錢穆曰：「則實今《呂覽》字誤。畢氏沅、盧氏文弨皆據《孔叢》以改《呂覽》，是也。黃氏三曰：

〔註45〕 陳奇猷：《呂氏春秋新校釋》，上海古籍出版社，2002年。
〔註46〕 畢沅：《呂氏春秋校正》，上海古籍出版社，1995年（《諸子百家叢書》本）。

『《莊子・天下》，惠子言雞三足，與臧三耳相似。龍意兩耳形也，又有一司聽者以君之，故為三耳。』今按黃說甚是，惟改『臧』為『羊』則非。呂氏下文有『荊柱國莊伯令其父視日，而其父曰「在天」』云云一節，均所答非所問，正證明臧獲之聽言以令，於兩耳之外更有一耳之意。則臧是臧獲，謂僕人耳。」〔註47〕按：「臧三耳」義雖待考，然足證可以據《孔叢子》改《呂氏春秋》之訛。

《呂氏春秋・觀表篇》：「孔子聞之曰：『夫智可以微謀，仁可以託財者，其邸成子之謂乎？』」畢沅曰：「《孔叢》作『仁可與託孤，廉可與寄財者』。」陳奇猷曰：「『財』與『仁』義不相蒙，顯有脫文，當據《孔叢》補正。」按：《孔叢子・陳士義篇》作「智可與微謀，仁可與託孤，廉可以寄財者，其邸成子之謂乎」，據此可補《呂氏春秋・觀表篇》之闕誤。

《呂氏春秋・務大篇》：「孔子曰：『燕爵爭善，處於一屋之下，母子相哺也，區區焉相樂也，自以為安矣。竈突決，上棟焚，燕爵顏色不變，是何也？不知禍之將及之也，不亦愚乎？』」畢沅曰：「『及之』當作『及己』。」陳奇猷曰：「畢說是。『己』、『之』草書形近而誤。《論大》正作『及己』，《孔叢子》同，皆可證。」按：《孔叢子・論勢篇》：「先人有言：『燕雀處屋，……燕雀顏色不變，不知禍之將及己也。』」

（三）是書對於研究《晏子春秋》、《尚書大傳》等有參考價值。

《晏子春秋・外篇》第七：「仲尼曰：『靈公污，晏子事之以整齊；莊公壯，晏子事之以宣武；景公奢，晏子事之以恭儉：君子也。』」吳則虞《晏子春秋集釋》引孫星衍云：「句上脫『晏子』二字，《孔叢・詰墨篇》：『孔子曰：「靈公污，而晏子事之以潔；莊公怯，而晏子事之以勇；景公奢，而晏子事之以儉：晏子，君子也。」』」〔註48〕按：吳引孫星衍說是，《晏子春秋》所脫「晏子」二字，當據《孔叢子》以補。

《尚書大傳・略說》：「子張曰：『仁者何樂於山也？』孔子曰：『夫山者……草木生焉，鳥獸蕃焉，財用殖焉。生財用而無私為焉，四方皆代焉，……此仁者之所以樂於山者也。』」《孔叢子・論書篇》：「子張曰：『仁者何樂於山？』……孔子曰：『夫山，草木植焉，鳥獸蕃焉，財用出焉，直而無私焉，

〔註47〕錢穆：《先秦諸子繫年・孔穿與公孫龍辯於平原君所考》，商務印書館，2001年。

〔註48〕吳則虞：《晏子春秋集釋》，中華書局，1962年。

四方皆伐焉。……此仁者之所以樂乎山也。』」以《孔叢子》文證之，《尚書大傳》之「代」乃「伐」字之訛，當據《孔叢子》正之。

（四）是書對於研究《韓詩外傳》有參考價值。

《韓詩外傳》卷二「子夏讀書已畢」，許維遹《韓詩外傳集釋》：「『讀書』舊作『讀詩』。趙本作『讀書』，校云：『「讀書」本皆作「讀詩」。案：《尚書大傳・略說》、《孔叢子・論書篇》皆是「讀書」。此下所論亦是書，其作「詩」者，疑後人習讀《論語》，因妄改此。今據二書以復其舊。』」又「夫子造然變容曰：『嘻！吾子殆可以言書已矣』」，許維遹《集釋》：「『殆』舊作『始』。趙本『始』作『殆』。校云：『「殆」本皆作「始」，訛。據《（尚書）大傳（略說）》、《孔叢（子論書）篇》改。』」〔註49〕

上述所言，足證《孔叢子》對於校正前代典籍於流傳中發生的一些文字訛誤，具有重要研究價值。某些學家如孫詒讓、孫星衍、吳毓江、譚戒甫、陳奇猷等也確曾據《孔叢子》的文字，校正了他們所研究的某些典籍中的一些文字訛誤。《孔叢子》中有大量與之互見的文字，凡《孔叢子》不誤而互見之文出現訛誤者，學家們可以順理成章地據《孔叢子》的文字為依據予以校正，然而亦有《孔叢子》之文誤者，凡此，他們則幾乎異口同聲地斥之曰「《孔叢》偽書，不足據」，這樣來對待《孔叢子》，是不公平的，這是歷史上形成的一種偏見。而事實上，毋庸贅言，《孔叢子》在這方面的價值是不可忽視的。

二、《孔叢子》的歷史文獻價值

《孔叢子》中保留了某些歷史文獻較原始的內容與形式。今本《孔叢子》二十一篇，主要為記孔子、子思、子高、子順、子魚及子順後人的言行，其於記事、說理所涉及到有關古書記載，與該書傳世本有所不同，有些可能反映出該書較原始的一些面貌。譚戒甫說：「按《孔叢子》，前人多疑其偽，然間有抄存古說，殆猶後世輯佚之類，不可概視為無用矣。」〔註50〕湯用彤先生亦認為「此書雖不可靠，其中或許保存一些未被竄改過的真實史料」〔註51〕，其所論《孔叢子》，雖然有個「偽書」前提，但也不失為公允了，今則具體加以闡釋。

〔註49〕 許維遹：《韓詩外傳集釋》，中華書局，1980年。
〔註50〕 譚戒甫：《公孫龍子形名發微》，中華書局，1987年。
〔註51〕 陳夢家：《尚書通論》第247頁所引述，中華書局，2005年。

　　《孔叢子·論書篇》：「《書》曰：『維高宗報上甲微。』」清姜兆錫《孔叢子正義》：「《書》無文，蓋逸《書》與？」〔註52〕上甲微事，早期文獻僅見《國語·魯語上》：「上甲微，能帥契者也，商人報焉。」韋昭注：「上甲微，契後八世，湯之先也。」後王國維考證出卜辭中當有「上甲」，對於《孔叢子》所言「維高宗報上甲微」之文，王國維說：「此魏晉間偽書之未採入梅本者。今本《竹書紀年》『武丁十二年報祀上甲微』即本此。」〔註53〕王氏謂「魏晉間偽書之未採入梅本」者，屬《尚書》史研究之事，與本文並無直接關係，但可證明《孔叢子》此處存有《尚書》舊語。

　　《孔叢子·論書篇》：「《書》曰：『其在祖甲，不義惟王。』……大甲即位，不明居喪之禮，而干冢宰之政。」姜兆錫《正義》：「此釋《書》『祖甲不義惟王』之義，與今本《書傳》不同。按《書傳》太甲、祖甲各一人，而『不義惟王』，蓋祖甲不以王位為義而避之也。今則以祖甲為太甲，而謂其居喪行不義矣。」顧頡剛、劉起釪《尚書·無逸篇校釋譯論》說：「其實本篇原文見於漢今文者，係按先後幾個名王順序談的，先太宗（太甲，殷第五任國王），次中宗，次高宗，而偽孔本則承漢末古文本改按年數多少排，先七十五年，次五十九年，次三十三年，而在武丁后稱為甲的國王只有祖甲，就以『祖甲』替換了『太宗太甲』。祖甲並非有名賢王，其拼湊之跡顯然，故不用古文及偽古文之說，恢復漢今文順序，將此段文字移於『中宗』前，並將『祖甲』改回為『太宗』。」〔註54〕在該篇「詩論」的部分，顧、劉文認為「太宗只有三十三年，本該移於末；然而太宗的時代在前，決不該放在最後，無可奈何，只得不管《國語》、《史記》之文，把祖甲來頂替太甲了。」《太平御覽》卷八十三引《帝王世紀》：「太甲反位，又不怨，故更尊伊尹曰保衡，即《春秋傳》所謂『伊尹放太甲，卒為明王』是也。太甲修政，殷道中興，號曰太宗，……一名祖甲，享國三十三年。」〔註55〕此與《孔叢子》文合，反映了魏晉之際《尚書》文本流傳的某些情況。

　　《孔叢子·記問篇》：「叔孫氏之車子曰鉏商，樵於野而獲獸焉。」宋宋咸《注》：「《春秋經·哀公十四年》『西狩獲麟』，《左氏》曰『西狩於大

〔註52〕　姜兆錫：《孔叢子正義》五卷，《四庫全書存目叢書》影印清雍正十一年寅清樓刻本。
〔註53〕　王國維：《觀堂集林·殷卜辭中所見先公先王考》，中華書局，1999 年。
〔註54〕　顧頡剛、劉起釪：《尚書·無逸篇校釋譯論》，中華書局，2005 年。
〔註55〕　李昉：《太平御覽》，中華書局，1992 年。

野，叔孫氏之車子鉏商獲麟」，與此云『樵於野』小殊。」按：《藝文類聚》卷十引《琴操》：「魯哀公十四年，西狩，薪者獲麟，繫之，傷其左足，將以示孔子。」〔註56〕此文與《孔叢子》「樵於野」說接近，乃傳聞之辭各有所本。

《孔叢子·公孫龍篇》載孔穿與公孫龍論辯事，先記「齊王之問尹文」事，後言「楚王遺弓」事，爲整體的一段文字。今本《公孫龍子·跡府篇》分爲二段，而以「楚王遺弓」在前，「齊王之問尹文」在後。陳澧《公孫龍子注》說：「此二條皆後人所述，故同一事而一舉楚人遺弓之說，一舉齊王謂尹文之說，所聞有異也。《孔叢》合爲一，是也。」〔註57〕按此，《孔叢子》成書時所見到的記載，應當是後人所述公孫龍事跡的較早文本。

《孔叢子·論書篇》：「宰我問：『《書》云「納於大麓，烈風雷雨弗迷」，何謂也？』孔子曰：『此言人事之應乎天也。堯既得舜，歷試諸難，已而納之於尊顯之官，使大錄萬機之政，是故陰陽清和，五星來備，烈風雷雨各以其應，不有迷錯愆伏，明舜之行合於天也。』」姜兆錫《正義》：「此釋《書》『納於大麓』之義也，與今本《書》傳不同。據《書》傳，麓，山麓也，雖納之深山大麓，遇風雨不變，而舜不爲之迷也。……按文義，《書》傳爲協，而斷章之義亦有不能盡同者，傳聞異詞，存其說可也。」

《孔叢子·執節篇》：「其在《商書》，太甲嗣立而干冢宰之政。伊尹曰：『惟王舊行不義，習與性成，予不狎於不順，王始即桐，邇於先王之訓，罔以後人迷，王往居憂，允思厥祖之明德。』」宋咸注：「此文與《尚書》差多，疑其未刪舊語尚存。」按：僞《孔傳古文尚書·太甲上》：「伊尹曰：『茲乃不義，習與性成，予弗狎於弗順，營於桐宮，密邇先王其訓，無俾世迷。王徂桐宮居憂，克終允德。』」《孔叢子》所述《太甲》之文，疑爲該書編定時所見《孔傳古文尚書》的抄本之一，故義是而文有異。

《孔叢子》一書引用了許多《尚書》中的文句，其中包括有《今文尚書》、《古文尚書》、僞《孔傳古文尚書》。引用的方式有明引文句加篇名、明引文句不加篇名、稱「書曰」、泛稱「書」、疑似爲暗引《尚書》者多種。據許華峰所考證，「以孔子論《書》的數量最多，達二十三則，其中明引《尚書》文句達十九則。其餘子思五則，子高二則，子順五則，子魚二則，共十四則……

〔註56〕 歐陽詢：《藝文類聚》，上海古籍出版社，1999年。
〔註57〕 陳澧：《公孫龍子注》，《續修四庫全書》本。

至於《連叢子》有四則」，〔註58〕其中引《益稷》、《太甲上》等篇名，不見於伏生所傳二十八篇《今文尚書》及孔壁中書《古文尚書》十六篇之內，而見於傳說爲東晉梅賾所獻僞《孔傳古文尚書》五十八篇之內，某些文句如「惟高宗報上甲微（《論書篇》）」，《今文尚書》、僞《孔傳古文尚書》均失收，說明《孔叢子》爲說理而引用的《尚書》文句，雖同稱爲「書曰」，但卻有《今文尚書》、僞《孔傳古文尚書》以外的材料。就其所引見於《今文尚書》、僞《孔傳古文尚書》者，在文字、句式的排列上，二者也有差別，說明當時的《今文尚書》、僞《孔傳古文尚書》存在版本差異，而非定本。這樣看來，《孔叢子》中的材料，對於《尚書》流傳的研究，就有了較重要的參考價值，遺憾的是，舊學多囿於「《孔叢子》僞書」論，沒有能很好地利用《孔叢子》中的材料。

三、《孔叢子》的思想文化價值

《孔叢子》中體現出了一定的思想價值，其論證、說理亦有許多可取之處。陳澧說：「《孔叢子》云：『趙王問子順曰：「今寡人欲求北狄，不知其所以然。」答曰：「誘之以其所利而與之通市，則自至矣。」王曰：「寡人欲因而弱之，若與交市，分我國貨散於夷狄，是強之也，可乎？」答曰：「夫與之市者，將以我無用之貨，取其有用之物，是故所以弱之之術也。如斯不已，則夷狄之用，纍於衣食矣。殆可舉棰而驅之，豈徒弱之而已乎？」』《孔叢》爲僞書，可取者獨此一段，讀之令人感憤不已。自明以來，外夷與中國交市，彼正以無用之物弱我也。古人弱夷狄之術，而今夷狄以之弱中國，悲夫！往者不可諫，來者猶可追，自今以後，勿取其無用之貨，乃中國自強之術也。不取其貨，則彼失其所利，是即弱夷狄之術也。後世當有讀孔子順之言而得治夷狄之術者，可乎？」〔註59〕陳澧從古爲今用的角度，看出了《孔叢子》中一些議論的思想價值，這在清代學者中，是難得的。如果我們變換角度，不被「僞書說」所囿，上述的議論、說理，在《孔叢子》中是大量存在的。《論勢篇》記有秦急攻魏，子順爲魏王獻計，欲割地賂秦，以國質嫪毐一事，此爲明、清學者所詬，以爲此言必不出子順之口，實爲杜撰，並以此爲否定《孔叢子》的證據之一。而日本學者冢田虎認爲「天下皆從嫪毐，則秦國必有內

〔註58〕 許華峰：《孔叢子引尚書相關材料分析》，輔仁大學《先秦兩漢學術》2004 年
　　　　 3 月。
〔註59〕 陳澧：《東塾讀書記・諸子書》，《續修四庫全書》本。

亂矣,而乘其釁隙,則必可得報其怨矣。意者此子順之計,實救其危急之奇
策也已」,〔註60〕明、清學者,是以正統的儒家聖人之言、聖人之學的觀念來
評估《孔叢子》,不免脫離實際,倒是日本漢學家冢田虎不受束縛,能夠客觀、
求實地加以評價,在當時,這是十分難得的。

〔註60〕 冢田虎:《冢注孔叢子‧序》,日本寬政七年刻本。

第二章 《孔叢子》中孔子言行研究

　　關於孔子言行，傳世文獻中較集中的見於《論語》、《孔子家語》以及《孔叢子》，秦漢及以後其它一些文獻，如《孝經》、《禮記》、《大戴禮記》、《莊子》、《荀子》、《韓非子》、《尸子》、《晏子春秋》、《韓詩外傳》、《呂氏春秋》、《淮南子》、《史記》、《尚書大傳》、《法言》、《論衡》、《說苑》、《新序》、《列女傳》、《新論》、《白虎通》、《鹽鐵論》、《中論》、《列子》中，都保留了一些零散記載。清代學者孫星衍等將其中有關於孔子言行的材料及後代流行的相關材料輯爲一書，謂之《孔子集語》。孫氏之前，已有楊簡《先聖大訓》、薛據《孔子集語》等。孫氏之《集語》，取材範圍廣泛，資料收集完備，嚴可均謂其「群經傳注、秘緯、諸史、諸子以及唐宋人類書，巨篇隻句畢登，無所去取」，〔註1〕這些傳世文獻材料說明，秦漢時期，有一大批記載孔子言行的材料在社會上流傳，學者們著書時各取所需，其中難免有取捨之不同，人物、事件發生的年代不同，或是輾轉傳抄，文字使用上必定會有的正、俗之不同、本字與通假之不同、詞義演變後形成的字形古、今之不同。這些在後人眼中當作問題的現象，其實在古代是完全正常的。近年來一些地下材料的相繼發現，則很好地說明了這些問題，如河北定縣八角廊 40 號漢墓出土的一批竹簡，其中有記載孔子言行的內容，竹簡整理後定名爲《儒家者言》，〔註2〕內容與《說苑》、《新序》相關，可以相互補充。就《孔叢子》來說，孫氏編訂《集語》，因其爲專書，且通行較廣而不收，近代學者受「僞書」之說所囿，

〔註1〕 嚴可均：《孔子集語序》，見郭沂《孔子集語校補》，齊魯書社，1998 年。
〔註2〕 《儒家者言》，載《文物》1981 年第 8 期。

於其中的材料不肯用之，故而在此以專章論之。

第一節　孔子言論考述

　　《孔叢子》的前五篇，即《嘉言》、《論書》、《記義》、《刑論》、《記問》，保留有很多的孔子思想言論、行事行爲的材料，這些材料，大量的體現爲孔門後人所輯，如《孔叢子・公儀篇》「穆公謂子思曰：『子之書所記夫子之言，或者以謂子之辭也。』子思曰：『臣所記臣祖之言，或親聞之者，有聞之於人者，雖非其正辭，然猶不失其意焉，且君之所疑者何？』公曰：『於事無非。』子思曰：『無非，所以得臣祖之意也。就如君言，以爲臣之辭，臣之辭無非，則亦所宜貴矣。事既不然，又何疑焉』」，就子思的答問來看，於夫子之言，有「親聞之者，有聞之於人者」，因此按今天的標準，就文章記事記言的體例來說，並不是很嚴謹，但內容的豐富性及其價值，卻是不可忽視的。

一、孔子言《詩》考述

　　《孔叢子》保留了孔子論《詩》的部分內容。孔子論《詩》的一些內容，由戰國至漢代文獻記載中開始出現。《呂氏春秋・先己篇》：「《詩》曰：『執轡如組。』孔子曰：『審此言也，可以爲天下。』」《說苑・貴德篇》：「孔子曰：『吾於《甘棠》，見宗廟之敬也甚。尊其人必敬其位，順安萬物，古聖之道幾哉！』」又《敬愼篇》：「孔子論《詩》，至於《正月》之六章，懼然曰：『不逢時之君子，豈不殆哉！從上依世則廢道，違上離俗則危身；世不與善，己獨由之，則曰非妖則孽也；是以桀殺關龍逢，紂殺王子比干。故賢者不遇時，常恐不終焉。《詩》曰：「謂天蓋高，不敢不局；謂地蓋厚，不敢不蹐。」此之謂也。』」《毛詩・木瓜傳》：「孔子曰：『吾於《木瓜》，見苞苴之禮行。』」《韓詩外傳》卷五：「子夏問曰：『《關雎》何以爲《國風》始也？』孔子曰：『《關雎》至矣乎！夫《關雎》之人，仰則天，俯則地，幽幽冥冥，德之所藏，紛紛沸沸，道之所行，雖神龍化，斐斐文章。大哉！《關雎》之道也，萬物之所繫，群生之所懸命也，河、洛出《圖》、《書》，麟鳳翔乎郊，不由《關雎》之道，則《關雎》之事將奚由至矣哉？夫六經之策，皆歸論汲汲，蓋取之乎《關雎》。《關雎》之事大矣哉！馮馮翊翊，自東自西，自南自北，無思不服。』」《鹽鐵論・執務篇》：「孔子曰：『吾於《河廣》，知德之至也。』」《漢書・劉

向傳》:「孔子論《詩》,至於『殷士膚敏,祼將於京』,喟然歎曰:『大哉天命!善不可不傳於子孫,是以富貴無常;不如是,則王公其何以戒愼,民萌何以勸勉?』」上述可以看出,孔子論《詩》的文句,當時只是散見於這些文獻中,並不系統。

　　(一)《孔叢子》保留了孔子論《詩》的部分內容。這些內容,有出現在對話中的隻言片語,如《記義篇》:「顏讎善事親,子路義之。後讎以非罪執於衛,將死,子路請以金贖焉,衛人將許之,既而二三子納金於子路以入衛。或謂孔子曰:『受人之金,以贖其私昵,義乎?』子曰:『義而贖之,貧取於友,非義而何?愛金而令不辜陷辟,凡人且猶不忍,況二三子於由之所親乎?《詩》云:「如可贖兮,人百其身。」苟出金可以生人,雖百倍古人,不以為多。故二三子行其欲,由也成其義,非汝之所知也。』」孔子引《詩》,見《秦風‧黃鳥》,為秦人哀「三良」之詩,此事又見於《呂氏春秋‧察微篇》:「魯國之法,魯人為人臣妾於諸侯,有能贖之者,取其金於府。子貢贖魯人於諸侯,來而讓不取其金。孔子曰:『賜失之矣,自今以往,魯人不贖人矣。取其金則無損於行,不取其金則不復贖人矣。』」義與此文可互參。

　　(二)在《孔叢子》中,還有內容十分集中的孔子論《詩》的文字。在《記義篇》,所論由《二南》至《小雅》,涉及到《柏舟》、《淇澳》、《考盤》、《木瓜》、《緇衣》、《雞鳴》、《伐檀》、《蟋蟀》、《下泉》、《七月》、《東山》、《狼跋》、《鹿鳴》、《彤弓》、《羔羊》(《無羊》)、《節南山》、《蓼莪》、《四月》(《楚茨》)、《裳裳者華》、《采菽》二十一篇。

1、吾於《周南》、《召南》,見周道之所以盛也

　　《周南》、《召南》,《木瓜篇》孔穎達正義作「二南」。作「二南」與下文句式一律,疑是。《詩經‧周南》朱熹《集傳》:「周國本在禹貢雍州境內岐山之陽。后稷十三世孫古公亶甫始居其地。傳子王季歷,至孫文王昌,闢國浸廣。於是徙都於豐,而分岐周故地,以為周公旦、召公奭之采邑,且使周公為政於國中,而召公宣佈於諸侯。於是德化大成於內,而南方諸侯之國,江、沱、汝、漢之間,莫不從化。蓋三分天下而有其二焉。至子武王發,又遷於鎬,遂克商而有天下。武王崩,子成王誦立。周公相之,製作禮樂,乃採文王之世風化所及民俗之詩,被之筦弦,以為房中之樂,而又推之以及於鄉黨邦國,所以著明先王風俗之盛,而使天下後世之修身齊家治國平天下者,皆得以取法焉。蓋其得之國中者,雜以南國之詩,而謂之周南。言自天子之國

而被於諸侯，不但國中而已也。其得之南國者，則直謂之召南。」〔註3〕《論語・陽貨篇》：「人而不爲《周南》、《召南》，其猶正牆面而立也與？」

　　2、於《柏舟》，見匹夫執志之不可易也

　　《柏舟》表露了一位女性不被丈夫所愛，又受其它眾妾欺負，而無可訴說的苦悶與憂傷之情。《毛序》：「柏舟，言仁而不遇也。衛頃公之時，仁人不遇，小人在側。」朱熹《集傳》：「婦人不得於其夫，故以柏舟自比。言以柏爲舟，堅致牢實，而不以乘載，無所依薄，但泛然於水中而已。」《木瓜篇》孔穎達正義：「於柏舟，見匹夫執志之不易。」（按：匹夫，《淵鑒類函》卷一百九十三作「匹婦」，以朱熹《集傳》，當是）朱熹的解釋，不失《詩》意。

　　3、於《淇澳》，見學之可以爲君子也

　　《淇澳》在《衛風》，內容是讚美衛國一位有才華的君子，後來古書中說是讚美衛武公。《毛序》：「淇澳，美武公之德也。有文章，又能聽其規諫，以禮自防，故能入相於周，美而作是詩是也。」毛傳：「治骨曰切，象曰蹉，玉曰琢，石曰磨，道其學而成也。聽其規諫以自修，如玉石之見琢磨也。」朱熹《集傳》：「按《國語》（按：《楚語上》），武公年九十有五，猶箴儆於國，曰：『自卿以下，至於師長士，苟在朝者，無謂我老耄而舍我，必恪恭於朝，以交戒我。』遂作懿戒之詩以自警。而《賓之初筵》亦武公悔過之作。則其有文章而能聽規諫，以禮自防也可知矣。衛之他君，蓋無足以及此者。」宋咸注：「衛武公年九十有五，猶箴儆於卿、師長士，以懿戒自儆。及其沒也，謂之睿聖武公。《詩》稱『切磋琢磨』，猶學而成然。」

　　4、於《考盤》，見遁世之士而不悶也

　　《考盤》是書寫隱居內容的，詩中有「考盤在澗，碩人之寬」之語。《木瓜篇》孔穎達正義：「於《考盤》，見遯世之士而無悶於世。」朱熹《集傳》：「陳氏曰：『考，扣也；盤，器名。蓋扣之以節歌，如鼓盆拊缶之爲樂也。』」盤是木製盛水的器物，隱居之人於山澗水旁以木盤爲樂器，敲叩之以伴歌，即「遁世之士而不悶」之義。

　　5、於《木瓜》，見苞苴之禮行也

　　《木瓜》本意是一首男女互贈信物的定情詩。毛傳：「木瓜，楙木也，可食之木。……孔子曰：『吾於《木瓜》，見苞苴之禮行。』」朱熹《集傳》：「言

〔註3〕　朱熹：《詩集傳》，上海古籍出版社，1980年。

人有贈我以微物，我當報之以重寶，而猶未足以爲報也，但欲其長以爲好而不忘耳。疑亦男女相贈答之詞，如《靜女》之類。」《禮記・少儀篇》鄭氏注：「苞苴謂編束萑葦以裹魚肉也。」《木瓜篇》孔穎達正義：「《孔叢》云：『……於《木瓜》，見苞苴之禮行。』……此投人以木瓜、木李，必苞苴而往，故見苞苴之禮行。知果實必苞之者，《尚書》曰：『厥包橘柚。』橘柚在苞，明果實皆苞之。《曲禮》注云：『苞苴裹魚肉。』不言包果實者，注舉重而略之，此苞之所通。」又《禮記・少儀篇》孔穎達正義：「《孔叢子》云：『吾於木瓜之惠，見苞苴之禮行是也。」是唐人所見《孔叢子》各本，已多有文字之異。

6、於《緇衣》，見好賢之心至也

《緇衣》在《鄭風》，緇衣是當時卿大夫私朝時所穿的衣服。孔穎達正義：「卿士旦朝於王，服皮弁，不服緇衣。退適治事之館，釋皮弁而服，以聽其所朝之政也。」朱熹《集傳》：「舊說鄭桓公、武公相繼爲周司徒，善於其職，周人愛之，故作是《詩》，言子之服緇衣也甚宜，敝則我將爲子更爲之。且將適子之館，既還而又授子以粲，言好之無已也。」朱熹所謂舊說，乃《毛詩序》「美鄭武公也，父子並爲周司徒」之語。觀《詩》中「緇衣之宜兮，敝，予又改爲兮」之語，則孔子「見好賢之心至」亦不爲《緇衣》之本意。

7、於《雞鳴》，見古之君子不忘其敬也

《雞鳴》在《齊風》，《詩》中有「雞既鳴矣，朝既盈矣」，「匪雞則鳴，蒼蠅之聲」語句，「雞既鳴矣，朝既盈矣」是妻子催促丈夫起床，「匪雞則鳴，蒼蠅之聲」是丈夫賴床說「不是雞鳴之聲，是蒼蠅的嗡嗡之聲」，本意是一首妻子催促丈夫早起的詩歌。《毛序》謂「《雞鳴》，思賢妃也。哀公荒淫怠慢，故陳賢妃貞女夙夜警戒相成之道焉」，離題較遠，孔子「古之君子不忘其敬」亦非《詩》之本意，乃爲之立教化之義。

8、於《伐檀》，見賢者之先事後食也

《伐檀》在《魏風》，《毛序》：「《伐檀》，刺貪也。在位貪鄙，無功而食祿。君子不得進仕爾。」朱熹《集傳》：「詩人言有人於此，用力伐檀，將以爲車而行陸也。今乃寘之河干，則河水清漣而無所用，雖欲自食其力而不可得矣。然其志則自以爲不耕則不可以得禾，不獵則不可以得獸，是以甘心窮餓而不悔也。詩人述其事而歎之，以爲是眞能不空食者。」詩人言「不稼不穡，胡取禾三百廛」，「彼君子兮，不素餐兮」，詩意彰顯，孔子謂其「見賢者

之先事後食」，當是委婉之辭。

9、於《蟋蟀》，見陶唐儉德之大也

《蟋蟀》在《唐風》，所言為歲暮述懷之情。《毛序》：「此晉也而謂之唐，本其風俗，憂思深遠，儉而用禮，乃有堯之遺風焉。」朱熹《集傳》：「唐，國名，本帝堯舊都，……唐俗勤儉，故其民間終歲勞苦，不敢少休。及其歲晚務閒之時，乃敢相與燕飲為樂。而言今蟋蟀在堂，而歲忽已晚矣，當此之時而不為樂，則日月將舍我而去矣。……故方燕樂而又遽相戒曰『今雖不可以不為樂，然不已過於樂乎』，蓋亦顧念其職之所居者，使其雖好樂而無荒，若彼良士之長慮卻顧焉，則可以不至於危亡也。」方玉潤《詩經原始》謂其「其人素本勤儉，強作曠達，而又不敢過放其懷，……故方以日月之舍我而逝不復回者為樂不可緩，有更以職業之當修，勿忘其本業者為志不可荒」，〔註4〕孔子謂其「見陶唐儉德之大」，是看到了詩人情愫的一個側面。

10、於《下泉》，見亂世之思明君也

《下泉》在《曹風》，《毛序》謂其「曹人疾共公侵刻下民，不得其所，憂而思明王賢伯也」，冢田虎曰：「《序》曰：『思治也。』其《詩》曰：『愾我寤歎，念彼周京。』」〔註5〕這是曹人讚美晉國荀躒接納周敬王到成周的詩，孔子謂「見亂世之思明君」，與《毛序》意同。

11、於《七月》，見豳公之所造周也

《毛序》：「《七月》，陳王業也。周公遭變，故陳后稷先公風化之所由，致王業之艱難也。」朱熹《集傳》：「虞、夏之際，棄為后稷，而封於邰。及夏之衰，棄稷不務，棄子不窋失其官守，而自竄於戎狄之間。不窋生鞠陶，鞠陶生公劉，能復修后稷之業，民以富實，乃相土地之宜，而立國於豳之谷焉。十世而大王徙居岐山之陽。」《七月》的內容是描述豳地農事生產活動和生活場景，方玉潤《詩經原始》：「此必古有其詩，自公始陳王前，俾知稼穡艱難，並王業所自始，而後人遂以為公作也。」孔子謂「見豳公之所造周」，應當是概括性的言辭。

12、於《東山》，見周公之先公而後私也

《毛序》：「《東山》，周公東征也。周公東征三年而歸，勞歸士，大夫美

〔註4〕方玉潤：《詩經原始》，中華書局，1986年。
〔註5〕冢田虎：《冢注孔叢子》，日本寬政七年刻本。

之，故作是詩也。」冢田虎曰：「其《詩》皆稱東征士卒之勞也。」「稱東征士卒之勞」當爲該篇主旨，《東山》的背景與周公東征是有聯繫的，故孔子稱之「周公之先公而後私」。

　　13、於《狼跋》，見周公之遠志所以爲聖也

　　《毛序》：「《狼跋》，美周公也。」冢田虎曰：「《序》曰：『周公攝政，遠則四國流言，近則王不知。周大夫美其不失其聖也。』其《詩》曰：『公孫碩膚，德音不瑕。』」按：《文選・陳情事表》李善注引此文作「吾於《狼狽》，見聖人之志」，「跋」、「狽」古通用，《爾雅・釋言》陸德明《音義》：「跋，郭音『貝』。」

　　14、於《鹿鳴》，見君臣之有禮也

　　《毛序》：「《鹿鳴》，燕群臣嘉賓也。既飲食之，又實幣帛筐篚，以將其厚意，然後忠臣嘉賓，得盡其心焉。」燕群臣嘉賓也，與孔子謂「見君臣之有禮」之意同。

　　15、於《彤弓》，見有功之必報也

　　《毛序》：「《彤弓》，天子錫有功諸侯也。」毛傳：「彤弓，朱弓也，以講德習射。」朱熹《集傳》：「鄭氏曰：『凡諸侯賜弓矢，然後專征伐。』」孔子謂「見有功之必報」當爲切合《詩》意

　　16、於《羔羊》，見善政之有應也

　　羔羊，冢田虎本作「無羊」，冢田曰：「《序》曰：『宣王考牧也。』」按：《羔羊》在《召南》，《無羊》在《小雅》。《詩經・小雅・無羊篇》陳子展說：「何楷《古義》云：『《孔叢子》載孔子曰：「於《無羊》見善政之有應也。」』」〔註6〕《毛序》：「羔羊，鵲巢之功致也。召南之國，化文王之政，在位皆節儉正直，德如羔羊也。」《詩經》雖有《無羊篇》，然《孔叢子》傳世諸本，無作「無羊」者。此段述孔子讀《詩》，皆以《詩經》篇目順序而言，如此整齊，恐非初時所編之序，何楷所言，可備一說

　　17、於《節南山》，見忠臣之憂世也

　　冢田虎曰：「《序》曰：『家父刺幽王也。』其《詩》曰：『家父作誦，以究王訩。式訛爾心，以畜萬邦。』」毛傳：「家父，字，周大夫也。」朱熹《集傳》：「《序》以此爲幽王之詩，而《春秋》桓十五年有『家父來聘』，於周爲

〔註6〕陳子展：《詩經直解》，復旦大學出版社，1983 年。

桓王之世，上距幽王之終已七十五年，不知其人之同異，大抵《序》之時世皆不足信，今姑闕焉可也。」

18、於《蓼莪》，見孝子之思養也

《毛序》：「《蓼莪》，刺幽王也。民人勞苦，孝子不得終養爾。」毛傳：「不得終養者，二親病亡之時，時在役，所不得見也。」朱熹《集傳》：「言昔謂之莪，而今非莪也，特蒿而已。以比父母生我以爲美材，可賴以終其身，而今乃不得其養以死，於是乃言父母生我之劬勞，而重自哀傷也。」

19、於《楚茨》，見孝子之思祭也

宋咸注：「《小雅·四月章》，刺幽王以在位貪殘，下國構禍，怨亂並興，乃無孝子思祭之槁詳。」按：《孔叢子》傳世刻本中宛委別藏本、周叔弢藏本、指海本並有注文「四月言先祖胡寧忍予」九字。宋刻本原作「四月」，葉氏藏本、蔡宗堯本、潘承弼校跋本、章鈺校跋本、黎堯卿本並作「楚茨」。宋咸注文乃本《毛序》。以《四月》全篇及宋咸注所本之《毛序》來看，無孝子思祭之義，乃爲遭亂自傷之詩，疑宋咸所據本已訛爲「四月」，且宋咸對此已疑之，故其注文有「乃無孝子思祭之槁詳」語。綜觀《楚茨》之詩，乃直陳祭祀之事，《楚茨篇》朱熹《集傳》：「呂氏曰：『《楚茨》極言祭祀所以事神受福之節，致詳致備，所以推明先王致力於民者盡，則致力於神者詳。』」則此，當以作「楚茨」爲是。

20、於《裳裳者華》，見古之賢者世保其祿也

冢田虎曰：「《序》曰：『古之仕者世祿。』其《詩》曰：『左之左之，君子宜之。右之右之，君子有之。維其有之，是以似之。』」朱熹《集傳》：「此天子美諸侯之辭。」一般認爲這是周王讚美諸侯的詩，故孔子謂之「見古之賢者世保其祿也」。

21、於《采菽》，見古之明王所以敬諸侯也

宋咸注：「仲尼居常言《詩》固多矣，子思不能盡錄，但舉其略。」冢田虎曰：「《序》曰：『君子見微而思古焉。』其《詩》曰：『采菽采菽，筐之筥之。君子來朝，何錫予之？雖無予之，路車乘馬。』以上《詩》之解，與後世說《詩》者頗有異焉者。《序》者之意，亦不全同焉，此其可以見古訓矣。」

上述孔子論《詩》凡二十一條，漢代劉向《序錄》說：「孔子雖論《詩》、

《書》，定禮、樂，王道燦然分明。」〔註7〕說明漢代確有孔子論《詩》的材料在流傳，而劉向也確曾見到過這些材料，這從劉向編《說苑》中所收的二條孔子《詩》論材料可以證明。然而由於宋、明以來，《孔叢子》被懷疑爲僞書，後來幾成定論，所以《孔叢子》中孔子論《詩》的內容不被學界所重視。直到 2001 年，上海博物館所收購的戰國竹書首批資料公佈，竹書中一批簡文記載有孔子論《詩》的內容，可與《孔叢子》中的孔子《詩》論內容相比照：其中第 26 號簡涉及《柏舟》，第 18、19 號簡涉及《木瓜》，第 27 號簡涉及《蟋蟀》，第 23 號簡涉及《鹿鳴》，第 8 號簡涉及《節南山》，第 26 號簡涉及《蓼莪》，第 9 號簡涉及《裳裳者華》。見於《孔叢子·記義篇》以外的《詩》論，《韓詩外傳》所引孔子論《關雎》，篇名見竹書第 10 號、第 12 號簡，《說苑·貴德篇》所論《甘棠》，篇名見竹書第 10 號、第 13 號、第 15 號簡，《漢書·劉向傳》中的孔子論《詩》，乃《大雅·文王篇》，篇名見竹書第 21 號簡〔註8〕。上博簡的公佈，引起巨大反響，由此《孔叢子》的價值重新得到肯定。據此可以推論，《孔叢子》的編寫及最後定稿者對漢代流傳的孔子《詩》論的材料，選擇了其中內容較集中的一部分加以整理，按當時《詩經》篇目順序予以排列。在語言表述形式上，不再是像上博簡和《韓詩外傳》、《說苑》所見那樣的大段論述或簡短評析，而是把評論每一篇的內容概括爲一個分句，行文簡潔，句式排列有序，詞語搭配整齊。在謀篇佈局上，顯然是經過了編寫者的精心安排，其目的顯然是要與當時流傳的孔子論《詩》的材料在形式上有所區別。

二、孔子論《書》的記載形式

（一）以弟子、諸侯、士大夫問《書》，孔子作答的形式出現

1、弟子問《書》

《論書篇》：「子張問：『《書》云「奠高山」，何謂也？』孔子曰：『高山五嶽，定其差秩，祀所視焉。』子張曰：『其禮如何？』孔子曰：『牲幣之物，五嶽視三公，小名山視子男。』子張曰：『仁者何樂於山？』孔子曰：『夫山者，巋然高。』子張曰：『高則何樂爾？』孔子曰：『夫山，草木植焉，鳥

〔註7〕　《戰國策·附錄》，上海古籍出版社，1985 年。

〔註8〕　竹書簡號及《詩經》篇名，參見馬承源主編《上海博物館藏戰國楚竹書一》，上海古籍出版社，2001 年。

獸蕃焉，財用出焉，直而無私焉，四方皆伐焉。直而無私，興吐風雲，以通乎天地之間。陰陽和合，雨露之澤，萬物以成，百姓咸饗，此仁者之所以樂乎山也。』」宋咸注：「《夏書·禹貢》之文。」姜兆錫《正義》曰：「此釋《書》奠高山之義而因及乎樂山也。釋奠為祭奠之奠，於《書傳》奠定之義亦不同。其樂山之義，《論語》與樂水對文，故以動靜、樂壽分疏其義，而此專言山，故義有不同也。」冢田虎曰：「皆受山之德也。」按：《尚書·禹貢》孔氏傳：「奠，定也。高山，五嶽，……定其差秩，祀禮所視。」《尚書大傳·禹貢》注：「所視者，謂其牲幣、粢盛、籩豆、爵獻之數。」《說苑·辨物篇》：「五嶽何以視三公？能大布雲雨焉，能大斂雲雨焉。雲，觸石而出，膚寸而合，不崇朝而雨天下。施德博大，故視三公也。」又「山川何以視子男也？能出物焉，能潤澤物焉，能生雲雨，為恩多。然品類以百數，故視子男也。」《荀子·堯問篇》：「其猶土也，深抇之而得甘泉焉，樹之而五穀蕃焉，草木殖焉，禽獸育焉。」《禮記·祭法篇》：「山林、川谷、丘陵，民所取財用也。」

《論書篇》：「子夏問《書》大義。子曰：『吾於《帝典》，見堯、舜之聖焉；於《大禹謨》、《皋陶謨》、《益稷》，見禹、稷、皋陶之忠勤功勳焉；於《洛誥》，見周公之德焉。故《帝典》可以觀美，《大禹謨》、《禹貢》可以觀事，《皋陶謨》、《益稷》可以觀政，《洪範》可以觀度，《泰誓》可以觀議，五《誥》可以觀仁，《甫刑》可以觀誡。通斯七者，則《書》之大義舉矣。』」這一條問題較多，第一，關於《大禹謨》、《益稷》，《尚書大傳》卷五陳壽祺案曰：「《孔叢》言《大禹謨》、《益稷》者，蓋作偽者屬入，而不知真古文與今文皆無大禹謨。其《益稷》一篇，則統於《皋陶謨》中也。」《大禹謨》一篇，不在伏生所傳二十八篇之內，乃見於魯恭王毀孔宅所見壁中書《尚書》十六篇之內。《益稷》一篇，篇名始見東晉梅賾所傳《孔傳古文尚書》之內，實乃鄭注本《皋陶謨》之後半，僅分篇題名有所不同，內容並非新出。第二，「《泰誓》可以觀議」，《尚書大傳》卷五：「六誓可以觀義。」閻琴南《孔叢子·論書篇斟證》曰：「諸本『秦』或作『泰』，疑並誤。當據《書大傳》改作『六』，蓋《孔叢》此章乃襲《書大傳》成文，後世訛『六』為『大』，復緣『大』與『太』近（形似音亦通），而《書》作『太』，今本作『秦』者，蓋《書》有《秦誓》，且『秦』與『泰』形近所致。薛季宣《書古文訓序》引正作『六』，『六誓』與下『五誥』亦相對，皆可為旁證。又諸本『議』並作『義』，與《書大傳》

合，當據改。」〔註9〕按：此可備一說。疑「六」乃「大」之形訛，「大」爲「太」之古字，「太」同「泰」，《尚書・泰誓序》：「惟十有一年，武王伐殷。一月戊午，師度孟津，作《泰誓》三篇。」《書序》所言並不可靠，據馬雍先生考證，「（漢）景帝以後……在《尚書》方面，首先發現了一篇《泰誓》……於是，將這篇書加到伏生的二十八篇中，成了二十九篇。……到了哀帝時……根據劉欣的報導，古文《尚書》的篇數也有了改變……把《泰誓篇》也分作三篇。……南朝梁武帝時……在《尚書》學界忽然出現了一部標榜爲孔安國眞本的古文《尚書》，……這部《尚書》的經文共有五十八篇，其中三十四篇的篇名完全與鄭注本相同……在那與鄭注本相同的三十四篇中《泰誓》三篇的篇名雖然相同，內容卻完全不同」，〔註10〕按馬雍所言，這《泰誓》三篇也是僞造的。第三，關於《五誥》，冢田虎曰：「今所謂《五誥》，不知何篇也。蓋亦《大誥》、《康誥》、《酒誥》之屬。」按：伏生所傳二十八篇中有《大誥》、《康誥》、《酒誥》、《召誥》、《洛誥》五篇，其「《五誥》」，疑其即謂此而言。第四，「《甫刑》可以觀誠」，《禮記・緇衣篇》孔穎達正義：「此《尚書・呂刑》之篇也。甫侯爲穆王說刑，故稱甫刑。」《史記・周本紀》：「諸侯有不睦者，甫侯言於王，作修刑辟。王曰『吁，來！有國有土，告汝祥刑。……墨罰之屬千，劓罰之屬千，臏罰之屬五百，宮罰之屬三百，大辟之罰其屬二百：五刑之屬三千。』命曰《甫刑》。」第五，《尚書大傳》卷五無《孔叢子》「通斯七者，則《書》之大義舉矣」十一字。陳壽祺案曰：「《外紀》引『子夏讀書畢』一條，未舉所徵，然《文選》注、《御覽》、《困學紀聞》分自變量條並與此合，是爲《書傳》文無疑。薛季宣《書古文訓序》亦有此文，末有『通斯七者，書之大義舉矣』二句，亦不稱所出，而末敘七觀云『是故《帝典》可以觀美，《大禹謨》、《禹貢》可以觀事，《皋陶謨》、《益稷》可以觀政，《洪範》可以觀度，《六誓》可以觀義，《五誥》可以觀仁，《甫刑》可以觀戒』，其序次與《孔叢子》同，與《御覽》、《困學紀聞》所引《大傳》七觀異，則非《書大傳》之文明矣。……又《韓詩外傳》說此事，以爲子夏讀《詩》。」按：陳氏明言《孔叢子》「七觀」所言及薛季宣所述，非《尚書大傳》文，則《孔叢子》此文當另有來源。

〔註9〕　閻琴南：《孔叢子斠證》，臺灣中國文化學院中國文學研究所碩士論文。
〔註10〕　馬雍：《尚書史話》，中華書局，1972年。

2、諸侯問《書》

《論書篇》:「定公問曰:『《周書》所謂「庸庸祇祇,威威顯民」,何謂也?』孔子對曰:『不失其道,明之於民之謂也。夫能用可用,則正治矣;敬可敬,則尚賢矣;畏可畏,則服刑恤矣。君審此三者以示民,而國不興,未之有也。』」宋咸注:「《周書・康誥》之文,言文王用可用,敬可敬,畏可畏,以此道而示於民。」姜兆錫曰:「顯,明也。正理其治,庸庸也;尊顯其賢,祇祇也;欽恤其刑,威威也。」冢田虎曰:「可用,有能者也。用有能者,則治理可正也。可敬,有德者也。敬有德者,則賢人見尚也。可威,有罪者也。威有罪者,則刑恤可服也。《書》曰:『欽哉,欽哉,惟刑之恤哉!』此刑者,以恤欲得中,故曰刑恤也。」按:《康誥》「是周王朝冊封周文王的兒子康叔於衛國時的誥辭。……此篇在先秦文獻中引用次數最多,計共達三十一次。新出土《郭店楚簡》引用二次,,它在漢初伏生今文本中當為《周書》的第五篇,全書的第十四篇;在西漢歐陽、大小夏侯三家今文本中為《周書》的第六篇,全書的第十五篇;東漢古文本中仍為《周書》的第六篇,全書的第十九篇;東晉偽古文本中則為《周書》的第十一篇,全書的第三十七篇」,﹝註11﹞《左傳・宣公十五年》:「《周書》所謂『庸庸祇祇』者,謂此物也夫。」杜預注:「庸,用也。祇,敬也。物,事也。言文王能用可用,敬可敬。」偽《孔傳古文尚書》謂「用可用,敬可敬,刑可刑,明此道以示民」,則宋咸乃據之而作注,不可據也。

3、士大夫問《書》

《論書》:「孟懿子問:『《書》曰「欽四鄰」,何謂也?』孔子曰:『王者前有疑,後有丞,左有輔,右有弼,謂之四近,言前後左右近臣當畏敬之,不可以非其人也。周文王胥附、奔輳、先後、禦侮,謂之四鄰,以免乎羑里之害。』懿子曰:『夫子亦有四鄰乎?』孔子曰:『吾有四友焉。自吾得回也,門人加親,是非胥附乎?自吾得賜也,遠方之士日至,是非奔輳乎?自吾得師也,前有光,後有輝,是非先後乎?自吾得由也,惡言不至於門,是非禦侮乎?』」按:《史記・孔子世家》:「魯大夫孟釐子病且死,誡其嗣懿子曰:『孔丘,聖人之後,滅於宋。……今孔丘年少好禮,其達者歟?吾即沒,若必師之。』及釐子卒,懿子與魯人南宮敬叔往學禮焉。」是懿子以孔子為師。冢

﹝註11﹞ 顧頡剛、劉起釪:《尚書校釋譯論》,中華書局,2005 年,第 1291 頁。

田虎曰：「《書・益稷》。欽，敬。鄰，近也。文王四鄰，見於《大雅・綿》詩。『胥』，《詩》作『疏』，『輳』作『奏』。率下親上曰疏附，喻德宣譽曰奔奏，相道前後曰先後，武臣折衝曰禦侮。」偽《孔傳古文尚書・益稷篇》：「四近，前後左右之臣。」《尚書大傳・虞夏傳》：「天子有問無以對，責之疑；可志而不志，責之丞；可正而不正，責之輔；可揚而不揚，責之弼。」《墨子・尚賢下》孫詒讓《閒詁》：「畢云：『紂拘文王於羑里，於是散宜生乃以千金求天下之珍怪，得騶虞雞斯之乘，玄玉百工，大貝百朋，玄豹黃羆，青犴白虎，文皮千合，以獻於紂。以費仲而通，紂見而悅之，乃免其身，殺牛而賜之。』」《史記・仲尼弟子列傳》：「自吾有回，門人益親。」裴駰《集解》引王肅曰：「顏回為孔子胥附之友，能使門人日親孔子。」又「子路為孔子侍衛，故侮慢之人不敢有惡言，是以惡言不聞於孔子耳。」

（二）以孔子直接用「《書》曰」的方式闡釋《書》義

《論書篇》：「孔子曰：『《書》之於事也，遠而不闊，近而不迫。志盡而不怨，辭順而不諂。吾於《高宗肜日》，見德之有報之疾也。苟由其道致其仁，則遠方歸志而致其敬焉。吾於《洪範》，見君子之不忍言人之惡而質人之美也。發乎中而見乎外以成文者，其唯《洪範》乎？』」《高宗肜日》，見於《尚書・商書》部分，內容為商王朝進行「高宗肜日」祭祀時，發生了「鳴雉」之事，之後祖己對商王進行了戒勉性的談話，即《高宗肜日》，為漢代伏生所傳《今文尚書》二十八篇之一。《尚書大傳・高宗肜日》：「孔子曰：『吾於《高宗肜日》，見德之有報之疾也。』」偽《孔傳古文尚書・高宗肜日》：「祭之明日又祭，殷曰肜，周曰繹。」冢田虎曰：「《書序》曰：『高宗祭成湯，有飛雉，升鼎耳而雊。』此意於今《高宗肜日》，無所見焉，疑在高宗之訓與？王充《論衡》曰：『高宗祭成湯之廟，有蜚雉，升鼎而雊。祖乙以為遠人將有來者，說尚書家謂雉凶，議駁不同（按：《論衡・異虛篇》）。』又曰：『《尚書大傳》云：「高宗祭成湯之廟，有雉升鼎耳而鳴。高宗問祖乙，祖乙曰：『遠方君子殆有至者。』」』是今意爾。」《洪範》「在先秦文獻中被稱引十九次，為僅次於《康誥》、《太誓》稱引次數很多的一篇。而且總被稱為《商書》，因其為箕子所說之故。到篇首加上周武王訪問箕子之語，遂為周使臣之辭，列入『周書』，《史記》錄入《宋世家》中」。〔註12〕冢田虎曰：「所謂《洪範》，非總謂九疇，特

〔註12〕 顧頡剛、劉起釪：《尚書校釋譯論》，第 1143 頁。

以皇極章謂之與？他章無所見此意矣。皇極曰『凡厥庶民，有猷，有為，有守。汝則念之，不協於極，不罹於咎，皇則受之』，是等之言，可謂成人之美也。發乎中而見乎外，言發於中心而見於言語也。」《論語‧顏淵篇》：「君子成人之美，不成人之惡。」

三、孔子引《書》論政教

（一）以《書》論道義

《論書篇》：「《書》曰：『其在祖甲，不義惟王。』公西赤曰：『聞諸晏子：「湯及太甲、祖乙、武丁，天下之大君。」夫太甲為王，居喪行不義，同稱君，何也？』孔子曰：『君子之於人，計功以除過。太甲即位，不明居喪之禮，而干冢宰之政，伊尹放之於桐，憂思三年，追悔前愆，起而復位，謂之明王。以此觀之，雖四於三王，不亦可乎？』」宋咸注：「《周書‧無逸篇》之文，言湯孫太甲為王不義，伊尹放之桐宮。」《無逸篇》是「周公在以《召誥》、《洛誥》兩篇吸取夏商教訓諄諄告誡成王之後，又以《無逸》一篇，沿前兩文精神，進一步專教誨成王不要逸樂而應知稼穡之艱難及小民之苦疾，所作語摯情殷的一篇告誡之辭」。〔註13〕《尚書‧無逸篇》：「周公曰：『嗚呼！自殷王中宗，及高宗，及祖甲，及我周文王，茲四人迪哲。』」偽《孔傳古文尚書‧無逸篇》：「言此四人皆蹈智明德以臨下。」《史記‧殷本紀》：「太甲，成湯適長孫也，是為帝太甲。」又《魯周公世家》：「其在祖甲，不義惟王。」裴駰《集解》：「孔安國、王肅曰：『祖甲，湯孫太甲也。』」司馬貞《索隱》：「孔安國以為湯孫太甲，馬融、鄭玄以為武丁子帝甲。按：《紀年》太甲唯得十二年，此云祖甲享國三十三年，知祖甲是帝甲明矣。」冢田虎曰：「太甲，湯太子太丁子，太丁未立而卒，及湯崩而太甲立。武丁，高宗，殷二十世。祖乙，殷十一世。此當次『祖乙、武丁也』。大君，稱其德大也。干，犯也。冢宰，即伊尹也。君之喪，百官總己，以聽冢宰。事在《太甲》三篇而詳。」《禮記‧喪服大記篇》：「君既葬，王政入於國。」《白虎通‧爵》：「《論語》曰：『君薨，百官總己聽於冢宰三年。』……所以聽於冢宰三年者何？以為冢宰職在制國之用，是以由之也。故《王制》曰：『冢宰制國用。』」陳立疏證曰：「《檀弓》：『仲尼曰：「胡為其不然也？古者天子崩，王世子聽於冢宰三年。」』」桐，謂桐宮。《史記‧殷本紀》裴駰《集解》：「孔安國曰：『湯葬地。』鄭玄曰：『地

〔註13〕 顧頡剛、劉起釪：《尚書校釋譯論》，第1530頁。

名也，有王離宮焉。』」張守節《正義》：「《晉太康地記》云：『尸鄉南有亳阪，東有城，太甲所放地也。』按：尸鄉在洛州偃師縣西南五里也。」又《殷本紀》：「帝太甲既立三年，不明，暴虐，不遵湯法，亂德，於是伊尹放之於桐宮。三年，伊尹攝行政當國，以朝諸侯。帝太甲居桐宮三年，悔過自責，反善，於是伊尹乃迎帝太甲而授之政。帝太甲修德，諸侯咸歸殷，百姓以寧。伊尹嘉之，乃作《太甲訓》三篇，褒帝太甲，稱太宗。」按：《太甲》上、中、下三篇，見於偽《孔傳古文尚書》，偽《孔傳古文尚書》五十八篇，其中有三十四篇是鄭注本原有的，另外比鄭注本多出的有二十二篇，這二十二篇是偽造的，《太甲》上、中、下三篇即位於這二十二篇偽書之十、十一、十二，與《殷本紀》謂「《太甲訓》三篇」不同。

（二）以《書》論廟制

　　《論書篇》：「《書》曰：『維高宗報上甲微。』定公問曰：『此何謂也？』孔子對曰：『此謂親盡廟毀，有功而不及祖，有德而不及宗，故於每歲之大嘗而報祭焉，所以昭其功德也。』公曰：『先君僖公，功德前列，可以與於報乎？』孔子曰：『丘聞昔虞、夏、商、周，以帝王行此禮者則有矣，自此以下，未之知也。』」宋咸注：「上甲微，契後八世、湯之先也，於高宗時已為毀廟。報，謂祭也，以報其德。」姜兆錫曰：「《書》無文，蓋逸《書》與？」報，上古祭帝王之禮。《國語‧魯語上》：「上甲微，能帥契者也，商人報焉。」韋昭注：「上甲微，契後八世、湯之先也。」《尚書‧說命篇》孔穎達正義：「高宗者，武丁。武丁者，殷之賢王也。當此之時，殷衰而復興，禮廢而復起，中而高之，故謂之高宗。」冢田虎曰：「古昔帝王，遠祖之祀，則禘、郊、宗、祖、報，祖有功而宗有德。雖其有功德，而不及祖宗，則於大嘗而報祭而已。《詩》獨載僖公之頌，其功德應知矣。」按：《白虎通‧宗廟篇》：「祭所以有主者何？言神無所依據，孝子以主繫心焉。……所以用木為之者何？木有終始，又與人相似也。」《公羊傳‧文公元年》：「大祫者何？合祭也。其合祭奈何？毀廟之主陳於大祖，未毀廟之主皆升，合食於大祖，五年而再殷祭。」大祫，謂新亡之君，三年喪期已滿，將其神主遷入太廟，會合各位神主，行大合祭禮，殷祭即禘祭。祫與禘俱為合祭，祫乃三年之喪已滿之始祭，禘則合祫祭，即使無新主入廟，亦五年一次。祫重在合祭，禘重在審昭穆之序。周之廟制，天子七廟，諸侯五廟。五廟之制，中間一為始祖廟，兩旁各有二廟，左為昭為父，右為穆為子。因廟數限於五，始祖廟為每次必祭，以下四廟，乃依次

而祧，即於此四廟之後，有新亡之君神主欲入廟，將四廟中最先一廟神主移藏於祖廟之中，以下由昭穆之次遞補，升第二廟主入第一廟，升第三廟主入第二廟，升第四廟主入第三廟，將新神主請入第四廟。「前列」、謂春秋文公元年躋僖公主之事。《公羊傳‧文公元年》：「八月，丁卯，大事於大廟，躋僖公。……躋者何？升也。何言乎升僖公？譏。何譏爾？逆祀也。」此指魯閔公年幼繼位，不及三年而亡，無子可繼，乃由庶兄僖公繼位。後僖公之亡，其神主入廟，按當時廟制，當將閔公神主由穆入於昭，僖公神主入閔公原廟為穆，以兄為子，於廟制為常，於世次乃為亂倫。文公為僖公之子，乃將僖公神主陞於閔公之上，以僖公為昭，閔公為穆，史稱為躋，故定公謂之曰「功德前列」，此乃死則有位於廟之謂也。

《論書篇》：「《書》曰：『茲予大享於先王，爾祖其從與享之。』季桓子問曰：『此何謂也？』孔子曰：『古之王者，臣有大功，死則必祀之於廟，所以殊有績、勸忠勤也。盤庚舉其事以屬其世臣，故稱焉。』桓子曰：『天子之臣有大功者，則既然矣，諸侯之臣有大功者，可以如之乎？』孔子曰：『勞能定國，功加於民，大臣死難，雖食之公廟，可也。』桓子曰：『其位次如何？』孔子曰：『天子諸侯之臣，生則有列於朝，死則有位於廟，其序一也。』」宋咸注：「《商書‧盤庚篇》之文。」《盤庚》三篇「是商代奴隸制王朝第十九任國王盤庚在遷都時對臣民的三次講話，並附大臣轉述他的一次較簡短的講話。在西漢大、小夏侯氏兩家的《今文尚書》中合為一篇，歐陽氏今文本始分為上、中、下。此三家都把它列在《商書》中」。〔註14〕《盤庚上》孔穎達正義：「《周禮‧大宗伯》祭祀之名，天神曰祀，地祇曰祭，人鬼曰享。此大享於先王，謂天子祭宗廟也。」朱熹《四書集注‧中庸章句》：「宗廟之次：左為昭，右為穆，而子孫亦以為序。有事於太廟，則子姓、兄弟、群昭、群穆咸在而不失其倫焉。」〔註15〕冢田虎曰：「厲，勸勉之也。《傳》（按：見《國語‧魯語上》）曰：『夫聖王之制祀也，法施於民則祀之，以死勤事則祀之，以勞定國則祀之，能禦大災則祀之，能扞大患則祀之。』祭法亦同焉。從其朝廷之爵列，以為宗廟之位次，死生之序一也已。」

（三）以《書》論樂

《論書篇》：「魯哀公問：『《書》稱夔曰「於，予擊石拊石，百獸率舞，

〔註14〕 顧頡剛、劉起釪：《尚書校釋譯論》，第 900 頁。

〔註15〕 朱熹：《四書章句集注》，中華書局，1983 年。

庶尹允諧」，何謂也？』孔子對曰：『此言善政之化乎物也。古之帝王，功成作樂，其功善者其樂和，樂和則天地且猶應之，況百獸乎？夔爲帝舜樂正，實能以樂盡治理之情。』公曰：『然則政之大本，莫尚樂乎？』孔子曰：『夫樂，所以歌其成功，非政之本也。眾官之長，既咸熙熙，然後樂乃和焉。』」宋咸注：「《舜典》之文，言夔之作樂，感百獸相率而舞，則人神和可知焉。」冢田虎曰：「《書・益稷》。夔，舜典樂。於，歎辭。石，磬也。庶尹，眾官正，長也。」按：《尚書・益稷篇》：「夔曰：『於！予擊石拊石，百獸率舞，庶尹允諧。』」僞《孔傳古文尚書》：「尹，正也。眾正，官之長，信皆和諧，言神人洽，始於任賢，立政以禮，治成以樂，所以太平。」《舜典》孔穎達正義：「拊亦擊之。重其文者，擊有大小，擊是大擊，拊是小擊。音聲濁者粗，清者精，精則難和。舉清者和則其餘皆從矣。」《舜典》是鄭注本《堯典》的後半部，「《堯典》原爲秦博士伏生傳授博士弟子之《尚書》本中的第一篇，至漢代繼續傳授爲《今文尚書》二十八篇中的第一篇。伏生弟子歐陽、大小夏侯三家傳授之本因增漢代後出《太誓》而成二十九篇，此仍爲第一篇。先秦另有逸篇《舜典》未傳下，東晉出現僞《古文尚書》，將《堯典》後半『愼徽五典』句以下割出冒充《舜典》篇」，〔註16〕《益稷》是鄭注本《皋陶漠》後半部，「西漢所傳『《書序》百篇』中列《皋陶謨》爲《虞夏書》第十五篇，另有《益稷》爲第十六篇。……東晉僞古文出，截取《皋陶謨》下半『帝曰來禹汝亦昌言』以下冒充《書序》百篇中的《棄稷》篇並改題《益稷》篇」。〔註17〕《禮記・樂記篇》：「樂者，天地之和也。……王者功成作樂，……其功大者其樂備，……鼓之以雷霆，奮之以風雨，動之以四時，暖之以日月，而百化興焉。如此，則樂者天地之和也。」《風俗通義・聲音篇》：「鳥獸且猶感應，而況於人乎？」又《正失篇》：「孔子曰：『昔者，舜以夔爲樂正。』」《左傳・昭公二十八年》杜預注：「夔，舜典樂之君長。」《史記・樂書》：「夫樂者，象成者也。」裴駰《集解》引王肅曰：「象成功而爲樂。」姜兆錫曰：「熙熙，治理顯明之象，所謂萬物各得其理，然後和也。」

（四）以《書》論天命

《論書篇》：「子張問曰：『聖人受命，必受諸天，而《書》云「受終於文

〔註16〕 顧頡剛、劉起釪：《尚書校釋譯論》，第 1 頁。
〔註17〕 顧頡剛、劉起釪：《尚書校釋譯論》，第 392 頁。

祖」，何也？』孔子曰：『受命於天者，湯、武是也；受命於人者，舜、禹是
也。夫不讀《詩》、《書》、《易》、《春秋》，則不知聖人之心，又無以別堯、舜
之禪，湯、武之伐也。』」按：《尚書·咸有一德》：「克享天心，受天明命。」
《舜典》：「正月上日，受終於文祖。」僞《孔傳古文尚書》：「上日，朔日也。
終謂堯終帝位之事。文祖者，堯文德之祖廟。」《史記·五帝本紀》：「文祖者，
堯大祖也。」裴駰《集解》：「鄭玄曰：『文祖者，五府之大名，猶周之明堂。』」
姜兆錫曰：「按《書》，舜受終於文祖。」《易·革》：「湯、武革命，順乎天而
應乎人。」《荀子·正論篇》：「堯、舜擅讓。」楊倞注：「『擅』與『禪』同，
墠亦同義。謂除地謂墠，告天而傳位也，後因謂之禪位。世俗以爲堯、舜德
厚，故禪讓聖賢；後世德薄，故父子相繼。」

　　《論書篇》：「宰我問：『《書》云「納於大麓，烈風雷雨弗迷」，何謂也？』
孔子曰：『此言人事之應乎天也。堯既得舜，歷試諸難，已而納之於尊顯之
官，使大錄萬機之政，是故陰陽清和，五星來備，烈風雷雨各以其應，不有
迷錯愆伏，明舜之行合於天也。』」《尚書·堯典》：「納於大麓，烈風雷雨
弗迷。」冢田虎曰：「《舜典》『堯徵用舜，而歷試諸難』文。大麓，蓋唐、虞
時官名，取乎其大錄萬機之政而名官也爾。試舜以治民之難事而納於此官
也。」姜兆錫曰：「此釋《書》『納於大麓』之義也，與今《書傳》不同。據
《書傳》，麓，山麓也，雖納之深山大麓，遇風雨之變，而舜不爲之迷也。據
此，則『麓』、『錄』同。使大麓庶務，政治和而氣化應也。按文義，《書傳》
爲協，而斷章之義亦有不能盡同者，傳聞異詞，存其說可也。」按：《舜典》
孔穎達正義：「麓，聲近錄，故爲錄也。《皋陶謨》云：『一日二日萬機。』言
天下之事，事之微者有萬，喻其多無數也。納舜使大錄萬機之政，還是納於
百揆，揆度百事，大錄萬機，摠是一事不爲異也。但此言德和於天，故以大
錄言耳，……天之無烈風淫雨，則烈風是猛疾之風，非善風也。《經》言『烈
風雷雨弗迷』，言舜居大錄之時，陰陽和，風雨時無。此猛烈之風，又雷雨，
各以其節，不有迷錯愆伏也。迷錯者，應有而無，應無而有也。……無愆伏
者，無冬溫夏寒也。舜錄大政，天時如此，明舜之德和於天也。」《史記·五
帝本紀》：「堯使舜入山林川澤，暴風雷雨，舜行不迷，堯以爲聖。」司馬貞
《索隱》：「《穀梁傳》云『林屬於山曰麓』，是山足曰麓，故此以爲入山林不
迷。孔氏以麓訓錄，言令舜大錄萬機之政，與此不同。」

四、孔子引《書》論刑罰

（一）孔子答《書》之所論

　　《刑論篇》：「孔子見齊景公。梁丘據自外而至，公曰：『何遲？』對曰：『陳氏戮其小臣，臣有辭焉，是故遲。』公笑而目孔子曰：『《周書》所謂「明德慎罰」，陳子明德也，罰人而有辭，非不慎矣。』孔子答曰：『昔康叔封衛，統三監之地，命爲孟侯。周公以成王之命作《康誥》焉，稱述文王之德，以成勅誡之文。其《書》曰「惟乃丕顯考文王，克明德慎罰」，克明德者，能顯用有德，舉而任之也；慎罰者，並心而慮之，眾平然後行之，致刑錯也。此言其所任不失德，所罰不失罪，不謂己德之明也。』」宋咸注：「《周書·康誥》之文，言文王能顯用俊德，慎去刑罰。」按：宋咸注文乃本僞《孔傳古文尚書》「能顯用俊德，慎去刑罰」之文。《康誥》之「慎罰」乃慎用刑罰之意，故僞《孔傳》之「去」字疑誤，則宋注並誤，「實際如《作雒篇》及《尚書大傳》所載周公在攝政二年平定武庚叛亂，三年平定奄之後回到宗周作《多方》，四年建侯衛，封魯侯伯禽、燕侯旨、衛康叔及在晉的唐等等，其中封康叔的命書就是這篇《康誥》。不久又作《酒誥》、《梓材》二篇，先秦時合稱《康誥》三篇」。〔註18〕僞《孔傳古文尚書》：「周公稱成王命，順康叔之德，命爲孟侯。孟，長也，五侯之長，謂方伯。」《史記·周本紀》：「初，管、蔡畔周，周公討之，三年而畢定，故初作《大誥》，……次《康誥》。」裴駰《集解》引孔安國曰：「告康叔以爲政之道，亦如梓人之治材也。」張守節《正義》：「武王滅殷國爲邶、墉、衛，三監尹之。武庚作亂，周公滅之，徙三監之民於成周，頗收其餘眾，以封康叔爲衛侯，即今衛州是也。」《尚書·康誥》孔穎達正義：「周公以王命戒之，作《康誥》、《酒誥》、《梓材》三篇之書也。其《酒誥》、《梓材》亦戒康叔，但因事而分之，然《康誥》戒以德刑。」姜兆錫曰：「此因陳氏戮小臣，而釋《書》『明德慎罰』之義也。不畏服而有詞爭之，故公疑其德之不明而罰之不慎。然明德，《傳》亦以爲自明己德，而子謂顯用有德，義有不同。今按《書》『明德慎罰』之下，繼言文王『不敢侮鰥寡，庸庸祗祗，威威顯民』，因謂文王德明於上，而不敢侮以下，皆其事也。如子所對，則緣愛人之念爲之本，而用所當用，與敬所當敬，皆以舉賢。威所當威，乃以錯枉，而昭明其意於民也。大意亦略同，而斷章之取則殊與？」

〔註18〕　顧頡剛、劉起釪：《尚書校釋譯論》，第1291頁。

（二）孔子於答問之中引《書》佐論

《刑論篇》：「仲弓問古之刑教與今之刑教。孔子曰：『古之刑省，今之刑繁。其爲教，古有禮，然後有刑，是以刑省；今無禮以教，而齊之以刑，刑是以繁。《書》曰：「伯夷降典，折民維刑。」謂下禮以教之，然後繼以刑折之也。夫無禮則民無恥，而正之以刑，故民苟免。』」宋咸注：「《書‧呂刑》之文，言堯命伯夷下禮典以教民，而斷折以法。」《呂刑》這一篇「特別強調了古時先代與蚩尤鬥爭及其後屢代與稱爲蚩尤後裔的遷到南方的苗族鬥爭的敵愾之情，被他們說成苗民酷刑虐民，因而提出了寬以待民的『祥刑』的原則；……篇中提出了有名的『五刑』，成了中國古代最完整的自成體系的刑法綱領，又提出了實行『贖刑』。……《呂刑篇》則提出了刑法的具體內容與實施原則，……至於周代關於刑法的完整體系，終在此篇。篇文在先秦時被稱引過十六次，爲稱引次數的第四位。《禮記》、《孝經》引作《甫刑》，《墨子》則引作《呂刑》。〔註19〕《尚書大傳‧甫刑》：「孔子曰：『古之刑者省之，今之刑者繁之。其教，古者有禮，然後有刑，是以刑省也；今也反是，無禮而齊之以刑，是以繁也。』」《漢書‧刑法志》：「孔子曰：『古之知法者能省刑，本也；今之知法者不失有罪，末矣。』」姜兆錫曰：「伯夷，掌禮之官。刑本於此，古之刑所以省也。」《呂刑篇》孔穎達正義：「降，下也，從上而下於民也。《舜典》，伯夷主禮典，教民而斷以法，即《論語》所謂『齊之以禮』也。」冢田虎曰：「無禮以教之，則民不知人倫之別，故爲不道，無所恥於心。而刑以正之，則民欲苟免乎刑而已。」《論語‧爲政篇》：「子曰：『道之以政，齊之以刑，民免而無恥；道之以德，齊之以禮，有恥且格。』」《禮記‧緇衣篇》：「子曰：『夫民，教之以德，齊之以禮，則民有格心；教之以政，齊之以刑，則民有遯心。』」《郭店楚簡‧緇衣》十二：「子曰：『長民者教之以德，齊之以禮，則民有勸心；教之以政，齊之以刑，則民有免心。』」上海博物館藏《戰國楚竹書‧緇衣》：「教之以政，齊之以刑，則民有免心。」李零說：「『免』，郭店本寫法不同，整理者不釋，以爲相當今本『遯』字，我已指出，該字是『娩』字的古寫，『免』與『遯』含義相近。」〔註20〕「免」猶出也，故與「遯」義近而文異。《孔子家語‧刑政篇》：「仲弓問於孔子曰：

〔註19〕顧頡剛、劉起釪：《尚書校釋譯論》，第 11899～1900 頁。

〔註20〕李零：《上博楚簡校讀記（之二）：緇衣》，《上博館藏戰國楚竹書研究》，上海書店出版社，2002 年。

『雍聞至刑無所用政，至政無所用刑。至刑無所用政，桀、紂之世是也；至政無所用刑，成、康之世是也，信乎？』孔子曰：『聖人之治化也，必刑、政相參焉。太上以德教民，而以禮齊之。其次以政焉導民，以刑禁之。刑不刑也，化之弗變，導之弗從，傷義以敗俗，於是乎用刑矣。』」義與此文可互參。

（三）孔子引《書》做答問之結語

《刑論篇》：「曾子問聽獄之術。孔子曰：『其大法有三焉：治必以寬，寬之之術，歸於察。察之之術，歸於義。是故聽而不寬，是亂也；寬而不察，是慢也；察而不中義，是私也。私則民怨。故善聽者，言不越辭，辭不越情，情不越義。《書》曰：「上下比罰，無僭亂辭。」』」

宋咸注：「《周書‧呂刑》之文，言上下比方其罪，無聽僭辭之亂以自疑。」姜兆錫曰：「言聽獄在仁、智、義之三德也。『上下比罰』，所謂上比下比也。」冢田虎曰：「上下猶曰輕重。罰，《書》『罪』。言比方其罪之輕重，而可無聽僭亂之辭也。」按：宋咸注文乃本偽《孔傳古文尚書‧呂刑篇》孔氏傳意。《呂刑篇》孔穎達正義：「罪條雖有多數，犯者未必當條，當取故事並之，上下比方其罪之輕重，上比重罪，下比輕罪，觀其所犯當與誰同。獄官不可盡賢，其問或有阿曲，宜預防之。『僭』，不信也。獄官與囚等或作不信之辭，以惑亂在上，人君無得聽此僭亂之辭，以自疑惑。」

（四）孔子答弟子問《書》之所論

《刑論篇》：「《書》曰：『茲殷伐有倫。』子張問曰：『何謂也？』孔子曰：『不失其理之謂也。今諸侯不同德，每君異法，折獄無倫，以意爲限，是故知法之難也。』子張曰：『古之知法者與今之知法者，異乎？』孔子曰：『古之知法者能遠獄，今之知法者不失有罪。不失有罪，其於怨寡矣；能遠於獄，其於防深矣。寡怨近乎濫，防深治乎本。《書》曰『維敬五刑，以成三德』，言敬刑所以爲德矣。」「茲殷伐有倫」，《周書‧康誥篇》作「師茲殷伐有倫」，師是動詞，在這裏有效法、學習的意思。《康誥篇》孔穎達正義：「言不濫刑。不但國內，……此殷家刑罰有倫理者兼用之。……既衛居殷墟，又周承於殷，後刑書相因，故兼用其有理者，謂當時刑書或無正條，而殷有故事可兼用，若今律無條，求故事之比也。」冢田虎曰：「不則先王成憲而國各異刑法，而以己意爲限斷，則其折訟獄無倫理，是以法難知也。《康誥》復曰：

『用其義刑義殺，勿庸以次汝封。』」又「維敬五刑，以成三德」，宋咸注：「《周書·呂刑》之文，言教以惟敬五刑，所以成剛、柔、正直之三德。」偽《孔傳古文尚書·呂刑篇》孔氏傳：「先戒以勞謙之德，次教以惟敬五刑，所以成剛、柔、正直之三德也。」

《刑論篇》：「《書》曰：『若保赤子。』子張問曰：『聽訟可以若此乎？』孔子曰：『可哉！古之聽訟者，惡其意，不惡其人；求所以生之，不得其所以生，乃刑之，君必與眾共焉，愛民而重棄之也。今之聽訟者，不惡其意，而惡其人，求所以殺，是反古之道也。』」宋咸注：「《周書·康誥》之文，言愛民若安嬰孩赤子然，不使失其欲。非喜怒其人，但疾其意之有險害。是所謂刑人於市，與眾棄之也。」冢田虎曰：「《書·康誥》曰：『若保赤子，惟民其康乂。』唯惡其意之奸慝，而非惡其人之躬也。雖其事則當殺，而復論其所以犯焉，必即人倫之情義以權之，而求其所以可生之理也。古者聽獄，雖獄成也，又命三公卿士，參聽棘木之下，而後王以三宥之法聽之。尤罰附於事，而不論其情意如何，特求其罪之所以當死刑，是反戾於古道也。」姜兆錫曰：「亦上非眚非終之意也。」按：《孔子家語·刑政篇》有「刑人必於市，與眾棄之也」文，與此義有別。《漢書·刑法志》：「（孔子）又曰：『今之聽獄者，求所以殺之；古之聽獄者，求所以生之。』」與此文可互參。

（五）孔子答弟子問《書》之所論，又以《書》言結題

《刑論篇》：「《書》曰：『哀敬折獄。』仲弓問曰：『何謂也。』孔子曰：『古之聽訟者，察貧窮，哀孤獨及鰥寡，宥老弱不肖而無告者，雖得其情，必哀矜之。死者不可生，斷者不可屬。若老而刑之，謂之悖；弱而刑之，謂之克；不赦過，謂之逆；率過以小罪，謂之枳。故宥過，赦小罪，老弱不受刑，先王之道也。《書曰》：「大辟疑，赦。」又曰：「與其殺不辜，寧失不經。」』」宋咸注：「《周書·呂刑》之文。」《尚書大傳·甫刑》：「子曰：『古之聽民者，察貧窮，哀孤獨矜寡，宥老幼不肖無告。』……死者不可復生，斷者不可復續也。」冢田虎曰：「無告，謂無親族之可告報者也。凡訟獄者，多掩其實，則其情不易得。故聽訟者，要在得其情。然民之有訟獄，惟由上失其道，而貧民不得其所，是以君子得其情，則必哀愍之，而不敢即斷也。」姜兆錫曰：「此章即《周禮》『三宥』、『三赦』之意也。」冢田虎曰：「三者，先王斷獄之道。」按：老幼、不肖、無告，為古之三赦對象，即《周禮·秋官·司刺》所謂「幼弱、老耄、蠢愚」之人。《司刺》：「司刺掌三刺、三宥、三赦之法，……

壹宥曰不識，再宥曰過失，三宥曰遺忘。……以此三法者求民情，斷民中，而施上服下服之罪，然後刑殺。」又「大辟疑，赦」，《周書・呂刑篇》之文，孔穎達正義：「《釋詁》云：『辟，罪也。』死是罪之大者，故謂死刑為大辟。」又「與其殺不辜，寧失不經」，宋咸注：「《大禹謨》之文，言寧失不常之罪，不枉不辜之人。」《大禹謨篇》孔穎達正義：「與其殺不辜非罪之人，寧失不經不常之罪以等。枉殺無罪，寧妄免有罪也。」《左傳・襄公二十六年》：「故《夏書》曰：『與其殺不辜，寧失不經。』」杜預注：「逸書也。」楊伯峻曰：「作《偽古文尚書》者屬入《大禹謨》。」

（六）孔子直接論《書》義，又以《書》言結題

《刑論篇》：「《書》曰：『非從維從。』孔子曰：『君子之於人也，有不語也，無不聽也，況聽訟乎？必盡其辭矣。夫聽訟者，或從其情，或從其辭。辭不可從，必斷以情。《書》曰：「人有小罪，非眚，乃惟終，自作不典，式爾；有厥罪小，乃不可不殺。乃有大罪，非終，乃惟眚災，適爾，既道極厥辜，時乃不可殺。」』」宋咸注：「《周書・呂刑》云：『察辭於差，非從惟從。』言察囚辭，當差錯，不可從，其偽辭必審，從所本之意。有不語則已，語則無不聽，在審其真偽焉。」偽《孔傳古文尚書・呂刑篇》孔氏傳：「察囚辭，其難在於差錯，非從其偽辭，惟從其本情。」冢田虎曰：「語猶言也。君子之與人言語，我則有所不敢言焉。人之言則無所不聽焉。凡言猶無所不聽焉，況於獄訟之言乎？必盡其囚辭，而審聽斷之也。凡訟獄者，有辭與情相違者。而辭有巧拙，情有曲直，故聽訟者，審察其辭而求其情，不惟從辭以折之，當必從情以斷絕之也。」又「人有小罪，非眚」文，宋咸注：「《周書・康誥》之文。眚，過也。災，害也。典，常也。式，用也。適，從也。既，盡也。言人有小罪過誤，乃惟終，自作不常用，犯汝。厥罪雖小，乃不可不殺也。乃有大罪，非終，乃惟過誤，難（按：「難」當為「雖」之訛）有其害，從汝盡聽訟之道，以拯其罪，是亦不可殺，必以罰宥論焉。」按：宋咸注文乃本《康誥篇》孔氏傳義。《潛夫論・述赦篇》：「《尚書・康誥》：『王曰：「於戲！封，敬明乃罰。人有小罪匪省，乃惟終自作不典，戒爾，有厥罪小，乃不可不殺。」』言惡人有罪雖小，然非以過差為之也，乃欲終身行之，故雖小，不可不殺也。何則？是本頑凶思惡而為之者也。『乃有大罪匪終，乃惟省哉，適爾，既道極厥罪，時亦不可殺』，言殺人雖有大罪，非欲以終身為惡，乃過誤爾，是不殺也。若此者，雖曰赦之可也。」亦言慎罰之義。

　　孔子關於「刑罰」方面的論述，還散見於其它典籍。《禮記‧緇衣篇》：「子曰：『夫民教之以德，齊之以禮，則民有格心。教之以政，齊之以刑，則民有遯心。』」後來出土文獻亦有相關記載。《郭店楚簡‧緇衣》：「子曰：『長民者教之以德，齊之以禮，則民有勸心；教之以政，齊之以刑，則民有免心。』」《上博簡‧緇衣》：「子曰：『長民者教之以德，齊之以禮，則民有恥心；教之以政，齊之以刑，則民有免心。』」三段文字大同小異，「他們是同一篇文獻的不同傳本》」〔註21〕，在《孔叢子‧刑論篇》，上述內容散見於相關段落中。《刑論篇》第一段，「孔子曰：『古之刑省，……其爲教，古有禮然後有刑，是以刑省；今無禮以教，而齊之以刑，刑是以繁。……夫無禮則民無恥，而正之以刑，故民苟免。』」第二段，「孔子曰：『齊之以禮，則民恥矣。』」因此，《孔叢子》與上述三處來源不同的文字，應當有共同的淵源關係。《郭店楚簡》與《上博簡》的相關文字，之所以定篇名爲「緇衣」，因其與今傳世本《緇衣篇》的文字內容十分相近，但不能說《孔叢子‧刑論篇》上述文字直接來自《緇衣》，應當是《孔叢子》編寫者對《禮記‧緇衣篇》所表現出來的孔子關於刑教的論點進行了重新闡釋，在形式上，以問答的方式表現出來。關於《緇衣》的作者，《隋書‧音樂志》載沈約說，以爲子思所撰。如此，《緇衣》與《孔叢子》的關係更加密切。

五、孔子論《書》與《尚書》篇章的流傳

　　《孔叢子‧論書》、《刑論》二篇所見關於孔子論《書》的內容共十九段文字，涉及到《尚書》中《堯典》、《大禹謨》、《皋陶謨》、《益稷》、《洛誥》、《禹貢》、《洪範》、《泰誓》、《甫刑》、《高宗肜日》、《康誥》、《無逸》、《舜典》等十三篇，其中《堯典》、《皋陶謨》、《洛誥》《禹貢》、《洪範》、《泰誓》、《甫刑》、《高宗肜日》、《康誥》、《無逸》等十篇屬於伏生所傳即鄭注本的《今文尚書》，《舜典》、《大禹謨》篇名見於孔氏「壁中書」，《益稷》見於僞《孔傳古文尚書》。就僞《孔傳古文尚書》五十八篇來說，有三十三篇是鄭注本原有的，其中《泰誓》（上中下）與鄭注本比較，篇名同而內容不同，另外比鄭注本多出的只有二十二篇，這二十二篇被認爲是僞古文，「在這二十二篇中，他也儘量搜集先秦人所引用的《尚書》逸文，凡先秦人引用時提到篇名的，自然就列入該篇之內；如沒有提到篇名的，就根據作僞者自己的猜測判斷，將

它們酌情分配在各篇裏，這樣一些零散的句子不能構成完整的文章，於是作偽者就模仿《尚書》的文筆寫一些文句把它們聯繫起來。……每篇中都有不少個別的句子確實是先秦《尚書》的原文」，〔註22〕這些內容，在《論書》、《刑論》二篇中，都以孔子論《書》的形式表述出來，還有個別涉及到《尚書》的文句，並不見於傳世文獻，如《論書篇》「《書》曰『維高宗報上甲微』」，此句不見於今本《尚書》，但據《國語·魯語上》「上甲微，能帥契者也，商人報焉」，能確證此爲《尚書》佚文。孔子生前的一些言論，經弟子們廣爲傳播，見於當時文獻記載者有之，於民間口頭輾轉傳播後經文獻記載者有之，某些言論，本爲孔學後人所言，於傳播中記爲孔子所言者亦當有之，這些論述，大量地見於《禮記》、《晏子春秋》、《尚書大傳》、《韓詩外傳》、《說苑》、《新序》、《鹽鐵論》、《風俗通義》、《白虎通》、《孔子家語》等各種典籍，也較集中地見於《孔叢子》。由此看來，《論書》、《刑論》二篇明顯留有後人增補的痕跡，非一時一人所成，是非常明顯的。

首先，孔子論《書》的形式，在一段文字之內，只出書名，不出篇名，其主要以「《書》云」、「《書》曰」或「《書》稱」的方式出現，如：《書》云「奠高山」、《書》云「受終於文祖」、《書》云「納於大麓，烈風雷雨弗迷」、《書》曰「欽四鄰」、《書》曰「其在祖甲，不義惟王」、《書》曰「茲予大享於先王，爾祖其從與享之」、《書》曰：「伯夷降典，折民維刑」、《書》曰「上下比罰，無僭亂辭」、《書》曰「茲殷伐有倫」、《書》曰「若保赤子」、《書》曰「哀敬折獄」、《書》曰「非從維從」、《書》稱「夔曰『於，予擊石拊石，百獸率舞，庶尹允諧』」，這些部分，凡是提到「《書》曰」等的地方，就不會再出現《尚書》某一篇的篇名了。

其次，一段文字之內以「書曰」點題，後以「書曰」結題，如：《刑論篇》：「《書》曰：『茲殷伐有倫。』子張問曰：『何謂也？』孔子曰：『不失其理之謂也。今諸侯不同德，每君異法，折獄無倫，以意爲限，是故知法之難也。』子張曰：『古之知法者與今之知法者，異乎？』孔子曰：『古之知法者能遠獄，今之知法者不失有罪。不失有罪，其於怨寡矣；能遠於獄，其於防深矣。寡怨近乎濫，防深治乎本。《書》曰「維敬五刑，以成三德一四」，言敬刑所以爲德矣。』」這裏，「茲殷伐有倫」是點題，指慎用刑罰，即不濫用刑罰之義，孔子的解說有三：第一，說明各國諸侯法不相同，而且執法標準亦不同一。

〔註22〕 馬雍：《尚書史話》，中華書局，1982年，第63頁。

第二，一些諸侯不知法，把自己的意見當做了法，第三，古代的法在於預防犯罪，當前的法在於明罰，古今是不同的。第四，以《書》「維敬五刑，以成三德」結題，說明應當使民眾敬法畏法，這是法治的根本，即「防深治乎本」。這一段論點明確，短短五十多字的論述，層次極其分明，條理性強，顯然是經過了漢代學者的精心整理而成的。

再次，孔子論《書》的形式，不以「《書》曰」等出現，而是以《尚書》的具體篇名而立論，如：《論書篇》：「子夏問《書》大義。子曰：『吾於《帝典》，見堯、舜之聖焉；於《大禹》、《皋陶謨》、《益稷》，見禹、稷、皋陶之忠勤功勳焉；於《洛誥》，見周公之德焉。故《帝典》可以觀美，《大禹謨》、《禹貢》可以觀事，《皋陶謨》、《益稷》可以觀政，《洪範》可以觀度，《泰誓》可以觀議，《五誥》可以觀仁，《甫刑》可以觀誡。通斯七者，則《書》之大義舉矣。』」這一段文字亦見《尚書大傳》卷五，後世學者將孔子這一段議論稱之為「七觀」，七觀中的《大禹謨》、《益稷》見於偽《孔傳古文尚書》，其它屬於鄭注本的三十四篇之內，我們懷疑這原來應該是孔子在不同時期，不同的的語言環境下分條、分別闡釋的，後來被編寫者糅合到了一起。具體地說，在孔子生活的時代，文獻是以單篇的形式流傳，而且每一篇也不會有具體的篇名，士人們只是將內容有聯繫的文字相對集中到一起，就是後來的某一篇，余嘉錫謂「春秋以前，並無私人著作，其傳於後世者，皆當時之官書也。……其書不作於一時，不成於一手，非一家一人所得而私，不可題之以姓氏，故舉著書之意以為之名。……古書多摘首句二字以題篇，書只一篇者，即以篇名為書名。……古人著書，多單篇別行；及其編次成書，類出於門弟子或後學之手，因推本其學之所自出，以人名其書」，〔註23〕除主觀因素外，客觀上，當時還受書寫材料的限制，這一點我們從近年來出土的大量簡帛文書上就可以得到證明。

六、孔子論禮

孔子說禮的言論，散見於上古文獻的各種典籍，在《孔叢子》中，有數事可尋。

《嘉言篇》：「子張曰：『女子必漸乎二十而後嫁，何也？』孔子曰：『十五許嫁，而後從夫，是陽動而陰應，男唱而女隨之義也。以為紡績組紃織紝

〔註23〕 余嘉錫：《古書通例》，上海古籍出版社，1985年，第27～30頁。

者，女子之所有事也；黼黻文章之美，婦人之所有大功也。必十五以往，漸乎二十，然後可以通乎此事。通乎此事，然後乃能上以孝於姑舅，下以事夫養子也。』」《禮記・內則篇》「女子十年不出，……十有五年而笄，二十而嫁」，鄭氏注：「謂應年許嫁者，女子許嫁，笄而字之。其未許嫁，二十則笄。」《墨子・節用上》：「丈夫年二十，毋敢不處家。女子年十五，毋敢不事人。」《韓非子・外儲說右下》：「乃令男子年二十而室，女年十五而嫁。」《尚書大傳・堯典》：「女二十而通織紝績紡之事。」又《堯典》：「黼黻文章之美，不若是，則上無以孝於姑舅，下無以事夫養子也。」

　　《論書篇》：「子張問曰：『禮，丈夫三十而室，昔者舜三十徵庸，而《書》云「有鰥在下，曰虞舜」，何謂也？曩師聞諸夫子曰：「聖人在上，君子在位，則內無怨女，外無曠夫。」堯為天子，而有鰥在下，何也？』孔子曰：『夫男子二十而冠，冠而後娶，古今通義也。舜父頑母嚚，莫能圖室家之端焉，故逮三十而謂之鰥也。《詩》云「娶妻如之何？必告父母」，父母在，則宜圖婚，若已歿，則己之娶，必告其廟。今舜之鰥，乃父母之頑嚚也，雖堯為天子，其如舜何？』」《禮記・內則篇》：「三十而有室，始理男事。」鄭氏注：「室猶妻也，男事受田，給政役也。」《史記・五帝本紀》：「舜年二十以孝聞。三十而帝堯問可用者，四嶽咸薦虞舜，曰可。」《尚書・堯典》：「師錫帝曰：『有鰥在下，曰虞舜。』」《尚書大傳・堯典》：「男三十而娶，女二十而嫁。《書》『有鰥在下，曰虞舜』。」《禮記・曲禮上》：「男子二十冠而字。」《尚書・堯典》：「嚚子，父頑，母嚚，象傲。」《呂氏春秋・慎大覽》「桀為無道，暴戾頑貪」，高誘注：「心不則德義之經為頑。」《史記・五帝本紀》：「舜父瞽叟盲，而舜母死，瞽叟更娶妻而生象，象傲。」《楚辭・九章・懷沙》洪興祖《補注》：「有眸子而無見曰蒙，無眸子曰瞍。」《孟子・萬章上》趙岐《章句》：「禮，娶須五禮，父母先答以辭，是相告也。」《詩經・齊風・南山篇》鄭玄箋：「取妻之禮，議於生者，卜於死者，此之謂告。」《孟子・離婁上》：「孟子曰：『不孝有三，無後為大。』舜不告而娶，為無後也，君子以為猶告也。」趙岐《章句》：「於禮有不孝者三事：謂阿意曲從，陷親不義，一不孝也；家窮親老，不為祿仕，二不孝也；不娶無子，絕先祖祀，三不孝也。三者之中，無後為大。」《孟子・離婁上》朱熹《集注》：「舜告焉則不得娶，而終於無後矣。告者禮也，不告者權也。猶告，言與告同也。蓋權而得中，則不離於正矣。」

　　《論書篇》：「宰我曰：『敢問「禋於六宗」，何謂也？』孔子曰：『所宗者六，皆潔祀之也：埋少牢於太昭，所以祭時也；祖迎於坎壇，所以祭寒暑也；主於郊宮，所以祭日也；夜明，所以祭月也；幽禜，所以祭星也；雩禜，所以祭水旱也。「禋於六宗」，此之謂也。』」宋咸注：「宗，尊也，尊而祭之有六神。禋者，煙也，潔也，精也。煙者，言燔柴升煙於天也。潔者，言其潔清也。精者，言其精肅也。壇曰太昭，以祭四時。太，大也。昭，明也。言四時之功大而明著。祖，送也，言或迎寒而送暑，或迎暑以送寒。祭暑於壇以象陽，祭寒於坎以象陰。王宮主日。郊宮猶王宮，祭日壇也，言壇土為塋域，若宮室然。月主於夜，故其壇曰夜明。祭星壇曰幽禜。言星則昧於月，故曰幽也禜者，亦塋域之象。祭水旱壇曰雩禜者，蓋雩者吁嗟之辭，言祈之則為吁嗟之聲。」《禮記‧祭法篇》「相近於坎壇，祭寒暑也」，鄭氏注：「禳猶卻也。祈，求也。寒暑不時，則或禳之，或祈之。寒於坎，暑於壇，雩禜亦謂水旱壇也，雩之言吁嗟也。」孔穎達正義：「謂祭四時陰陽之神也，泰昭，壇名也，昭亦取明也。春夏為陽，秋冬為陰。若祈陰則埋牲，祈陽則不應埋之。今揔云埋者，以陰陽之氣俱出入於地中而生萬物，故並埋之以享陰陽為義也。用少牢者，降於天地也。宮亦壇也。塋域，如宮也。日神尊，故其壇曰君宮也。為塋域而祭之，故曰幽禜也。」

　　《記義篇》：「秦莊子死，孟武伯問於孔子曰：『古者，同僚有服乎？』答曰：『然，同僚有相友之義，貴賤殊等，不為同官。聞諸老聃：昔者，虢叔、閎夭、太顛、散宜生、南宮括，五臣同僚比德，以贊文、武。及虢叔死，四人者為之服朋友之服，古之達禮者行之也。』公父文伯死，室人有從死者，其母怒而不哭，相室諫之。其母曰：『孔子，天下之賢人也，不用於魯，退而去。是子素宗之而不能隨，今死而內人從死者二人焉，若此於長者薄，於婦人厚也。』既而夫子聞之，曰：『季氏之婦尚賢哉！』子路愀然對曰：『夫子亦好人之譽己乎？夫子死而不哭，是不慈也，何善爾？』子曰：『怒其子之不能隨賢，所以為尚賢者，吾何有焉？其亦善此而已矣。』」《儀禮‧喪服篇》「朋友麻」，言為朋友弔服而加麻。《喪服篇》鄭玄注：「朋友雖無親，有同道之恩，相為服緦之絰帶。……士以緦麻為喪服，其弔服則疑衰也。……朋友之相為服，即士弔服，疑衰素裳。」賈公彥疏：「《禮記‧禮運》云：『人其父生而師教之。』朋友成之。……故云朋友雖無親，有同道之恩，故為之服。知緦之絰帶者，以其緦是五服之輕，為朋友之絰帶，約與之等。」《國語‧魯語

下》：「公父文伯之母欲室文伯。」《史記‧平原君虞卿列傳》：「樓緩對曰：『王亦聞夫公甫文伯母乎？公甫文伯仕於魯，病死，女子爲自殺於房中者二人。其母聞之，弗哭也。其相室曰：「焉有子死而弗哭者乎？」其母曰：「孔子，賢人也，逐於魯，而是人不隨也。今死而婦人爲之自殺者二人，若是者必其於長者薄而於婦人厚也。」』《戰國策‧趙策三》：「婦人爲之自殺於房中者二八，……『今死，而婦人爲死者十六人。』」《禮記‧檀弓下》：「穆伯之喪，敬姜晝哭；文伯之喪，晝夜哭。孔子曰：『知禮矣。』文伯之喪，敬姜據其床而不哭，曰：『昔者吾有斯子也，吾以將爲賢人也，吾未嘗以就公室。今及其死也，朋友諸臣未有出涕者，而內人皆行哭失聲。斯子也，必多曠於禮矣夫。』」孔穎達正義：「此不哭者，謂暫時不哭，故上云『晝夜哭』是也。」

七、孔子論政

　　《記義篇》：「子貢問曰：『昔孫文子以衛侯哭之不哀，知其將爲亂，不敢舍其重器而行，盡寘諸戚，而善晉大夫二十人。或稱其知，何如？』孔子曰：『吾知其爲知也，人未知其爲知也。』子貢曰：『敢問何謂也？』子曰：『食其祿者，必死其事。孫子知衛君之將不君，不念伏死以爭，而素規去就，尸利攜貳，非人臣也。臣而有不臣之心，明君所不赦。幸哉！孫子之以此免戮也。』」宋咸注：「孫文子，衛卿林父也，得罪於衛殤公，以戚叛而奔晉。《史記》（《衛康叔世家》）稱孫文子攻出衛獻公，獻公奔齊。遂與甯惠子共立殤公。後甯喜與文子爭寵，殤公使甯喜攻文子，文子奔晉，復求入故衛獻公。與此文異，未知孰是。」冢田虎曰：「衛侯，獻公也。衛定公之薨，獻公爲太子，而不哀也。戚，文子邑。事在《左傳‧成公十四年》。後獻公無禮，文子作亂，遂以戚如晉。事之始末，見襄公十四年及二十六年、二十九年《左傳》。」按：《左傳‧成公十四年》：「冬，十月，衛定公卒。夫人姜氏既哭而息，見大子之不哀也，不內酌飲，歎曰：『是夫也，將不唯衛國之敗，其必始於未亡人。烏呼！天禍晉國也夫！吾不獲鱄也，使主社稷。』大夫聞之，無不聳懼。孫文子自是不敢舍其重器於衛，盡寘諸戚，而甚善晉大夫。」

　　《刑論篇》：「孔子曰：『民之所以生者，衣食也。上不教民，民匱其生，飢寒切於身而不爲非者，寡矣。故古之於盜，惡之而不殺也。今不先其教，而一殺之，是以罰行而善不反，刑張而罪不省。夫赤子知慕其父母，由審故也，況爲政，興其賢者，而廢其不賢，以化民乎？知審此二者，則上盜先息。』」

冢田虎曰：「上不教之，則下民惰農桑而走末業，以致其生產匱乏也。其盜則可惡之也，然其所以盜者，則由衣食之匱也，故教之生業而不敢殺。」《尚書大傳‧甫刑》：「子曰：『今之聽民者，求所以殺之；古之聽民者，求所以生之。不得其所以生之之道，乃刑殺。』」

《記問篇》：「子思問於夫子曰：『亟聞夫子之詔，正俗化民之政，莫善於禮樂也。管子任法以治齊，而天下稱仁焉，是法與禮樂異用而同功也，何必但禮樂哉？』子曰：『堯、舜之化，百世不輟，仁義之風遠也。管仲任法，身死則法息，嚴而寡恩也。若管仲之智，足以定法，材非管仲，而專任法，終必亂成矣。』」宋咸注：「言任法則已，何必但須禮樂？」冢田虎曰：「管仲之治齊，任法而不任禮樂。法則詰奸禁暴，禮樂則正俗化民，是異其用也，然其治功則同也。孔子曰：『仁有三，與仁同功而異情。』（在《禮記‧表記篇》）今問如同其功，則政治不可必但禮樂也。」

八、孔子明志

《孔叢子》中所見的孔子明志，主要還是通過答問的方式表述出來，或是答弟子問、子思問，或是作歌，為有感而發。這部分的內容，相對集中在《記義篇》與《答問篇》。

（一）答問

《記義篇》：「孔子晝息於室而鼓琴焉，閔子自外聞之，以告曾子曰：『向也，夫子之音，清徹以和，淪入至道；今也，更為幽沈之聲。幽則利欲之所為發，沈則貪得之所為施，夫子何所之感若是乎？吾從子入而問焉。』曾子曰：『諾。』二子入問孔子，孔子曰：『然，汝言是也。吾有之，向見貓，方取鼠，欲其得之，故為之音也，汝二人者孰視諸？』」《韓詩外傳》卷七：「昔者孔子鼓瑟，曾子、子貢側門而聽。曲終，曾子曰：『嗟乎！夫子瑟聲殆有貪狼之志，邪僻之行，何其不仁趨利之甚？』子貢以為然，不對而入。夫子望見子貢有諫過之色，應難之狀，釋瑟而待之。子貢以曾子之言告。子曰：『嗟乎！夫參，天下之賢人也，其習知音矣。鄉者丘鼓瑟，有鼠出遊，狸見於屋，循梁微行，造焉而避，厭目曲脊，求而不得。丘以瑟淫其音。參以丘為貪狼邪僻，不亦宜乎！』」義與此文可互參。

《記問篇》：「夫子閒居，喟然而歎。子思再拜請曰：『意子孫不修，將忝祖乎？羨堯、舜之道，恨不及乎？』夫子曰：『爾孺子，安知吾志？』子思對

曰：『伋於進善，亟聞夫子之教：其父析薪，其子弗克負荷，是謂不肖。伋每思之，所以大恐而不解也。』夫子忻然笑曰：『然乎，吾無憂矣。世不廢業，其克昌乎！』」宋咸注：「孔伋，字子思，孔子之孫，鯉之子，年六十二。以子思知大恐析薪之憂，故所以無憂譽己者賞之，毀己者罰之，則賢人去而佞人至矣，夫人主不可不察焉。」冢田虎曰：「君子創業垂統，而爲可繼焉。若爲其子孫不能繼焉，此之爲不肖也，悅其每思不能負荷焉，則不廢祖業，而其道將盛也。」

（二）作歌

《記問篇》：「趙簡子使聘夫子，夫子將至焉，及河，聞鳴犢與竇犨之見殺也，回輿而旋，之衛，息鄒。遂爲《操》曰：『周道衰微，禮樂陵遲。文、武既墜，吾將焉師？周遊天下，靡邦可依。鳳鳥不識，珍寶梟鴟。眷然顧之，慘焉心悲。巾車命駕，將適唐都。黃河洋洋，攸攸之魚。臨津不濟，還轅息鄒。傷予道窮，哀彼無辜。翱翔於衛，復我舊廬。從吾所好，其樂只且。』」宋咸注：「簡子，晉卿，趙文子之孫，景叔之子趙鞅也。孔子曰：『趙簡子未得志之時，須此二人而後政；及已得志，殺之。夫鳴獸之於不義，尙知避之，況乎丘哉！』乃還，息乎陬鄉，作《陬操》以哀之。言不識鳳鳥，而以梟鴟爲珍。晉乃唐堯所都之域。既傷己之道窮，復哀彼二人無辜見殺。」冢田虎曰：「言君子則不知，以佞邪爲賢也。唐都，即謂晉也。」按：《三國志・魏書・劉廙傳》裴松之注引劉向《新序》曰：「趙簡子欲專天下，謂其相曰：『趙有竇犨，晉有鐸鳴，魯有孔丘，吾殺三人者，天下可王也。』於是乃召竇犨、鐸鳴而問政焉，已即殺之。使使者聘孔子於魯。」《史記・孔子世家》司馬貞《索隱》：「此陬鄉非魯之陬邑。」《孔子世家》於「作爲《陬操》以哀之」下，亦有「而反乎衛，入主蘧伯玉家」之語，則陬鄉亦非衛地。《琴操》卷上：「《將歸操》者，孔子之所作也。趙簡子循執玉帛，以聘孔子。孔子將往，未至，渡狄水，聞趙殺其賢大夫竇鳴犢，喟然而歎之曰：『夫趙之所以治者，鳴犢之力也，殺鳴犢而聘余，何丘之往也？夫燔林而田，則麒麟不至；覆巢破卵，則鳳凰不翔。鳥獸尙惡傷類，而況君子哉！』於是援琴而鼓之，云：『翱翔於衛，復我舊居，從吾所好，其樂只且。』」孫星衍校曰：「案：《水經注・漯水》引孔子臨狄水而歌曰：『狄水衍兮風揚波，船輯顚倒更相加。歸來歸來兮胡爲斯？』疑是《將歸操》之脫文。」《水經・河水注》五：「《琴操》以爲孔子臨狄水而歌矣，曰：『狄水衍兮風揚波，船楫顚倒更相

加。』」《文選‧西京賦》「盤於游畋，其樂只且」，李善注：「《毛詩》曰：『其樂只且。』辭也。」

　　《記問篇》：「哀公使以幣如衛迎夫子，而卒不能當，故夫子作《丘陵之歌》曰：『登彼丘陵，峛崺其阪。仁道在邇，求之若遠。遂迷不復，自嬰屯蹇。喟然回慮，題彼泰山。鬱確其高，梁甫回連。枳棘充路，陟之無緣。將伐無柯，患茲蔓延。惟以永歎，涕霣潺湲。』」宋咸注：「魯哀公雖迎之，而終不能用。《詩》稱『周道如砥，其直如矢』，（見《小雅‧大東篇》。）言明王之道，砥平矢直，故昏主之道艱且險，若丘陵然。故作是歌以託意焉。峛崺猶崎嶇相屬也。丘陵既高且險，其阪又崎嶇而相屬。丘陵謂王室，阪指諸侯。仁道本近，人自以為遠而不能求之。太平可致，而昏主自以為遠。時王、諸侯既迷塗不反，故我所以嬰此屯、蹇。題猶顧也。泰山，謂魯也。言歷諸國，既無所用，乃喟然而歎，復顧魯而還也。言顧魯而還。公室既鬱確而險，大夫亦亂如枳棘之滿路，吾欲伐去之，乃無斧柯。梁甫，泰山下之小山，指三桓也。」姜兆錫曰：「蓋窮則獨善其身之意也。」冢田虎曰：「時冉求言於季康子，康子言於哀公而迎夫子於衛。峛崺，山阪卑長貌。二句蓋謂王道之凌夷也。嬰，縈累也。屯蹇，難進也。世人皆在於邇之道迷惑而不反覆，愚蒙自嬰累而終不得進也。」《新語‧辨惑篇》：「《詩》云：『有斧無柯。』言何以治之也。」王利器《校注》引文廷式曰：「此逸《詩》也。」

　　《記問篇》：「楚王使使奉金帛聘夫子。宰予、冉有曰：『夫子之道，於是行矣。』遂請見，問夫子曰：『太公勤身苦志，八十而遇文王，孰與許由之賢？』夫子曰：『許由，獨善其身者也；太公，兼利天下者也。然今世無文王之君也，雖有太公，孰能識之？』乃《歌》曰：『大道隱兮禮為基，賢人竄兮將待時，天下如一兮欲何之？』」宋咸注：「時楚昭王欲以書社地七百里封孔子，為令尹子西諫而止。堯欲以天下禪許由，而許由遁去。太公八十，乃事文王。問二人孰賢？」冢田虎曰：「夫子之志，固在兼利天下，然世無文王之君，則不得遂其志也。滔滔者，天下皆是也，則無所往之也。」《史記‧孔子世家》：「於是使子貢至楚。楚昭王興師迎孔子，然後得免。昭王將以書社地七百里封孔子。」司馬貞《索隱》：「古者二十五家為里，里則各立社。則書社者，書其社之人名於籍。蓋以七百里書社之人封孔子也。」按：里社乃漢時之制，非先秦古事，司馬貞之文，可備一說。《史記‧齊太公世家》：「太公望呂尚者，東海上人，……呂尚蓋嘗窮困，年老矣，以漁釣奸周西伯。西伯將出獵，卜

之，曰『所獲非龍非彲，非虎非羆；所獲霸王之輔』。於是周西伯獵，果遇太公於渭之陽，與語大說，曰：『自吾先君太公曰「當有聖人適周，周以興」。子眞是耶？吾太公望子久矣。』故號之曰『太公望』，載與俱歸，立爲師。」《莊子‧逍遙遊篇》：「堯讓天下於許由，曰：『日月出矣而爝火不息，其於光也，不亦難乎！時雨降矣而猶浸灌，其於澤也，不亦勞乎！夫子立而天下治，而我猶尸之，我自視缺然。請致天下。』許由曰：『子治天下，天下既已治也。而我猶代子，我將爲名乎？名者，實之賓也。吾將爲賓乎？鷦鷯巢於深林，不過一枝，偃鼠飲河，不過滿腹。歸休乎君，予無所用天下爲！庖人雖不治庖，尸祝不越樽俎而代之矣。』」

　　《記問篇》：「叔孫氏之車子曰鉏商，樵於野而獲獸焉，眾莫之識，以爲不祥，棄之五父之衢。冉有告夫子曰：『麕身而肉角，豈天之妖乎？』夫子曰：『今何在？吾將觀焉。』遂往，謂其御高柴曰：『若求之言，其必麟乎！』到視之，果信。言偃問曰：『飛者宗鳳，走者宗麟，爲其難至也。敢問今見，其誰應之？』子曰：『天子布德，將致太平，則麟鳳龜龍先爲之祥；今周宗將滅，天下無主，孰爲來哉？』遂泣曰：『予之於人，猶麟之於獸也。麟今出而死，吾道窮矣。』乃歌曰：『唐、虞世兮麟鳳遊，今非其時來何求？麟兮！麟兮！我心憂。』」宋咸注：「《春秋經‧哀公十四年》：『西狩獲麟。』《左氏》曰『西狩於大野，叔孫氏之車子鉏商獲麟』，與此云『樵於野』小殊。」姜兆錫曰：「麟鳳龜龍，《禮運》所謂四靈也。歌詞第二句，一云『今非其時兮來何求』。」冢田虎曰：「夫子嘗曰：『文王既沒。文王不在茲乎？』（《論語‧子罕篇》文。）當時天下皆無道，而夫子獨修先王之道，猶麟之於獸中。而其道之不遇乎世，斯如麟之出非其時也。」按：《左傳‧哀公十四年》杜預注：「車子，微者。鉏商，名。」《孔子世家》裴駰《集解》：「服虔曰：『大野，藪名，魯田圃之常處，蓋今巨野是也。』」張守節《正義》：「《括地志》云：『獲麟堆在鄆州巨野縣東十二里。……《國都城記》云「巨野故城東十里澤中有土臺，廣輪四五十步，俗云獲麟堆，去魯城可三百餘里」。』《括地志》云：『五父衢在兗州曲阜縣西南二里，魯城內衢道也。』」《公羊傳‧哀公十四年》：「孔子曰：『孰爲來哉？孰爲來哉？』反袂拭面，涕沾袍。」《藝文類聚》卷十引《琴操》：「魯哀公十四年，西狩，薪者獲麟，擊之，傷其左足，將以示孔子。孔子道與相逢見，俛而泣，抱麟曰：『爾孰爲來哉？孰爲來哉？』反袂拭面。」

第二節　孔子遊學考述

　　孔子周遊列國之事，先秦及漢代文獻典籍有多處記載，在《孔叢子》中，也有一些記載，這些材料，有的與《論語》、《左傳》、《國語》、《戰國策》、《史記》等相合，有的在事件、地點、人物敘述上又有一些差異，有的又只見於《尚書大傳》與《孔子家語》，有的又不見於其它文獻所記載，這些現象說明，孔子一生周遊列國的事跡，在後代，橫向方面，有二條線索在流傳，一條是社會上各個層面在流傳，另一條是孔門弟子及孔子後代的代代相傳。縱向方面，無論是社會的流傳，還是孔門自家的流傳，都是以口耳相傳與書寫材料及材料的整理等方式在傳承。見諸於社會的傳承，在一定時期被從事文獻整理的學者們記述下來，就是我們今天在《孝經》、《禮記》、《大戴禮記》、《莊子》、《荀子》、《韓非子》、《尸子》、《晏子春秋》、《韓詩外傳》、《呂氏春秋》、《淮南子》、《史記》、《尚書大傳》、《法言》、《論衡》、《說苑》、《新序》、《列女傳》、《新論》、《白虎通》、《鹽鐵論》、《中論》、《列子》等傳世文獻及近世出土的簡帛文獻中所見到的。集中的，則有《孔叢子》的記載，孔門後學不僅世代在努力傳承這些材料，而且也在傳承《孔叢子》，清代的孔尚達曾說：「予生聖人之鄉，為哲人之後。時得校閱漢、唐碑記，披覽故府藏書，見古今之作者如林，彬彬代起，未嘗不掩卷而歎予陋也。當弱冠，從先君宦遊，北歷燕、趙，南抵吳、越間。嘗飛一葉擊於尋訪博雅之侶，索未見之書，獲覩《孔叢子》一卷，乃吾家故物也，……幸際博雅如宗主，百廢俱興，於聖門典籍猶加意焉。一日詔予曰：『家乘告竣，九世祖叢子一書，不可不急為訂證也。』予遂得專事青黃，校閱成集。」〔註24〕故《孔叢子》不失為一部重要的典籍，它應當是繼《論語》之後孔門家學材料的集大成者，這裏有「孔子適陳」、「孔子在衛」、「孔子適齊」、「孔子適周」等記載，可以彌補孔子家學研究材料的不足。

一、孔子適陳

　　《嘉言篇》：「陳惠公大城，因起淩陽之臺，未終而坐法死者數十人，又執三監吏，將殺之。夫子適陳，聞之，見陳侯，與俱登臺而觀焉。夫子曰：『美哉！斯臺，自古聖王之為城臺，未有不戮一人而能致功若此者也。』陳侯默

〔註24〕　孔胤植校刻：《孔叢子》三卷本後附孔尚達《孔叢子後序》。

然而退，遽竊赦所執吏。既而見夫子，問曰：『昔周作靈臺，亦剹人乎？』答曰：『文王之興，附者六州。六州之眾，各以子道來。故區區之臺，未及期日而已成矣，何剹之有乎？夫以少少之眾，能立大大之功，唯君爾。』」宋咸注：「惠公，陳悼太子師之子吳也，蓋楚平王立之。」錢熙祚曰：「《藝文》二十四『公』作『侯』。」冢田虎曰：「惠公當爲愍公。孔子之去魯，當陳愍公十一年，而《國語》、《家語》，於『問隼』之事，並以爲惠公，誤。《家語注》審之。」閻琴南曰：「《御覽》四五七、《天中記》十五引亦並作『侯』，檢《史記・陳杞世家》，陳是公爵，『侯』字誤（惠公立在《左傳》昭公十三年），此作『侯』，或依下文『見陳侯』改，『陳侯』之『侯』字是通稱，《史記》亦云『立爲陳侯』，不可以彼改此。」〔註25〕公，《淵鑑類函》卷二百九十五亦作「侯」。《史記・陳杞世家》：「三十四年，初，哀公娶鄭，長姬生悼太子師，⋯⋯招之殺悼太子也，太子之子名吳，出奔晉。⋯⋯楚靈王滅陳五歲，楚公子棄疾弑靈王代立，是爲平王。平王初立，欲得和諸侯，乃求故陳悼太子師之子吳，立爲陳侯，是爲惠公。」按：類書所載，乃各有所本。孔子適陳所見之人，無論是惠公還是愍公，則適陳當確有其事，冢田虎於古事考證，認定爲「愍公」，《史記・陳杞世家》：「二十八年，吳王闔閭與子胥敗楚入郢。是年，惠公卒，子懷公柳立。懷公元年，吳破楚，在郢，召陳侯。⋯⋯四年，吳復召懷公。懷公恐，如吳。吳怒其前不往，留之，因卒吳。陳乃立懷公之子越，是爲愍公。愍公六年，孔子適陳。」則孔子適陳，已非惠公之時。閻琴南所謂「陳侯」之「侯」字是通稱之言，亦符合古書紀事通例。然古代諸子紀事之文，與史傳不同，多爲所見異詞，所傳聞異詞，多以事繫人，當不可以實責之也。關於「起淩陽之臺」事，當爲諸子撰文，以古事繫之於陳，爲此而引出孔子關於靈臺說的議論。冢田虎曰：「孔子之言，似謂聖王之作城臺，亦有剹人者，故問爾。」宋咸注：「仲尼稱文王三分天下有其二，蓋言九州之有六州，即文王所感雍、梁、荊、豫、徐、揚之六州，餘一分冀、青、兗三州屬紂。文王受命，作邑於豐，乃及靈臺，所以觀被象民，樂其有靈德，故庶民子來，經始而不日成之。」《孟子・梁惠王上》：「文王以民力爲臺爲沼，而民歡樂之，謂其臺曰靈臺。」《公羊傳・莊公三十一年》何休注：「禮，天子有靈臺以候天地，諸侯有時臺以候四時。」《詩經・大雅・靈臺序》孔穎達正義：「文王嗣爲西伯，三分天下有其二，則爲民所從事應久矣。而於作臺之時，

〔註25〕閻琴南：《孔叢子斠證》，臺灣中國文化學院中國文學研究所碩士論文。

始言民附者三分有二，諸侯之君從文王耳。」《靈臺篇》鄭玄《箋》：「文王應天命，度始靈臺之基趾，營表其位，眾民則築作，不設期日而成之。言說文王之德，觀其事，忘己勞也。」故此段文字的重點是編寫者強調周文王作靈臺的教化作用，開始言孔子適陳，只不過是作爲話題開始的過渡，切不可拘泥「惠公」還是「愍公」的考據，失之於本旨。

二、孔子在衛

《刑論篇》：「孔子適衛，衛將軍文子問曰：『吾聞魯公父氏不能聽獄，信乎？』孔子答曰：『不知其不能也。夫公父氏之聽獄，有罪者懼，無罪者恥。』文子曰：『有罪者懼，是聽之察，刑之當也。無罪者恥，何乎？』孔子曰：『齊之以禮，則民恥矣；刑以止刑，則民懼矣。』文子曰：『今齊之以刑，刑猶弗勝，何禮之齊？』孔子曰：『以禮齊民，譬之於御則轡也；以刑齊民，譬之於御則鞭也。執轡於此而動於彼，御之良也，無轡而用策，則馬失道矣。』文子曰：『以御言之，左手執轡，右手運策，不亦速乎？若徒轡無策，馬何懼哉？』孔子曰：『吾聞古之善御者，執轡如組，兩驂如舞，非策之助也。是以先王盛於禮而薄於刑，故民從命。今也廢禮而尙刑，故民彌暴。』文子曰：『吳、越之俗，無禮而亦治，何也？』孔子曰：『夫吳、越之俗，男女無別，同川而浴，民相輕犯，故其刑重而不勝，由無禮也。中國之教，爲外內以別男女，異器服以殊等類，故其民篤而法，其刑輕而勝，由有禮也。』」宋咸注：「文子，衛卿，名彌牟。公父氏，魯大夫季氏。舍轡而用策，則馬失道；去禮而任刑，則民忘生。《鄭風・大叔于田篇》言驂服和諧中節如組者，如織組之爲。」冢田虎曰：「文子蓋以爲無罪則宜無恥問之也。治之善者，上執禮讓，而民自化之。上無禮之教，而刑以齊之，則民將反失道也。《漢書・賈捐之傳》曰：『駱越之人，父子同川而浴。』是也，蠻夷以無禮如此，民輕相侵犯，故其刑雖重之，而不勝制之，是由其無禮教也。」按：《淮南子・主術篇》：「聖主之治也，其猶造父之御，齊輯之於轡銜之際，而急緩之於唇吻之和。」《呂氏春秋・先己篇》：「《詩》曰：『執轡如組。』孔子曰：『審此言也，可以爲天下。』……聖人組修其身，而成文於天下矣。」《韓詩外傳》卷二：「故御馬有法矣，御民有道矣。法得則馬和而歡，道得則民安而集。《詩》曰：『執轡如組，兩驂如舞。』此之謂也。」《禮記・緇衣篇》：「子曰：『政之不行也，教之不成也，爵祿不足勸也，刑罰不足恥也。故上不可以褻刑而輕爵。』」《郭店楚簡・緇

衣》：「子曰：『政之不行，教之不成也，則刑罰不足恥，而爵不足勸也。故上不可以褻刑而輕爵。』」《春秋繁露・精華篇》：「春秋之聽獄也，心本其事而原其志。……教，政之本也。獄，政之末也。其事異域，其用一也，不可不以相順，故君子重之也。」義與此文可互參。

《記義篇》：「衛出公使人問孔子曰：『寡人之任臣，無大小，一一自言問觀察之，猶復失人，何故？』答曰：『如君之言，此即所以失之也。人既難知，非言問所及，觀察所盡。且人君之慮者多，多慮則意不精。以不精之意，察難知之人，宜其有失也。君未之聞乎？昔者舜臣堯，官才任士，堯一從之。左右曰：「人君用士當自任耳目，而取信於人，無乃不可乎？」堯曰：「吾之舉舜，已耳目之矣。今舜所舉人，吾又耳目之，是則耳目人終無已已也。」君苟付可付，則己不勞而賢才不失矣。』」宋咸注：「出公名輒，靈公孫，太子蒯聵之子。言舜之舉人，吾又親耳目之，則是己之用耳目，無已時矣。『付可付』，亦如堯之付舜。」姜兆錫曰：「此發任大臣之義，所謂勞於求賢，逸於任人也。」冢田虎曰：「言人君唯擇一人之可任，以任之則可也。」按：《史記・五帝本紀》：「昔高陽氏有才子八人，世得其利，謂之『八愷』。高辛氏有才子八人，世謂之『八元』。此十六族者，世濟其美，不隕其名。至於堯，堯未能舉。舜舉八愷，使主后土，以揆百事，莫不時序。舉八元，使布五教於四方，父義，母慈，兄友，弟恭，子孝，內平外成。」此為官才任士之事。

《儒服篇》：「平原君問子高曰：『吾聞「子之先君親見衛夫人南子」，又云「南遊過乎阿谷，而交辭於漂女」，信有之乎？』答曰：『士之相保，聞流言而不信者，何哉？以其所已行之事占之也。昔先君在衛，衛君問軍旅焉，拒而不告，色不在己，攝駕而去。衛君請見，猶不能終，何夫人之能覿乎？古者大饗，夫人與焉。於時禮儀雖廢，猶有行之者。意衛君夫人饗夫子，則夫子亦弗獲已矣。若夫阿谷之言，起於近世，殆是假其類以行其心者之為也。』」這一段講了孔子的三件事。

其一，子見南子之事。宋咸注：「史稱『夫人在絺帷中，孔子入門，北面稽首。夫人自帷中再拜，環佩玉聲璆然。孔子曰：「吾鄉為弗見，見之禮答焉。」』」冢田虎曰：「於禮不得不見焉。大饗，諸侯饗來朝者也，夫人與之。同姓則親獻，異姓則使人攝。《記》曰：『禮，非祭，男女不交爵，以此坊民。陽侯猶殺繆侯，而竊其夫人，故大饗廢夫人之禮。』（《禮記・坊記篇》文。）」

按：宋咸《注》文乃本《史記・孔子世家》。《論語・雍也篇》：「子見南子，子路不說。」《法言・五百篇》：「曰：『仲尼於南子，所不欲見也。』」汪榮寶《義疏》曰：「《孔子世家》云：『孔子過蒲，反乎衛。靈公夫人有南子者，使人謂孔子曰：「四方之君子不辱欲與寡君爲兄弟者，必見寡小君。寡小君欲見。」孔子辭謝，不得已而見之。……』按：史稱是歲魯定公卒，則此定公十五年事。……《孔叢》此說，乃因《坊記》有『陽侯殺繆侯而竊其夫人，故大饗廢夫人之禮』之語而傅會之，而不知其悖於禮乃愈甚也。毛氏奇齡《四書改錯》云：『諸侯大饗，夫人出，行裸獻。禮，同姓諸侯有之，異姓則否。故《禮正義》謂：「王饗諸侯，及諸侯自相饗，同姓則后夫人親獻，異姓則使人攝獻。」自繆侯、陽侯以同姓而遭此變，凡後同姓亦攝獻。』然則因大饗而見夫人，惟同姓諸侯有。然孔子，魯之大夫，衛君夫人安得以待同姓諸侯之禮待之？縱衛君夫人有其事，孔子安得受之？錢氏坫《論語後錄》乃謂：『此《孔叢子》之說，必有所據。』可謂無識。《論語》劉疏則云：『南子雖淫亂，然有知人之明，故於蘧伯玉、孔子皆特致敬。其請見孔子，非無欲用孔子之意。子路亦疑夫子此見爲將詘身行道，而於心不說。正猶公山弗擾、佛肸召，子欲往，子路皆不說之比。非因南子淫亂而有此疑也。』其說似爲近是。而謂南子有欲用孔子之意，而孔子見之，則亦害於理。蓋孔子之自蒲反衛，主蘧伯玉家，未嘗無仕衛之志。孔子言衛靈公無道，『而仲叔圉治賓客，祝鮀治宗廟，王孫賈治軍旅。夫如是，奚其喪』，則猶足用爲善。魯爲孔子父母之邦，衛則魯兄弟之國，不得志於魯，猶思行其道於衛。孔子之去魯而即適衛，去衛未幾而復反者以此。是時衛俗仕於其國有見其小君之禮，《世家》所云『四方之君子欲與寡君爲兄弟者，必見寡小君』，明南子之見異邦之臣，不自孔子始。孔子既欲仕衛，則依其國俗行之。猶魯人獵較，孔子亦獵較之意。故於南子之請雖辭謝，而猶終應之者，以行道之利天下大，見小君之爲非禮小也。若《呂氏春秋・貴因》云：『孔子道彌子瑕見釐夫人，因也。』《淮南子・泰族》云：『孔子欲行王道，東、西、南、北七十說而無所偶，故因衛夫人、彌子瑕而欲通其道。』《鹽鐵論・論儒》云：『孔子適衛，因嬖臣彌子瑕以見衛夫人。』此乃秦、漢間流俗相傳之陋說，不足置辯也。」《論衡・問孔篇》黃暉校釋曰：「是漢儒並不疑此事。後人爲聖諱者，多辯其妄。《孔叢子》謂：『禮大享，夫人與焉。衛君夫人享夫子。』」《藝文類聚》卷六十七引《典略》：「孔子返衛，衛夫人南子使人謂之曰：『四方君子之來者，必見寡小

君。」孔子不得已見之。夫人在錦帷中，孔子北面稽首，夫人自帷中再拜，環佩之聲璆然。」子見南子，及大饗廢夫人之禮之事，毛奇齡《四書改錯》卷十六辨之甚詳，其文曰：「古並無此禮，遍考諸禮文及漢、晉、唐儒，諸言禮者，亦並無此說，……又曰『《記》云「陽侯殺繆侯而竊其夫人，故大饗廢夫人之禮」，疑大夫見夫人之禮亦已久矣，靈公、南子特舉行耳』，是又以饗禮爲見禮，以諸侯禮爲大夫禮，且以諸侯之同姓爲異姓仕於其國之禮。既自言杜撰，而又多方解說，致衛靈夫婦自知非禮，而卑詞以乞見者，亦且曰衛靈、南子舉行饗禮，是解一見禮而使覿禮、饗禮一齊謬亂，何苦爲此？考古無男女相見之禮，惟祭則主婦獻尸，尸酢主婦，謂之交爵，非祭則否，故《坊記》云『非祭，男女不交爵』，且交爵亦並非相見，即助祭，卿大夫亦並不因此妄行見禮。若夫人初至，則娶婦迎婦，大夫職掌然，亦不見。即至日，行覿禮，大夫之婦名宗婦，捧贄入覿，而大夫終不與，……至諸侯大饗，……是男女無相見禮，無覿禮，祗有交爵、饗獻二禮，而既則交爵存而饗獻亦廢。古禮雖盡亡，亦尚有影響可舉似者，豈可造一禮而使他禮皆大錯如此？」毛氏所辯，甚爲有理，其它諸說所辯，關鍵之處在於，見南子，是孔子主動去求見，還是南子約見，孔子不得不見。無論是哪一種，孔子確實見了南子是眞，因有《論語》「子見南子，子路不說」之文爲證，按後世儒家的說法，不得不見是合乎禮的，主動求見乃不和於禮，故連篇累牘申辯孔子是被動而見南子的。其二，衛君問孔子軍旅之事。此事有史料記載，《史記・孔子世家》：「他日，靈公問兵陳。孔子曰：『俎豆之事則嘗聞之，軍旅之事未之學也。』明日，與孔子語，見蜚鴈，仰視之，色不在孔子，孔子遂行，復如陳。」其三，傳言孔子「交辭於漂女」之事。宋咸注：「戰國用詐，聖人道塞，故有假其醜類，厚誣仲尼以行其邪心人。」姜兆錫曰：「此言聖人之不惌於禮也。」冢田虎曰：「好色之人，假設其似類，將以行其淫心，而所作爲之言也。」按：《韓詩外傳》卷一：「孔子南遊適楚，至於阿谷之隧，有處子佩璜而浣者。孔子曰：『彼婦人其可與言矣乎？』抽觴以授子貢，曰：『善爲之辭，以觀其語。』子貢曰：『吾北鄙之人也，將南之楚。逢天之暑，思心潭潭，願乞一飲，以表我心。』婦人對曰：『阿谷之隧，隱曲之汜，其水載清載濁，流而趨海，欲飲則飲，何問於婢子？』受子貢觴，迎流而挹之，奐然而棄之，從流而挹之，奐然而溢之，坐置之沙上，曰：『禮固不親授。』子貢以告。孔子曰：『丘知之矣。』抽琴去其軫，以授子貢曰：『善爲之辭，以觀其語。』

子貢曰：『嚮子之言，穆如清風，不悖我語，和暢我心。於此有琴而無軫，願借子以調其音。』婦人對曰：『吾野鄙之人也，僻陋而無心，五音不知，安能調琴？』子貢以告。孔子曰：『丘知之矣。』抽綌綌五兩以授子貢，曰：『善為之辭，以觀其語。』子貢曰：『吾北鄙之人也，將南之楚。於此有綌綌五兩，吾不敢以當子身，敢置之水浦。』婦人對曰：『行客之人，嗟然永久，分其資財，棄之野鄙。吾年甚少，何敢受子？子不早去，今竊有狂夫守之者矣。』」許維遹《韓詩外傳集釋》曰：「宋洪氏《容齋隨筆》亦議之，是此文久為儒者所詢病，不惜毀棄者已。」

三、孔子適齊

《嘉言篇》：「夫子適齊，晏子就其館，既宴其私焉，曰：『齊其危矣，譬若載無轄之車，以臨千仞之谷，其不顛覆，亦難冀也。子，吾心也，子以齊為遊息之館，當或可救，子幸不吾隱也。』夫子曰：『夫死病不可為醫。夫政令者，人君之銜轡，所以制下也。今齊君失之已久矣，子雖欲挾其輈而扶其輪，良弗及也，抑猶可以終齊君及子之身，過此以往，齊其田氏矣。』」宋咸注：「私謂竊訪齊之所以危亡。後田常殺簡公，田和遷康公於海濱，呂氏絕祀，卒有齊國焉。」冢田虎曰：「齊是時景公失政，而陳恆制國，且君多內嬖，太子未立，危亂可立而待也。田氏，陳氏也。《左氏傳》曰：『叔向曰：「齊其何如？」晏子曰：「此季世也，吾弗知。齊其為陳氏矣。」』其言可以照焉。」按：《史記‧田敬仲完世家》：「簡公出奔，田氏之徒追執簡公於徐州。……遂殺簡公。……莊子卒，子太公和立。……宣公卒，子康公貸立。貸立十四年，淫於酒婦人，不聽政。太公乃遷康公於海上，食一城，以奉其先祀。」孔、晏此番對話，不見於古書所載。《左傳‧昭公三年》：「齊侯使晏嬰請繼室於晉。……既成昏，晏子受禮，叔向從之宴，相與語。叔向曰：『齊其何如？』晏子曰：『此季世也，吾弗知。齊其為田氏矣。公棄其民而歸於陳氏。』」文與此相似，蓋《孔叢子》約取《左傳》文義，以事繫人而申己意也。

《嘉言篇》：「齊東郭亥欲攻田氏，執贄見夫子而訪焉。夫子曰：『子為義也，丘不足與計事。』攝子貢使答之。子貢謂之曰：『今子，士也，位卑而圖大。位卑則人不附也，圖大則人憚之，殆非子之任也，盍姑已乎？夫以一縷之任繫千鈞之重，上懸之於無極之高，下垂之於不測之深，旁人皆哀其絕，而造之者不知其危，子之謂乎！馬方駭，鼓而驚之；繫方絕，重而塡之。馬

奔車覆，六轡不禁。繫絕於高，墜入於深，其危必矣。』東郭亥色戰而跪曰：『吾已矣，願子無言。』既而夫子告子貢曰：『東郭亥，欲為義者也，子亦告之以難易則可矣，奚至懼之哉？』」宋咸注：「亥，齊大夫東郭賈之族。賈亦曰子方，闞止之黨也。」冢田虎曰：「田氏蓋陳恒，與闞止爭寵，因弒其君簡公。事在魯哀十四年，時闞止之臣有東郭賈，字子方者，奔衛。亥其屬與？子貢辯，故使代說其難易。」按：《左傳‧哀公六年》杜預注：「闞止，陽生家臣子我也。」又哀公十四年注：「子方，子我臣。」《史記‧田敬仲完世家》：「齊人共立其子壬，是為簡公。田常成子與監止俱為左右相。」

《記義篇》：「孔子適齊，齊景公讓登，夫子降一等，景公三辭，然後登。既坐，曰：『夫子降德，辱臨寡人，寡人以為榮也；而降級以遠，自絕於寡人，寡人未知所以為罪？』孔子答曰：『君惠顧外臣，君之賜也；然以匹夫敵國君，非所敢行也。雖君私之，其若義何？』」宋咸注：「讓登其階，故降之一等。」冢田虎曰：「每降於公，階一等也。」按：《禮記‧曲禮上》：「凡與客入者，每門讓於客，客至於寢門，則主人請入為席，然後出迎客，客固辭，主人肅客而入。主人入門而右，客入門而左；主人就東階，客就西階。客若降等，則就主人之階；主人固辭，然後客復就西階。主人與客讓登，主人先登，客從之，拾級聚足，連步以上。上於東階，則先右足；上於西階，則先左足。」鄭氏注：「『拾』當為『涉』，聲之誤也。級，等也。涉等聚足，謂前足躡一等，後足從之併。連步，謂足相隨，不相過也。」孔穎達正義：「客主至其階，又各讓不先升。主人先登者，讓必之三，三竟而客不從，故主人先登，亦肅客之意。不言三者，略可知也。客從之者，言主人前升至第二級，客乃升中，較一級，故云從之也。」

四、孔子適周

《嘉言篇》：「夫子適周，見萇弘，言終而退。萇弘語劉文公曰：『吾觀孔仲尼，有聖人之表，其狀河目而隆顙，黃帝之形貌也；脩肱而龜背，其長九尺有六寸，成湯之容體也。然言稱先王，躬禮廉讓，洽聞強記，博物不窮，抑亦聖人之興者乎？』劉子曰：『方今周室衰微，而諸侯力爭，孔丘布衣，聖將安施？』萇弘曰：『堯、舜、文、武之道，或弛而墜，禮樂崩喪，亦正其統紀而已矣。』既而夫子聞之，曰：『吾豈敢哉！亦好禮樂者也。』」宋咸注：「萇弘，周大夫萇叔也。劉文公，王卿士劉摯之子文公卷也。劉，畿內之國。」

按：《史記·孔子世家》：「魯南宮敬叔言魯君曰：『請與孔子適周。』魯君與之一乘車，兩馬，一豎子俱，適周問禮。」《禮記·樂記篇》：「子曰：『唯，丘之聞諸萇弘。』」《史記·樂書》司馬貞《索隱》：「《大戴記》云：『孔子適周，訪禮於老聃，學樂於萇弘是也。』」《淮南子·主術篇》：「孔子之通，智過於萇弘。」《法言·重黎篇》：「或問『聖人表裏』。曰：『威儀文辭，表也；德行忠信，裏也。』」汪榮寶《義疏》曰：「主於中者謂之德行忠信，現於外者謂之威儀文辭，其實一而已矣。」《孔子家語·困誓篇》王肅注：「河目，上下匡平而長額頰也。」《荀子·非相篇》：「仲尼之狀，面如蒙倛。」楊倞注：「倛，方相也。」《論衡·講瑞篇》：「孔子反宇。」《史記·孔子世家》：「生而首上圩頂，故因名曰丘云。」司馬貞《索隱》：「圩頂言頂上窳也，故孔子頂如反宇。反宇者，若屋宇之反，中低而四傍高也。」皆言隆顙之義。《韓詩外傳》卷五：「孔子抱聖人之心，彷徨乎道德之域，……於時周室微，王道絕，諸侯力政，強劫弱，眾暴寡，百姓靡安，莫之紀綱，禮儀廢壞，人倫不理。於是孔子自東自西，自南自北，匍匐救之。」

第三章 《孔叢子》中孔門後學言行研究

　　《孔叢子》中的孔門後學，是指孔子後代子孫子思、子高、子順、子魚等人。子思的事跡，《雜訓篇》記載十事，《居衛篇》記載十事，《巡守篇》記載一事，《公儀篇》記載九事，《抗志篇》記載十九事，共五篇記載四十九事。子高的事跡，《公孫龍篇》記載四事，《儒服篇》記載七事，《對魏王篇》記載六事，共三篇記載十七事。子順的事跡，《陳士義篇》記載十一事，《論勢篇》記載八事，《執節篇》記載十四事，共三篇記載三十三事。子魚的事跡，《詰墨篇》記載十事，《獨治篇》記載六事，《問軍禮篇》記載三事，《答問篇》記載五事，共四篇記載二十四事。要之，子思、子高、子順、子魚之言行共一百二十三事，其記事記言的內容，有長有短，短的不足百字，長的如《巡守篇》，通篇記載子思在齊國答問陳莊伯關於遠古帝王巡守四境及祭禮之事，雖然只一事，內容卻相當豐富。這些記事記言，較集中反映了孔氏家族學脈的延綿不絕，也成為研究孔門家學的重要內容。

第一節　子思言行考論

　　子思的事跡，見於《子思子全書》，《四庫全書提要》謂「《子思子全書》一卷，宋汪晫編。考晁公武《讀書志》載有《子思子》七卷，晫蓋亦未見其本，故別作是書，凡九篇……其割裂《中庸》，別立名目，與《曾子》載《孝經》、《大學》同。又晫輯《曾子》用朱子改本，《大學》至《孔叢》一書，朱

子反覆辨其偽，而晫採之獨多，已失鑑別」。按《漢書·藝文志》記「《子思》二十三篇」，班固自注「為魯繆公師」，則《提要》所言《子思子》一書，宋代曾見於書目記載，但該書已佚，目前流傳的《子思子全書》，是宋人汪晫重新輯佚而編成的，其中就有採自於《孔叢子》的材料。我們如果不以《孔叢子》為偽書這個前提出發，《四庫全書》所收錄的《子思子全書》，其中與《孔叢子》互見的內容，可以反映出宋咸《孔叢子注》以外的其它宋代《孔叢子》刻本的一些文字異同現象。就子思的事跡，錢穆謂「子思生年無考。伯魚之卒，在周敬王三十七年。或謂遺腹生子思，則子思生，至遲亦在周敬王三十七八年也」，〔註 1〕學界諸家從考據學的角度，多處論證子思與孔子的生活年代存有諸多疑點，羅根澤曾謂「子思是伯魚的兒子，他的生年，最晚不會超過伯魚死後的幾個月。所以孔子大概是見過子思的，而且有見過他十來歲的可能。……最奇怪的，此書不但叫子思下能親教孟子，還上能與孔子討論治國大端」。〔註 2〕考據學的一些成果，實質上並不能影響諸子著述中關於某些論題的研討，因為撰述的動機不同。就《孔叢子》所見子思之論，從孔氏家學的角度來看，還是有很大的研究價值的。

一、子思論學

《雜訓篇》：「子思謂子上曰：『白乎！吾嘗深有思而莫之得也，於學則寤焉；吾嘗企有望而莫之見也，登高則覩焉。是故雖有本性而加之以學，則無惑矣。』」宋咸注：「性雖誠，不加學，無以極其道；目雖明，不登高，無以窮其遠。」冢田虎曰：「雖有性質之美者也，不學乎古訓，則於道義有所迷惑焉。」按：《說苑·建本篇》：「子思曰：『學所以益才也，礪所以致刃也。吾嘗幽處而深思，不若學之速；吾嘗跂而望，不若登高之博見。故順風而呼，聲不加疾，而聞者眾；登丘而招，臂不加長，而見者遠。故魚乘於水，鳥乘於風，草木乘於時。』」又於《荀子·勸學篇》、《呂氏春秋·順說篇》、《韓詩外傳》卷五亦有相同之文義。

二、子思論德

《公儀篇》：「閭丘溫見田氏將必危齊，欲以其邑叛而適魯。穆公聞之，謂子思曰：『子能懷之，則寡人割邑如其邑以償子。』子思曰：『伋雖能之，

〔註 1〕 錢穆：《先秦諸子繫年·子思生卒考》，商務印書館，2001 年。
〔註 2〕 羅根澤：《諸子考索·孔叢子探源》，人民出版社，1958 年。

義所不爲也。』公曰：『何？』子思對曰：『彼爲人臣，君將顛，弗能扶而叛之，逆臣制國，弗能以其身死而逃之，此罪誅之人也。伋縱不能討，而又要利以召奸，非忍行也。』」宋咸注：「溫，齊大夫也。晏孺子元年，田乞與鮑牧以兵逐高昭子、國惠子而殺孺子。」姜兆錫曰：「此言事君當以義也，……非忍，猶言不忍。」冢田虎曰：「閭丘溫……閭丘明之後。田氏，即陳氏。自陳恒弒簡公，陳氏專齊國，至恒之曾孫太公和遂纂，爲齊侯。懷，來之也。言能懷閭丘溫，則如其所以叛之邑，更割魯邑與子思，以爲之食邑，而常宗敬之也。當以身殉於國，而逃乎逆臣，如閭丘者，不免罪誅之人也。」按：《史記‧齊太公世家》：「晏孺子元年春，田乞僞事高、國者，每朝，乞參乘，言曰：『子得君，大夫皆自危，欲謀作亂。』又謂諸大夫曰：『高昭子可畏，及未發，先之。』大夫從之。六月，田乞、鮑牧乃與大夫以兵入公宮，攻高昭子。昭子聞之，與國惠子救公。公師敗，田乞之徒追之，國惠子奔莒，遂反殺高昭子。……悼公入宮，使人遷晏孺子於駘，殺之幕下。」子思之言，又見《子思子‧胡毋豹篇》。

《雜訓篇》：「懸子問子思曰：『吾聞同聲者相求，同志者相好。子之先君見子產時，則兄事之，而世謂子產仁愛，稱夫子聖人，是謂聖道事仁愛乎？吾未諭其人之孰先後也，故質於子。』子思曰：『然，子之問也。昔季孫問子游，亦若子之言也。子游答曰：「以子產之仁愛譬夫子，其猶浸水之與膏雨乎！」康子曰：「子產死，鄭人丈夫舍玦佩，婦女舍珠瑱，巷哭三月，竽瑟不作。夫子之死也，吾未聞魯人之若是也，奚故哉？」子游曰：「夫浸水之所及也則生，其所不及則死，故民皆知焉。膏雨之所生也，廣莫大焉，民之受賜也普矣，莫識其由來者。上德不德，是以無德。」季孫曰：「善。」懸子曰：「其然。」』」宋咸注：「子產，國僑，鄭成公少子也。相鄭，爲人仁愛，事君忠厚。孔子嘗過鄭，與子產如兄弟。世稱子產乃仁愛之人，夫子乃聖人，然夫子以兄事子產，是謂以聖道事仁愛也。仁愛之惠，猶浸水及物，白而易知。聖道之教，猶膏雨濟時，普而難曉。」冢田虎曰：「孔子之於子產、晏子，自謂我皆兄事之，而加敬愛焉。夫子與子產，其德孰先孰後，不能喻曉之也。子產之惠愛，猶浸水也；夫子之大德，猶膏雨也。」按：《史記‧鄭世家》：「子產者，鄭成公少子也。爲人仁，愛人，事君忠厚。孔子嘗過鄭，與子產如兄弟云。及聞子產死，孔子爲泣曰：『古之遺愛也！』」又「聲公五年，鄭相子產卒，鄭人皆哭泣，悲之如亡親戚。」又《循吏列傳》：「子產者，鄭

之列大夫也，⋯⋯治鄭二十六年而死，丁壯號哭，老人兒啼。」《群書治要》卷四十二引《新序》有子貢說子產之死事，其言曰：「仕者哭於廷，商人哭於市，農人哭於野，處女哭於室，良人絕琴瑟，大夫解佩玦，婦人脫簪珥。」《說苑・貴德篇》：「季康子謂子游曰：『仁者愛人乎？』子游曰：『然。』『人亦愛之乎？』子游曰：『然。』康子曰：『鄭子產死，鄭人丈夫舍玦佩，婦人舍珠珥，夫婦巷哭，三月不聞竽瑟之聲。仲尼之死，吾不聞魯之愛夫子，奚也？』子游曰：『譬子產之與夫子，其猶浸水之與天雨乎！浸水所及則生，不及則死。斯民之生也，必以時雨，既以生，莫愛其賜。故曰：譬子產之與夫子也，猶浸水之與天雨乎！』」又「上德不德，是以無德」，乃化用《老子》三十八章「上德不德，是以有德；下德不失德，是以無德」語句。漢人引述《老子》文句，已多失其本旨，當隨事而用。《史記・酷吏列傳》：「老氏稱：『上德不德，是以有德；下德不失德，是以無德。法令滋章，盜賊多有。』」蓋見其一端耳。

三、子思論禮

　　《巡守篇》：「陳子曰：『⋯⋯敢問昔聖帝明王巡守之禮，可得聞乎？』⋯⋯子思乃告之曰：『古者天子將巡守，必先告於祖、禰，命史告群廟及社稷、圻內名山大川。告者七日而徧，親告用牲，史告用幣。申命冢宰，而後道而出。必以遷廟之主行，載於齊車，每舍奠焉，及所經五嶽、四瀆，皆有牲幣。歲二月，東巡守，至於岱宗，柴於上帝，望秩於山川，所過，諸侯各待於境。天子先問百年者所在而親見之，然後覲方岳之諸侯。有功德者，則發爵賜服，以順陽義。無功者，則削黜貶退，以順陰義。命史採民詩謠，以觀其風。命市納賈，察民之所好惡，以知其志。命典禮正制度，均量衡，考衣服之等，協時、月、日、辰。入其疆，土地荒穢，遺老失賢，掊克在位，則君免。山川社稷有不親舉者，則貶秩削土。土荒民遊為無教，無教者則君退。民淫僭上者為無法，無法者則君罪。入其疆，土地墾闢，養老尊賢，俊傑在位，則君有慶焉。遂南巡，五月，至於南嶽。又西巡，八月，至於西嶽。又北巡，十有一月，至於北嶽。其禮皆如岱宗。歸，反，舍於外次，三日齊，親告於祖、禰，用特。命有司告群廟、社稷及圻內名山大川，而後入，聽朝。此古者明王巡守之禮也。』陳子曰：『諸侯朝乎天子，盟會霸主，則亦告宗廟、山川乎？』子思曰：『告哉！』陳子曰：『王者巡守不及四嶽，諸侯盟會不越鄰

國，則其禮同乎？異乎？』子思曰：『天子封圻千里，公侯百里，伯七十里，子男五十里，虞、夏、殷、周之常制也。其或出此封者，則其禮與巡守、朝、會無變。其不越封境，雖行，如國。』」按：造爲告祭之名，此謂至而告祭也。《周禮・大祝》「六祈」，「二曰造」，鄭氏注：「造，祭於祖也。」《禮記・曾子問篇》：「諸侯適天子，必告於祖，奠於禰。」《王制篇》：「天子將出，類乎上帝，宜乎社，造乎禰。」孔穎達正義：「造乎禰者，造，至也，謂至父、祖之廟也。」字亦作「祰」，說文：「祰，告祭也。」《白虎通・巡狩篇》陳立疏證：「天子諸侯雖親告，亦不用牲。《禮》曾子問曰『凡告用牲幣』，又云：『孔子曰：「諸侯適天子，必告於祖，奠於禰。」注：「皆奠幣以告之。」』又云：『孔子曰：「天子諸侯將出，必以幣、帛、皮、圭告以祖、禰，遂奉以出。」』是告廟不用牲也。」《禮記・曾子問篇》孫希旦集解：「鄭氏見此章言『幣、帛、皮、圭』而不言『牲』，故破牲、幣爲制幣，而諸家於告出告反之禮，亦皆不言有牲。然以《舜典》、《王制》考之，則告禮有牲。此章不言『牲』者，蓋以主命之禮，所奉以出者唯幣、帛、皮、圭，牲非所奉以出者，故署而不言耳。謂『告禮無牲』，非也。」又《曾子問篇》「乃命國家五官而後行，道而出」，鄭氏注：「祖道也。《聘禮》：『出祖，釋軷，祭酒脯也。』」孫希旦集解：「道，祭行道之神於國城之外也。其禮以菩、芻、棘、柏爲神主，封土爲軷壇，厚二寸，廣五尺，輪四尺。既祭，以車轢之而去，喻行道時無險難也。」又《曾子問篇》：「曾子問曰：『古者師行，必以遷廟主行乎？』孔子曰：『天子巡守，以遷廟主行，載於齊車，言必有尊也。』」孫希旦集解：「皇氏侃曰：『遷廟主，謂新遷之主。』愚謂遷廟主多，莫適載焉，宜奉其近者而載之，故知爲新遷廟之主也。」又《曾子問篇》鄭氏注：「齊車、金路。」孫希旦集解：「金路，王乘之以朝、覲、會、同。鄭氏《齊僕注》云：『王將朝、覲、會、同，必齊，所以敬宗廟及神明。』故金路曰『齊車』。載遷廟主必以金路者，巡守即會、同也。會、同乘金路，故載遷主亦以金路，象其生時之所乘也。」又《曾子問篇》孔穎達正義：「《經》云『每舍奠焉』，以其在路，不可恒設牲牢，故知以脯醢也。與殯奠同謂之奠，以其無尸故也。」《白虎通・巡狩篇》陳立疏證：「邵氏晉涵云：『冀州之霍山，與泰、華、衡、恒，唐、虞之五嶽也。華、嶽、泰、恒、衡，周之五嶽也。泰、衡、華、恒、嵩，漢初相傳之五嶽也。泰、華、恒、嵩、霍，武帝所定之五嶽也。』……《水經・河水注》：『自河入濟，自濟入淮，自淮達江，水徑周通，故有四瀆之名。』」

《尚書‧舜典》:「歲二月,東巡守,至於岱宗,柴,望秩於山川。」偽《孔傳》:「東嶽諸侯竟內名山大川,如其秩次,望祭之。」《禮記‧王制篇》:「柴而望祀山川,覲諸侯。」朱彬訓纂引《三禮義宗》:「祭天之後,乃望祀山川。」《公羊傳‧僖公三十一年》:「山川有能潤於百里者,天子秩而祭之。」《風俗通義‧山澤篇》:「王者報功,以次序之。」《禮記‧祭義篇》:「天子巡守,諸侯待於竟。」《白虎通‧巡狩篇》陳立疏證:「天子諸侯分土而治,天子無事不得出圻內,諸侯無事不得至封外,故出則皆有告祭之禮,知天子巡守,惟待於竟焉。若至方岳之下,則一方諸侯皆宜出竟,朝天子,述職考黜也。」《禮記‧祭義篇》「天子先見百年者」,鄭氏注:「問其國君以百年者所在而往見之。」《風俗通義‧序》:「觀諸侯,見百年。」《禮記‧王制篇》「問百年者就見之」,孔穎達正義:「此謂到方岳之下,見諸侯之後,問百年者就見之。若未至方岳,於道路之上有百年者,則亦王先見之。」孫希旦集解:「百年之人,所閱天下之義理多矣,就而見之,亦欲以訪問政治之得失,非徒敬老之文已也。」又《王制篇》孫希旦集解:「覲諸侯者,觀見當方之諸侯也。諸侯朝王,四時禮異,至朝於方岳,則一以覲禮行之,故其名皆曰覲也。」《禮記‧王制篇》:「有功德於民者,加地進律。」又《王制篇》「命大師陳詩,以觀民風」,鄭氏注:「陳詩,謂采其詩而視之。」孫希旦集解:「大師掌教六詩,命大師陳風者,命諸侯大師之官各陳其所採國中之風謠。何休《公羊》注云『男年六十、女年五十無子者,官衣食之,使之民間求詩,鄉移於邑,邑移於國,國以聞於天子』,是也。」《漢書‧藝文志‧六藝略》:「故古有采詩之官,王者所以觀風俗,知得失,自考正也。」《食貨志》:「孟春之月,群居者將散,行人振木鐸徇於路,以采詩,獻之大師,比其音律,以聞於天子。故曰王者不窺牖戶而知天下。」《禮記‧王制篇》朱彬訓纂:「質則用物貴,淫則侈物貴。」孫希旦集解:「市,謂司市之官。命市納賈者,命諸侯司市之官各納其市賈之貴賤也。詩有貞淫、美刺,市賈有貴賤、質侈,觀之,所以見風俗之美惡,好尚之邪正。」又《王制篇》「命典禮考時、月,定日,同律、禮、樂、制度、衣服,正之」,孫希旦集解:「典,主也。典禮,謂大史,……此謂天子之大史,從王而出者也。《周禮‧大史職》云:『大會、同、朝、覲,以書協禮事。』時,謂四時。月,謂月之大小。日,謂日之甲乙。……凡此皆所以正其不正也。」《孟子‧告子下》「入其疆,土地荒蕪,遺老失賢,掊克在位,則有讓」,趙岐注:「掊克,不良之人。」《詩經‧大雅‧蕩》陸德明音義:

「掊克，聚斂也。」《禮記・王制篇》「山川神祇有不舉者爲不敬，不敬者君削以地」，孔穎達正義：「山川是外神，故云『不舉』，不舉，不敬也。山川在其國竟，故削以地。」《孟子・告子下》：「入其疆，土地闢，田野治，養老尊賢，俊傑在位，則有慶，慶以地。」《禮記・王制篇》朱彬訓纂：「《三禮義宗》云：『唐、虞五載巡守一嶽，二十年方徧四嶽，周則四十八年矣。若一出四嶽皆徧，且闕四時祭享。唐、虞衡山爲南嶽，周氏霍山爲南嶽，其制吉行五十里，若以二月到東嶽，五月到南嶽，八月到西嶽，十一月到北嶽，路程遼遠，固必不及。此知每至一嶽即歸，斯義爲長也。』」《禮記・王制篇》「歸假於祖、禰，用特」，鄭氏注：「特，特牛也。」孫希旦集解：「謂歸至於祖、禰之廟而告至也。先告於大廟，而反齊車之主，然後歷告群廟，至禰而畢。《禮記・曾子問篇》：「孔子曰：『諸侯適天子，必告於祖，奠於禰，冕而出，視朝。命祝、史告於社稷、宗廟、山川，……告者五日而徧，過是非禮也。凡告用牲、幣，反亦如之。諸侯相見，必告於禰，朝服而出，視朝。命祝史告於五廟、所過山川，亦命國家五官道而出。反必親告於祖、禰，乃命祝史告至於前所告者，而後聽朝而入。』」

《雜訓篇》：「魯人有同姓死而弗弔者。人曰：『在禮，當免不免，當弔不弔，有司罰之，如之何子之無弔也』，答曰：『吾以其踈遠也。』子思聞之，曰：『無恩之甚也。昔者季孫問於夫子曰：「百世之宗有絕道乎？」子曰：「繼之以姓，義無絕也。故同姓爲宗，合族爲屬。雖國子之尊，不廢其親，所以崇愛也。是以綴之以食，序列昭穆，萬世婚姻不通，忠篤之道然也。」』」冢田虎曰：「同姓爲宗，言同姓過百世，則有恩親之道絕乎？繼續之以同姓，則於義無絕恩親也。合同族於宗子家，以爲親屬。《記》曰：『同姓從宗，合族屬。』國君之於同姓之臣，不廢其親，所以崇敬宗族之愛也。同姓之臣，則雖親盡，而有享食之禮，以連綴之，序列其族之昭穆也。周之禮制，同姓則雖萬世，婚姻不得通也。《家語》『衛侯使其大夫求婚於季氏』章，及『有若問於孔子曰國君之於同姓如之何』章，可合見焉。」按：《禮記・大傳篇》：「別子爲祖，繼別爲宗。……有百世不遷之宗，有五世則遷之宗。百世不遷者，別子之後也。宗其繼別子之所自出者，百世不遷者也。」又「同姓從宗，合族屬」，孔穎達正義：「同姓從宗者，同姓父族也，從宗，謂從大小宗也。合族屬者，謂合聚族人親疏，使昭爲一行，穆爲一行，同時食，故曰合族屬也。」《大傳篇》「旁治昆弟，合族以食，序以昭穆」，孔穎達正義：「合族以食者，

言旁治昆弟之時，合會族人以食之禮，又次序族人以昭穆之事。又「繫之以姓而弗別，綴之以食而弗殊，雖百世而昏姻不通者，周道然也」，孔穎達正義：「言雖相去百世而婚姻不得通。」

《雜訓篇》：「穆公問於子思曰：『立太子有常乎？』答曰：『有之，在《周公之典》。』公曰：『昔文王舍適而立其次，微子舍孫而立其弟，是何法也？』子思曰：『殷人質而尊其尊，故立弟；周人文而親其親，故立子。亦各其禮也。文質不同，其禮則異。文王舍適立其次，權也。』公曰：『苟得行權，豈唯聖人？唯賢與愛立也。』子思曰：『聖人不以權教，故立制垂法，順之為貴。若必欲犯，何有於異？』公曰：『舍賢立聖，舍愚立賢，何如？』子思曰：『唯聖立聖，其文王乎！不及文王者，則各賢其所愛，不殊於適，何以限之？必不能審賢愚之分，請父兄群臣卜於祖廟，亦權之可也。』」宋咸注：「言《周典》有之。文王舍其嫡長伯邑考而立次子武王發。微子舍其孫腯而立其弟衍，以武王賢，故用權而立之。」姜兆錫曰：「聖立聖，公也。賢所愛，則私矣。故立賢立愛之權，不如立嫡之正。」冢田虎曰：「殷之禮，適子死，而其弟賢也，則舍適孫而立其弟，斯尚賢故，不主親親之等殺。周之禮，不擇賢愚，適子死，則立適孫，斯尚文故，主親親之等殺。其所以為賢者，非殊於適子，多溺乎愛，則無以為賢愚之分限。若無長適，而於庶子中，擇其賢愚，則請之眾議，卜之祖廟，而後立之，亦可謂權也。」按：《史記·宋微子世家》裴駰集解引鄭玄曰：「微子適子死，立其弟衍，殷禮也。」《禮記·表記篇》：「殷人尊神，率民以事神，先鬼而後禮，先罰而後賞，尊而不親。……周人尊禮尚施，事鬼敬神而遠之，近人而忠焉，其賞罰用爵列，親而不尊。」《禮記·大傳篇》：「上治祖禰尊尊也。下治子孫，親親也。」

《抗志篇》：「司徒文子改葬其叔父，問服於子思。子思曰：『禮，父母改葬，緦，既葬而除，不忍無服送至親也。非父母無服，無服則弔服而加麻。』文子曰：『喪服既除，然後乃葬，則其服何服？』答曰：『三年之喪，未葬，服不變，除何有焉？期大功之喪，服其所除之服以葬。既葬而除之，其虞也，吉服以行事也。』」冢田虎曰：「緦，十五升布，三月喪服。雖改葬也，送至親之父母，不忍無服而葬焉，故且服輕喪，既葬則除之也。斬衰三升，既虞卒哭，受以成布六升，為母疏衰四升，受以成布七升，期而小祥，練冠縓緣，要絰不除。若有故而未葬，則不變其衰，何除服之有？齊衰期年與大功九月，喪服既除，而後乃葬，則服其除喪之服以葬之，既葬，則除之。其除喪之後

而反虞也,則著吉服以行祭事也。吉服,謂祭服也,但三年之喪,其虞也猶服衰。」按:《儀禮・喪服篇》:「《傳》曰:『緦者十五升,抽其半。有事其縷,無事其布曰緦。』」《穀梁傳・莊公三年》:「改葬之禮緦,舉下,緬也。」范甯集解:「江熙曰:『葬禮緦,舉五服之下,以喪緬藐遠也。天子諸侯易服而葬,以爲交於神明者不可以純凶,況其緬者乎!是故改葬之禮,其服唯輕。言緬,釋所以緦也。』」《儀禮・喪服篇》「緦麻三月者」賈公彥疏:「三月者,凡喪服變除,皆法天道,故此服之輕者,法三月一時,天氣變,可以除之,故三月也。」《禮記・檀弓上》「既葬,各以其服除」,鄭氏注:「卒哭當變,衰麻者變之,或有除者,不視主人。」孫希旦集解:「謂既葬卒哭,則緦麻除服。」又《禮記・檀弓上》「孔子之喪,門人疑所服。子貢曰:『昔者夫子之喪顏淵,若喪子而無服。……請喪夫子,若喪父而無服』」,鄭氏注:「無服,不爲衰,弔服而加麻,心喪三年。」《白虎通・喪服篇》陳立疏證:「《通典》引賀循云:『無服,謂無正喪之服者也。』」又陳立疏證:「凡弔服加麻者,出則變服,……師、朋友、嫂叔、族姑姊妹嫁者,皆弔服加麻者。《禮疏》引《禮論》云『爲師及朋友,皆既葬除之』。」《禮記・三年問篇》:「三年之喪,何也?曰:稱情而立文,因以飾群,別親疏、貴賤之節,而弗可損益也。」《禮記・喪服小記篇》「久而不葬者,唯主喪者不除,其餘以麻終月數者,除喪則已」,鄭氏注:「『其餘』謂旁親也。『以麻終月數』,不葬者,喪不變也。」孔穎達正義:「久而不葬者,謂有事礙,不得依月葬者,則三年服身皆不得祥除也。今云『唯主喪』者,亦欲廣說子爲父、妻爲夫、臣爲君、孫爲祖得爲喪主,四者悉不除也。『其餘以麻終月數』者,『其餘』謂期以下至緦也。『麻終月數』者,主人既未葬,故諸親不得變葛,仍猶服麻,各至服限竟而除也。『除喪則已』者,謂月足而除,不待主人葬除也。」又《喪服小記》「再期之喪,三年也。期之喪,二年也。九月、七月之喪,三時也」,孫希旦集解:「七月之喪,大功殤服也。成人期喪,其長、中殤者皆爲之大功,長殤九月,中殤七月。」《儀禮・喪服篇》「其長殤皆九月,纓絰,其中殤七月,不纓絰。大功布衰裳,牡麻絰纓布帶,三月。受以小功衰,即葛九月」者,鄭玄注:「受猶承也。」又《喪服小記》「故期而祭,禮也。期而除喪,道也。祭不爲除喪也」,孫希旦集解:「期而除喪者,諫練而男子除首絰,婦人除要帶,祥而緦除衰杖也。禮,謂舉祭禮以存親。道,順天道以除變也。由夫禮,則有不忍忘其親之心;順乎道,則有不敢過於哀之意。二者互義,各有所主,而不相

為也。然親固不可忘，而哀亦不可過。不忍忘，故有終身之憂，不敢過，故送死有已，復生有節，又並行而不相悖者也。」虞，謂死者棺柩下葬後之祭。《釋名・釋喪制》：「既葬，還祭於殯宮曰虞，謂虞樂安神，使還此也。」《禮記・檀弓下》「葬日虞，弗忍一日離也。是日也，以虞易奠」，孫希旦集解：「虞以安神，葬日即虞，不忍一日離親之神也。葬前無尸，奠置於地，至虞，始立尸以行祭禮，故曰以虞易奠。」又《檀弓下》「卒哭曰『成事』。是日也，以吉祭易喪祭，明日祔於祖父」，鄭氏注：「既虞之後，卒哭而祭，其辭蓋曰『哀薦成事』，成祭事也，祭以吉為成。」孫希旦集解：「大夫以上，虞與卒哭異月，士虞與卒哭同月，則以末虞之明日卒哭、虞皆用柔日，而卒哭改用剛日，以死者之神將自殯宮而往祔於廟。用剛日者，取其變動之義，故不用內事以柔日之例也。曰『成事』，謂祝辭所稱。……至卒哭而改用吉祭之禮，故曰『以吉祭易喪祭』。」

《居衛篇》：「羊客問子思曰：『古之帝王，中分天下，使二公治之，謂之二伯。周自后稷封為王者，後子孫據國，至大王、王季、文王，此固世為諸侯矣，焉得為西伯乎？』子思曰：『吾聞諸子夏：殷王帝乙之時，王季以功，九命作伯，受珪瓚秬鬯之賜，故文王因之，得專征伐。此以諸侯為伯，猶周、召之君為伯也。』」宋咸注：「《禮》九命：一命受職，再命受服，三命受位，四命受器，五命受則，六命受官，七命受國，八命受牧，九命作伯。《禮》九錫：一曰車馬，二曰衣服，三曰樂器，四曰納陛，五曰虎賁，六曰朱戶，七曰斧鉞，八曰弓矢，九曰圭瓚。周、召之地，在雍州岐山之陽。古公亶父避狄，自豳始遷於此，修德以建王業，故商王帝乙命其子季歷以為西伯。至紂，又命文王為西伯，蓋商之州長曰伯，謂以文王為伯而在西也。故文王行化，而雍、梁、荊、豫、徐、揚之人咸被其德而從之，故語曰『三分天下有其二，由服事殷，惟冀、青、兗一分屬紂矣』。文王受命，作邑於豐，而岐陽周、召之地已空，故分賜周公、召公以為采邑，施大王、王季之化於己所職之國，傳記言分陝而治者，蓋此也。」冢田虎曰：「珪瓚以珪為杓柄也。鬯，秬鬯也。黑黍之酒釀以鬯草也，祭祀用之，當以賜命告其祖廟，故受此賜。」按：《公羊傳・隱公五年》：「天子三公稱公。……天子三公者何？天子之相也。天子之相，則何以三？自陝而東者，周公主之；自陝而西者，召公主之；一相處乎內。」《周禮・春官・大宗伯》「以九儀之命，正邦國之位，壹命受職，再命受服，三命受位，四命受器，五命賜則，六命賜官，七命賜國，

八命作牧，九命作伯」，鄭氏注：「上公有功德者，加命爲二伯，得徵五侯九伯者。」《白虎通·考黜篇》：「朱戶、納陛、虎賁者，皆與之制度，而鈇鉞、弓矢、秬鬯，皆與之物，各因其宜也。秬者，黑黍，一稃二米。鬯者，以百草之香鬱金而合釀之，成爲鬯。……所以灌地降神也。瓚者，器名也，所以灌鬯之器也。以圭飾其柄，灌鬯貴玉氣也。」九錫之禮，古書記載，名目小異，排列次序不一。《史記·周本紀》：「乃赦西伯，賜之弓矢斧鉞，使西伯得征伐。」

四、子思論政

《居衛篇》：「申祥問：『殷人自契至湯而王，周人自棄至武王而王，同嚳之後也，周人追王大王、王季、文王，而殷人獨否，何也？』子思曰：『文質之異也。周人之所追王大王，王跡起焉。』又曰：『文王受命，斷虞、芮之訟，伐崇邦，退犬夷，追王大王、王季，何也？』子思曰：『狄人攻大王，大王召耆老而問焉，曰：「狄人何來？」耆老曰：「欲得菽粟財貨。」大王曰：「與之。」與之至無，而狄人不止。大王又問耆老曰：「狄人何欲？」耆老曰：「欲土地。」大王曰：「與之。」耆老曰：「君不爲社稷乎？」大王曰：「社稷所以爲民也，不可以所爲民者亡民也。」耆老曰：「君縱不爲社稷，不爲宗廟乎？」大王曰：「宗廟者，私也。不可以吾私害民。」遂仗策而去，過梁山，止乎岐下。豳民之束脩，奔而從之者三千乘，一止而成三千乘之邑，此王道之端也，成王於是追而王之。王季，其子也，承其業，廣其基焉。雖同追王，不亦可乎！』」宋咸注：「申祥，顓孫師之子。帝嚳次妃簡狄生契，舜命作司徒，爲商之祖。帝嚳元妃姜嫄生棄，舜命作后稷，爲周之祖。太王，古公亶父也。王季，古公之子季歷，文王之父也。文王斷虞、芮之訟，以爲受命之年。崇侯虎，商時諸侯，作亂，文王伐之。犬夷、獫狁猾夏，文王逐之。」冢田虎曰：「問其所以王同，而殷人獨無所追王者，何故也？殷尚質，周尚文。周之王跡，起於大王，故追王之。《書》（《尚書·武成篇》）曰：『至於大王，肇基王跡。』虞、芮二國爭田不決，感周人之讓，而自止其訟。崇侯倡紂爲無道，文王伐滅之。犬戎侵中國，文王亦退之。申祥又問文王則有如此之大功，宜追王之也。大王、王季則有何功，以追王之乎？」按：《禮記·檀弓上》鄭氏注：「申祥，子張子。……太史公傳曰：『子張，姓顓孫。』今曰『申祥』，周、秦之聲，二者相近，未聞孰是。」《史記·周本紀》：「追尊古

公為太王，公季為王季：蓋王瑞自太王興。」《禮記・大傳篇》：「追王大王亶父、王季歷、文王昌，不以卑臨尊也。」《詩經・周頌・閟宮》：「后稷之孫，實維大王。居岐之陽，實始剪商。」鄭玄箋：「大王自豳徙居岐陽，四方之民咸歸往之，於時而有王跡。」《詩經・大雅・綿》：「虞、芮質厥成。」《史記・周本紀》：「西伯陰行善，諸侯皆來決平。於是虞、芮之人有獄不能決，乃如周。入界，耕者皆讓畔，民俗皆讓長。虞、芮之人未見西伯，皆慚，相謂曰：『吾所爭，周人所恥，何往為？祗取辱耳。』遂還，俱讓而去。諸侯聞之，曰『西伯蓋受命之君』。……詩人道西伯，蓋受命之年稱王而斷虞、芮之訟。」《尚書大傳・西伯戡耆》、《說苑・君道篇》、《詩經・大雅・綿》毛傳、《孔子家語・好生篇》亦並見此事。

五、子思明志

　　《居衛篇》：「子思適齊。齊君之嬖臣美鬚眉立乎側，齊君指之而笑，且言曰：『假貌可相易，寡人不惜此之鬚眉於先生也。』子思曰：『非所願也。所願者，唯君修禮義，富百姓，而伋得寄帑於君之境內，從繈負之列，其庸多矣。若無此須鬚，非伋所病也。昔堯身修十尺，眉乃八彩，實聖。舜身修八尺有奇，面頯無毛，亦聖。禹、湯、文、武及周公，勤思勞體，或折臂望視，或禿骭背僂，亦聖，不以鬚眉美鬚為稱也。人之賢聖在德，豈在貌乎？且吾先君生無鬚眉，而天下王侯不以此損其敬。由是言之，伋徒患德之不邵，不病毛鬚之不茂也。』」宋咸注：「言假使人貌可以相改易，則吾不惜此嬖臣之貌而易與先生。骭，脛骨也。」冢田虎曰：「禿骭，腳脛不生毛也。《荀子》曰：『禹跳，湯偏，堯、舜三牟子，周公之狀，身如斷菑。』《尹文子》曰：『禹之勞，十年不窺其家，手不爪，脛不生毛，偏枯之病，步不相過。』」按：《潛夫論・五德志篇》：「生伊堯。代高辛氏。其眉八彩。」《抱朴子內篇・袪惑》：「世云堯眉八彩，不然也，直兩眉頭甚豎，，似八字耳。」「折臂」，謂商湯，《荀子・非相篇》「禹跳、湯偏」，楊倞注引鄭注《尚書大傳》：「湯半體枯。」「望視」，謂武王，《論衡・骨相篇》：「武王望陽。」《白虎通・聖人篇》：「武王望羊。」「禿骭」，謂夏禹，《史記・李斯列傳》：「禹……而股無胈，脛無毛，手足胼胝，面目黎黑。」是脛無毛猶禿骭也。「背僂」，謂周公，《荀子・非相篇》「周公之狀，身如斷菑」，王先謙集解引郝懿行曰：「菑者，植立之貌。周公背僂，或如襪僂，其形曲折，不能直立，故身如斷菑矣。」《論衡・骨相篇》：

「周公背僂。禹……而股無胈，脛無毛，手足胼胝，面目黎黑。」是脛無毛猶禿骭也。

　　《抗志篇》：「子思見老萊子。老萊子聞穆公將相子思，老萊子曰：『若子事君，將何以為乎？』子思曰：『順吾性情，以道輔之，無死亡焉。』老萊子曰：『不可順子之性也，子性剛，而傲不肖，且又無所死亡，非人臣也。』子思曰：『不肖，故人之所傲也。夫事君，道行言聽，則何所死亡？道不行，言不聽，則亦不能事君，所謂無死亡也。』老萊子曰：『子不見夫齒乎？雖堅剛，卒盡相摩；舌柔順，終以不弊。』子思曰：『吾不能為舌，故不能事君。』」宋咸注：「老萊子，楚人也，耕於蒙山。楚王嘗聘之，不起。《孝子傳》稱老萊子至孝，奉二親，行年七十，著五彩襴褕衣，弄鶵鳥於親側。著書十五篇，言道家之用，與孔子同時。周公下白屋，仲尼進互鄉，豈傲夫不肖？蓋老萊無意生雲，惟沖默自柔，故子思矯之，有所激之而去爾。」姜兆錫曰：「傲不肖，猶上所謂察好惡。……然不肖，故人之所傲，雖亦大學之傲惰，為人情所不能無者，而云順吾之性，則或不免於之其所矣，蓋亦大賢以上，過高之行與？道不行，言不聽，則亦不能事君，亦上所謂審去就也。」按：《戰國策·楚策》四：「公不聞老萊子之教孔子事君乎？示之其齒之堅也，六十而盡相靡也。」吳師道補注：「《史記》及《漢志》並云，孔子與老子、老萊子同時，《孔叢子》所記，舛也。」《淮南子·繆稱篇》：「老子學商容，見舌而知守柔矣。」《說苑·敬慎篇》：「老子曰：『夫舌之存也，豈非以其柔耶？齒之亡也，豈非以其剛耶？』」子書之記，以事繫人，蓋所傳聞異辭之語，非得以考據論之也。

第二節　子高言行考論

　　子高言行，集中表現為與公孫龍的論辯。錢穆曰「孔穿與公孫龍辨於平原君，其事見《呂氏·淫辭》，《公孫龍子·跡府》及《孔叢·公孫龍篇》，……殆皆襲取《淫辭》以為文，而其事自為先秦故實，則無可疑者……則子高之卒，或在趙敗長平之前……要之穿、龍之辨，雖不能證其的在何年，而大略則前於鄒衍、公孫龍之相辨也」，〔註3〕然《孔叢子》所記，則可以訂正《淫

─────────────────────

〔註 3〕錢穆：《先秦諸子繫年·孔穿與公孫龍辨於平原君所考》，商務印書館，2001年。

辭》傳世本的某些文字訛誤，是乃於先秦故實，各有所取也。

一、子高辯「白馬」之論

《公孫龍篇》：「公孫龍者，平原君之客也，好刑名，以白馬為非馬。或謂子高曰：『此人小辨而毀大道，子盍往正諸？』子高曰：『大道之悖，天下之交往也，吾何病焉？』或曰：『雖然，子為天下故，往也。』子高適趙，與龍會平原君家，謂之曰：『僕居魯，遂聞下風，而高先生之行也，願受業之日久矣。然所不取於先生者，獨不取先生以白馬為非馬爾。誠去白馬非馬之學，則穿請為弟子。』」宋咸注：「龍之學，但曰馬而已，何獨以白為？故曰以白馬為非馬。」冢田虎曰：「刑名，《漢志》所謂法家與名家也。龍之書，有堅白論及白馬論。」按：《公孫龍子‧跡府篇》：「公孫龍，六國時辯士也。疾名實之散亂，因資材之所長，為『守白之論』。假物取譬，以『守白』辯，謂『白馬為非馬』也。白馬為非馬者，言白所以名『色』，言馬所以名『形』也。色形，非形，非色也。夫言色則形不當與，言形則色不宜從；今合以為物，非也。如求白馬於廄中，無有，而有驪色之馬；然不可以應有白馬也。不可以應有白馬，則所求之馬亡矣。亡則白馬竟非馬。欲推是辯以正名實而化天下焉。」〔註4〕

二、子高辯「楚人得弓」之說

《公孫龍篇》：「龍聞楚王張繁弱之弓，載忘歸之矢，以射蛟兕於雲夢之圃，反而喪其弓。左右請求之，王曰：『止也！楚人遺弓，楚人得之，又何求乎？』仲尼聞之曰：『楚王仁義而未遂。亦曰「人得之」而已矣，何必楚乎？』若是者，仲尼異楚人於所謂人也。夫是仲尼之異楚人於所謂人，而非龍之異白馬於所謂馬，悖也。先生好儒術，而非仲尼之所取也。欲學，而使龍去所以教，雖百龍之智，固不能當前也。』子高莫之應，退而告人曰：『言非而博，巧而不理，此固吾所不答也。……《春秋》記「六鶂退飛」，「覩之則六，察之則鶂」，鶂猶馬也，六猶白也。覩之則見其白，察之則知其馬，色以名別，內由外顯，謂之「白馬」，名實當矣。若以絲麻，加之女功，為緇素青黃，色名雖殊，其質故一。是以《詩》有「素絲」，不曰絲素。《禮》有「緇布」，不曰布緇。……先舉其色，後名其質，萬物之所同，聖賢之所常也。「君

〔註 4〕 據譚戒甫：《公孫龍子形名發微》本。

子」之謂，貴當物理，不貴繁辭。若尹文之折齊王之所言，與其法錯故也。穿之所說於公孫子，高其智，悅其行也。去白馬之說，智行固存，是則穿未失其所師者也。……是楚王之言「楚人亡弓，楚人得之」，先君夫子探其本意，欲以示廣，其實狹之，故不如曰「亦曰人得之而已」。是則異楚王之所謂楚，非異楚王之所謂人也。以此爲喻，乃相擊切矣。凡言人者，總謂人也，亦猶言馬者，總謂馬也。楚自國也，白自色也。欲廣其人，宜在去楚；欲正名色，不宜去白。誠察此理，則公孫之辨破矣。』」宋咸注：「言楚王云楚人得之，欲示其廣，反乃狹之，不若云人得之人。使小辨之辭則有，合大道之理則否。」姜兆錫曰：「此言立言以理不以辭也。」冢田虎曰：「言楚王所謂楚人，與仲尼所謂人異之。今以是之，而以所謂白馬與馬異爲非，理之悖也。夫子探楚王本意，欲以示其廣，而言楚人得之者，則其實限楚狹之也，故以爲去楚，將曰人得之而已也。」吳毓江曰：「陳澧云：『此二條皆後人所述。故同一事而一舉楚人遺弓之說，一舉齊王謂尹文之說，所聞有異也。《孔叢》合爲一，是也。』」按：楚人遺弓之事，互見《呂氏春秋‧貴公篇》、《說苑‧至公篇》，《公羊傳‧僖公十六年》：「六鷁退飛，記見也。視之則六，察之則鷁。」

三、子高辯「臧三耳」之說

《公孫龍篇》：「公孫龍又與子高泛論於平原君所，辨理至於臧三耳。公孫龍言臧之三耳甚辨析，子高弗應，俄而辭出。明日復見，平原君曰：『疇昔公孫之言信辨也，先生實以爲何如？』答曰：『然，幾能臧三耳矣。雖然，實難。僕願得又問於君：今爲臧三耳，甚難而實非也；謂臧兩耳，甚易而實是也。不知君將從易而是者乎？亦其從難而非者乎？』平原君弗能應。明日，謂公孫龍曰：『公無復與孔子高辨事也，其人理勝於辭，公辭勝於理。辭勝於理，終必受詘。』」宋咸注：「臧，善也。龍以書有四目、四聰之義，遂以聽天、地、人爲三耳，如達四方之成四聰也，用是爲堅異之辨，猶白馬非馬之云，當時皆善之而不能破，故子高曰『今爲臧三耳，甚難而實非也；謂臧兩耳，甚易而實是也』。臧三耳，一說作『臧三牙』，皆當時說辨云。」姜兆錫曰：「『臧三耳』，猶言《莊子》『雞三足』也。兩耳，形也，與聽而三。」按：「臧三牙」，見於《呂氏春秋‧淫辭篇》。陳奇猷《呂氏春秋新校釋》所載舊注各異，要之有下列之說：一謂「羊三耳」，猶雞三足也（畢沅引謝墉說）。

二謂「臧」乃人之名（范耕研有說）。三謂「臧三牙」為「臧三互」，猶堅白論石藏于堅白之中（心史有說）。四謂當作「藏二耳」，藏爲藏匿之藏，耳爲「而已」之義，指堅白之辭而言（王啓湘有說）。其「牙」當爲「耳」之形訛，「臧三耳」謂二「實」加一「名」之義。錢穆曰：「《淫辭》『臧三牙』，《孔叢》作『臧三耳』，實則今《呂覽》字誤。畢氏沅、盧氏文弨皆據《孔叢》以改呂覽，是也。黃氏三曰：『《莊子・天下》，惠子言雞三足，與臧三耳相似。龍意兩耳，形也，又有一司聽者以君之，故爲三耳。』今按黃說甚是，惟改臧爲羊則非。……則臧是臧獲，謂僕人耳。」〔註5〕

第三節　子順言行考論

《史記・孔子世家》：「子高生子慎，年五十七，嘗爲魏相。」子慎即子順，錢穆撰有《孔叢子載孔子順事跡辨》，指出子順相魏，考之史實，有「五不合」之處，謂「子順相魏事，既他無可考，如不得已而必據《孔叢》所載，以定其年，亦當以在信陵君既死，楚約五國伐秦之後，於嫪毐敗死之前……即上推之於其父穿，下推之於其子鮒，其年相及，亦略當也」，〔註6〕錢穆「亦略當也」的說法，是比較客觀的。

一、子順辯知人之論

《陳士義篇》：「魏王朝群臣，問理國之所先？季文對曰：『唯在知人。』王未之應。子順進曰：『知人則喆。帝堯所病，故四凶在朝，鯀任無功。夫豈樂然哉！人難知故也。今文之對，不稱吾君之所能行，而乃欲強吾君以聖人所難，此不可行之說也。』王曰：『先生言之。』對曰：『當今所急，在修仁尚義，崇德敦禮，以接鄰國而已。昔舜命眾官，群臣竟讓得，禮之致也。苟使朝臣皆有推賢之心，主雖不知人，則臣位必當。若皆以知人為治，則人主宜未過堯，且其目所不見者，亦必漏矣。』」宋咸注：「言堯豈樂四凶與鯀而用之哉？蓋夫人之難知然也。」冢田虎曰：「四凶，共工、驩兜、三苗、鯀，舜之所以罪也。堯使鯀治洪水，九載績用不成。言堯豈樂如四凶與鯀者哉？所以然者，實人之難知故也爾。《記》（《禮記・緇衣篇》）曰：『不援其所不及，

〔註5〕　錢穆：《先秦諸子繫年・孔穿與公孫龍辨於平原君所考》，商務印書館，2001年。

〔註6〕　錢穆：《先秦諸子繫年・孔叢子載孔子順事跡辨》，商務印書館，2001年。

不煩其所不知，則君不勞矣。』舜命二十二臣以官職，各自推讓於有德者，此禮教之所致也。群臣皆能推讓於賢，則眾臣之職位，將自中於其才德，然則人主不必須知人也。堯猶難知人，人主寧可易之乎？』」按：《尚書・皋陶謨篇》：「皋陶曰：『都！在知人，在安民。』禹曰：『吁！咸若時，惟帝其難之。知人則哲，能官人。安民則惠，黎民懷之。』」《史記・五帝本紀》：「堯又曰：『嗟，四嶽，湯湯洪水滔天，浩浩懷山襄陵，下民其憂，有能使治者？』皆曰鯀可。堯曰：『鯀負命毀族，不可。』嶽曰：『異哉！試不可用而已。』堯於是聽嶽用鯀。九歲，功用不成。」又「此三族世憂之。至於堯，堯未能去。縉雲氏有不才子，貪於飲食，冒於貨賄，天下謂之饕餮。天下惡之，比之三凶。舜賓於四門，乃流四凶族，遷於四裔。」《孟子・萬章上》：「舜流共工於幽州，放驩兜於崇山，殺三苗於三危，殛鯀於羽山，四罪而天下咸服，誅不仁也。」此處子順蓋混四嶽與四凶爲一以言之。

二、子順辯流言之僞

《陳士義篇》：「李由之母少寡，與李音竊相好而生由。由有才藝，仕於魏，王甚愛之。或曰：『李由母奸，不知其父，不足貴也。』王以告由，且曰：『吾不以此賤子也。雖然，古之賢聖，亦有似子者乎？吾將舉以折毀子者。』李由對曰：『今人不通於遠，在臣欲言誰爾？且孔子少孤，則亦不知其父者也。孔子母死，殯於五父之衢，人見之，皆以爲葬。問郰曼父之母，得合葬於防。此則聖人與臣同者也。』王笑曰：『善。』子順聞之，問魏王曰：『李由安得斯言？』王曰：『假以自顯，無傷也。』對曰：『虛造謗言，以誣聖人，非無傷也。且夫明主之於臣，唯德所在，不以小疵妨大行也。昔鬥子文生於淫，而不害其爲令尹。今李由可，則寵之，何患於人之言而使橫生不然之說。若欺有知，則有知不受，若欺凡人，則凡人疑之，必亦問臣，則臣亦不爲君之故，誣祖以顯由也。如此，群臣更知由惡，此惡必聚矣。所謂求自潔而益其垢，猶抱石以救溺，愈不濟矣。』」宋咸注：「叔梁紇與顏氏女野合而得孔子。孔子生而叔梁紇死，葬於防山。孔子疑其父墓處，母諱之也。孔子母死，乃殯於五父之衢。郰人挽父之母誨孔子父墓，然後往合葬於防。楚鬥伯比淫於䢵子之女，生子文。䢵夫人使棄諸雲夢澤中，虎乳之。䢵子田，見之，懼而歸。夫人以告，遂收之。楚人謂乳『穀』，謂虎『於菟』，故命之曰鬥穀於菟，以其女妻伯比，實爲令尹子文。」姜兆錫曰：「按：《子思子》

嘗薦李音於衛侯。此李音未知即其所薦否耶？如其然，音亦不足薦矣。或曰子慎，子思五世孫。由與子慎同時，則其母與音世相遠，而魏與衛亦地相隔，殆非一人也。」冡田虎曰：「此事子順之時，初得聞之，則知是當時好事之誣說，而李由稱之也已。而《戴記》取以雜記之。且司馬遷附以野合之誣者，皆妄也矣。其不然者，於《家語》應知矣。陳澔辯之是。」按：《禮記・檀弓上》「孔子少孤，不知其墓，殯於五父之衢，人之見之者，皆以爲葬也，其慎也，蓋殯也。問於郰曼父之母，然後得合葬於防」，鄭氏注：「孔子之父郰叔梁紇與顏氏之女徵在野合而生孔子，徵在恥焉不告，……孔子亦爲隱焉。殯於家，則知之者無由怪已。欲發問端。五父，衢名，蓋郰曼父之鄰。『慎』當爲『引』，禮家讀『然』，聲之誤也。殯引，飾棺以輤。葬引，飾棺以柳翣。孔子是時以殯引，不以葬引，時人見者，謂不知禮。」孫希旦集解：「陳氏澔曰：『孔子少孤，及顏氏死，孔子成立久矣。……且母死而殯於衢，必無室廬而死於道路者不得已之爲耳。……此經雜出諸子所記，其間不可據以爲實者多矣。』愚謂野合者，謂不備禮而婚耳，未足深恥也。且野合與葬地，事不相涉，恥野合而諱葬地，豈人情哉！孔子成立時，當時送葬之人必多有在者，即顏氏不告，豈不可訪問而得之？既殯之後，孝子廬於中門之外，朝夕不離殯宮，其慎之如此。若殯於五父之衢，則與棄於道路何異？此《記》之所言，蓋事理之所必無者。」

三、子順辯爲政之理

《陳士義篇》：「子順相魏，改嬖寵之官以事賢才，奪無任之祿以賜有功。諸喪職秩者不悅，乃造謗言。文咨以告，且曰：『夫不害前政而有成，孰與變之而起謗哉？』子順曰：『民之不可與慮始久矣。古之善爲政者，其初不能無謗。子產相鄭，三年而後謗止。吾先君之相魯，三月而後謗止。今吾爲政日新，雖不能及聖賢，庸知謗止獨無時乎？』文咨曰：『子產之謗，嘗亦聞之。未識先君之謗何也？』子順曰：『先君初相魯，魯人謗誦曰：「麛裘而韠，投之無戾。韠之麛裘，投之無郵。」及三月，政成化既行，民又作誦曰：「袞衣章甫，實獲我所。章甫袞衣，惠我無私。」』」宋咸注：「子產，國僑，相鄭。從政一年，輿人誦之，曰：『取我衣冠而褚之，取我田疇而伍之，孰殺子產？吾其與之。』及三年，又誦之，曰：『我有子弟，子產誨之，我有田疇，子產殖之，子產而死，誰其嗣之？』袞衣，公侯之服。章甫，儒冠，亦指夫子也。

麝，鹿子也。其皮以爲裘，加裼衣以朝，斥夫子也。荫，小貌。投，棄也。戾、郵，罪也。」按：《左傳・昭公四年》：「鄭子產作丘賦，國人謗之，曰：『其父死於路，己爲蠆尾。以令於國，國將若之何？』」「謗誦」，《呂氏春秋・樂成篇》作「鷖誦」，陳奇猷謂：「此文『魯人鷖誦之』，猶言魯人密誦之，即今語『背後誦之』。」《資治通鑑》卷五胡三省注：「大夫以上赤芾乘軒。……古者大夫羔裘以居，狐裘以朝。『麝裘而芾』，謂芾與麝裘相稱也。刺孔子裘衣而章甫，言孔子相魯能行古之道也。」芾爲朝賀之禮服。《左傳・桓公二年》「袞冕黻珽」，孔穎達正義：「鄭玄《詩箋》云：『芾，大古蔽膝之象也。……以韋爲之。』……《詩》云『赤芾在股』，則芾是當股之衣，故云『以蔽膝』也。鄭玄《易緯・乾鑿度》注云：『古者田漁而食，因衣其皮，先知蔽前，後知蔽後。後王易之以布帛，而獨存其蔽前者，重古道而不忘本也。』……《士冠禮》『士服皮弁玄端』，皆服韠，是他服謂之韠。……《經傳》作『黻』，或作『韍』，或作『芾』，音義同也。……魏、晉以來，用絳紗爲之，……以其用絲，故字或有爲『紱』者。」陳奇猷《新校釋》謂此以「韠」喻孔子與時不相容，投棄而無過。

《執節篇》：「趙孝成王問曰：『昔伊尹爲臣而放其君，其君不怨，何行而得乎此也？』子順答曰：『伊尹執人臣之節，而弼其君以禮，亦行此道而已矣。』王曰：『方以放君爲名，而先生稱禮，何也？』子順曰：『以禮括其君，使入於善也。』曰：『其說可得聞乎？』答曰：『其在《商書》，太甲嗣立而干冢宰之政，伊尹曰：「惟王舊行不義，習與性成，予不狎於不順，王始即桐，邇於先王其訓，罔以後人迷，王往居憂，允思厥祖之明德。」是言太甲在喪，不明乎人子之道，而欲知政，於是伊尹使之居桐，近湯之墓，處優哀之地，放之不得知政。三年服竟，然後反之，即所以奉禮執節，事太甲者也。率其君以義，強其君以孝道，未有行此見怨也。』」宋咸注：「此文與《尚書》差多，疑其未刪，舊語尚存。」冢田虎曰：「君謂太甲也。事出於《尚書・太甲篇》。又《左氏傳》曰：『伊尹放太甲而相之，卒無怨色。』太甲居桐宮，能思念其祖，而終其允德，故三年服喪竟，伊尹以冕服奉之，反之位也。所以爲放之，即是奉禮以執人臣之節也。」按：《孟子・萬章上》：「湯崩，太丁未立，外丙二年，仲壬四年。太甲顛覆湯之典刑，伊尹放之於桐。三年，太甲悔過，自怨自艾，於桐處仁遷義；三年，以聽伊尹之訓已也，復歸於亳。」《尚書・太甲上》：「伊尹曰：『茲乃不義，習與性成，予弗狎於弗順，營於桐宮，

密邇先王其訓，無俾世迷。王徂桐宮居憂，克終允德。』」

第四節　孔門後學辯墨家問難

先秦時期，墨家詰難孔學之事，見諸《墨子・非儒下》，秦漢之際，孔門後人對此予以辯駁，相關記載，見於《孔叢子・詰墨篇》。

一、辯晏子與孔子交相毀事

這方面有四條記載：

（一）辯景公問晏子以孔子而不對

《詰墨篇》：「《墨子》稱：『景公問晏子以孔子而不對，又問三，皆不對。公曰：「以孔子語寡人者眾矣，俱以為賢聖人。今問子而不對，何也？」晏子曰：「嬰聞孔子之荊，知白公謀，而奉之以石乞。勸下亂上，教臣弑君，非賢聖之行也。」』詰之曰：『楚昭王之世，夫子應聘如荊，不用而反，周旋乎陳、宋、齊、衛。楚昭王卒，惠王立。十年，令尹子西乃召王孫勝以為白公，是時魯哀公十五年也，夫子自衛反魯，居五年矣。白公立一年，然後乃謀作亂，亂作，在哀公十六年秋也，夫子已卒十旬矣。墨子雖欲謗毀聖人，虛造妄言，奈此年世不相值何？』」宋咸注：「楚昭王卒，公子閭乃與子西、子綦迎昭王妾越女之子章立之，是為惠王。惠王二年，子西召故平王太子建之子勝於吳，以為巢大夫，號曰白公。白，楚之邑也。白公好兵而下士。後晉伐鄭，鄭告急於楚。使子西救鄭，受賂而去。白公勝怒，乃遂與勇士石乞等襲殺令尹子西、子綦於朝，因劫惠王，置之高府，欲殺之。惠王從者屈固負王走昭王夫人宮。白公自立為王。月餘，會葉公來救楚。楚惠王之徒共殺白公，惠王乃復位。孔子於哀公十六年四月卒，白公於秋始亂，是孔子卒已十旬。」冢田虎曰：「十旬，猶百日。夫子卒夏四月十八日。白公作亂，秋七月。今按晏子之卒年，雖年時不審，然仕靈、莊、景三君。景公之時，晏子既老，景公立五十八年而卒，乃魯哀公五年也。而晏子之事，見於昭公二十六年《傳》之後，又不復見焉，則知其卒在昭公二十六、七年中也矣。然則先於白公亂，三十七、八年也。《墨子》之妄，愈可以見矣。」按：白公作亂事，《史記・楚世家》有詳細記載。《墨子・非儒下》「孔某之荊，知白公之謀，而奉之以石乞」，孫詒讓《閒詁》：「其與石乞作亂事，見哀十六年《左傳》。此事不可

信。《列子・說符篇》、《呂氏春秋・精通篇》、《淮南子・道應訓》並載白公與孔子問答，或因彼而誤傳與？……蘇云：『此誣罔之辭，殊不足辨。唯據白公之亂，在景公卒後十二年，而晏子之卒更在景公之先，又安能預知後事，而先與景公言之？』」此事不僅孔門弟子有辯，且後世學者亦辨之甚詳。

（二）辯晏子離間孔子與魯君事

　　《詰墨篇》：「《墨子》曰：『孔子相魯，齊景公患之，謂晏子曰：「鄰有聖人，國之憂也。今孔子相魯，為之若何？」晏子對曰：「君其勿憂。彼魯君，弱主也。孔子，聖相也。不如陰重孔子，欲以相齊，則必強諫魯君。魯君不聽，將適齊。君勿受，則孔子困矣。」』詰之曰：『案如此辭，則景公、晏子畏孔子之聖也。上而云非聖賢之行，上下相反，若晏子悖可也。不然，則不然矣。』」宋咸注：「言晏子前稱孔子所為皆非聖賢之行，此又以為聖相，是先後相反矣。」按：事見《晏子春秋・外篇》第八，文小異。吳則虞《集釋》：「孔子相魯在定公十四年，晏子已卒，此亦傳聞之辭也。……《韓非子・外儲說下》作『黎且對景公』，與此略似。」

（三）辯孔子與晏子交相詆毀事

　　《詰墨篇》：「《墨子》曰：『孔子見景公，公曰：「先生素不見晏子乎？」對曰：「晏子事三君而得順焉，是有三心，所以不見也。」公告晏子，晏子曰：「三君皆欲其國安，是以嬰得順也。聞『君子獨立不慚於景』，今孔子伐樹削跡，不自以為辱；身窮陳、蔡，不自以為約。始吾望儒貴之，今則疑之。」』詰之曰：『若是乎孔子、晏子交相毀也，小人有之，君子則否。孔子曰：「靈公污，而晏子事之以整；莊公怯，而晏子事之以勇；景公侈，而晏子事之以儉：晏子，君子也。」梁丘據問晏子曰：「事三君，而不同心，而俱順焉，仁人固多心乎？」晏子曰：「一心可以事百君，百心不可以事一君，故三君之心非一也，而嬰之心非三也。」孔子聞之，曰：「小子記之：晏子以一心事三君，君子也。」如此則孔子譽晏子，非所謂毀而不見也。景公問晏子曰：「若人之眾，則有孔子乎？」對曰：「孔子者，君子行有節者也。」晏子又曰：「盈成匡，父之孝子，兄之悌弟也。其父尚為孔子門人，門人且以為貴，則其師亦不賤矣。」是則晏子亦譽孔子，可知也。夫德之不修，己之罪也。不幸而屈於人，己之命也。伐樹削跡，絕糧七日，何約乎哉？若晏子以此而疑儒，則晏子亦不足賢矣。』」宋咸注：「言事靈公、莊公、景公三君，皆得順。似諂

而不正，若有三心然。盈成匡之父爲孔子門人，不在七十子之列。」冢田虎曰：「一心，唯忠之謂。伐樹，孔子適宋，與弟子習禮於大樹下，桓魋欲殺之，而伐其樹也。削跡，孔子去衛，衛人惡之，以削其跡云。然是於二語，傳記無所見焉，其事實未審焉。莊周《書》云：『夫子再逐於魯，削跡於衛，伐樹於宋，何約乎哉？』言此等之事，則不幸而屈於人者，而非德不修之罪，乃不自以爲困約也已。」按：《晏子春秋・外篇》第八：「嬰聞之，君子獨立不慚於影，獨寢不慚於魂。」《淮南子・繆稱篇》：「周公不慚乎景，故君子慎其獨也。」《禮記・大學》：「此謂誠於中，形於外，故君子必慎其獨也。」《史記・孔子世家》：「孔子去曹適宋，與弟子習禮大樹下。宋司馬桓魋欲殺孔子，拔其樹。孔子去。」《呂氏春秋・愼人篇》：「夫子逐於魯，削跡於衛，伐樹於宋。」「身窮陳、蔡」事，見《墨子・非儒下》、《荀子・宥坐篇》、《莊子・讓王篇》、《呂氏春秋・任數篇》、《新語・本行篇》、《說苑・雜言篇》、《風俗通義・窮通篇》。《晏子春秋・內篇問下》第四「一心可以事百君，三心不可以事一君」，吳則虞《集釋》：「『百』字疑本作『三』，『一心事三君』，與『三心……事一君』相對文。下文『晏子以一心事百君』，『百』亦當『三』，即承此『一心事三君』而來，後人改『三』爲『百』，致淆亂。《詰墨》『晏子以一心事三君』，猶作『三』，不作『百』，是未經竄改前之本也。」《說苑・反質篇》：「故一心可以事百君，百心不可以事一君。」又《晏子春秋・外篇》第七：「晏子對曰：『西郭徒居布衣之士盆成適也。父之孝子，兄之順弟也。又嘗爲孔子門人。』」吳則虞《集釋》：「《孟子・盡心》有『盆成括仕於齊』，古『適』、『括』通，似一人矣。然一則爲孔子弟子，一則爲孟子弟子，似齊有兩盆成適。《說苑・建本篇》有虞君問盆成子語，是『盆成』二字爲姓，此『適』字或本作『匡』。」

（四）辯晏子謂儒學「其道不可以治國，其學不可以導家」事

《詰墨》：「《墨子》曰：『孔子之齊，見景公。公悅之，封之以尼溪。晏子曰：「不可。夫儒，法居而自順，立命而怠事。崇喪遂哀，盛用繁禮。其道不可以治國，其學不可以導家。」公曰：「善。」』詰之曰：『即如此言，晏子爲非儒惡禮，不欲崇喪遂哀也。察《傳記》，晏子之所行，未有以異於儒焉。又景公問所以爲政，晏子答以禮云，景公曰：「禮其可以治乎？」晏子曰：「禮於政，與天地並。」此則未有以惡於禮也。晏桓子卒，晏嬰斬衰、枕草、苴絰、帶、杖，菅菲，食粥，居於倚廬，遂哀三年。此又未有以異於儒也。若

能以口非之而躬行之，晏子所弗爲。』」宋咸注：「史稱景公欲以尼谿田封孔子。尼谿，齊邑也。……史稱晏嬰進曰：『夫儒者滑稽而不可軌法；倨傲自順，不可以爲下；崇喪遂哀，破產厚葬，不可以爲俗；遊說乞貨，不可以爲國。今孔子盛容飾，繁登降之禮，趨翔之節，累世不能殫其學，當年不能究其禮。君欲用之以移齊俗，非所以先細民也。』與此文微異。」孫詒讓《閒詁》：「尼谿地無考，《呂氏春秋・高義篇》又作『景公致廩丘以爲養』。」《墨子・非儒下》吳毓江校注：「《淮南子・氾論訓》『孔子辭廩丘』，高注云：『廩丘，齊邑，今屬濟陰。』」冢田虎曰：「《墨子》之修喪也，以薄爲其道，故亦設此誣已。」按：《左傳・昭公二十六年》：「齊侯與晏子坐於路寢。……公曰：『善哉！是可若何？』對曰：『唯禮可以已之。在禮，家施不及國。民不遷，農不移，工賈不變，士不濫，官不滔，大夫不收公利。』公曰：『善哉！我不能矣。吾今而後知禮之可以爲國也。』對曰：『禮之可以爲國也，久矣。與天地並。』」《左傳・襄公十七年》：「齊晏桓子卒，晏嬰麤縗斬，苴絰、帶、杖，菅屨，食鬻，居倚廬，寢苫、枕草。」

二、辯孔子品行諸事

（一）辯孔子「乃樹鴟夷子皮於田常之門」事

　　《詰墨篇》：「《墨子》曰：『孔子怒景公之不封己，乃樹鴟夷子皮於田常之門。』詰之曰：『夫樹人爲其信己也。《記》曰：「孔子適齊，惡陳常而終不見，常病之，亦惡孔子。」交相惡而又任事，其不然矣。《記》又曰：「陳常殺其君，孔子齋戒沐浴而朝，請討之。」觀其終不樹子皮審矣。』」宋咸注：「鴟夷形若橐，以馬革爲之。吳王夫差取五子胥屍，盛以鴟夷革，浮之江中。此云『樹鴟夷子皮』，蓋言若皮鴟夷然。范蠡去越之齊，自號鴟夷子皮。田常乃田和之曾祖，殺簡公，立平公，遂專齊政。此言夫子欲田常知己欲去而用之云。田常殺齊簡公，孔子請魯伐之，而哀公不聽，是不樹子皮可審。」按：《墨子・非儒下》：「孔丘乃志怒於景公與晏子（按：此句從吳毓江說），乃樹鴟夷子皮於田常之門。」孫詒讓《閒詁》：「《淮南子・氾論訓》云：『昔者齊簡公釋其國家之柄，而專任大臣，故使陳成田常、鴟夷子皮得成其難。』《說苑・指武篇》又云：『田成子常與宰我爭，宰我夜伏卒，將以攻田成子。鴟夷子皮聞之，告田成子。』即此。」吳毓江校注：「據《史記》，田常殺簡公在周敬王三十九年，魯哀公十四年。其時越未滅吳，范蠡尚在越。此鴟夷子皮

助田常作亂，當別爲一人，非范蠡也。」《說苑・臣術篇》「陳成子謂鴟夷子皮曰：『何與常也』」，向宗魯校證：「而田常之黨實有子皮其人，本書《指武篇》載其助田常攻宰我事，《韓非・說林》載其從田常奔燕事，……是子皮塙爲田常死黨。」錢穆撰有《鴟夷子皮及陶朱公非范蠡化名辨》一文，可參。

〔註7〕《論語・憲問篇》：「陳成子弒簡公，孔子沐浴而朝，告於哀公曰：『陳恒弒其君，請討之。』」《左傳・哀公十四年》：「甲午，齊陳恒弒其君壬於舒州。孔丘三日齊，而請伐齊三。」

（二）辯孔子「舍公家而奉季孫」事

《詰墨篇》：「《墨子》曰：『孔子爲魯司寇，舍公家而奉季孫。』詰之曰：『若以季孫爲相，司寇統焉，奉之，自法也。若附意季孫，季孫既受女樂，則孔子去之；季孫欲殺囚，則孔子赦之。非苟順之謂也。』」宋咸注：「季孫，三桓之家，時專魯政。」冢田虎曰：「以此三事，而亦見焉，皆非苟順乎季孫之謂也。」按：《呂氏春秋・舉難篇》：「季孫氏劫公家，孔子欲諭術則見外，於是受養而便說，魯國以訾。孔子曰：『龍食乎清而遊乎清，螭食乎清而遊乎濁，魚食乎濁而遊乎濁。今丘上不及龍，下不若魚，丘其螭邪？』」《史記・孔子世家》：「定公十四年，孔子年五十六，由大司寇行攝相事，有喜色。」《論語・微子篇》：「齊人歸女樂，季桓子受之，三日不朝，孔子行。」《史記・魯周公世家》：「季桓子受齊女樂，孔子去。」裴駰集解引孔安國曰：「桓子使定公受齊女樂，君臣相與觀之，廢朝禮二日。」《荀子・宥坐篇》：「孔子爲魯司寇，有父子訟者，孔子拘之，三月不別。其父請止，孔子舍之。季孫聞之不說，曰：『是老也欺予，語予曰：「爲國家必以孝。」今殺一人以戮不孝，又舍之。』冉子以告。孔子慨然歎曰：『嗚呼！上失之，下殺之，其可乎！不教其民而聽其獄，殺不辜也。』」《韓詩外傳》卷三：「《傳》曰：『魯有父子訟者，康子欲殺之。孔子曰：「未可殺也。夫民不知父子訟之爲不義久矣，是則上失其道。上有道，是人亡矣。」』」

（三）辯「孔子厄於陳、蔡」事

《詰墨篇》：「《墨子》曰：『孔子厄於陳、蔡之間，子路烹豚，孔子不問肉之所由來而食之。剝人之衣以沽酒，孔子不問酒之所由來而飲之。』詰之

〔註7〕錢穆：《先秦諸子繫年》三四附《鴟夷子皮及陶朱公非范蠡化名辨》，商務印書館，2001年。

曰：『所謂厄者，沽買無處，藜羹不粒，乏食七日。若烹豚飲酒，則何言乎厄？斯不然矣。且子路爲人，勇於見義，縱有豚酒，不以義不取之，可知也，又何問焉？』」按：《墨子·非儒下》：『孔丘窮於陳、蔡之閒，藜羹不糂，十日，子路爲享豚，孔丘不問肉之所由來而食。褫人衣以酤酒，孔丘不問酒之所由來而飲。』」

三、辯孔子諸弟子品行事

（一）辯「子貢、季路輔孔悝以亂衛」事

《詰墨篇》：「《墨子》曰：『孔子諸弟子，子貢、季路輔孔悝以亂衛。』……（詰之曰）『如此言，衛之亂，子貢、季路爲之耶？斯不待言而了矣。』」宋咸注：「季路以衛出公難，結纓而死。孔悝竟立蒯聵爲莊公。孔悝乃孔圉文子之子，蒯聵之甥。衛之亂，子貢時不與。」（宋咸注文可參見《史記·衛康叔世家》、《仲尼弟子列傳》。）又「孔悝與蒯聵作亂，子路聞之而後往，是時子貢爲魯使於齊。」冢田虎曰：「子貢，當爲『子羔』。」按：《墨子·非儒下》「子貢、季路輔孔悝亂乎衛」，孫詒讓《閒詁》：「《莊子·盜跖篇》：『跖曰：「子路欲殺衛君而事不成，身菹於衛東門之上，是子教之不至也。」』案子貢未聞與孔悝之難，亦謾語也。《鹽鐵論·殊路篇》云：『子路仕衛，孔悝作亂，不能救君，出亡，身菹於衛。子貢、子皋遁逃，不能死其難。』然則時子貢或適在衛與？」吳毓江校注：「秋山云：『「子貢」當作「子羔」，音誤。《孔子家語》及《史記》、《說苑》皆作「羔」，是。』案：秋山說近是。哀十五年《左傳》『孔子聞衛亂，曰：柴也其來，由也死矣』，正指此事，則『子貢』之當作『子羔』甚明。孫引《鹽鐵論·殊路篇》，其『子貢、子皋遁逃』句，似總承上文宰我身死於齊、子路身菹於衛而言。蓋謂宰我死而子貢逃，子路死而子皋逃，同遇一難，或死或亡，所謂殊路是也。惟據《左傳》、《史記》，其時子貢在魯，仁衛、仕齊兩無徵耳。」

（二）辯「陽虎亂魯」事

《詰墨篇》：「《墨子》曰：『陽虎亂魯，』」……（詰之曰）『陽虎欲見孔子，孔子不見，何弟子之有？』」宋咸注：「陽虎欲盡殺三桓，載季桓子，將殺之，桓子詐而得脫。三桓共攻，陽虎奔齊。」按：《論語·陽貨篇》：「陽貨欲見孔子，孔子不見。歸孔子豚。孔子時其亡也而往拜之。遇諸塗。」

（三）辯「弗肸以中牟畔」事

《詰墨篇》：「《墨子》曰：『弗肸以中牟畔。』……（詰之曰）『弗肸以中牟叛，召孔子，則有之矣，爲孔子弟子，未之聞也。』」《墨子・非儒下》「佛肸以中牟叛」，孫詒讓《閒詁》：「《論語・陽貨篇》云：『佛肸召，子欲往。子路曰：「佛肸以中牟畔，子之往也，如之何？」』《集解》：『孔安國云：「晉大夫趙簡子之邑宰。」』《史記・孔子世家》：『佛肸爲中牟宰，趙簡子攻范、中行，伐中牟。佛肸畔，使人召孔子。』《左傳・哀五年》『夏，趙鞅伐衛，范氏之故也，遂圍中牟』，即其時也。肸蓋范、中行之黨，孔安國以爲趙氏邑宰，誤也。」

（四）辯「漆雕開形殘」事

《詰墨篇》：「《墨子》曰：『漆雕開形殘。』……（詰之曰）『且漆雕開形殘，非行己之致，何傷於德哉？』」《墨子・非儒下》「㯱雕形殘」，孫詒讓《閒詁》：「『㯱』正字，經典多叚『漆』爲之。……《孔子弟子列傳》尚有漆雕哆、漆雕徒父二人，此所云或非開也。《韓非子・顯學篇》說孔子卒後，儒分爲八，有漆雕氏之儒，又云『漆雕之議，不色撓，不目逃，行曲則違於臧獲，行直則怒於諸侯』，此亦非漆雕開明甚。」

《孔叢子・詰墨篇》載孔門後人收墨家非孔子之語共七條進行辨詰。第一條「稱景公問晏子以孔子而不對」，第二條「孔子之齊，見景公。景公悅之，封之以尼溪」，第三條「孔子怒景公之不封己，乃樹鴟夷子皮於田常之門」，第四條「孔子爲魯司寇，舍公家而奉季孫」，第五條「孔子厄於陳、蔡之間」，第六條「孔子諸弟子，子貢、季路輔孔悝以亂衛」，第七條「孔子相魯，齊景公患之」，第八條「孔子見景公，公曰：『先生素不見晏子乎』」，第九條「景公祭路寢，聞哭聲」。前六條見於《墨子・非儒下》，就《非儒下》的論證方式看，前半部分是論述儒者的一般言行，後半部分是例舉孔子的某些言行來佐證前面的說理，如前半部分「且夫繁飾禮樂以淫人，久喪僞哀以謾親，立命緩貧而高浩居，倍本棄事而安怠傲。貪於飲食，惰於作務，陷於飢寒，危於凍餒，無以違之」數語，其「繁飾禮樂」見於《詰墨篇》第二條，「倍本棄事」見於《詰墨篇》第四條，「貪於飲食」見於《詰墨篇》第五條，「久喪僞哀」之言，義同《詰墨篇》第九條。《非儒下》所非孔子言行的排列順序，從「以所聞孔某之行，則本與此相反謬也」開始，而《詰墨篇》的排列順序，與此完全一致，故《詰墨篇》第七、八條疑爲《非儒下》「孔某窮於

陳、蔡之間……孰大於此」下的脫文。《詰墨篇》第九條疑爲《非儒下》「孔某與其門弟子閒坐……桼雕刑殘，莫大焉」下的脫文。計《非儒下》例舉孔子言行七事，孔門弟子言行四事，共十一事而非之，故《非儒下》最後說：「今孔某之行如此，儒士則可以疑矣。」這是《非儒下》全篇的結論，則此，《詰墨篇》所錄爲「墨子曰」的七、八、九條，疑當補今本《非儒下》所闕。這三條雖不見於今本《墨子》，但俱見於今本《晏子春秋》，可見非《孔叢子》杜撰，孔門後學的辯詰，意在捍衛師祖之尊，傳播孔學的學術思想，具有較廣泛的意義。

第四章 《孔叢子》注釋研究

　　《孔叢子》在宋代以前並無人爲之作注釋。北宋嘉祐三年，始有宋咸爲之校勘注釋，這是歷史上第一次，也是最爲完整的一次注釋。至南宋時期，由於有朱熹、葉適等人對《孔叢子》的性質、作者等提出質疑，明清時期更是被懷疑爲僞書，至而該書的價值得不到應有的肯定，導致宋咸《孔叢子注》的注釋文字在流傳中一再遭到刪削甚至完全刪除。在南宋流傳的巾箱本《孔叢子注》，其注釋文字已經被大幅度削減。明代翻刻的七卷本及三卷本《孔叢子》，已經看不到宋咸的注釋了，只有明人翻刻的七卷巾箱本尚保留有簡單的注釋文字。至清雍正年間，姜兆錫撰《孔叢子正義》五卷，這是歷史上爲《孔叢子》做的第二部注釋，可惜過於簡單，只是在某些章節間或闡釋一下義理性的內容。後道光年錢熙祚撰《孔叢子注校》七卷，是依據巾箱本的《孔叢子注》校勘《孔叢子》正文。《孔叢子》在傳播中也流於海外，乾隆年間日本漢學家冢田虎撰《冢注孔叢子》十卷。這是我們目前能見到的爲《孔叢子》作注釋的四部較完整的著作。《孔叢子》雖被懷疑爲僞書，然其中第十一篇《小爾雅》卻是古代語言學的精品，早期《小爾雅》是單獨通行，晉代李軌曾爲之作《略解》，宋、明、清三代都有單行本流傳，至清代成爲學術界研究的熱點，與注解《孔叢子》的冷清局面形成鮮明的反差，關於《小爾雅》注釋問題，我們將另作專章闡釋。

第一節　北宋宋咸《孔叢子注》

　　宋咸在北宋時期的事跡，宋代文獻中鮮有記載，在嘉祐八年刊刻的《孔

叢子注》，書前有宋咸所撰《序》文，前有「提點廣南西路諸州軍刑獄公事兼本路勸農事朝散郎守尙書屯田郎中上輕車都尉賜緋魚袋借紫臣宋咸撰」四十四字，〔註1〕從這裏看出宋咸當時身兼幾種職務：一、廣南西路。宋代設置廣南東路和廣南西路。西路治所在桂州。其中廣南西路包括今日廣西全境，以及雷州半島和海南島部分等地。二、提點刑獄公事。簡稱提刑官，是宋代特有的一種官職名稱，提點刑獄公事是提點刑獄司（簡稱提刑司）的長官，由朝廷選派，三年一換。提刑司是「路」級的司法機構，主要掌管刑獄之事，並總管所轄州、府、軍的刑獄公事、核准死刑等，也有權對本路的其它官員和下屬的州、縣官員實施監察。三、勸農事。宋代地方官員的職務，分路、州、縣三級，職責是勸民墾田，發展農業生產。四、朝散郎。宋代官階爲從七品上。五、尙書屯田郎中。宋朝職官實行一省六部制，六部之一有工部，長官稱工部尙書，工部下設屯田司，掌天下田墾。屯田郎中爲屯田司長官。六、上輕車都尉。勳官名，正四品。七、賜緋魚袋借紫。宋時魚袋分爲兩種：金魚袋和銀魚袋，而紫金魚袋和緋銀魚袋之說中的「紫」和「緋」分別是佩戴魚袋的官員的官服顏色，而相應的紫袍佩金魚袋，紅袍佩銀魚袋，四品以上才可以穿紫袍，未達到這個等級的可以特許服紫，稱爲「借紫」。宋咸的這些兼職及官階待遇，史料中並無詳細的記載，通過這篇《孔叢子注‧序》才得以知曉。在南宋朱熹之前，尙無人對《孔叢子》的眞僞提出懷疑，宋咸爲之作注解，關於該書作者，認爲「《孔叢子》者，乃孔子八世孔鮒，字子魚，仕陳勝爲博士，以言不見用，託目疾而退，論集先君仲尼、子思、子上、子高、子順之言及己之事，凡二十一篇，爲六卷，名之曰《孔叢子》，蓋言有善而叢聚之也。至漢孝武朝，太常孔臧又以其所爲賦與書謂之《連叢》上下篇爲一卷，附之於末」，宋咸這裏說明了二個問題，一是七卷本的前六卷是孔鮒所編撰，二是第七卷《連叢子》乃孔臧所編輯而成，附在《孔叢子》之後，說明《孔叢子》完整的七卷本是經孔臧之手而編輯完成。其對《孔叢子》的內容進行了充分肯定，「因念彼鬼谷、尉繚、庚桑、靈眞浮誇汪洋之說，尙且命氏於世，矧是書所載，皆先聖之言、三代之術，六藝之要在焉，非諸子之流也，又可泯而不稱耶」，〔註2〕宋咸是認爲《孔叢子》保留了「先聖之言、三代之術，六藝之要」的，其價值在於諸子之上，乃爲之撰寫《孔

〔註1〕 北宋宋咸：《孔叢子注‧序》，北宋嘉祐八年刻本。

〔註2〕 北宋宋咸：《孔叢子注‧序》。

叢子注》。

一、《孔叢子注》的校勘體例

宋咸《孔叢子注·序》曰：「士大夫號藏書者所得本，皆豕亥魚魯，不堪其讀。臣凡百購求，以損益補竄，近始完集。然有語或淺罔，弗極於道，疑後人增益，乃悉誅去。」宋咸是在按照傳統的方法來進行校勘。

（一）廣搜眾本

《公儀篇》「魯人有公儀僭者」，宋咸注：「（僭）數本皆作『潛』。」

（二）保留佚文

《嘉言篇》「以爲紡績組紃織紝者」，宋咸注：「（紝）又作『絍』。」

《論書篇》「先君僖公功德前行」，宋咸注：「（前行）或作『前列』。」

《論書篇》「周文王胥附奔輳」，宋咸注：「（輳）亦作『湊』。」

《記義篇》「不敢舍其重器而行，盡賓諸戚」，宋咸注：「戚一作『宿』。」

《刑論篇》「率過以小罪謂之枳」，宋咸注：「枳一作『疧』，猶傷也。」

《記問篇》「聞鳴犢與竇犨之見殺也」，宋咸注：「或作『鳴鐸、竇犨』，又作『竇鳴犢、舜華』。」

《居衛篇》「子思居衛，言苟變於衛君」，宋咸注：「（苟變）一作『苟變名也』。」

《抗志篇》「死不足以禁之，害何足以怨之」，宋咸注：「禁或作『懼』怨或作『忌』。」

《抗志篇》「若以天下易其脛毛」，宋咸注：「一本作『脛一毛』。」

《小爾雅·廣言》「烯，乾也」，宋咸注：「烯，一作『燨』。」

《小爾雅·廣言》「麗，兩也」，宋咸注：「亦作『灑』。」

《小爾雅·廣言》「殿，慎也」，宋咸注：「（殿）一作『塤』。」

《小爾雅·廣言》「枳，害也」，宋咸注：「一作『疧』。」

《小爾雅·廣言》「惎、心，教也」，宋咸注：「（惎）一作『愼』。」

《小爾雅·廣義》「體慚曰逡」，宋咸注：「（逡）一本作『埈』。」

《小爾雅·廣器》「較謂之幹」，宋咸注：「（較）一作『榷』。」

《小爾雅·廣器》「詘而戾之爲絣」，宋咸注：「（絣）一作『績』。」

《陳士義篇》「魏王遣使者奉黃金束帛聘子順爲相」，宋咸注：「（子順）一作『子愼』。」

《陳士義篇》「既賓之而燕」，宋咸注：「（燕）亦作『宴』。」

《論勢篇》「馬回之爲人……梗梗亮直」，宋咸注：「（梗）亦作『鯁』。」

《連叢子・諫格虎賦》「生縛獿犴」，宋咸注：「犴亦作『玃』。」

《連叢子・與從弟書》「及成王道雷風」，宋咸注：「道亦作『導』。」

（三）校正他本訛誤

《記義篇》「向見貓方取鼠」，宋咸注：（貓）一作『狸』，非也。」

《詰墨篇》「封之以泥溪」，宋咸注：（溪）諸本或作『雞』，誤也。」

（四）校正底本訛誤

《問軍禮篇》「皆每舍奠焉」，宋咸注：「舍當作『釋』，音與『釋』同。」

《連叢子》下「以其家卦林占之」，宋咸注：卦林當作『易林』。案：後漢崔篆嘗著《易林》六十四篇，用決吉凶，多所佔驗。篆乃駰之祖父也，故曰以其家《易林》占之。一作『家林』。」

《答問》「鄰人聞其凶凶也」，宋咸注：「凶凶當作『呁呁』，宜戾之聲。」

《連叢子・諫格虎賦》「攴輪登較」，宋咸注：「攴或作『枝』，與『搘』同。言獲獸多可搘其軿輪，登滿較式。」

《連叢子・敘世》「與崔義幼相善」，宋咸注：「義當作『毅』。臣咸今詳《連叢》之文，其理與《漢書》同而其名異。且《漢書》稱崔毅以疾隱身不仕，蓋後疾愈復仕，故子建絕之，俱《漢書》誤作崔篆焉。何則？詳《連叢》文，『毅』誤作仁義之『義』，字可辨也。」

二、《孔叢子注》的注釋體例

（一）解題，說明章旨

《嘉言》第一，宋咸注：「是書之第，乃以仲尼、子思、子上、子高、子順、子襄子孫之言爲之先後，以『嘉言』名篇者，取夫子應答之善言云爾。」

《論書》第二，宋咸注：「論《書》者，蓋仲尼與諸侯、弟子析白《尚書》之義，然自子張問『聖人受命』泊『有鰥在下』、『子夏問《書》大義』凡三事，舊在《嘉言篇》，臣咸今易之於此，首庶一貫焉。」《記義》第三，宋咸注：「『記義』者言，記夫子答弟子、諸侯所問之義。」《刑論》第四，宋咸注：「夫禮以先民，遂至於道。雖刑爲輔，亦自情設。故夫子之論，獨名於篇。此有論書者四，然皆主於刑義，故不附於前。」《記問》第五，宋咸注：「諸有問焉，

夫子以法度之言爲之復，故目而記之。」《雜訓》第六，宋咸注：「諸侯、弟子有所請，而子思訓之非一理，故曰雜焉。」《居衛》第七，宋咸注：「子思久去於魯，以居於衛，中有在齊適宋之言，蓋本自衛而往，故主衛名篇。」《巡守》第八，宋咸注：「莊伯之問，不及他義，獨明巡守，故專其目。」《公儀》第九，宋咸注：「魯穆，國君。公儀，高人。方論於是而以憯專其篇，乃知千乘之貴，常詘於道矣。」《抗志》第十，宋咸注：「夫帝王之盛，而未嘗能屈於道，故志意修則可驕於王侯。是篇皆子思抗志之言，大君子宜範焉。」《小爾雅》第十一，宋咸注：「經傳字義有所未暢，繹而言之，於《爾雅》爲小焉。」《公孫龍》第十二，宋咸注：「公孫詭辨，因是而被名，書於題，所以顯子高之正論。」《儒服》第十三，宋咸注：「皇極之道皆出於儒，故所以首眾說。」《對魏王》第十四，宋咸注：「此篇雖有齊王之問，然魏居多，故曰『對魏王』焉。」《陳士義》第十五，宋咸注：「是篇多賢否之論，故曰陳士義焉。」《論勢》第十六，宋咸注：「盍論諸侯強弱之勢云。」《執節》第十七，宋咸注：「夫臣節之固，莫右乎伊尹，故凡論事不詘，亦所以附焉。」《詰墨》第十八，宋咸注：「墨翟當戰國時，有弟子禽滑釐等三百餘人。《孟子》稱楊朱、墨翟之言盈天下。楊氏爲我，是無君也；墨氏兼愛，是無父也。無父無君，是禽獸也。其著書，誣稱孔、晏之事，故孔鮒詰而辨之。」《獨治》第十九，宋咸注：「此言行已如是，則可自抗不詘，獨治於己。」《問軍禮》第二十，宋咸注：「陳王涉請問軍禮，子魚答之，乃獨專於篇。」《答問》第二十一，宋咸注：「武安君泊陳王涉有所問，子魚得詳而答之，故以名篇。」

（二）注解詞語、術語、典故、史實

1、直接注解一般詞語

《嘉言篇》「盍姑已乎」，宋咸注：「姑，且也。」

《記義篇》「因宰予以遺孔子焉」，宋咸注：「遺，貺也。」

《記義篇》「受人之金，以贖其私昵，義乎」，宋咸注：「私，親也。昵，近也。」

《刑論篇》「斷者不可屬「，宋咸注：「屬，續也。」

《記問篇》「意子孫不修，將忝祖乎」，宋咸注：「忝，辱也。」

《雜訓篇》「雖國子之尊」，宋咸注：「國子，諸侯、卿大夫之子。」

《巡守篇》「圻內名山大川」，宋咸注：「圻內，境內也。」

《抗志篇》「人主自臧」，宋咸注：「臧，善也。」

《抗志篇》「公叔木謂申祥曰」，宋咸注：「木，衛公叔文子之子，定公十四年奔魯，或爲『朱』，《春秋》作『戌』。」

《抗志篇》「夫水之性清，而土壤汨之」，宋咸注：「汨，亂也。」

《儒服篇》「方屐麤箑」，宋咸注：「箑，扇也。」

《儒服篇》「而交辭於漂女」，宋咸注：「以水擊絮曰漂。」

《陳士義篇》「道德懿邵」，宋咸注：「邵，美也。」

《陳士義篇》「黷衰而芾，投之無戾。芾之黷衰，投之無郵」，宋咸注：「投，棄也。戾、郵，罪也。」

《答問篇》「舉則左史書之」，宋咸注：「舉，動也。」

《連叢子・諫格虎賦》「帝使亡諸大夫問乎下國」宋咸注：「亡，無也。諸，之也。無之大夫，言本無此大夫，假有之以爲辭，猶馮虛公子、安處先生之類也。」

2、以「猶」、「猶言」、「若」、「謂」、「言」「之貌」等術語說明詞語較
抽象的含義

《嘉言篇》「黼黻文章之美」，宋咸注：「黼若斧形，黻若兩己相戾。赤與青謂之文，白與赤謂之章，白與黑謂之黼，黑與青謂之黻，皆九文之數。」

《嘉言篇》「繫方絕，重而填之」，宋咸注：「填猶墜也。」

《嘉言篇》「近類，則足以喻之；切事，則足以懼之」，宋咸注：「喻謂若比興之言，懼謂若強直之諫。」

《論書篇》「周文王胥附、奔輳、先後、禦侮，謂之四鄰」，宋咸注：「胥附猶相附，奔輳猶賓集。」

《記義篇》「尸利攜貳」，宋咸注：「尸，主也。攜貳，猶違忒也，言心主利而違忒。」

《刑論篇》「上盜先息」，宋咸注：「上道猶大道。」

《記問篇》「題彼泰山」，宋咸注：「泰山，謂魯也。」

《雜訓篇》「子上雜所習」，宋咸注：「雜謂諸子百家，非聖人之道者。」

《居衛篇》「舜身修八尺有奇」，宋咸注：「奇，餘也，言八尺有餘。」

《居衛篇》「或折臂望視」，宋咸注：「望視，猶若望羊視。」

《居衛篇》「《尙書》虞、夏數四篇」，宋咸注：「數四篇，猶言四、五篇，宋語然。」

《巡守篇》「掊克在位」，宋咸注：「掊克猶苛克。」

《公儀篇》「若夫過行」，宋咸注：「過行，猶遺行。」

《抗志篇》「願有賜於寡人也」，宋咸注：「賜，謂以教悔之言爲賜。」

《抗志篇》「衛君乃盧胡大笑曰」，宋咸注：「盧胡，笑之貌。」

《儒服篇》「攝駕而去」，宋咸注：「攝，取也。言顧其顏色，尚問之不已，遂取駕而去。」

《陳士義篇》「則魏王不少於一夫」，宋咸注：「一夫，猶言一夫役人爾。」

《論勢篇》「不忘於側息也」，宋咸注：「側息猶少息。」

《獨治篇》「寡人雖固」，宋咸注：「固，猶言固陋。」

《連叢子・諫格虎賦》「驛驛淫淫」，宋咸注：「驛驛淫淫，充牣貌。」

《連叢子・敘世》「讀之令人斷氣」，宋咸注：「斷氣猶言悶絕然。」

《連叢子下》「君頻日聞吾說古義」，宋咸注：「頻日猶往日。」

3、簡單注解人物

《嘉言篇》「夫子適周，見萇弘，言終而退。萇弘語劉文公曰」，宋咸注：「萇弘，周大夫萇叔也。劉文公，王卿士劉摯之子文公卷也。」

《論書篇》「季桓子問曰」，宋咸注：「桓子，魯正卿季平子之子，名斯。」

《論書篇》「魯哀公問」，宋咸注：「哀公，魯定公之子，名將。」

《記義篇》「秦莊子死，孟武伯問於孔子曰」，宋咸注：「莊子，魯大夫。武伯，懿子之子仲孫彘。武，諡也。」

《記義篇》「公父文伯死」，宋咸注：「公父文伯，魯大夫，季悼子之孫，公父穆伯之子，名歜。」

《記義篇》「衛出公使人問於孔子曰」，宋咸注：「出公名輒，靈公孫，太子蒯聵之子。」

《記義篇》「楚昭王以安車象飾」，宋咸注：「昭王，楚平王之子，名熊珍。」

《刑論篇》「孔子適衛，衛將軍文子問：『吾聞魯公父氏不能聽獄，信乎』」，宋咸注：「文子，衛卿，名彌牟。公父氏，魯大夫季氏。」

《記問篇》「子思再拜請曰」，宋咸注：「孔伋，字子思，孔子之孫，鯉之子，年六十二。」

《記問篇》「趙簡子使聘夫子」，宋咸注：「簡子，晉卿，趙文子之孫，景叔之子趙鞅也。」

《雜訓篇》「子上雜所習，請於子思」，宋咸注：「孔白字子上，子思之子，

年四十七。」

《雜訓篇》「懸子問子思曰」，宋咸注：「懸子，名瑣，魯之賢人。」

《雜訓篇》「昔季孫問子游」，宋咸注：「季孫，季康子，魯正卿。季悼子之孫，桓子之子，名肥。」

《雜訓篇》「魯穆公訪於子思曰」，宋咸注：「穆公，魯元公之子，名顯。」

《居衛篇》「周人追王大王、王季、文王」，宋咸注：「太王，古公亶父也。王季，古公之子季歷，文王之父也。

《巡守篇》「子思遊齊，陳莊伯與登泰山而觀」，宋咸注：「莊伯，齊大夫。」

《抗志篇》「齊王謂子思曰」，宋咸注：「蓋齊簡公也。」

《抗志篇》「衛將軍文子之內子死」，宋咸注：「文子，名彌牟，司寇惠子叔蘭之兄也。」

《對魏王篇》「魏王問人主所以為患」，宋咸注：「魏王盍魏安釐王，乃昭王之子也。」

《對魏王篇》「齊王行車裂之刑」，宋咸注：「齊王乃齊平公之子宣公也。」

《陳士義篇》「秦王得西戎利刀」，宋咸注：「秦王乃秦昭王。」

《陳士義篇》「將適燕相國」，宋咸注：「是時燕相乃昌國君樂閒洎栗腹焉。」

《陳士義篇》「昔周穆王問祭公謀父曰」，宋咸注：「穆王，周昭王之子，名滿。祭公為王卿士。謀父，字也。」

《論勢篇》「子順謂韓王曰」，宋咸注：「韓王謂宣惠王也，乃昭釐侯之子。韓自宣惠始稱為王。」

《執節篇》「趙孝成王問曰」，宋咸注：「趙孝成王，乃惠文王之子，立二十一年卒。」

《執節篇》「新垣固謂子順曰」，宋咸注：「魏安釐王嘗使新垣衍說趙帝秦，今新垣固乃衍族。」

《執節篇》「魏齊曰」，宋咸注：「魏齊，魏之公子，為魏相。」

《詰墨篇》「孔子適齊，惡陳常而終不見，常病之」，宋咸注：「陳常即田常。」

《詰墨篇》「舍公家而奉季孫」，宋咸注：「季孫，三桓之家，時專魯政。」

《詰墨篇》「則原憲、季羔侍」，宋咸注：「原憲，字子思。季羔，高柴也，

字子羔。」

《詰墨篇》「曹明問子魚曰」，宋咸注：「子魚，孔鮒字，子順之子，爲陳涉博士，年五十七。」

《答問篇》「陳人有武臣」，宋咸注：「武臣，即武安君。」

《連叢子・敘世》「子豐生子和」，宋咸注：「史作孔僖，字仲和。此書蓋孔氏子孫所集，故多不書其名，然字又與史小異。」

4、注解人物，涵概人物生平、事跡、經歷

《記義篇》「昔孫文子以衛侯哭之不哀」，宋咸注：「孫文子，衛卿林父也，得罪於衛殤公，以戚叛而奔晉。」

《雜訓篇》「子之先君見子產時，則兄事之」，宋咸注：「子產，國僑，鄭成公少子也。相鄭，爲人仁愛，事君忠厚。孔子嘗過鄭，與子產如兄弟

《雜訓篇》「孟子車尚幼」，宋咸注：「孟子車，一作『子居』，即孟軻也。蓋軻常師子思焉。言孟軻嘗居貧，坎軻，故名曰軻，字子居。先儒亦稱軻字子輿，乃子車之云耶？」

《居衛篇》「齊尹文子生子不類」，宋咸注：「尹文子，齊大夫，有書三卷行於世，皆言治道。」

《抗志篇》「子思見老萊子」，宋咸注：「老萊子，楚人也，耕於蒙山。楚王嘗聘之，不起。《孝子傳》稱老萊子至孝，奉二親，行年七十，著五彩襴褊衣，弄鶵鳥於親側。著書十五篇，言道家之用，與孔子同時。」

《抗志篇》「公孫龍者，平原君之客也」，宋咸注：「平原君，趙勝，趙惠文王弟，最賢，喜賓客。相惠文王及孝成王，三去相，三復位，封於東武城。公孫龍喜爲堅白之辨，平原君嘗厚待之。及鄒衍過趙，言至道，乃絀公孫龍。」

《抗志篇》「或謂子高曰」，宋咸注：「子高，孔穿字，孔箕之子，伋之玄孫，年五十一，嘗著《讕言》十二篇。」

《陳士義篇》「魏王遣使者奉黃金束帛，聘子順爲相」，宋咸注：「孔武后名斌，字字順，乃子高之子。嘗相魏安釐王，年五十七。」

《陳士義篇》「聞陶朱公富，往而問術焉」，宋咸注：「范蠡本南陽人，既與越王句踐雪會稽之恥，乃扁舟浮於江湖，變名易姓。適齊爲鴟夷子皮，之陶爲陶朱公。乃治產，十九年之中三致千金。後年老而聽子孫，子孫修業而息之，遂至鉅萬。」

《論勢篇》「申不害，一世之賢相也」，宋咸注：「申不害學本黃老，主於刑名，著書有上下二篇，中書六篇。相韓，事昭釐侯，國內以治，諸侯不來侵伐，於昭侯二十二年死。」

《執節篇》「魏安釐王謂子順曰」，宋咸注：「魏安釐王乃昭王之子，立三十四年卒。」

《執節篇》「其魯仲連乎」，宋咸注：「魯仲連，齊人，不肯仕官任職，好持高節。嘗遊趙，挫新垣衍帝秦。又爲齊田單與燕將書，遂下聊城。田單歸而言其功，齊欲爵之，魯連乃逃隱於海上，曰：『吾與富貴而詘於人，寧貧賤而輕世肆志焉。』」

《執節篇》「又晏子之書亦曰《春秋》」，宋咸注：「晏嬰，字平仲，萊之夷維人。事齊靈公、莊公、景公，以節儉力行重於齊。後著書曰《晏子春秋》，見行於世。」

《執節篇》「昔虢公祈神」，宋咸注：「虢公林父，乃周惠王卿士。惠王十五年，有神降於莘。莘，虢地也。虢公使祝應、宗區、史嚚享焉。神賜之土田。史嚚曰：『虢其亡乎！吾聞之：國將興，聽於民；將亡，聽於神。神，聰明正直而壹者也，依人而行。虢多涼德，其何土之能得？』」

《執節篇》「聞諸孫卿云」，宋咸注：「荀卿，趙人，年五十始來遊學於齊。齊襄王時，卿最爲老師，三爲祭酒。齊人或讒之，乃適楚，而春申君以爲蘭陵令。後廢，因家蘭陵。嘗疾濁世之政，推儒、墨、道德之事，著數萬言。漢避宣帝諱，多稱孫卿焉。」

《獨治篇》「子魚謂其徒叔孫通曰」，宋咸注：「叔孫通，魯之薛人，秦時以文學徵待詔博士。漢王定天下，以爲博士。」

《獨治篇》「陳餘謂子魚曰」，宋咸注：「陳餘，大梁人，後爲張耳與韓信擊破趙井陘軍，斬餘泜水上。」

《獨治篇》「耳、餘，魏之名士也」，宋咸注：「張耳，大梁人也。陳餘年少，父事耳，爲吻頸交。漢高祖爲布衣時，從耳遊。秦滅魏，購求耳千金，餘五百金。兩人變姓名，俱之陳。陳涉起，耳、餘謁涉。後餘說武安君。武臣立爲趙王，餘爲大將軍，耳爲丞相。後有隙，卒斬餘於泜水上。」

《答問篇》「若韓非者」，宋咸注：「韓非喜刑名法術之學，本於黃、老。爲人口吃，不能道說，而善著書。作《孤憤》、《五蠹》、《內、外儲》、《說林》、《說難》十餘萬言。後韓王遣非使秦。秦王悅之，未信用。李斯、姚賈毀之

曰：『韓非，韓之諸公子也。今王欲並諸侯，非終爲韓不爲秦，此人之情也。今王不用，久留而歸之，此自遺患也，不如以過法誅之。』秦王以爲然，下吏治非。李斯使人遺非藥，使自殺。然非知說之難，爲說難書，終死於秦，不能自脫。」

《答問篇》「將沒，戒其弟子曰」，宋咸注：「襄。長九尺六寸，嘗爲漢惠帝博士，遷長沙太守，年五十七。」

《答問篇》「吾謂叔孫通處濁世而清其身」，宋咸注：「叔孫通，魯之薛人，秦時以文學待詔博士。漢王入彭城，通以弟子百餘人降漢。後定漢儀，拜爲奉常，尋爲太子太傅。惠帝復徙通爲奉常。」

《連叢子・敍書》「侍中安國」，宋咸注：「安國，孔忠之子，以治《尚書》爲武帝博士、臨淮太守。時爲侍中。」

《連叢子・敍世》「大司徒光」，宋咸注：「光字子夏，父霸，字次儒。成帝即位，舉爲博士，後爲太師，賜靈壽杖，年七十，元始五年薨。」

《連叢子・敍世》「與劉歆友善」，宋咸注：「劉歆，字子駿，成帝召見爲黃門郎，與父向領校秘書，講六藝、傳記，諸子、詩賦、術數、方技，無所不究。向死，歆復爲中壘校尉。哀帝時爲侍中，遷騎都尉、奉車光祿大夫。貴幸，復領五經，卒父前業。」

《連叢子・敍世》「史丹諸子並用事」，宋咸注：「史丹字君仲，事元帝、成帝，爲上將軍。薨，有男女二十人，九男皆以丹任爲侍中諸曹，親近在左右。凡四人侯，至卿大夫二千石者十餘人。」

《連叢子・左氏傳義詁序》「其先魯人，即襃成君次儒第二子之後也」，宋咸注：「孔霸字次儒，孔延年之子。宣帝時爲太中大夫，以選授皇太子經。元帝即位，以師賜爵關內侯，號襃成君。霸四子：長子福，次子捷，弟三子喜，弟四子光。奇，捷之後也。」

《連叢子・左氏傳義詁序》「幸問孔君魚」，宋咸注：「孔奮，字君魚，霸之曾孫。少從劉歆受《春秋左傳》，歆稱之，謂門人曰：『吾已從君魚受道矣。』後爲武都太守。弟奇遊學洛陽，奮以奇經明當仕，上病去官，守約鄉閭，卒於家。奇博通經典，作《春秋左氏刪》，言刪定其義也。」

《連叢子・左氏傳義詁序》「以大將軍竇融爲家」，宋咸注：「竇融，字周公。更始初，融見東方尚擾，不欲出關，累世在河西，知其土俗。即將家屬而西。後事光武，爲大司空。及顯宗朝，年七十八薨。」

《連叢子下》「鄧衛尉欲餽焉而未果」，宋咸注：「鄧衛尉乃鄧訓，即禹之子，謙恕下士，無貴賤，見之如舊朋友。建初三年拜謁者，後拜張掖太守、護羌校衛。」

《連叢子下》「弘農太守皇甫威明問仲淵曰」，宋咸注：「皇甫規，字威明。為度遼將軍，尋為尚書，後遷弘農太守，封壽成亭侯，讓封不受，轉為護羌校尉，年七十一卒。仲淵乃季彥族人。」

《連叢子下》「孔大夫謂季彥曰」，宋咸注：「孔大夫乃孔昱，字符世，霸七世孫。少習家學，太尉舉方正，對策不合，乃辭病去。後徵拜議郎，補洛陽令，以師喪棄官，卒於家。云大夫，蓋時以邑稱然。」

《連叢子下》「楊太尉問季彥曰」，宋咸注：「楊震字伯起，明經博覽，無不窮究。漢安帝永寧初為司徒，後為中常侍。樊豐及侍中周廣、謝惲等讒策收太尉印綬，詔譴歸本郡，因飲酖而卒，時年七十矣。」

《連叢子下》「崔駰學於太學而糧乏」，宋咸注：「崔駰字亭伯。漢肅宗巡守方岳，駰上《四巡頌》。帝雅好文章，見駰《頌》，嗟歎之，謂侍中竇憲曰：『卿寧知崔駰乎？』對曰：『班固數為臣說之，然未見也。』帝曰：『公愛班固而忽崔駰，此葉公之好龍也。』及憲為車騎將軍，辟駰為掾，後出為長岑長，不之官，卒於家。」

5、注解地理、地名

《嘉言篇》「文王之興，附者六州」，宋咸注：「仲尼稱文王三分天下有其二，蓋言九州之有六州，即文王所感雍、梁、荊、豫、徐、揚之六州，餘一分冀、青、兗三州屬紂。」

《論書篇》「夔能若此，一而足矣。故曰『一足』，非一足也。」宋咸注：張華《博物志》稱『小山有夔，其形如鼓，一足，知禮』，豈非世傳之偽，好事者之為耶？願以孔子是言辨。」

《居衛篇》「過梁山，止乎岐下」，宋咸注：「梁山在扶風西北，其南有周原。」

《居衛篇》「豳民之束脩」宋咸注：「豳在新平、漆縣之東。」

《公孫龍篇》「以射蛟兕於雲夢之圃」，宋咸注：「雲夢，楚澤也。」

《論勢篇》「諸侯留兵於成皋」，宋咸注：「成皋故虎牢地，屬三川郡。」

《執節篇》「虞卿著書，名曰《春秋》」，宋咸注：「虞卿，遊說之士。為趙孝成王上卿，後不得意，乃著書，上採春秋，下觀近世，節義、稱號、揣

摩、政謀凡八篇，以刺譏國家得失，世傳之曰《虞氏春秋》。」

6、注解名物典故

《抗志篇》「衛將軍文子之內子死」，宋咸注：「卿之妻曰內子。」

《抗志篇》「且世臣之子未悉官之」，宋咸注：「世臣之子，謂卿大夫之子。」

《儒服篇》「孔子百觚」，宋咸注：「觚，飲器，受三升。」

《儒服篇》「曲者以隱括自直」，宋咸注：「隱括，揉木器也。」

《對魏王篇》「趙文子其身如不勝衣」，宋咸注：「趙文子，晉獻文子趙武也。其中退然如不勝衣，其言吶吶然如不出諸其口。所舉晉國管庫之士七十有餘家。生不及利，死不屬其家，此其為有德者也。」

《陳士義篇》「孔子母死，殯於五父之衢，人見之，皆以為葬。問耶曼父之母，得合葬於防」，宋咸注：「叔梁紇與顏氏女野合而得孔子。孔子生而叔梁紇死，葬於防山。孔子疑其父墓處，母諱之也。孔子母死，乃殯於五父之衢。耶人挽父之母誨孔子父墓，然後往合葬於防。」

《陳士義篇》「昔鬥子文生於淫，而不害其為令尹」，宋咸注：「楚鬥伯比淫於邧子之女，生子文。邧夫人使棄諸雲夢澤中，虎乳之。邧子田，見之，懼而歸。夫人以告，遂收之。楚人謂乳『穀』，謂虎『於菟』，故命之曰鬥穀於菟，以其女妻伯比，實為令尹子文。」

《陳士義篇》「子產之謗，嘗亦聞之。」，宋咸注：「子產，國僑，相鄭。從政一年，輿人誦之，曰：『取我衣冠而褚之，取我田疇而伍之，孰殺子產？吾其與之。』及三年，又誦之，曰：『我有子弟，子產誨之，我有田疇，子產殖之，子產而死，誰其嗣之？』」

《陳士義篇》「飲食之物，則有酒醪五熟」，宋咸注：「五熟謂五味之熟物。」

《陳士義篇》「麝裘而苟，投之無戾。苟之麝裘，投之無郵」，宋咸注：「麝，鹿子也。其皮以為裘，加裼衣以朝。」

《陳士義篇》「章甫袞衣，惠我無私」，宋咸注：「袞衣，公侯之服。章甫，儒冠。」

《執節篇》「今子相魏，未聞異政而即自退，其有志不得乎？何去之速也」，宋咸注：「蓋子順相魏，九有陳大計輒不用，遂喟然而歎，寢於家者也。」

《執節篇》「魏公子無忌死，韓君將親弔焉」，宋咸注：「無忌率五國之兵破秦軍於河外，秦兵不敢出，公子威振天下。秦王患之，乃行金萬斤求晉鄙客，令毀公子於魏王。魏王後果使人代公子將。公子自知以毀廢，遂謝病不朝，與賓客為長夜飲，竟病酒而卒。是時韓、魏為從，故將親弔焉。」

《執節篇》「然則晏子、叔向皆非禮也」，宋咸注：「齊侯使晏嬰請繼室於晉，嬰遂與羊舌肸各言其國將亂之事。」

《執節篇》「晏子既陳『屨賤而踊貴』於君，其君為之省刑」，宋咸注：「齊景公以晏子之宅近市，欲更。公曰：『子近市，識貴賤乎？』景公素繁於刑，有鬻踊者，故對曰：『踊貴屨賤。』故景公為是省刑。」

《執節篇》「寡人聞孔氏之世，自正考甫以來，儒林相繼」，宋咸注：「魯大夫孟釐子病且死，誡其嗣懿子曰：『孔丘，聖人之後，其祖弗父何始有宋而嗣讓厲公。及正考父佐戴公、宣公，三命茲益恭。故孔子，宋人也。』防叔生伯夏，伯夏生叔梁紇。紇與顏氏野合生孔子。」

《詰墨》「孔子怒景公之不封己，乃樹鴟夷子皮於田常之門」，宋咸注：「鴟夷形若榼，以馬革為之。吳王夫差取五子胥屍，盛以鴟夷革，浮之江中。此云『樹鴟夷子皮』，蓋言若皮鴟夷然。范蠡去越之齊，自號鴟夷子皮。田常乃田和之曾祖，殺簡公，立平公，遂專齊政。此言夫子欲田常知己欲去而用之云。」

《詰墨篇》「觀其終不樹子皮審矣」，宋咸注：「田常殺齊簡公，孔子請魯伐之，而哀公不聽，是不樹子皮可審。」

《詰墨篇》「孔子伐樹削跡，不自以為辱」，宋咸注：「言孔子伐樹於宋，削跡於衛。」

《問軍禮篇》「復禡於所征之地」，宋咸注：「禡，師祭名也。」

《連叢子‧楊柳賦》「兒觥並揚」，宋咸注：「兒觥亦兒觶，角爵，一云罰爵。」

《連叢子下》「此乃陛下愛屋及烏，惠下之道」，宋咸注：「周公且曰：『臣聞愛其人者愛其屋上烏。憎其人者，憎其除胥。』此言天子愛先聖而及其子孫也。」

《連叢子下》「昔文姜與殺魯桓，春秋去其『姜氏』」，宋咸注：「文姜，齊女，為魯桓公夫人。桓公與齊侯會於樂，遂與夫人姜氏如齊。齊侯通焉。齊侯使公子彭生乘公，拉殺之。莊公即位，夫人遜於齊。不稱姜氏，以示義

也。」

《連叢子下》「吾聞孔氏自三父之後」，宋咸注：「禮『別子爲祖，繼別爲宗』，今云『三父之後』，猶伯、季、叔之三宗也。」

《連叢子下》「雖離婁並照」，宋咸注：「離婁，古之明目者，黃帝時人。黃帝亡其玄珠，使離朱索之。離朱乃離婁也。能視百步之外，見秋毫之末。」

《連叢子下》「皆爲章句內學」，宋咸注：「西漢士論，以經術爲內學，以諸子雜說爲外學，故褚季孫曰：『臣幸得以經術爲郎而好讀外家傳語。』又東方朔以好傳書，愛經術，多所博觀外家之語。當季彥時，方尙辭文，乃以章句爲內學，以經術爲外學焉。」

《連叢子下》「鄧后稱制，而東垣巨屋山大崩」，宋咸注：「漢孝殤帝誕育百餘日即位，鄧太后臨朝稱制，改延平元年。河東垣山崩，郡國三十七雨水。」

7、注解歷史故實

《雜訓篇》「吾昔從夫子於郯」，宋咸注：「郯國，少昊之後。」

《雜訓篇》「昔文王舍適而立其次，微子舍孫而立其弟」，宋咸注：「文王舍其嫡長伯邑考而立次子武王發。微子舍其孫脮而立其弟衍微仲。」

《居衛篇》「殷人自契至湯而王，周人自棄至武王而王，同嚳之後也」，宋咸注：「帝嚳次妃簡狄生契，舜命作司徒，爲商之祖。帝嚳元妃姜嫄生棄，舜命作后稷，爲周之祖。」

《居衛篇》「文王受命，斷虞、芮之訟，伐崇邦，退犬夷」，宋咸注：「文王斷虞、芮之訟，以爲受命之年。崇侯虎，商時諸侯，作亂，文王伐之。犬夷、獫狁猾夏，文王逐之。」

《居衛篇》「此以諸侯爲伯，猶周、召之君爲伯也」，宋咸注：「周、召之地，在雍州岐山之陽。古公亶父避狄，自邠始遷於此，修德以建王業，故商王帝乙命其子季歷以爲西伯。至紂，又命文王爲西伯，蓋商之州長曰伯，謂以文王爲伯而在西也。故文王行化，而雍、梁、荊、豫、徐、揚之人咸被其德而從之，故語曰『三分天下有其二，由服事殷，惟冀、青、兗一分屬紂矣』。文王受命，作邑於豐，而岐陽周、召之地已空，故分賜周公、召公以爲采邑，施大王、王季之化於己所職之國，傳記言分陝而治者，蓋此也。」

《公儀篇》「閭丘溫見田氏將必危齊，欲以其邑叛而適魯」，宋咸注：「溫，齊大夫也。晏孺子元年，田乞與鮑牧以兵逐高昭子、國惠子而殺孺子。」

　　《抗志篇》「今魯、衛之君，未必皆同其祖考」，宋咸注：「魯，周公之後。衛，康叔之後。」

　　《抗志篇》「故微子去殷，紀季入齊」，宋咸注：「微子啓，商帝乙之首子，紂之庶兄，以紂淫亂，數諫不聽，終不可救，遂歸周，武王封於宋。魯莊公三年，紀季以酅入於齊，爲附庸之君附屬齊國。酅，紀邑。季，紀侯之弟。初，齊侯、鄭伯詐朝於紀，欲以襲之。紀人大懼，謀難於魯，請王命，以求成於齊。公告不能，齊遂偪之，遷其三邑。國有旦夕之危，而不能自入爲附庸，故分季以酅，使請事於齊。紀侯大去之後，季爲附庸，先祀不廢，社稷有奉，季之力也，故書字不書名，書入不書叛也。夫附庸之君，雖無爵命，而分地建國，爲南面之主，得立宗廟，守祭祀。」

　　《儒服篇》「意衛君夫人饗夫子，則夫子亦弗獲已矣」，宋咸注：「史稱『夫人在絺帷中，孔子入門，北面稽首。夫人自帷中再拜，環佩玉聲璆然。』孔子曰：『吾鄉爲弗見，見之禮答焉。』」

　　《儒服篇》「子高適魏，會秦兵將至」，宋咸注：「秦圍趙邯鄲，魏公子信陵君無忌矯晉鄙兵以投趙，遂留趙。秦聞公子在趙，日夜出兵東伐魏。魏王患之，使使往請公子。公子歸魏。諸侯聞公子將，各遣將將兵救魏。公子率五國之兵破秦軍於河外，走蒙驁，乘勝逐秦軍至函谷關，抑秦，秦兵不敢出。」

　　《儒服篇》「奮三尺之劍，要桓公、管仲於盟壇，卒收其所喪」，宋咸注：「曹子，魯將曹沫也。魯莊公與齊桓公爲柯邑之盟，曹沫以匕首劫桓公於壇，請反魯之侵地。遂與沫三敗所亡地。」

　　《陳士義篇》「聞甯喜作難，右宰死之」，宋咸注：「衛獻公以師曹亂出奔齊，孫文子、甯惠子共立殤公。甯喜與孫文子爭寵相惡，殤公使甯喜攻孫文子。文子奔晉，復求入故衛獻公。晉平公執殤公與甯喜，而復入衛獻公。」

　　《陳士義篇》「夫夷、齊無欲，雖文、武不能制」，宋咸注：「伯夷、叔齊，孤竹君墨臺初之二子。伯夷名允，字公信。伯，長。夷，諡。叔齊名智，字公違，齊，諡。聞西伯昌善養老，往歸之。乃武王伐紂，叩馬而諫，義不食周粟，隱於首陽山，采薇而食之，遂餓死焉。」

　　《論勢篇》「秦其遂有天下乎」，宋咸注：「故秦始皇雖併天下財五十餘年，趙高殺二世，立子嬰。子嬰立月餘，項羽誅之，遂滅秦。」

　　《論勢篇》「五國約而誅秦」，宋咸注：「魏公子無忌既自趙歸，率楚、齊、

韓、衛兵攻秦，敗之河外，蒙驁走，當秦莊襄王時也。」

《答問篇》「陳王涉讀《國語》言申生事」，宋咸注：「晉獻公卜伐驪戎，史蘇占之曰：『勝而不吉。』公弗聽，遂伐驪戎，克之，獲驪姬以歸。有寵，立為夫人，生奚齊。其娣生卓子。驪姬請使太子申生主曲沃，重耳處蒲城，夷吾處屈，奚齊處絳。後驪姬將立奚齊，謂申生曰：『君夢齊姜，必速祭之。』太子祭於曲沃，歸胙於公。公田，姬寘諸宮。六日，公至，毒而獻之。公祭之地，地墳。之犬，犬斃。與小臣，小臣斃。姬泣曰：『賊由太子。』太子奔新城。公殺傅杜原款，申生縊於城。姬遂譖二公子曰：『皆知之。』重耳奔蒲，夷吾奔屈。《呂氏春秋》云：『申生遂以劍死。』鄭康成稱雉經。」

（三）標注音讀

《巡守篇》「每舍奠焉」，宋咸注：「舍讀為『釋』。」

《巡守篇》「命市納賈」，宋咸注：「賈讀為『價』，言以物貴賤之直，察其民好惡，知其奢儉之志。蓋儉則用物貴，奢則侈物貴也。」

《公孫龍篇》「則鄉所謂士者」，宋咸注：「鄉讀為嚮明之『嚮』。」

《連叢子‧諫格虎賦》「生縛猵犴」，宋咸注：「犴，音岸。」

（四）闡明典章制度

1、闡明禮制

《記義篇》「孔子適齊，齊景公讓登，夫子降一等，景公三辭，然後登」，宋咸注：「讓登其階，故降之一等。」

《雜訓篇》「白聞士無介不見」，宋咸注：「古者主有擯，客有介。諸侯七擯七介，大夫五擯五介，士三擯三介。」

《巡守篇》「命典禮正制度，均量衡，考衣服之等，協時、月、日、辰」，宋咸注：「四時之氣節、月之大小、日之甲乙、辰之次序、度之長短、量之等平、衡之輕重、衣服之奇衺，皆命典禮以均正協同之。」

《巡守篇》「其或出此封者，則其禮與巡守、朝、會無變」，宋咸注：「言出此千里、百里、七十里、五十里之封，則與巡守禮同，故曰無變。」

《抗志篇》「禮，雖有爵賜人，不踰父兄」，宋咸注：「禮，人子三賜，不及車馬，故雖有爵賜人，不踰父兄也。」

《儒服篇》「衣服隨其方色，執事人數從其方之數」，宋咸注：「從其方之數，則北方七人，南方九人，東方十一人，西方十三人。」

《執節篇》「今日家之忌日也，故不敢飲」，宋咸注：「禮，忌日不樂，而已未有無飲者。」

《答問篇》「二代與周，是謂三統」，宋咸注：「周以建子為正，子時為朔。商以建丑為正，丑時為朔。夏以建寅為正，寅時為朔。」

2、闡明宗族

《抗志篇》「婦人於夫氏，以姓氏稱，禮也」，宋咸注：「婦人以夫氏，猶莊姜、穆姜、蔡姬之云。」

《儒服篇》「賞功於祖，告分之均，示弗敢專也」，宋咸注：「人君親征，必載廟主於齊車。有功則賞於廟主之前，示不專兼親祖之義。」

《獨治篇》「是故臣之家哭孔氏之別姓於弗父之廟」，宋咸注：「別姓猶言別宗。弗父何，宋愍公之子，孔子之始祖。」

《獨治篇》「哭孔氏則於夫子之廟」，宋咸注：「孔氏大小宗則於夫子之廟。」

3、闡明祭禮

《論書篇》「敢問『禋於六宗』，何謂也」，宋咸注：「煙者，言燔柴升煙於天也。」

《論書篇》「有功而不及祖，有德而不及宗，故於每歲之大嘗而報祭焉」，宋咸注：「禮，毀廟之主藏於始祖廟中，斂以石室，祫、禘大祭則出之，此制蓋當時然歟？」

《巡守篇》「柴於上帝，望秩於山川，所過，諸侯各待於境」，宋咸注：「燔柴祀上帝以告至。凡岱獄境內山川，皆如秩序，望祭之。所過之國，其國君皆於境上迎待。」

《巡守篇》「則亦告宗廟、山川乎」，宋咸注：「問諸侯朝天子洎與伯主盟會，則亦告宗廟、山川乎？」

《抗志篇》「君不掃其宗廟，則為之服」，宋咸注：「不掃其宗廟，尚存其祭祀，則為之服。」

4、闡明喪禮

《抗志篇》「既葬而除，不忍無服送至親也，非父母無服，無服則弔服而加麻」，宋咸注：「言其總以改葬，葬訖而除，言不俟三月也。非父母無服，則其叔父加麻矣。」

《抗志篇》「喪服既除，然後乃葬，則其服何服」，宋咸注：「言踰三年而

後葬，當何服？」

《抗志篇》「三年之喪，未葬，服不變，除何有焉」，宋咸注：「言父母之喪，未葬，則衰不變，何除之有焉？」

《抗志篇》「期大功之喪，服其所除之服以葬。既葬而除之，其虞也，吉服以行事也」，宋咸注：「言踰三年而後葬，當何服？」

《抗志篇》「復者曰：『皋媚女復』」，宋咸注：「招魂曰復。禮，人之死，升屋而號告曰『皋某復』，皋，美之稱。此其內子，故曰媚女復。」

《獨治篇》「請問同姓而服不及者」，宋咸注：「服不及，言同姓而無服者。」

5、闡明軍禮

《儒服篇》「示聽之當也」，宋咸注：「人君親征，又載社主而行。不用命奔北者，則戮之於社主前。蓋社主陰，主殺焉。土居中，故亦曰『告中於土』，示聽之得中而當。」

《問軍禮篇》「司徒摺撲」，宋咸注：「以等級授其鞭撲。」

《問軍禮篇》「舍奠於帝學以受成」，宋咸注：「成謂師律已成定。」

《問軍禮篇》「大司馬職奉之」，宋咸注：「言以大司馬奉所遷廟、社之主。」

《問軍禮篇》「皆每舍奠焉，而後就館」，宋咸注：「言廟、社行主及皮、圭、幣、帛之主命，每所至之地，則先舍奠，而後就館，示有尊也。」

《問軍禮篇》「然後入，設奠以反主」，宋咸注：「設奠，反其主於廟於社。」

《問軍禮篇》「埋之於廟兩階間」，宋咸注：「言埋玉，則幣、帛焚之。」

《問軍禮篇》「大將受，天子乃東回西面而揖之，示弗御也」，宋咸注：「謂受所賜節鉞。謂轉南面，自東遂西面而揖。謂既揖已，則不禦坐。」

《問軍禮篇》「冢宰執蜃，宜於社之右」，宋咸注：「《左傳》云：『戎有受脤』，脤，祭社之肉，盛以蜃器。」

（五）闡發語句內涵，間申己意

1、闡發詞語意義內涵

《論書篇》「夫子愀然變容曰：『嘻！子殆可與言《書》矣，雖然，其亦表之而已，未覩其裏也』」，宋咸注：「表者，禮樂仁義之美；裏者，天命之極。」

《刑論篇》「古之知法者能遠獄」，宋咸注：「遠謂能止其源，以禮教先之也。」

《刑論篇》「察之之術，歸於義」，宋咸注：「夫察甚則或過乎暴，故以義爲質。」

《刑論篇》「是故聽而不寬，是亂也」，宋咸注：「夫聽大函則失於詳，故事之是否亂焉。」

《刑論篇》「察而不中義，是私也」，宋咸注：「私謂刑失其正，若私曲然。」

《記問篇》「其君以譽爲賞，以毀爲罰，賢者不居焉」，宋咸注：「譽己者賞之，毀己者罰之，則賢人去而佞人至矣，夫人主不可不察焉。」

《雜訓篇》「聖人不以權」，宋咸注：「教權者，見機而作，非可爲常教。」

《居衛篇》「非唯志乎」，宋咸注：「惟志之正，則可以踰公侯之尊。」

《居衛篇》「於是撰《中庸》之書四十九篇」，宋咸注：「作《中庸》凡四十九篇，以述聖祖之業，授弟子孟軻之徒數百人，《禮記・中庸篇》乃取其略也。」

《巡守篇》「見古天子巡守之銘焉」，宋咸注：「諸侯爲天子守土，故稱守。巡謂巡行之。王者受命，必封禪泰山。天以高爲尊，地以厚爲德，故增封泰山之高以報天，壇禪梁甫之厚以報地，皆刻石紀號，著己之績，古如此者七十二君。除地爲壇曰墠，以其祭神，故從示。」

《巡守篇》「有功德者，則發爵賜服，以順陽義。無功者，則削黜貶退，以順陰義」，宋咸注：「賞以春、夏，故爲陽之義；刑之秋、冬，故爲陰之義。」

《公孫龍篇》「辨理至於臧三耳。公孫龍言臧之三耳甚辨析」，宋咸注：「臧，善也。龍以書有四目、四聰之義，遂以聽天、地、人爲三耳，如達四方之成四聰也，用是爲堅異之辨，猶白馬非馬之云，當時皆善之而不能破，故子高曰『今爲臧三耳，甚難而實非也；謂臧兩耳，甚易而實是也』。」

《詰墨篇》「若附意季孫」，宋咸注：「附意謂阿意附季孫。」

《連叢子下》「慮此二者而已矣」，宋咸注：「二者，謂貴臣擅權、母后黨盛。」

2、闡發語句意義內涵

《記義篇》「今舜所舉人，吾又耳目之，是則耳目人終無已已也」，宋咸

注：「言舜之舉人，吾又親耳目之，則是己之用耳目，無已時矣。」

《刑論篇》「無轡而用策，則馬失道矣」，宋咸注：「舍轡而用策，則馬失道；去禮而任刑，則民忘生。」

《刑論篇》「君子之於人也，有不語也，無不聽也」，宋咸注：「有不語則已，語則無不聽，在審其眞僞焉。」

《刑論篇》「故善聽者，言不越辭，辭不越情，情不越義」，宋咸注：「夫善聽者，得辭則審之以情，得情則斷之以義。」

《刑論篇》「古之聽訟者，惡其意，不惡其人」，宋咸注：「非喜怒其人，但疾其意之有險害。」

《刑論篇》「愛民而重棄之也」，宋咸注：「是所謂刑人於市，與眾棄之也。」

《刑論篇》「今之聽訟者，不惡其意，而惡其人，求所以殺，是反古之道也」，宋咸注：「蓋以喜怒愛惡而爲之刑，非反古而何？」

《記問篇》「吾無憂矣。世不廢業，其克昌乎」，宋咸注：「以子思知大恐析薪之憂，故所以無憂。」

《記問篇》「鳳鳥不識，珍寶梟鴟」，宋咸注：「言不識鳳鳥，而以梟鴟爲珍。」

《雜訓篇》「是謂聖道事仁愛乎」，宋咸注：「世稱子產乃仁愛之人，夫子乃聖人，然夫子以兄事子產，是謂以聖道事仁愛也。」

《雜訓篇》「子上不願也」，宋咸注：「不願，言子上不樂子思禮子車之大憂也。」

《雜訓篇》「使而送之，賓也」，宋咸注：「言賓，則送之。今書於父所，非敢以賓禮送。」

《雜訓篇》「文王舍適立其次，權也」，宋咸注：「以武王賢，故用權而立之。」

《居衛篇》「而殷人獨否」宋咸注：「言殷獨不追封其先。」

《居衛篇》「下此以訖於《秦》、《費》，效堯、舜之言耳，殊不如也」，宋咸注：「言《秦誓》、《費誓》，但效《堯典》、《舜典》之言而殊不如。」

《抗志篇》「吾既無列於魯」，宋咸注：「無列於魯，謂魯無著位。」

《抗志篇》「明不二君之義也」，宋咸注：「言寄臣於衛而爲魯君服，是有二君矣。」

《抗志篇》「無非」，宋咸注：「無非，言臣下皆諂，無敢非君之政者。」

《抗志篇》「是故競求射君之心」，宋咸注：「射度君之所爲而諛之。」

《抗志篇》「子思曰：『君弗能也』」，宋咸注：「言未審君以何爲賢？」

《抗志篇》「子思曰：『君弗能也』」，宋咸注：「言君必不能用爲政之賢。」

《抗志篇》「未敢當車馬之貺」，宋咸注：「言己已安居於衛，無行志，故無以當乘馬之賜。」

《抗志篇》「所謂無死亡也」，宋咸注：「使道行言聽則世治。主立，入乃無所死亡矣。否則，鴻飛冥冥，何死亡之有？」

《抗志篇》「吾不能爲舌」，宋咸注：「魯受齊樂，夫子遂行，蓋亦不能爲舌爾。」

《抗志篇》「此人小辨而毀大道」，宋咸注：「以白馬爲非馬，是猶以小人爲非小人，無乃毀道之甚。」

《抗志篇》「吾何病焉」，宋咸注：「言既悖大道，則天下當同往而正之。」

《公孫龍篇》「乃子先君仲尼之所取也」，宋咸注：「龍強以仲尼去楚言人，而與己學義同。」

《公孫龍篇》「志不存也」，宋咸注：「志不存，猶言不得其志云。」

《儒服篇》「其於敢斷」，宋咸注：「言於事不能以理斷。」

《對魏王篇》「魏王問如何可謂大臣」，宋咸注：「舜有天下，選於眾，舉皋陶，不仁者遠矣。湯有天下，選於眾，舉伊尹，不仁者遠矣。故大臣莫有不由眾人之選。」

《陳士義篇》「猶抱石以救溺」，宋咸注：「言李由若可用，則寵之，何患人之言？若以仲尼之事折毀由者，則由之惡名愈聚，是猶求潔而益垢，抱石而救溺矣。」

《論勢篇》「吾恐於時受其師也」，宋咸注：「言秦既勝趙，必更他求，當加兵於魏，故曰受其師。」

《論勢篇》「救亡不暇」，宋咸注：「秦自昭、莊以還，已並東、西周、諸侯國。是時秦政始立，有吞天下之心，故曰救亡不暇。」

《論勢篇》「豈伊、呂之不欲哉？勢不可也」，宋咸注：「言君昏世衰，雖伊尹、太公亦不能使夏、商治之。」

《詰墨篇》「晏子事三君而得順焉」，宋咸注：「言事靈公、莊公、景公三君，皆得順。似諂而不正，若有三心然。」

《詰墨篇》「而嬰之心非三也」，宋咸注：「言君之心非一，各有所蔽也。嬰事君之心非三，推正而已。」

《答問篇》「無恃敵之不我攻」，宋咸注：「言常為攻我之備也。」

《答問篇》「先生所稱，寡人昧昧焉，願以人間近事喻之」，宋咸注：「言欲先生以近事為之議。」

《連叢子・蓼蟲賦》「乃丁大殃」，宋咸注：「言是蟲浸辛而弗以為辛，猶膏粱之子浸驕而不以為驕，遂至乎大殃。」

《連叢子・與從弟書》「不世而出」，宋咸注：「猶言希世而出。」

《連叢子・與從弟書》「縱使來世亦有篤古碩儒，其若斯何」，宋咸注：「若斯何，猶言其奈此何。」

《連叢子下》「長彥頗隨時，為今學」，宋咸注：「隨時為今學，言其時多為章句學。」

《連叢子下》「不倡遊言」，宋咸注：「謂聞流言不稱，倡而信之。」

3、直接闡發分句語義內涵

《論書篇》「孔子曰『受命於天者，湯、武是也；受命於人者，舜、禹是也』」，宋咸注：「受命於天者，順天以誅惡，非湯、武而何？受命於人者，順人以歸義，非舜、禹而何？」

《刑論篇》「子之於臣，禮意不至，是以去子」，宋咸注：「夫禮不交則意不通，意不通則疑所以生，疑生則去矣。」

《記問篇》「傷予道窮，哀彼無辜」，宋咸注：「既傷己之道窮，復哀彼二人無辜見殺。」

《記問篇》「太公勤身苦志，八十而遇文王，孰與許由之賢」，宋咸注：「堯欲以天下禪許由，而許由遁去。太公八十，乃事文王。問二人孰賢。」

《雜訓篇》「鄭人丈夫舍玦佩，婦女舍珠瑱」，宋咸注：「言丈夫無暇佩其玦，婦人無暇飾其瑱。」

《雜訓篇》「夫浸水之所及也則生，其所不及則死，故民皆知焉」，宋咸注：「夫物得浸水則生，不得則死，故民皆易知。」

《雜訓篇》「舍賢立聖，舍愚立賢，何如」，宋咸注：「言或舍其賢子，而立其聖子；舍其愚子，而立其賢子，如何？」

《雜訓篇》「不及文王者，則各賢其所愛，不殊於適，何以限之」，宋咸注：「言有不及文王者，能推其所愛之賢者而立之，亦無殊於立嫡矣。」

《雜訓篇》「必不能審賢愚之分，請父兄群臣卜於祖廟，亦權之可也」，宋咸注：「言不能審其賢愚，則於廟，卜其吉而立之，亦權之義也。」

《居衛篇》「當吾先君，周制雖毀，君臣固位，上下相持，若一體然」，宋咸注：「言夫子時，周室雖淩遲，然諸侯尙有欲以名尊周者。」

《巡守篇》「舍於外次」，宋咸注：「舍於外次，未敢入其宮。」

《公儀篇》「伋縱不能討，而又要利以召奸，非忍行也」，宋咸注：「言要邑之利以召溫之奸，不忍行之。」

《公儀篇》「雖非其正辭，然猶不失其意焉」，宋咸注：「言聞之於人，雖非夫子當時之正辭，然亦盡得其意。」

《抗志篇》「屈己則制於人，抗志則不愧於道」，宋咸注：「言雖欲屈己以伸其道，然當時王侯無能者，故不善抗志以貧賤也。」

《抗志篇》「口順而心不懌者，臨其事必疣」，宋咸注：「言口雖順而心不悅者，於事必有所疣病而不從。」

《抗志篇》「以人口而親敬吾，則亦以人口而疏慢吾矣」，宋咸注：「言人之口譽我則隨而敬我，人之口毀我則必隨而慢我，非其心知我可敬而敬我也。」

《抗志篇》「子思曰：『未審君之願，將何以爲』」，宋咸注：「言未審君以何爲賢？」

《抗志篇》「死不足以禁之，害何足以怨之」，宋咸注：「生尙不足喜，何利能動？死尙不足禁，何害能怨？」

《公孫龍篇》「然，幾能臧三耳矣。雖然，實難」，宋咸注：「言幾能爲臧三耳之辨，雖實難，然理甚非。」

《對魏王篇》「眾之所毀，政之所非也」，宋咸注：「眾譽而賞及之，是至公於賢也；眾毀而罰及之，是不私乎惡也。」

《對魏王篇》「毀、譽、是、非與政相應，所以無訟也」，宋咸注：「眾譽而賞及之，是至公於賢也；眾毀而罰及之，是不私乎惡也。」

《對魏王篇》「欲規霸王之業，與眾大國爲難」，宋咸注：「言今天下之王，欲規圖霸王之業，與眾大國以事之，爲難得也。」

《陳士義篇》「故四凶在朝，鯀任無功」，宋咸注：「言堯豈樂四凶與鯀而用之哉？盍夫人之難知然也。」

《論勢篇》「歸屍與不歸，悲苦胡異焉」，宋咸注：「言死既一，則歸屍與

不歸屍，悲苦與不悲苦亦無異也。」

《論勢篇》「則山東之國將並於秦」，宋咸注：「言如往山東之國，則山東諸國當爲秦所併。」

《論勢篇》「雖門閭之下，廊廟之上，猶皆如是」，宋咸注：「言非獨四境之內、執政之下皆有是言，雖門閭廊廟內外，亦皆如是。」

《執節篇》「得稱其非者，所以欲天下人君使不敢遂其非也」，宋咸注：「言臣得稱君之非，則君有所憚而改之。」

《執節篇》「是亡考起時之言，非禮意也」，宋咸注：「言此乃是亡父起時之言，非禮之本意當然也。起時謂動時之權爾。」

《詰墨篇》「上而云非聖賢之行，上下相反，若晏子悖可也」，宋咸注：「言晏子前稱孔子所爲皆非聖賢之行，此又以爲聖相，是先後相反矣。」

《答問篇》「晉獻惑聽讒，而書又載驪姬夜泣公，而以信入其言」，宋咸注：「而以信入其言，謂獻公以驪姬爲信而受其言。」

《答問篇》「流俗之事，臣所不忍也。今王命之，敢不盡情？願王察之也」，宋咸注：「言俗事臣不忍言，今王命不敢違，故下以梁由喻之。」

《連叢子‧與從弟書》「俗儒結舌，古訓復申」，宋咸注：「言既得屋壁之書，安國爲傳，邪說遂寢。」

《連叢子‧與從弟書》「何圖古文，乃自百篇耶」，宋咸注：壁書未出，好作之學遂有此言，悉以爲然。」

《連叢子‧與從弟書》「已定五十餘篇，並爲之傳」，宋咸注：「時安國所得壁中書，皆科斗文字，遂以今讎古，凡得五十九篇。」

4、間接闡發分句語義內涵

《嘉言篇》「六州之眾，各以子道來。故區區之臺，未及期日而已成矣」，宋咸注：「文王受命，作邑於豐，乃及靈臺，所以觀象被民，樂其有靈德，故庶民子來，經始而不日成之。」

《雜訓篇》「以子產之仁愛譬夫子，其猶浸水之與膏雨乎」，宋咸注：「仁愛之惠，猶浸水及物，白而易知。聖道之教，猶膏雨濟時，普而難曉。」

《記問篇》「雖有太公，孰能識之」，宋咸注：「言今天下無文王，楚安能用我？」

《記義篇》「吾於《周南》、《召南》，見周道之所以盛也」，宋咸注：「六州之人，浸被大王、王季、文王之化，故王跡所起焉。」

《公儀篇》「臣以爲斯人也者，非虛則愚也」，宋咸注：「夫君子疾沒世而名不稱，倘修善而不欲人之知，則後世何述焉？故非詐則愚也。」

《抗志篇》「雖以天下易其脛毛，無所槩於志矣」，宋咸注：「天下至大，脛毛至微，尚不以易之而動量其志。」

《抗志篇》「不肖，故人之所傲也」，宋咸注：「周公下白屋，仲尼進互鄉，豈傲夫不肖？蓋老萊無意生雲，惟沖默自柔，故子思矯之，有所激之而去爾。」

《公孫龍篇》「先生好儒術，而非仲尼之所取也」，宋咸注：「以仲尼異楚人於所謂人，而同己異白馬於所謂馬，是小辨矣。」

《公孫龍篇》「謂之『白馬』，名實當矣」，宋咸注：「言鵑之不可去六，猶馬之不可去白也。」

《公孫龍篇》「先舉其色，後名其質，萬物之所同，聖賢之所常也」，宋咸注：「舉色名質，聖賢所同。白馬去白，龍非自顯。」

《公孫龍篇》「是楚王之言『楚人亡弓，楚人得之』」，宋咸注：「言楚王云楚人得之，欲示其廣，反乃狹之，不若云人得之。」

《公孫龍篇》「誠察此理，則公孫之辨破矣」，宋咸注：「去楚則義廣，去白則物紊。」

《公孫龍篇》「辭則有焉，理則否矣」，宋咸注：「使小辨之辭則有，合大道之理則否。」

《陳士義篇》「且孔子少孤，則亦不知其父者也」，宋咸注：「言今四方之遠，假有如臣者，臣又不能通於遠，欲言誰耶？故以孔子之父爲之言。」

《論勢篇》「人能棄之，弗能用也；能死之，不能棄也，此人過也」，宋咸注：「言棄其地不如用其地，以攻守爲易；死其地不如棄其地，以圖存爲易。蓋當計其勢如何爾，在棄之用之得其宜。」

《論勢篇》「王之交，最爲天下之上矣」，宋咸注：「言太后德王，則秦不加兵，是乃王以此交秦，爲天下之上矣。」

《論勢篇》「其爲人也，長目而豕視者，必體方而心圓」，宋咸注：「言孫卿之相法：夫體雖方而心必圓，心圓則多奸。」

《詰墨篇》「雖一人，猶不能當前也」，宋咸注：「言詰之得其禮，雖百墨子，吾益明。自失其正，則雖一人之少，吾亦不能當之。」

《連叢子·與子琳書》「徒學知之未可多，履而行之乃足佳」，宋咸注：「此

言古訓有之，謂學以能踐爲善。」

（六）概括段落大意

《嘉言篇》「萇弘曰：『堯、舜、文、武之道，或弛而墜，禮樂崩喪，亦正其統紀而已矣』」，宋咸注：「言仲尼雖不得其位以行堯、舜、文、武之道，亦可正統紀而已。祖述憲章然。」

《論書篇》「夫不讀《詩》、《書》、《易》、《春秋》，則不知聖人之心，又無以別堯、舜之禪，湯、武之伐也」，宋咸注：「聖人以百姓心爲心，故《詩》、《書》、《易》、《春秋》之爲教，本於是。」

《論書篇》「吾於《洪範》，見君子之不忍言人之惡而質人之美也。發乎中而見乎外以成文者，其唯《洪範》乎」，宋咸注：「心悅於德而錫之福，以至乎大中，非發中見外而何？」

《記義篇》「是賜之華，不若予之實也」，宋咸注：「天海之言，非人所能際極，故不若以行事之實。」

《記義篇》「孔子讀《詩》，及《小雅》……於《采菽》，見古之明王所以敬諸侯也」，宋咸注：「仲尼居常言《詩》固多矣，子思不能盡錄，但舉其略。」

《記問篇》「子曰：『堯、舜之化……材非管仲，而專任法，終必亂成矣』」，宋咸注：「亦猶孟軻所謂『非伊尹之心則纂也。』」

《記問篇》「子思問於夫子曰：『物有形類……。』聖人難諸」，宋咸注：「雖聖人猶難，矧其下者，可不慎乎？」

《記問篇》「登彼丘陵……涕霣潺湲」，宋咸注：「言顧魯而還。公室既欝確而險，大夫亦亂如枳棘之滿路，吾欲伐去之，乃無斧柯。梁甫，泰山下之小山，指三桓也。」

《雜訓篇》「子上雜所習……則無惑矣」，宋咸注：「性雖誠，不加學，無以極其道；目雖明，不登高，無以窮其遠。」

《居衛篇》「子思居衛……謹受教矣」，宋咸注：「傅說胥靡，高宗得之而中興。管仲射鉤帶，齊桓納之而霸諸侯。陳平盜嫂，漢高用之而有天下。是皆不以細行棄大材。嗚呼！世主有以謗缺而棄非常之士者，豈非此之謂乎？」

《居衛篇》「子思謂子上曰……則不累其志矣」，宋咸注：「志無所累，則可驕王公，故顏子之所以樂內也。」

《居衛篇》「曾子謂子思曰……若一體然」，宋咸注：「言夫子時，周室雖

淩遲，然諸侯尙有欲以名尊周者。」

《居衛篇》「孟軻問子思曰……惡有不致者乎」，宋咸注：「夫子曰：『我欲仁，斯仁至矣。』此之謂焉。」

《居衛篇》「子思謂孟軻曰……其唯高遠乎」，宋咸注：「仲尼之所以不自仁聖。詩云：『高山仰止，影行行止。』《易》曰：『謙尊而光，卑而不可喻。』豈非此之謂乎？」

《公儀篇》「魯人有公儀僭者……以傷守節之士也」，宋咸注：「言君徒以高官厚祿魚待公儀子，臣不任爲君執釣以傷公儀子。」

《抗志篇》「子思居衛……貪以死祿矣」，宋咸注：「故邦無道，富且貴，仲尼之所恥也。」

《抗志篇》「齊王謂子思曰……則其利心外矣」，宋咸注：「言無驕之之心，則天下與名譽全。」

《抗志篇》「子思曰……立規檢，修匹夫之行之時也」，宋咸注：「言清高之節，乃匹夫之爲，非公子所行，蓋子思謙爲之語。」

《儒服篇》「子高曳長裾……動靜不失中道」，宋咸注：「仲尼云：『汝爲君子儒，無爲小人儒。』子高之言，豈非所謂君子儒乎？」

《儒服篇》「平原君問子高曰……殆是假其類以行其心者之爲也」，宋咸注：「戰國用詐，聖人道塞，故有假其醜類，厚誣仲尼以行其邪心人。」

《執節篇》「子高以爲趙平原君霸世之士……則明智者裁之」，宋咸注：「父子皆賢，爲論豈異？彼哲人正士，綸於邪說，亦可蕩焉。」

（七）闡發歷史事件

《嘉言篇》「過此以往，齊其田氏矣」，宋咸注：「後田常殺簡公，田和遷康公於海濱，呂氏絕祀，卒有齊國焉。」

《論書篇》「以免乎羑里之害」，宋咸注：「文王得四臣，以免羑里之害，即散宜生、閎夭、南宮括、太顚。」

《論書篇》「昔康叔封衛，統三監之地，命爲孟侯」，宋咸注：「成王既滅三監，以其地封康叔爲衛侯。曰孟侯者，孟，長也，言以康叔爲五侯之長，若方伯然。」

《記義篇》「幸哉！孫子之以此免戮也」，宋咸注：「《史記》稱孫文子攻出衛獻公，獻公奔齊。遂與甯惠子共立殤公。後甯喜與文子爭寵，殤公使甯喜攻文子，文子奔晉，復求入故衛獻公。與此文異，未知孰是。」（宋咸注文

言《史記》所載,見《衛康叔世家》)

《記問篇》「聞鳴犢與竇犨之見殺也」,宋咸注:「皆晉國之賢大夫也。孔子曰:『趙簡子未得志之時,須此二人而後政;及已得志,殺之。夫鳴獸之於不義,尚知避之,況乎丘哉!』」

《記義篇》「楚王使使奉金帛聘夫子」,宋咸注:「時楚昭王欲以書社地七百里封孔子,為令尹子西諫而止。」

《居衛篇》「此乃得士則昌、失士則亡之秋也」,宋咸注:「周自敬王時,與子朝爭立,屢出。自敬王崩,當元定主時,周已大亂,諸侯爭雄。」

《論勢篇》「齊攻趙,圍廩丘」,宋咸注:「《左氏傳》襄公二十六年:『齊烏餘以廩丘奔晉。』烏餘,齊大夫也。蓋廩丘於春秋時屬齊。」

《論勢篇》「今王亡地數百里,亡城數十,而患不解」,宋咸注:「魏自秦昭王時嘗亡大縣數十、名都數百。洎始皇立,又拔二十城,以為秦東郡矣。」

《論勢篇》「與嫪氏乎?與呂氏乎」,宋咸注:「秦始皇既立,文信侯呂不韋與太后私通,後恐覺,禍及私,求嫪毐詐為腐,侍太后於雍宮,愛幸之事,皆決於毐。」

《詰墨篇》「孔子之荊,知白公謀,而奉之以石乞」,宋咸注:「楚昭王卒,公子閭乃與子西、子綦迎昭王妾越女之子章立之,是為惠王。惠王二年,子西召故平王太子建之子勝於吳,以為巢大夫,號曰白公。白,楚之邑也。白公好兵而下士。後晉伐鄭,鄭告急於楚。使子西救鄭,受賂而去。白公勝怒,乃遂與勇士石乞等襲殺令尹子西、子綦於朝,因劫惠王,置之高府,欲殺之。惠王從者屈固負王走昭王夫人宮。白公自立為王。月餘,會葉公來救楚。楚惠王之徒共殺白公,惠王乃復位。」

《詰墨篇》「孔子諸弟子,子貢、季路輔孔悝以亂衛」,宋咸注:「季路以衛出公難,結纓而死。孔悝竟立蒯聵為莊公。孔悝乃孔圉文子之子,蒯聵之甥。衛之亂,子貢時不與。」

《詰墨篇》「陽虎亂魯」,宋咸注:「陽虎欲盡殺三桓,載季桓子,將殺之,桓子詐而得脫。三桓共攻,陽虎奔齊。」

《詰墨篇》「衛之亂,子貢、季路為之耶」,宋咸注:「孔悝與蒯聵作亂,子路聞之而後往,是時子貢為魯使於齊。」

《答問篇》「陳王涉使周章為將,西入關,將以誅秦」,宋咸注:「陳涉遣周章等將西至戲,兵數十萬。二世大驚,使章邯將,擊破周章軍,遂殺章於

曹陽。」

《連叢子・敘世》「董憲、彭豐等部眾暴於鄒、魯之間，郡守上黨鮑府君君長患之。是時闕里無故荊棘叢生」，宋咸注：「鮑永，字君長，初事更始。更始亡，歸光武，拜諫議大夫。時東海人董憲起兵，其裨將屯兵於魯，侵害百姓。乃拜永爲魯郡太守。永到，擊討，大破之，降者數千人。惟別帥彭豐、虞休、皮常等各千餘人，稱『將軍』，不肯下。頃之，孔子闕里無故荊棘自除，從講堂至於里門。永異之，謂府丞及魯令曰：『方今危急而闕里自開，斯豈夫子欲令太守行禮，助吾誅無道耶？』乃會人眾，修鄉射之禮，請豐等共會觀視，欲因此禽之。豐等亦欲圖永。乃持牛酒勞饗，而潛挾兵器。永覺之，手格殺豐等。《漢書》無永詢子建之辭，蓋錄之不詳。」

三、《孔叢子注》的文獻解讀

（一）檢核《孔叢子》引用文獻之出處，釋疑解難

《論書篇》「定公問曰『《周書》所謂「庸庸祗祗，威威顯民」，何謂也』」，宋咸注：「《周書・康誥》之文，言文王用可用，敬可敬，畏可畏，以此道而示於民。」

《論書篇》「《書》曰：『茲予大享於先王，爾祖其從與享之』」，宋咸注：「《商書・盤庚篇》之文。」

《論書篇》「子夏問《書》云『奠高山』，何謂也」，宋咸注：「《夏書・禹貢》之文。」

《論書篇》「《書》曰：『其在祖甲，不義惟王』」，宋咸注：「《周書・無逸篇》之文，言湯孫太甲爲王不義，伊尹放之桐宮。」

《論書篇》「《書》稱夔曰『於，予擊石拊石，百獸率舞，庶尹允諧』，何謂也」，宋咸注：「《舜典》之文，言夔之作樂，感百獸相率而舞，則人神和可知焉。」

《論書篇》「《詩》云：『如可贖兮，人百其身』」，宋咸注：「《秦風》哀三良之詩。」

《刑論篇》「《書》曰：『伯夷降典，折民維刑』」，宋咸注：「《書・呂刑》之文，言堯命伯夷下禮典以教民，而斷折以法。」

《刑論篇》「《書》曰：『茲殷伐有倫』」，宋咸注：「《周書・康誥》之文，言此殷家刑罰有倫理者，亦當兼用之。」

《刑論篇》「《書》曰：『維敬五刑，以成三德』」，宋咸注：「《周書‧呂刑》之文，言教以惟敬五刑，所以成剛、柔、正直之三德。」

《刑論篇》「《書》曰：『非從維從』」，宋咸注：「《周書‧呂刑》云：『察辭於差，非從惟從。』言察囚辭，當差錯，不可從，其偽辭必審，從所本之意。」

《刑論篇》「《書》曰：『人有小罪，非眚，乃惟終，自作不典，式爾；有厥罪小，乃不可不殺。乃有大罪，非終，乃惟眚災，適爾，既道極厥辜，時乃不可殺』」，宋咸注：「《周書‧康誥》之文。眚，過也。災，害也。典，常也。式，用也。適，從也。既，盡也。言人有小罪過誤，乃惟終，自作不常用，犯汝。厥罪雖小，乃不可不殺也。乃有大罪，非終，乃惟過誤，雖有其害，從汝盡聽訟之道，以拯其罪，是亦不可殺，必以罰宥論焉。」

《刑論篇》「書曰：『上下比罰，無僭亂辭』」，宋咸注：「《周書‧呂刑》之文，言上下比方其罪，無聽僭辭之亂以自疑。」

《刑論篇》「《書》曰：『哀敬折獄』」，宋咸注：「《周書‧呂刑》之文，言當哀人之所犯，而敬斷其獄。」

《刑論篇》「《書》曰：『大辟疑，赦』」，宋咸注：「《周書‧呂刑》之文，言大辟死刑，疑則亦赦。」又曰「與其殺不辜，寧失不經」，宋咸注：「《大禹謨》之文，言寧失不常之罪，不枉不辜之人。」

《刑論篇》「《書》曰：『若保赤子』」，宋咸注：《周書‧康誥》之文，言愛民若安嬰孩赤子然，不使失其欲。」

《抗志篇》「《詩》云：『具曰「予聖」，誰知烏之雌雄』」，宋咸注：「《小雅‧正月》，刺幽王之詩，言君闇臣愚，如鳥之雌雄相類，無以別而知之。」

《執節篇》「其在《商書》」，宋咸注：「此文與《尚書》差多，疑其未刪，舊語尚存。」

（二）引用他書之語，兩相參照，對比解讀

《記義篇》「季桓子以粟千鍾餼夫子」，宋咸注：「《家語》稱：『孔子曰：「季孫賜我粟千鍾，而交益親。」』」

《記義篇》「公父文伯死，室人有從死者，其母怒而不哭，相室諫之。其母曰：『孔子，天下之賢人也，不用於魯，退而去。是子素宗之而不能隨，今死而內人從死者二人焉，若此於長者薄，於婦人厚也。』既而夫子聞之，曰：『季氏之婦尚賢哉！』子路愀然對曰：『夫子亦好人之譽己乎？夫子死而不

哭，是不慈也，何善爾？』子曰：『怒其子之不能隨賢，所以爲尚賢者，吾何有焉？其亦善此而已矣」，宋咸注：「《家語》、《國語》亦載其事。母曰：『吾聞好外，士死之；好內，女死之。今吾子夭死，吾惡其以好內聞也。二三婦之欲供先者祀，請無瘠色，無揮涕，無撫膺，無哀容，無加服，有降服，從禮而靜，是昭吾子也。』孔子聞之，曰：『女知無若婦，男知莫若夫。公父氏之婦知矣，剖情損禮，欲以明其子爲令德也。』其辭與此文異，未知孰是焉。《史記》所載，與此義同。」

《刑論篇》「吾聞古之善御者，執轡如組，兩驂如舞」，宋咸注：「《鄭風·大叔于田篇》，言驂服和諧中節如組者，如織組之爲。」

《刑論篇》「不赦過，謂之逆」，宋咸注：「《皋陶》云：『宥過無大，刑故無小。』是則過雖大，可宥焉。此云不赦過爲逆，是逆於道矣。」（宋咸注引《皋陶》文，在今本《大禹謨篇》）

《記問篇》「故夫子作《丘陵之歌》」，宋咸注：「《詩》稱『周道如砥，其直如矢』，言明王之道，砥平矢直，故昏主之道艱且險，若丘陵然。故作是歌以託意焉。」（宋咸注文引《詩》，見《小雅·大東篇》）

《記問篇》「叔孫氏之車子曰鉏商，樵於野而獲獸焉」，宋咸注：「《春秋經》哀公十四年：『西狩獲麟。』《左氏》曰『西狩於大野，叔孫氏之車子鉏商獲麟』，與此云『樵於野』小殊。」

《記問篇》「麕身而肉角」，宋咸注：「《爾雅》云：『麟，麕身，牛尾，一角。』《毛詩義疏》曰：『麟，馬足，黃色，圓蹄，角端有肉。』」

《居衛篇》「舜、禹揖讓，湯、武用師」，宋咸注：「《易》曰：『知至至之，可與機也；知終終之，可與存義也。』其此之謂乎！」

《陳士義篇》「鍊鋼赤刃，用之切玉，如切泥焉」，宋咸注：「《十州記》作『西胡獻昆吾刀，切玉如切土。』」

《陳士義篇》「以興富於猗氏，故曰猗頓」，宋咸注：「《史記》稱猗頓用鹽鹽起。」

《陳士義篇》「東閭子疏達亮直，大丈夫也」，宋咸注：「《易》稱：『師貞，丈人吉。』王弼以爲『丈人，嚴莊之稱』。大丈夫亦丈人之謂。」

《執節篇》「吾聞太山之上，封禪者七十有二君」，宋咸注：「《史記》述無懷氏以來封禪之事。司馬相如《封禪文》稱七十二君，然有名氏可稱述者，不盈於十，言其名雖同，而其實自殊，無足怪也。」

《執節篇》「故《詩》曰『誕降嘉種』」，宋咸注：「《大雅‧生民》。《詩》云：『誕降嘉穀，維秬維秠。』注以為天應堯以顯后稷，為之下嘉穀。今詳詩人之意，殊無天下嘉穀之義。」

《詰墨篇》「惠王立。十年，令尹子西乃召王孫勝以為白公」，宋咸注：「《史記》云二年，此云十年，疑子鮒言是。」

《詰墨篇》「夫儒，法居而自順，立命而怠事。崇喪遂哀，盛用繁禮。其道不可以治國，其學不可以導家」，宋咸注：「史稱晏嬰進曰：『夫儒者滑稽而不可軌法；倨傲自順，不可以為下；崇喪遂哀，破產厚葬，不可以為俗；遊說乞貨，不可以為國。今孔子盛容飾，繁登降之禮，趨翔之節，累世不能殫其學，當年不能究其禮。君欲用之以移齊俗，非所以先細民也。』與此文微異。」

《問軍禮篇》「戮於社主之前」，宋咸注：「《書》稱：『用命則賞於祖，弗用命則戮於社。』」

《問軍禮篇》「不載櫜韔」，宋咸注：「《大雅》曰：『載櫜弓矢。』櫜，韜也。韔，弓衣。」

《連叢子‧鴞賦》「忌茲服鳥」，宋咸注：「賈誼為長沙王傅，有鵩飛入誼舍，止於坐隅。鵩似鴞，不祥鳥也。誼既以謫居長沙，自傷悼，以為壽不得長，乃為賦以自廣。」

《連叢子‧與子琳書》「不供褻事，獨得掌御唾壺」，宋咸注：「《漢書》云：『侍中，此二千石，無員。左蟬右貂，本秦丞相史往來殿內，故謂之侍中，分掌乘輿服物，下至褻器虎子之屬。』武帝時，孔安國為侍中，以其儒者，特聽掌御唾壺，朝廷榮之。」

《連叢子‧敘世》「與崔義幼相善，長相親也」，宋咸注：「崔篆之子，以疾隱身不仕。《漢書》稱：『子建少游長安，與崔篆友善。及篆仕王莽為建新太尹，嘗勸子建仕。對曰：「吾有布衣之心，子有袞冕之志。各從所好，不亦善乎！道既垂矣，請從此辭。」遂歸，終於家。』」

《連叢子下》「於時蒲坂令汝南許君然造其宅，勸使歸魯，奉車二乘」，宋咸注：「史稱蒲坂令許君然勸令返魯，乃無『奉車二乘』之文。」

（三）宋咸《孔叢子注》失誤之處

《論書篇》「《周書》所謂『明德慎罰』」，宋咸注：「《周書‧康誥》之文，言文王能顯用俊德，慎去刑罰。」按：宋咸注文乃本《康誥》偽《孔傳》「能

顯用俊德，愼去刑罰」之文。《康誥》之「愼罰」乃愼用刑罰之意，故僞《孔傳》之「去」字疑誤，則宋注並誤。

第二節　清錢熙祚《孔叢子注校》

錢熙祚，清代藏書家、文獻學家。字雪枝，一字錫之。松江金山（今上海金山）人。道光十七年（1837 年）建宗祠堂，堂後建閣以貯藏圖書，稱「守山閣」，聘當代名士如顧觀光、李長齡、張文虎、錢熙泰等人在藏書樓中校勘、抄書，先後輯成《守山閣叢書》112 種，656 卷，主要爲宋元明三朝名著。《珠叢別錄》28 種；《指海》20 集 144 種。參加編校者有張文虎、顧觀光等人，校勘精審，世稱善本。《孔叢子》即收在《指海》第十四集，史稱《指海》本，〔註3〕具體從事校勘工作的不一定是錢熙祚本人，但是以錢氏領名，故稱「錢校」本。錢校本校勘《孔叢子》所使用的底本是明代翻刻的巾箱本宋咸《孔叢子注》七卷，對校宋朱熹之《通解》所引《孔叢子》文句，遍查明、清類書所見《孔叢子》異文，比類異同，改正文字。爲很好地瞭解錢校本的校勘情況，下述引用《孔叢子》文字，亦以錢校本爲本。

一、錢熙祚的校勘體例

（一）補脫文

《嘉言篇》「夫子適周，見萇弘，言終而退」，錢熙祚曰：「『而』字原脫，依《御覽》三百六十六補。」按：宋刻本無「而」字。

《嘉言篇》「其狀河目而隆顙」，錢熙祚曰：「『其狀』二字原脫，依《御覽》三百六十六，又三百九十六補。」按：《淵鑒類函》卷二百五十九亦有「其狀」二字，宋刻本無「其狀」二字。

《嘉言篇》「陳侯默然而退」，錢熙祚曰：「『然』字依《御覽》補。」按：宋本無「然」字。

《記義篇》「君苟付可付者」，錢熙祚曰：「『者』字依《御覽》（六百二十一）補。」

《雜訓篇》「莫識其由來者也」，錢熙祚曰：「『也』字依《御覽》（四百一）補。」

〔註 3〕 錢熙祚：《孔叢子注校》七卷，清道光年刊《指海》本。

《小爾雅・廣鳥》「大而白脰者，謂之蒼鳥」，錢熙祚曰：「此九字原脫，依《水經注》補。」

《陳士義篇》「然，我知之」，錢熙祚曰：「『我』字原脫，依《文選》吳季重《答東阿王書》注補。」

《執節篇》「回果以諂得罪」，錢熙祚曰：「原脫『回』字，依《御覽》（四百四十四）補。」

《獨治篇》「自立爲王，耳、餘並爲將」，錢熙祚曰：「此九字原脫，依《御覽》四百七十四補。」按：「吳廣」下，潘承弼校跋本亦有「自立爲王，耳、餘並爲將」九字。唯《御覽》卷四百七十四「將」上有「之」字，錢氏失檢。

《問軍禮篇》「此天子親征之禮也」，錢熙祚曰：「『天子』上原脫『此』字，依《通解》（三十六）補。」按：蔡宗堯本、姜兆錫本並有「此」字。

（二）刪衍文

《記問篇》「然今世無文王之君」，錢熙祚曰：「原有『也』字，依《書鈔》百六、《御覽》五百七十一刪。」

《居衛篇》「昔者吾從夫子巡於諸侯」，錢熙祚曰：「『巡』下原衍『守』字，依《御覽》四百九十八刪。」

《抗志篇》「臨事必疚」，錢熙祚曰：「『臨』下原有『其』字，依《御覽》（六百二十四）刪。」

《對魏王篇》「是以臣主並有得也」，錢熙祚曰：「『並』下原衍『各』字，依御覽（四百四十七）刪。」

《獨治篇》「無加禮」，錢熙祚曰：「『加』下原有『其』字，依《御覽》四百九十一刪。」

（三）正訛誤

《論書篇》「則省刑矣」，錢熙祚曰：「原作『則服刑恤矣』，依《御覽》六百二十四改。」

《雜訓篇》「繫之以姓」，錢熙祚曰：「『繫』原誤『繼』，依《子思子》改。」

《居衛篇》「乃時也耳」，錢熙祚曰：「原作『乃各時也』，依《御覽》（四百九十八）改。」

《公儀篇》「則寡人割邑如其邑以償子」，錢熙祚曰：「（子）原誤『之』，

依《子思子》改。」按：錢氏所據《子思子》文，見《胡毋豹篇》。

《公儀篇》「於介則不全」，錢熙祚曰：「『介』原誤『分』，依《御覽》四百二十六改，下同。」

《抗志篇》「則有失禮之愆焉」，錢熙祚曰：「『愆』原作『僭』，依《御覽》（四百七十七）改。」

《小爾雅・廣鳥》「白腒而群飛者」，錢熙祚曰：「『腒』原作『項』，依戴校《水經注》改。」

《執節篇》「馬回之為人，雖少文，然梗梗亮直」，錢熙祚曰：「『然』原誤『才』。又徇在『文』字上，依《御覽》四百四十四改正。」

《連叢子》下「苟非德義」，錢熙祚曰：「『苟』原作『惟』，『德』下又衍『非』字，並依《藝文》（八十二）刪正。」

《連叢子》下「舊書潛於壁室」，錢熙祚曰：「『書』原作『章』，依《史記・儒林傳索隱》改。」

《連叢子》上「乃有百篇耶」，錢熙祚曰：「『有』原誤『自』，依《史記（儒林傳）索隱》改。」

《連叢子》上「與諸友生講肄書傳」，錢熙祚曰：「原作『與諸友書講肄學傳』，依《藝文》五十五、《書鈔》九十八改。」

《連叢子》上「因自責省畋」，錢熙祚曰：「『畋』原作『故』，依《御覽》（六百二十四）改。」

（四）保留他本異文

《嘉言篇》「遽竊赦所執吏」，錢熙祚曰：「別本『遽』作『遂』。」按：程榮本、崇禎本、《四庫全書》本、何允中本並作「遂」。

《記義篇》「顏讎善事親」，錢熙祚曰：「別本『顏讎』下有『由』字，按下文亦但云『讎』。」

《刑論篇》「然後維以刑折之也」，錢熙祚曰：「別本『維』作『繼』。」

《記問篇》「亟聞夫子之詔」，錢熙祚曰：「別本『亟』作『伋』。」

《居衛篇》「宋君聞之，駕而救子思」，錢熙祚曰：「別本『駕』上有『不待』二字。」

《公孫龍篇》「言非而悖」，錢熙祚曰：「別本『博』。」

《儒服篇》「士之相保」，錢熙祚曰：「（保）別本『信』。」

《儒服篇》「先使之迎於適所從來之方」，錢熙祚曰：「別本『適』作『敵』，

二字古通。《通解》三十六亦作『適』。」

　　《答問篇》「昔周伐殷」，錢熙祚曰：「別本『伐』作『代』。」

　　《答問篇》「又安能統法之乎」，錢熙祚曰：「別本『統』作『純』。」

　　《連叢子》下「必斷是非」，錢熙祚曰：「別本『斷』作『析』。」

　　《連叢子》下「周洽群籍」，錢熙祚曰：「別本『洽』作『合』。」

（五）保留類書及古注異文

　　《嘉言篇》「博物不窮」，錢熙祚曰：「《御覽》三百九十六（窮）作『群』。」

　　《嘉言篇》「夫子曰」，錢熙祚曰：「《御覽》（夫子）作『孔子』。」

　　《嘉言篇》「猶有與之同疾者」，錢熙祚曰：「《御覽》七百二十四『猶』作『慮』，七百四十二作『假』。」

　　《嘉言篇》「且以參據所以已之之方優劣耳」，錢熙祚曰：「《御覽》七百二十四『且以參處所以已之方之優劣也』。」

　　《嘉言篇》「抑猶可以終齊君及子之身」，錢熙祚曰：「《御覽》（六百二十四）『終』作『沒』。」

　　《嘉言篇》「旁人皆哀其絕，而造之者不知其危」，錢熙祚曰：「《文選·枚叔諫吳王書注》『哀』作『畏』。《文選》注無『危』字，則『其』字屬下讀。」

　　《論書篇》「樂和則天地猶且應之」，錢熙祚曰：「《御覽》六百二十四『猶且』二字倒文。《文選·西都賦》注作『且由』，『由』與『猶』通。」

　　《論書篇》「既咸熙熙」，錢熙祚曰：「《御覽》（六百二十四）作『信既咸熙』。」

　　《記義篇》「向也，夫子之音，清徹以和」，錢熙祚曰：「《御覽》五百七十九作『清微而和。』」

　　《刑論篇》「刑是以繁」，錢熙祚曰：「《御覽》六百三十五作『是以刑繁』。」

　　《刑論篇》「刑猶弗勝」，錢熙祚曰：「《初學記》二十二作『而猶弗勝』。」

　　《刑論篇》「國君異法」，錢熙祚曰：「《通解》三十七『國』作『每』。」

　　《刑論篇》「其於怨寡矣」，錢熙祚曰：「《通解》『怨』作『恕』，下同。」

　　《記問篇》「復我舊廬」，錢熙祚曰：《文選·從軍詩》注『廬』作『居』。」

　　《記問篇》「麟兮！麟兮！我心憂」，錢熙祚曰：「《御覽》八百八十九有『因此幽憤作春秋焉』八字。」

《雜訓篇》「婦女舍珠瑱」，錢熙祚曰：「《初學記》二十六『瑱』作『玉』，《御覽》六百九十二亦作『玉』。」

《雜訓篇》「竽瑟不作」，錢熙祚曰：「《御覽》四百一『竽』作『琴』。」

《雜訓篇》「孟子車尚幼」，錢熙祚曰：「《御覽》三百八十五『車』作『居』，下同。」

《雜訓篇》「吾昔從夫子於郊」，錢熙祚曰：「《書鈔》百三十四、《御覽》七百二『於』並作『適』。」

《雜訓篇》「若是，殷、周異正為非乎」，錢熙祚曰：「《通解》二十六『是』作『時』，二字古通。」

《雜訓篇》「時移世異」，錢熙祚曰：「御覽（四百九十）『世』作『勢』。」

《公儀篇》「魯人有公儀僭者」，錢熙祚曰：「《初學記》十七、《御覽》四百二並作『潛』。」

《公儀篇》「以蕩守節之士也」，錢熙祚曰：「《御覽》（四百二）『蕩』作『傷』。」按：作「傷」與宋本合。

《公儀篇》「是辭少而取多也」，錢熙祚曰：「《御覽》（四百二）『取』並作『受』。」

《公儀篇》「不辱於人謂之貴」，錢熙祚曰：「《御覽》四百七十二『辱』作『屈』。」

《抗志篇》「恐未合君志」，錢熙祚曰：（志）《御覽》『心』。」

《抗志篇》「衛公子交饋馬四乘於子思」，錢熙祚曰：「《御覽》四百七十七、又八百九十六（交）並作『友』。」

《抗志篇》「意氣已定」，錢熙祚曰：「（定）御覽『足』。」

《小爾雅・廣義》「寡夫曰㷀，寡婦曰釐」，錢熙祚曰：「《詩正義》作『丈夫曰索，婦人曰嫠』。」

《儒服篇》「則此言何生」，錢熙祚曰：「《藝文》（二十五）『生』作『出』，下同。」

《儒服篇》「二三子尚皆同心比力」，錢熙祚曰：「《通解續》二十六『力』作『志』。」

《對魏王篇》「則正士結舌」，錢熙祚曰：「《御覽》四百四十七『正』作『智』。」

《對魏王篇》「上下勤德而無私」，錢熙祚曰：「《御覽》六百二十四作『勤

德而和』。」

《對魏王篇》「遂除車裂之法焉」，錢熙祚曰：「《書鈔》四十五『法』作『刑』。」

《對魏王篇》「稱其材也」，錢熙祚曰：「《御覽》（三百八十二）『材』作『能』。」

《對魏王篇》「猶悉賢之」，錢熙祚曰：「《御覽》三百八十二作『猶賢之遠矣』。」

《陳士義篇》「滋息不可計」，錢熙祚曰：「《初學記》二十九作『子息萬計』。」按：《淵鑒類函》卷四百三十五亦作「子息萬計」。

《論勢篇》「徒以二國併目周旋者也」，錢熙祚曰：「《御覽》（四百六十二）『目』作『力』。」

《論勢篇》「而動有滅亡之變」，錢熙祚曰：「（變）吳師道《戰國策》注引作『憂』。」按：《宛委別藏》本亦作「憂」。

《論勢篇》「不能得已」，錢熙祚曰：「《御覽》（四百六十二）『弗可得已』。」

《執節篇》「而二國不理」，錢熙祚曰：「（理）《御覽》六百二十四引作『治』。」

《獨治篇》「以車三乘聘焉」，錢熙祚曰：「（聘焉）《御覽》（四百七十四）作『迎之』。」

《獨治篇》「陳王郊迎而執其手議世務」，錢熙祚曰：「《御覽》（四百七十四）『世』作『時』。」

《連叢子》下「集我屋隅」，錢熙祚曰：「（屋隅）《御覽》九百二十七作『室隅』。」

《連叢子》下「結葩吐榮」，錢熙祚曰：「《藝文》八十二、《御覽》九百四十八『結』並作『紛』。」

《連叢子》下「欻爾而見」，錢熙祚曰：「（而見）《史記（儒林傳）索隱》作『復出』。」

《連叢子》下「見待崇禮」，錢熙祚曰：「《御覽》二百十九『特見崇禮』。又七百三『近見崇禮』。」

《連叢子》下「獨得掌御唾壺」，錢熙祚曰：「《初學記》十二、《御覽》七百三『獨得』並作『猶復』。又《書鈔》五十八云：『侍中悉執虎子，惟安

國掌玉壺。』」

《連叢子》下「召諸孔丈夫」，錢熙祚曰：《藝文》（三十八）、《書鈔》（八十八）、《御覽》（五百二十六）並作『大會孔氏男子』。」按：《淵鑒類函》卷一百六十二亦作「大會孔氏男子」。

《連叢子》下「二十以上者六十三人」，錢熙祚曰：「《書鈔》、《御覽》並有『命儒者講論』五字。」按：中華書局標點本《後漢書·儒林·孔僖傳》作「命儒者講《論語》」，當爲所傳聞異辭。

（六）保留類書及古注衍文、脫文、倒文

《刑論篇》「譬之於御則鞭也」，錢熙祚曰：《初學記》（二十）『鞭』下有『策』字。」

《雜訓篇》「吾未諭其人之孰先後也」，錢熙祚曰：「《御覽》（四百一）無『後』字。」

《居衛篇》「夫欲行其道」，錢熙祚曰：「《御覽》（四百九十八）無『夫』字。」

《公儀篇》「公儀子必輔寡人」，錢熙祚曰：「御覽『寡人』二字重。」

《儒服篇》「子高遊趙，平原君客有鄒文、季節者」，錢熙祚曰：「《御覽》四百九（客）下有『之』字。」

《儒服篇》「其於取斷」，錢熙祚曰：「《御覽》四百九十八無『取』字。」

《儒服篇》「死守」，錢熙祚曰：「《通解》及《通解續》『死』下並有『而』字。」

《對魏王篇》「行車裂之刑」，錢熙祚曰：「《御覽》六百四十五（「車裂之刑」下）有『夫車裂之刑』五字。」

《對魏王篇》「有哀樂喜怒，哀樂喜怒無過其節」，錢熙祚曰：「《御覽》（六百四十五）此四字（哀樂喜怒）不重。」

《論勢篇》「所以不見得於人者」，錢熙祚曰：「《御覽》四百五十無『所以』二字。」

《論勢篇》「申不害慮事而言」，錢熙祚曰：「（『言』下）《戰國策》有『之』字。」

《論勢篇》「今韓弱於始之韓，魏弱於始之魏，秦強於始之秦」，錢熙祚曰：「《御覽》四百五十云『今之韓弱於始之韓，今之秦強於始之秦』，無『魏弱於始之魏』句，疑是。」按：《戰國策·韓策》三亦無「魏弱於始之魏句。

吳師道於鮑本補曰：「按此文（《孔叢子》）與《策》上文略同，其下則異。子順之言，主除忿全好，《策》文主尊秦，非子順意也。」

《論勢篇》「秦急攻魏，王恐」，錢熙祚曰：「《戰國策》注『魏』字重。」按：錢校引《戰國策》注為《魏策》四吳師道補鮑本注引《孔叢子》文。葉氏藏本、潘承弼校跋本並復有「魏」字。

《執節篇》「答曰聞諸孫卿云」，錢熙祚曰：「《御覽》四百四十四（「曰」下）有『臣』。字」

《執節篇》「見於君及先生，與之粱肉」，錢熙祚曰：「《御覽》五百六十二『見於』下有『君先生』三字。」

《執節篇》「以正月之旦獻雀於趙王，而綴之以五綵」，錢熙祚曰：「《初學記》四、《藝文》九十二、《御覽》二十九、又九百二十二『旦』上、『綴』下並無『之』字。」

《執節篇》「申叔以告子順」，錢熙祚曰：「《御覽》二十九『子順』二字重。」

《執節篇》「周以遂興」，錢熙祚曰：「《初學記》一、《御覽》二『以遂』二字並倒。」

《連叢子》下「元和二年二月」，錢熙祚曰：「（「年」下）《書鈔》八十八、《御覽》五百二十六並有『春』字。」

《連叢子》下「雖比之朋友，不亦可乎」，錢熙祚曰：「《御覽》（五百四十七）無『雖』字，『可』作『重』。」

《連叢子》下「秋苗盡」，錢熙祚曰：「《御覽》十四有『於是』二字。」

二、錢熙祚校勘的成績

（一）刪除衍文

《記義篇》「孔子使宰予於楚」，錢熙祚曰：「『宰予』下原有『使』字，依《藝文》七十一、《御覽》四百七十八、又七百七十三刪。」按：錢校是，《淵鑒類函》卷三百九、又三百八十七並無「使」字。

《居衛篇》「寡人不惜此鬚眉於先生也」，錢熙祚曰：「『鬚眉』上原衍『之』字，依《御覽》三百七十四刪。」按：「之」字疑本在「鬚眉」下，傳抄而誤置於「鬚眉」上。

《抗志篇》「不以衛之褊小」，錢熙祚曰：「原作『然不以衛之褊小』，依

《御覽》四百二刪。」按：錢校是。

《抗志篇》「顧有可以報君者」，錢熙祚曰：「『顧』下原衍『未』字，依《御覽》刪。」按：錢校是。

《公孫龍篇》「以白馬為非馬」，錢熙祚曰：「『非』下原衍『白』字，依《藝文》九十三、《御覽》八百九十六刪，與《公孫龍子》合。」按：錢校是。

《陳士義篇》「政化既行」，錢熙祚曰：「『政』下衍『成』字，並依《御覽》六百二十四、又六百八十五刪改。」按：《資治通鑑》卷五作「政化既成」，《淵鑒類函》卷三百七十作「政化既行」。錢校與《淵鑒類函》同，當是。

（二）補正脫文

《嘉言篇》「又執三監吏，將殺之」，錢熙祚曰：「（將殺之）此三字原脫，依《藝文》補。《御覽》四百五十七亦有『殺之』二字。」按：宋本及葉氏藏本、蔡宗堯本、周子義、潘承弼校跋本、何允中本、陶宗儀節本並有「將殺之」三字，錢氏之說是。

《記義篇》「一一自言問觀察之」，錢熙祚曰：原脫『言問』二字，依《御覽》六百二十一補，與下文合。」按：錢校是。宋本此處亦脫「問」字，當據補。

《記問篇》「天下如一兮欲何之」，錢熙祚曰：「此『兮』字依《御覽》（五百七十一）補。」按：錢校是，補「兮」字與下「唐、虞世兮」文例同，是。

《雜訓篇》「吾聞同聲者相求，同志者相好」，錢熙祚曰：「原作『同聲者相好』，脫五字，依《御覽》四百一補。」按：錢校是。《易・乾・文言》：「子曰：『同聲相應，同氣相求。』」

《居衛篇》「且吾先君生無鬚眉」，錢熙祚曰：「原脫『先君』二字，依《子思子》補正。」按：錢校是，「先君」謂孔子。

《居衛篇》「有可以為公侯之尊」，錢熙祚曰：「《子思子》『公』下有『侯』字，與下注合。」按：有「侯」字是，當據補。

《巡狩篇》「義率鄰國以輔文、武子孫之有德者」，錢熙祚曰：「『率』字依《子思子》補。」按：錢校是。《子思子》文見《魯繆公篇》。

《公儀篇》「夫所以受粟」，錢熙祚曰：「原脫『所』字，依《藝文》八十五、《御覽》四百二十六、又四百七十八、又八百四十補。」按：錢校是，當據補。

《小爾雅・廣鳥》「純黑而反哺者，謂之慈烏」，錢熙祚曰：「『慈』字原

無，依《水經‧灤水注》補。」按：錢校是。胡承珙本亦有「慈」字。胡世琦曰：「《後漢書‧趙典傳》『且烏鳥反哺，而況士耶』，李賢注引《小爾雅》云：『黑而反哺者謂之烏。』則唐時《小爾雅》本已脫『慈』字，唯酈道元《水經‧灤水注》引《小爾雅》云：『純黑反哺者謂之慈烏。』蓋渾言之則反哺者統謂之烏，晰言之則反哺者獨謂之慈烏，名以義起也。與下雅烏、燕烏、蒼烏文體一例，今據以補正。」《水經‧灤水注》楊守敬疏曰：「《後漢書‧趙典傳》、《文選》盧子諒《贈劉琨詩》注引並同。然以此作『慈烏』爲是，《爾雅‧釋鳥》釋文引《小爾雅》，亦有『慈』字，可證。」

《小爾雅‧廣獸》「兔之所息謂之窟」，錢熙祚曰：「此句原脫，依《眾經音義》補。」按：錢氏所引，乃《一切經音義》卷七之文，有「兔之所息謂之窟」七字。當據補。宋陸佃《埤雅》卷三「鹿」下引《小爾雅》：「兔之所息謂之窟。」

《儒服篇》「與子高相善」，錢熙祚曰：「《御覽》四百九、又四百八十九『相』下並有『友』字。」按：有「友」字與宋本、葉氏藏本、潘承弼校跋本合，是。

《儒服篇》「而常群聚乎」，錢熙祚曰：「原脫『群』字，依《御覽》（四百九）補。」按；錢校是，《記纂淵海》卷四十八、蘇應龍本、《淵鑒類函》卷三百並有「群」字。

《對魏王篇》「齊王問誰可爲臨淄宰」，錢熙祚曰：「『爲』字原脫，依《御覽》三百八十二補。」按：錢說是，葉氏藏本、潘承弼校跋本、章鈺校跋本並有「爲」字。

《陳士義篇》「乃知先生亦不異乎聖賢矣」，錢熙祚曰：「《御覽》（六百二十四）『乃』下有『今』字。」按：錢校與宋本合，是。

《論勢篇》「五國約而誅秦」，錢熙祚曰：「原脫『約』字，別本『而』作『西』，蓋以意改，今依《御覽》四百六十二補正。」按：錢校與宋本合，是。《戰國策‧韓策》一「五國約而攻秦」，吳師道補曰：「此懷王爲從長，合齊、趙、韓、魏、燕及匈奴伐秦時，事在懷王十一年，韓宣惠王十五年。……此《策》文見《孔叢子》，以爲子順之言，其注謂魏公子無忌率五國兵敗蒙恬，爲尤誤。」

《論勢篇》「王今出令」，錢熙祚曰：「『令』字依《御覽》（四百六十二）補。」按：錢校與宋本合。

《執節篇》「反以亡國」，錢熙祚曰：「原脫『以』字，依《御覽》八百三十七補。」按：《淵鑒類函》卷三百九十四亦有「以」字。

《問軍禮篇》「以齊車載遷廟之主及社主行」，錢熙祚曰：「『載』字依《通解續》（二十六）補。」按：錢校是。《禮記・曾子問篇》：「『古者師行，必以遷廟主行乎？』孔子曰：『天子巡守，以遷廟主行，載於齊車，言必有尊也。』」《周禮・春官・小宗伯》「若大師，則帥有司而立軍社，奉主車」，鄭氏注：「有司，大祝也。王出軍，必先有事於社及遷廟，而以其主行。社主曰軍社，遷主曰祖。」

《連叢子》下「孝章皇帝東巡狩，還過魯」，錢熙祚曰：「原脫『狩』、『還』二字，依《書鈔》（八十八）、《御覽》（五百二十六）補。」按：錢校是。《孔僖傳》作「帝東巡狩，還過魯」，有「狩」、「還」二字。

《連叢子》下「有恩好，其總乎」，錢熙祚曰：「《書鈔》七十九『有恩好者，其惟總乎』，《御覽》五百四十七亦有『者』字。」按：有「者」字是，當據補。《四庫全書》本《書鈔》卷七十九無「有恩好者，其惟總乎」八字，錢氏或失檢。

（三）校正訛文

《記義篇》「古之達禮者行之也」，錢熙祚曰：「『禮』原作『理』，依《御覽》四百九、又五百四十七改。」按：錢校與宋本合，是。

《刑論篇》「謂下禮以教之」，錢熙祚曰：「別本『下』作『先』，按『下』字正釋『降』字，《通解》三十七亦作『下』。」按：錢校是。此作『下』，與上『降典』之『降』乃換文避複。

《記問篇》「今非其時來何求」，錢熙祚曰：「『來』原作『吾』，依《御覽》五百七十一、又八百八十九改。」按：錢說與宋本合，是，他本並誤。

《居衛篇》「各有宜也」，錢熙祚曰：「『各』原誤『人』，依《御覽》（四百九十八）改。」按：錢校是。

《公儀篇》「子思弗為當也」，錢熙祚曰：「《藝文》八十五、《御覽》八百四十並作『子思曰為費而無當也』。」按：作「子思曰為費而無當也」，與《藝文》卷八十五「公儀曰」乃成相承之語，下文之「或曰」、「子思曰」，俱為公儀子所引述之語，因上文脫「公儀曰」三字，則此不可通也。

《抗志篇》「子如何得之」，錢熙祚曰：「『如』原誤『果』，依《初學記》（二十二）、《御覽》（八百三十四）改。」按：錢校是，當據改。

《抗志篇》「以伋之言是非當也」，錢熙祚曰：「『以』原誤『欲』，依《子思子》改。」按：錢說是。

《對魏王篇》「晏子長不過六尺」，錢熙祚曰：「原作『三尺』，依《御覽》三百八十二、又四百三、又六百三十二改。」按：錢說是。

《陳士義篇》「智可與微謀」，錢熙祚曰：「『微』原誤『徵』，依《呂氏春秋‧觀表篇》改。」按：錢校是。微謀，猶藏謀。

《論勢篇》「王胡不卜交乎」，錢熙祚曰：「『胡』原誤『故』，別本作『可』，蓋以意改。今依《御覽》（四百六十二）改正。」按：錢校是，《戰國策‧韓策》一亦作「胡」。

《論勢篇》「夫連鷄不能上棲」，錢熙祚曰：「（棲）原誤『捷』，依《御覽》（四百六十二））改。《戰國策》亦云『連鷄不能俱上於棲』。」按：錢校是。《戰國策‧秦策》一：「諸侯不可一，猶連鷄之不能俱止於棲之明矣。」吳師道補注：「姚本續：李善引作『俱上於棲亦明矣』。鮑本：『連，謂繩繫之。棲，鷄所宿也。』」《文選‧西征賦》「連鷄互而不棲」，李善注：「猶連鷄之不能俱止於棲，亦明矣。」

《獨治篇》「求耳、魚，懼走」，錢熙祚曰：「『魚』疑『餘』。」按：錢校所疑與宋本合，是。

《問軍禮篇》「帥武人於朝」，錢熙祚曰：「『帥』原誤『師』，依《通解》三十六改，與《月令》合。」按：錢校是。

《問軍禮篇》「司徒搢撲」，錢熙祚曰：「原作『執撲』，依通解（三十六）改，與《月令》合。」按：錢校與宋本合，是。《禮記‧月令篇》：「司徒搢撲，北面誓之。」

《問軍禮篇》「若主命，則卒奠斂玉」，錢熙祚曰：（玉）原誤『王』，別本作『主』，蓋以意改，今依《通解》（三十六）作『玉』，與《曾子問》合。」按：錢校與宋本合，是。

《問軍禮篇》「不載櫜韔」，錢熙祚曰：「『不』原誤『於』，依《通解》（三十六）改，與《檀弓》合。」按：錢校是。《禮記‧檀弓》下「軍有憂，則素服哭於庫門之外，赴車不載櫜韔」，鄭氏注：「憂，謂爲敵所敗也。素服者，縞冠也。……以告喪之辭言之，謂還告於國。櫜，甲衣。韔，弓衣。」

《答問篇》「遇陳恒而還」，錢熙祚曰：「『恒』原誤『垣』，別本改爲『東垣』，謬甚。」按：錢校是。

《連叢子》下「所以飭百行也」，錢熙祚曰：「『飭』原作『節』，依《文選・秋胡詩》注改。別本作『飾』。『飾』與『飭』形相似。」按：錢校與宋本合，是。『飾』、『飭』古書通用。《尚書大傳・略說》：「子曰：『君子不可以不學，見人不可以不飾。』」

《連叢子》下「同名綈素」，錢熙祚曰：「『名』原作『盟』，依《御覽》（五百四十七）改。」按：錢校與宋本合，是。

（四）疑似之文，保留己見，不輕改原文

《論書篇》「五星來備」，錢熙祚曰：「『星』疑當作『是』。《後漢書・李雲傳》云：『五氏來備。』荀爽傳云：『五韙咸備。』『氏』、『韙』並與『是』通。別本『來備』作『不悖』，蓋以意改。」

《論書篇》「夫能用可用，則正治矣」，錢熙祚曰：「『正治』，《初學記》十七作『致理』，疑『致』字是，『理』字避唐諱。」

《獨治篇》「天子使有司以牲特告社」，錢熙祚曰：「《通解續》二十六『牲特』二字倒。」按：《禮記・郊特牲》「郊特牲而社稷大牢」，本篇下文「以特牛歸格於祖禰」，特牛即特牲，當據乙。

《問軍禮篇》「亦弗御也」，錢熙祚曰：「《通解》（三十六）『亦』作『示』。」按：作「示」是。《淮南子・兵略篇》：「將軍受命，乃令祝史太卜齋宿三日，之太廟，鑽靈龜，卜吉日，以受鼓旗。君入廟門，西面而立；將入廟門，趨至堂下，北面而立。」《說苑・指武篇》：「將師受命者：將率入，軍吏畢入，皆北面再拜稽首受命。天子南面而授之鉞，東行西面而揖之，示弗御也。」《宛委別藏》本、葉氏藏本、周叔弢藏本、馮夢禎本、潘承弼校跋本、章鈺校跋本、陳錫麒本、清抄本、冢田虎本並作「示」。

《連叢子》下「故眾人不能周爾」，錢熙祚曰：「『周』疑當作『害』，別本作『用』，謬甚。」按：錢校可從，下文言「免害」，當承此而言。

三、錢熙祚校勘的失誤

（一）錢熙祚的失校

《嘉言篇》「黃帝之形貌也」，按：「黃帝」上，《文選・辯命論》李善注引、《御覽》卷三百九十六並有「是」字。錢氏失察。

《嘉言篇》「長九尺有六寸」，按：《御覽》卷三百九十六「長」上有「其」字，錢氏失察。

《嘉言篇》「陳惠公大城」，錢熙祚曰：「《藝文》二十四『公』作『侯』。」按：《御覽》卷四百五十七亦作「侯」，錢氏失察。

《嘉言篇》「六州之眾，各以子道來。故區區之臺，未及期日而已成矣」，按：《御覽》卷四百五十七無「道」「故」二字，錢氏失察。

《嘉言篇》「繫方絕，重而填之」，按：《文選・上書諫吳王》李善注「填」作「鎮」，錢氏失察。

《公儀篇》「至乃困乏」，錢熙祚曰：「《藝文》（八十五）『乃』作『及』。」按：至乃，《御覽》八百四十作「乃至」，與蔡宗堯本合，錢氏失察。

《儒服篇》「未聞以飲食也」，錢熙祚曰：「《初學記》（二十六）、《藝文》（二十五）並無『食』字。」按：《御覽》卷四百六十六、《淵鑒類函》卷三百九十二、又三百九十九亦並無「食」字，錢氏失察。

（二）錢熙祚的誤校

《嘉言篇》「齊君會大夫眾賓而慶焉」，錢熙祚曰：「《御覽》七百四十二『慶』作『賀』。」按：《御覽》卷七百四十二作「駕」，錢氏失檢。

《記義篇》「季桓子以粟千鍾餼夫子」，錢熙祚曰：「《藝文》八十五、《御覽》四百八十並作『十鍾』。」按：《御覽》引此文在卷八百四十，錢氏失檢。

《公儀篇》「君若饑渴待賢，納用其謀，雖蔬食水飲」，錢熙祚曰：「《御覽》（四百二）作『儀雖蔬食水飲，亦願在下風』。」按：「謀」，《御覽》四百二作「言」，「水飲」，《御覽》作「飲水」，錢氏或失檢。

《抗志篇》「君不掃其宗廟」，錢熙祚曰：「《書鈔》九十三『掃』作『移』。」按：《四庫全書》本《書鈔》卷九十三作「臣而出國，君不掃其宗廟」，疑錢氏失檢

《抗志篇》「吾念周室將滅」，錢熙祚曰：「《藝文》三十五、《御覽》四百八十八『宗周』並作『周室』。」按：《藝文》卷三十五此條題為「《尸子》曰」，非題《孔叢子》，疑錢氏失檢。

《抗志篇》「天下之主」，錢熙祚曰：「原作『王』，依《子思子》改。」按：《四庫全書》本《子思子・過齊篇》作「王」，錢氏或失檢。

《陳士義篇》「改嬖寵之官以任賢才」，錢熙祚曰：「『任』原誤『事』，依《御覽》六百二十四改。」按：《御覽》卷六百二十四作「事」，不作「任」，錢氏或失檢。

《連叢子》上「建初元歲大旱」，錢熙祚曰：「《藝文》百、《御覽》六百

二十四『元』下並有『年』字，則『歲』字屬下讀。」按：《御覽》卷六百二十四無「歲」字，錢氏或失檢。

《連叢子》下「以太牢祠聖師」，錢熙祚曰：「《藝文》三十八及《書鈔》（八十八）、《御覽》（五百二十六）並作『以太牢祀孔子及七十弟子』。」按：「七十弟子」，《御覽》卷五百二十六作「七十二子」，錢氏或失檢。《後漢書‧肅宗孝章帝紀》及《孔僖傳》並作「七十二弟子」。

《連叢子》下「特有私親」，錢熙祚曰：「《御覽》（五百四十七）『時有思親』。」按：《御覽》卷五百四十七作「特有思親」，錢氏或失檢。

（三）錢熙祚的臆改

《嘉言篇》「既宴而私焉」，錢熙祚曰：「『而』原誤『其』，依《御覽》六百二十四改。」按：「其」猶「而」也，古書中通用，可不必改。

《記義篇》「且人君所慮者多」，錢熙祚曰：「『所』原誤『之』，依《御覽》改。」按：「之」猶「所」也，古書中通用，可不必改。

《居衛篇》「苟非其人，道不貴矣」，錢熙祚曰：「『貴』原誤『貫』，別本作『傳』，蓋以意改，今依《子思子》改正。」按：《四庫全書》本《子思子‧過齊篇》作「傳」，不作「貴」，錢氏或失檢。作「傳」是。此文為子思所論非智者不傳其道之意，以此反駁樂朔所謂「故作難知之辭」之語，意為樂朔乃非智者，故樂朔不悅而退。

《對魏王篇》「然則君不猜其臣」，錢熙祚曰：「『其』原作『於』，依《御覽》六百二十一改。」按：「於」猶「其」也，古書通用，字可不必改。

《陳士義篇》「奪不任之祿以賜有功」，錢熙祚曰：「『不任』原作『無任』，依《御覽》（六百二十一）改。」按：《資治通鑑》卷五亦作「無任」。胡三省注：「無任之祿，謂不任事而失祿者。」「無任」義自可通，不必改。

《陳士義篇》「芾而韠裘」，錢熙祚曰：「『而』原誤『之』，依《御覽》（六百二十四）改。」按：《呂氏春秋‧樂成篇》亦作「而」。「之」猶「而」也，古書通用，可不必改。

《陳士義篇》「及三月」，錢熙祚曰：「『三月』原誤『三年』。」按：《呂氏春秋‧樂成篇》作「三年」。此為傳聞之辭，疑本當作「三年」，《孔叢子》行文以與子產之比，而作「三月」。

《論勢篇》「子順會之未入秦境而還」，錢熙祚曰：「『秦』字原誤在『未入』上，依《御覽》（四百六十二）乙轉。」按：宋咸注：「子順未入秦境而

還。」宋注爲釋「未入境」之義，故宋本不誤，錢校非。

《論勢篇》「子順謂市丘君曰」，錢熙祚曰：「『君』原作『子』，依《御覽》（四百六十二）改，下同。按：《戰國策》亦作『君』。」按：宋本作「子」，宋咸注：「市丘子，守市丘者，不見其名氏。」則「子」字不誤。《戰國策》鮑本吳師道補曰：「留成皋而將攻市丘，市丘必韓地。不然，則《策》當在楚，不在韓。」

《論勢篇》「歸而葬之」，錢熙祚曰：「『而』原誤『所』，又脫『之』字，依《御覽》四百六十二補正。」按：「而」猶「所」也，此文義自通，可不必改。

《連叢子》下「主上聰明睿知」，錢熙祚曰：「『睿』原誤『庸』。」按：「庸」字不誤。庸知謂「何知」，意即無所不知之義，且與下「乎」字相應。作「睿知」者，乃習於睿知之義而臆改。

（四）錢熙祚的失考

《居衛篇》「不可以所爲民亡民也」，錢熙祚曰：「別本『爲民』下有『者』字。」按：有「者」字是，當據補，「所爲民者」承上「社稷」而言。此事古書數有記載，《呂氏春秋・審爲篇》作「不以所以養害所養」，《莊子・讓王篇》作「不以所用養害所養」，《孟子・梁惠王下》作「君子不以其所以養人者害人」，《淮南子・道應篇》作「不以其所養害其養」。唯《孟子》作「養人者」，與此文意相近。

《巡狩篇》「必先告於祖、禰」，錢熙祚曰：「《書鈔》十六、《御覽》五百三十七『告』並作『造』。」按：造爲告祭之名，此謂至而告祭也。《周禮・大祝》「六祈」，「二曰造」，鄭氏注：「造，祭於祖也。」《禮記・曾子問篇》：「諸侯適天子，必告於祖，奠於禰。」《禮記・王制篇》：「天子將出，類乎上帝，宜乎社，造乎禰。」孔穎達正義：「造乎禰者，造，至也，謂至父、祖之廟也。」字亦作「祮」，《說文》：「祮，告祭也。」

《巡狩篇》「然後勤方岳之諸侯」，錢熙祚曰：「別本『勤』作『觀』。」按：作「觀」，與《禮記・王制篇》文合，當據改。《王制篇》孫希旦集解：「觀諸侯者，觀見當方之諸侯也。諸侯朝王，四時禮異，至朝於方岳，則一以觀禮行之，故其名皆曰觀也。」

《抗志篇》「得鰥魚焉」，錢熙祚曰：「《初學記》二十二『鰥』作『鮦』，下同。《御覽》八百三十四作『鰻』，注云：『一作「鮦魚」。』」按：「鰥」、「鰻」

為異體字，《楚辭・天問》「舜閔在家，父何以鰥」，洪興祖《補注》：「『鰥』，……經傳多作『鯀』。」「鯀」通「鮌」，《詩經・齊風・敝笱篇》「其魚魴鰥」，王先謙《詩三家義集疏》：「三家『鰥』作『鮌』。」《莊子・逍遙遊篇》：「北冥有魚，其名為鯤。」鯤為大魚。

《抗志篇》「則為之服」，錢熙祚曰：「《御覽》五百四十七『則』下有『不』字。」按：錢氏見異文則錄，不能按斷是非。「則」下之「不」字，皆為曲解上文「掃」字而誤增，非。

《抗志篇》「況和非以長乎」，錢熙祚曰：「《子思子》『長』下有『惡』字。」按：據宋咸注有「和其非曰長而無已」之文，說明當時其所據本無「惡」字，此處無「惡」字文義亦通，可不必補。

《抗志篇》「孰肯舍所以見親」，錢熙祚曰：「《御覽》六百二十四『舍』下有『其』字。」按：有「其」字是，當據補。「舍其所以見親」與下「取其所以見疏」相對。此句當讀作「在朝之士，孰有舍其所以見親，而取其所以見疏者乎」，乃文從字順。

《抗志篇》「無服則弔服加麻」，錢熙祚曰：「原作『弔而加麻』，依《御覽》五百四十七改。」冢田虎曰：「非父母則唯弔服而加絰。正文『弔』下脫『服』字與？」按：《御覽》雖脫「而」字，然足證「服」字當有，冢田說所疑甚是，當作「無服則弔服而加麻」。《白虎通・喪服篇》陳立疏證：「凡弔服加麻者，出則變服，……師、朋友、嫂叔、族姑姊妹嫁者，皆弔服加麻者。《禮疏》引《禮論》云『為師及朋友，皆既葬除之』。」

《抗志篇》「厚於財色」，錢熙祚曰：「（色）原作『物』，依《子思子》改，與下文合。」按：《四庫全書》本《子思子・任賢篇》作「物」，不作「色」，錢氏或失檢。宋本作「色」。

《小爾雅・廣獸》「魚之所息謂之潛」，錢熙祚曰：「（潛）《經典釋文》作『橬』，下同。」按：王煦曰：「《詩・周頌・潛》云『潛有多魚』，毛傳：『潛，糝也。』《爾雅》云『糝謂之涔』，郭注：『今之作「槮」者，聚積柴木於水中，魚寒得入其裏藏隱，因以薄圍捕取之。』《詩》釋文云：『潛，《爾雅》作「涔」。《韓詩》云：「涔，魚也。」《小雅》作「橬」。』『糝』，《詩傳》及《爾雅》並作『米』旁『參』。《小爾雅》云：『魚之所息謂之橬。橬，糝也。』謂積柴水中令魚依之止息，因而取之也。郭景純因改《爾雅》從《小爾雅》，作『木』旁『參』。《字林》作『罧』。孔穎達曰：『《釋器》云：「糝謂之涔。」』……糝

－156－

字，諸家本作「米」邊，《爾雅》作「木」邊，積柴之義也。然則槮用木不用米，當從木爲正也。「涔」、「潛」古今字。……然則《小爾雅》本或作「潛」，或作「橬」也。』胡世琦曰：「『涔』、『潛』、『橬』同，『罧』、『槮』、『椮』同，並古今字也。」

《儒服篇》「子路嗑嗑，尙飲百榼」，錢熙祚曰：「原作『千榼』，別本並作『十榼』。依《初學記》二十六、《藝文》二十五、又七十二、《御覽》四百六十七、又四百九十六、又七百六十一、又八百四十五改。」按：《論衡・語增篇》：「傳語曰：『文王飲酒千鍾，孔子百觚。』」黃暉校釋：「《後漢書・孔融傳》注引《融集・與曹操書》曰：『堯不千鍾，無以建太平。孔非百觚，無以堪上聖。』……《抱朴子・袪惑篇》：『堯爲人長大，美髭髯，飲酒一日中二斛餘，世人因加云千鍾，實不能也。』或云堯、舜，或云周文、孔子，主命不定，殊難徵信。」「十榼」不誤，此文言千鍾、百觚、十榼者，爲傳言中以數字遞減而喻能飲之意，非確指。

《儒服篇》「色不已」，錢熙祚曰：「別本『色』作『問』。」按：錢氏誤讀此句。葉氏藏本、潘承弼校跋本、章鈺校跋本「不」下並有「在」字。有「在」字是，此句當做「色不在己」。《史記・孔子世家》：「他日，靈公問兵陳。孔子曰：『俎豆之事則嘗聞之，軍旅之事未之學也。』明日，與孔子語，見蜚鴈，仰視之，色不在孔子，孔子遂行，復如陳。」

《對魏王篇》「君王聞晏子、趙文子乎」，錢熙祚曰：「《御覽》（三百八十二）『王』作『不』。」按：作「不」是，與下「乎」字相應，且子高於齊王問答中，但稱「君」，不稱「君王」，《淵鑑類函》卷二百五十五亦作「不」。

《陳士義篇》「魯人謗誦曰」，錢熙祚曰：「《御覽》（六百二十四）無『謗』字。」按：謗誦，《呂氏春秋・樂成篇》作「謷誦」，陳奇猷謂「謷」即「謷」之異文，曰：「此文『魯人謷誦之』，猶言魯人密誦之，即今語『背後誦之』。……《孔叢》、《御覽》皆因不明謷字之義而改之，不足據。」疑「謗」下當無「誦」字，此言「謗曰」，下文言「又作誦曰」，乃上下相承之意，陳說駁之不當。且「又作誦」不能證明上文「謗」下必有「誦」字。「魯人謗曰」是魯人背後議論，「民又作誦曰」是魯人公開稱頌，此乃以明、暗對舉，說明魯人對孔子爲相的認識過程。

第三節　日本漢學家冢田虎《冢注孔叢子》

冢田虎，日本漢學家，信濃人，信濃在日本古代爲信濃國，即現在的長野縣。冢田虎的生活年代，據其《冢注孔叢子序》，爲日本寬正七年所撰，因此大致相當於中國清代的乾隆時期。其平生專注於注解中國古代的典籍，除撰寫《冢注孔叢子》外，還有《冢注孔子家語》、《孟子斷》、《荀子斷》、《冢注四書》、《決注論語》、《冢注毛詩》、《冢注老子》、《南華眞經正義》，研究性的著作有《聖道得門》、《隨意錄》等，署名或爲「冢田虎」，或爲「冢田大峰」、「冢田多門述」。

冢田虎注解《孔叢子》的起因，據其《序》「雖曰宋宋咸嘗爲之注，今印行本唯注世系名字之類，僅數處而已，亦不足以爲有注矣。故虎之所注，非有所因襲焉」，〔註4〕則是其所見到的《孔叢子》，當是明清之時刪除了宋咸注文的七卷或三卷本，因此才爲之注解。其注釋體例有以下特色。

一、標注音讀

（一）運用直音標注音讀

《嘉言篇》「夫以少少之眾」，冢田虎曰：「夫，音扶。」

《嘉言篇》「弟子與在賓列」，冢田虎曰：「與，音預。」

《嘉言篇》「上縣之於無極之高」，冢田虎曰：「縣，音懸。」

《嘉言篇》「唯知者不失理」，冢田虎曰：「知，音智。」

《論書篇》「於大禹、皋陶謨」，冢田虎曰：「陶，音遙。」

《論書篇》「吾於《高宗肜日》」，冢田虎曰：「肜，音融。」

《論書篇》「故有人亦樂之，無人亦樂之」，冢田虎曰：「樂，音洛。」

《論書篇》「於，予擊石拊石」，冢田虎曰：「於，音烏。」

《記義篇》「公父文伯」，冢田虎曰：「父，音甫。」

《記義篇》「則己不勞而賢才不失矣」，冢田虎曰：「己，音紀。」

《記義篇》「不敢舍其重器而行」，冢田虎曰：「舍，音赦。」

《刑論篇》「刑猶弗勝」，冢田虎曰：「勝，音升。」

（二）運用反切標注音讀

《嘉言篇》「禮樂崩喪」，冢田虎曰：「喪，息亮反。」

〔註 4〕冢田虎：《冢注孔叢子》十卷，日本寬政七年京師書坊文林堂刊本。

《嘉言篇》「亦好禮樂者也」，冢田虎曰：「好，呼報反。」

《嘉言篇》「未終而坐法死者數十人」，冢田虎曰：「坐，才臥反。數，所主反。」

《嘉言篇》「又執三監吏」，冢田虎曰：「監，居懺反。」

《嘉言篇》「見陳侯」，冢田虎曰：「見，賢遍反。」

《嘉言篇》「宰我使於齊而反」，冢田虎曰：「使，色吏反。」

《嘉言篇》「朝齊君」，冢田虎曰：「朝，直遙反。」

《嘉言篇》「大夫眾賓並復獻攻療之方」，冢田虎曰：「復，扶又反。」

《嘉言篇》「將為病也」，冢田虎曰：「為，於偽反。」

《嘉言篇》「三折肱」，冢田虎曰：「三，息暫反。」

《嘉言篇》「重而塡之」，冢田虎曰：「重，直拱反。塡，陟刃反。」

《嘉言篇》「子亦告之以難易」，冢田虎曰：「易，以鼓反。」

《論書篇》「別堯舜之禪」，冢田虎曰：「別，彼列反。」

《論書篇》「夫男子二十而冠」，冢田虎曰：「冠，古亂反。」

《論書篇》「子夏問《書》大義」，冢田虎曰：「夏，戶雅反。」

《論書篇》「一人不刑而天下治」，冢田虎曰：「治，直吏反。」

《論書篇》「一夫而被以五刑」，冢田虎曰：「被，皮義反。」

《論書篇》「若星辰之錯行」，冢田虎曰：「行，戶庚反。」

《論書篇》「雖退而窮居河、濟之間」，冢田虎曰：「濟，子禮反。」

《論書篇》「此言人事之應乎天也」，冢田虎曰：「應，於證反。」

《論書篇》「屛心而慮之」，冢田虎曰：「屛，必領反。」

《論書篇》「致刑錯也」，冢田虎曰：「錯，七路反。」

《論書篇》「實能以樂盡治理之情」，冢田虎曰：「盡，津忍反。治，直吏反。」

《記義篇》「夫子受之而以施人」，冢田虎曰：「施，始鼓反。」

《記義篇》「散宜生」，冢田虎曰：「散，素旱反。」

《記義篇》「五臣同僚比德」，冢田虎曰：「比，毗志反。」

《記義篇》「室人有從死者」，冢田虎曰：「從，才用反。」

《記義篇》「相室諫之」，冢田虎曰：「相，息亮反。」

《記義篇》「於長者薄」，冢田虎曰：「長，丁丈反。」

《記義篇》「夫子亦好人之譽己乎」，冢田虎曰：「譽，羊諸反。」

《記義篇》「因宰予以遺孔子焉」，冢田虎曰：「遺，於季反。」
《記義篇》「言不離道」，冢田虎曰：「離，力智反。」
《記義篇》「不以爲積」，冢田虎曰：「積，之智反。」
《記義篇》「妾不衣帛」，冢田虎曰：「衣，於季反。」
《記義篇》「馬不食粟」，冢田虎曰：「食，祥吏反。」
《記義篇》「夫子過之弗之視」，冢田虎曰：「過，古禾反。」
《記義篇》「降級以遠」，冢田虎曰：「遠，於萬反。」
《記義篇》「愛金而令不辜陷辟」，冢田虎曰：「令，力呈反。」
《記義篇》「吾於《周南》《召南》」，冢田虎曰：「召，上照反。」
《記義篇》「見苞苴之禮行也」，冢田虎曰：「且，子餘反。」
《記義篇》「向見貓方取鼠」，冢田虎曰：「向，許丈反。」
《刑論篇》「古之刑省」，冢田虎曰：「省，所景反。」
《刑論篇》「衛將軍文子問曰」，冢田虎曰：「將，子匠反。」
《刑論篇》「民相輕犯」，冢田虎曰：「輕，牽政反。」
《刑論篇》「刑張而罪不省」，冢田虎曰：「張，竹亮反。」
《刑論篇》「察而不中義」，冢田虎曰：「中，丁仲反。」
《刑論篇》「宥老弱不肖而無告者」，冢田虎曰：「告，古毒反。」
《刑論篇》「斷者不可屬」，冢田虎曰：「屬，之欲反。」
《刑論篇》「謂之悖」，冢田虎曰：「悖，布內反。」

（三）運用反切與直音綜合標注音讀

《嘉言篇》「長九尺有六寸」，冢田虎曰：「長，直亮反。有，音又。」

二、標明文字異文、校正訛文

《論書篇》「先君僖公，功德前行」，冢田虎曰：「行，或作『列』。《詩》獨載僖公之頌，其功德應知矣。」

《論書篇》「以免乎牖里之害」，冢田虎曰：「牖，或作『羑』。」

《刑論篇》「同廁而浴」，冢田虎曰：「廁，當作『川』。《漢書‧賈捐之傳》曰：『駱越之人，父子同川而浴。』是也，蠻夷以無禮如此，民輕相侵犯，故其刑雖重之，而不勝制之，是由其無禮教也。」按：冢田氏所校與宋本合，是。

三、注解文義

（一）引用古代典籍材料注解，不標明出處

《嘉言篇》「夫政令者，人君之銜轡，所以制下也」，冡田虎曰：「夫子嘗曰：『夫德法者，御民之具，猶御馬之有銜勒也。』其語可以見焉。」按：《郭店楚簡・緇衣》：「子曰：『政之不行，教之不成也，則刑罰不足恥，而爵不足勸也。故上不可以褻刑而輕爵。』」本書《刑論篇》「孔子曰：『以禮齊民，譬之於御則轡也；以刑齊民，譬之於御則鞭也。執轡於此而動於彼，御之良也，無轡而用策，則馬失道矣……吾聞古之善御者，執轡如組，兩驂如舞，非策之助也。是以先王盛於禮而薄於刑，故民從命。今也廢禮而尙刑，故民彌暴。』」冡田氏所言，蓋爲此矣。

《論書篇》「舜父頑母嚚」，冡田虎曰：「心不則德義之經爲頑，口不道忠信之言曰嚚。」按：《左傳・僖公二十四年》：「心不則德義之經爲頑，口不道忠信之言曰嚚。」當爲冡田氏注文所本。

（二）引用古書注解材料，不標明出處

《嘉言篇》「夫子適周，見萇弘」，冡田虎曰：「孔子適周，訪禮於老聃，學樂於萇弘。」按：《史記・樂書》司馬貞索隱：「《大戴記》云：『孔子適周，訪禮於老聃，學樂於萇弘是也。』」此爲冡田氏所本。

《論書篇》「甫刑可以觀誡」，冡田虎曰：「甫刑即《呂刑》。呂侯命於穆王，訓夏禹贖刑之法，其子孫改封甫，故亦稱甫刑。」按：《禮記・緇衣篇》孔穎達正義：「此《尙書・呂刑》之篇也。甫侯爲穆王說刑，故稱甫刑。」《史記・周本紀》：「諸侯有不睦者，甫侯言於王，作修刑辟。王曰『吁，來！有國有土，告汝祥刑。……墨罰之屬千，劓罰之屬千，臏罰之屬五百，宮罰之屬三百，大辟之罰其屬二百：五刑之屬三千。』命曰甫刑。」

《記義篇》「公父文伯死，室人有從死者」，冡田虎曰：「室人，謂文伯妻妾。」按：《國語・魯語下》「公父文伯之母欲室文伯」，韋昭注：「室，妻也。」

（三）詮解古代典制、陳言故實

《嘉言篇》「王之興，附者六州。六州之眾，各以子道來」，冡田虎曰：「《靈臺》詩曰：『經之營之，不日成之。經始勿亟，庶民子來。』」

《嘉言篇》「夫三折肱爲良醫」，冡田虎曰：「三折肱，謂數歷治療也，《左

傳》亦有此言。」

《論書篇》「《書》云『受終於文祖』」，冢田虎曰：「《舜典》曰：『正月上日，受終於文祖。』」

《論書篇》「昔者舜三十徵庸」，冢田虎曰：「其始爲堯所試用也。《書》曰：『舜生三十徵庸。』」

《論書篇》「父母在，則宜圖婚，若已歿，則己之娶，必告其廟」，冢田虎曰：「昏禮：父醮子命之，無父則母命之。父母皆沒，則布幣，告其廟。支子則宗命之，弟則兄命之。」按：《南山篇》鄭玄箋：「取妻之禮，議於生者，卜於死者，此之謂告。」

《論書篇》「五刑所以佐教也」，冢田虎曰：「《大禹謨》曰：『明於五刑，以弼五教。』」

《論書篇》「《書》云『納於大麓，烈風雷雨弗迷』」，冢田虎曰：「《舜典》『堯徵用舜，而歷試諸難』文。」

《論書篇》「故於每歲之大嘗而報祭焉」，冢田虎曰：「古昔帝王，遠祖之祀，則禘、郊、宗、祖、報，祖有功而宗有德。雖其有功德，而不及祖宗，則於大嘗而報祭而已。」

《論書篇》「丘聞昔虞、夏、商、周，以帝王行此禮者則有矣，自此以下，未之知也」，冢田虎曰：「凡禘、郊、宗、祖、報，皆帝王之典禮，而諸侯不得行之。魯有禘、郊之事，亦其制不同焉。」

《論書篇》「左有輔，右有弼」，冢田虎曰：「《咸有一德》曰：『左右唯其人。』」

《論書篇》「謂之四鄰」，冢田虎曰：「文王四鄰，見於《大雅·綿》詩。胥，《詩》作『疏』，輳作『奏』。率下親上曰疏附，喻德宣譽曰奔奏，相道前後曰先後，武臣折衝曰禦侮。」

《論書篇》「自吾得由也，惡言不至於門」，冢田虎曰：「子路勇敢，能爲夫子扞衛。《家語》作『自吾有由，而惡言不入於耳』，《史記》同焉。」

《論書篇》「稱述文王之德，以成勅誡之文」，冢田虎曰：「《傳》曰：『命以《康誥》，而封於殷墟。』此《傳》文亦以爲成王之命也。」

《論書篇》「干冢宰之政」，冢田虎曰：「冢宰，即伊尹也。君之喪，百官總己，以聽冢宰。」

《論書篇》「況百獸乎」，冢田虎曰：「《舜典》曰：『八音克協，無相奪倫，

神人以和。』」

《論書篇》「昔重黎舉夔而進」，冢田虎曰：「重即羲氏，黎即和氏，而在書舉夔者，伯夷也。」

《記義篇》「既而以頒門人之無者」，冢田虎曰：「孔子嘗曰：『自季孫賜我粟千鍾也，而交益親。』」按：《孔子家語・致思篇》：「孔子曰：『季孫賜我粟千鍾，而交益親。』」《說苑・雜言篇》：「孔子曰：『自季孫之賜我千鍾，而友益親。』」

《記義篇》「同僚有相友之義，貴賤殊等，不爲同官」，冢田虎曰：「禮，爲朋友弔服而加麻，然貴賤等級殊，則不亦爲同官也。」

《記義篇》「四人者爲之服朋友之服」，冢田虎曰：「爲同僚行服也。」

《記義篇》「君惠顧外臣」，冢田虎曰：「禮，自稱於異國君曰外臣。」

《記義篇》「夫子曰：『可與聽音矣』」，冢田虎曰：「《韓詩外傳》記『昔者孔子鼓瑟，曾子、子貢側門而聽』，其事即是也。但以識其聲爲曾子，蓋其傳聞之異也已。」按：《韓詩外傳》卷七：「昔者孔子鼓瑟，曾子、子貢側門而聽。曲終，曾子曰：『嗟乎！夫子瑟聲殆有貪狼之志，邪僻之行，何其不仁趨利之甚？』子貢以爲然，不對而入。夫子望見子貢有諫過之色，應難之狀，釋瑟而待之。子貢以曾子之言告。子曰：『嗟乎！夫參，天下之賢人也，其習知音矣。鄉者丘鼓瑟，有鼠出遊，狸見於屋，循梁微行，造焉而避，厭目曲脊，求而不得。丘以瑟淫其音。參以丘爲貪狼邪僻，不亦宜乎！』」

（四）考核史實

《嘉言篇》「陳惠公大城，因起凌陽之臺」，冢田虎曰：「惠公當爲『愍公』。孔子之去魯，當陳愍公十一年，而《國語》、《家語》，於『問隼』之事，並以爲惠公，誤。《家語注》審之。凌陽，臺名，因大城以起此臺也。」按：《史記・陳杞世家》：「三十四年，初，哀公娶鄭，長姬生悼太子師，⋯⋯招之殺悼太子也，太子之子名吳，出奔晉。⋯⋯楚靈王滅陳五歲，楚公子棄疾弑靈王代立，是爲平王。平王初立，欲得和諸侯，乃求故陳悼太子師之子吳，立爲陳侯，是爲惠公。」又「二十八年，吳王闔閭與子胥敗楚入郢。是年，惠公卒，子懷公柳立。懷公元年，吳破楚，在郢，召陳侯。⋯⋯四年，吳復召懷公。懷公恐，如吳。吳怒其前不往，留之，因卒吳。陳乃立懷公之子越，是爲愍公。愍公六年，孔子適陳。」孔子適陳，已非惠公之時。冢田氏所言，

可備一說。

《嘉言篇》「文王之興，附者六州」，冢田虎曰：「九州之中，荊、涼、雍、豫、徐、楊六州先歸周，唯青、兗、冀三周尚屬殷。」按：宋咸注曰「仲尼稱文王三分天下有其二，蓋言九州之有六州，即文王所感雍、梁、荊、豫、徐、揚」，冢田氏蓋未見宋注，故有此文。

《嘉言篇》「過此以往，齊其田氏矣」，冢田虎曰：「田氏，陳氏也。《左氏傳》曰：『叔向曰：「齊其何如？」晏子曰：「此季世也，吾弗知。齊其為陳氏矣。」』其言可以照焉。」按：《史記・田敬仲完世家》：「簡公出奔，田氏之徒追執簡公於徐州。……遂殺簡公。……莊子卒，子太公和立。……宣公卒，子康公貸立。貸立十四年，淫於酒婦人，不聽政。太公乃遷康公於海上，食一城，以奉其先祀。」孔、晏此番對話，不見於古書所載。《左傳・昭公三年》：「齊侯使晏嬰請繼室於晉。……既成昏，晏子受禮，叔向從之宴，相與語。叔向曰：『齊其何如？』晏子曰：『此季世也，吾弗知。齊其為田氏矣。公棄其民而歸於陳氏。』」

《嘉言篇》「齊東郭亥欲攻田氏」，冢田虎曰：「田氏蓋陳恒，與闞止爭寵，因弒其君簡公。事在《魯哀十四年》，時闞止之臣有東郭賈，字子方者，奔衛。亥其屬與？」按：《左傳・哀公六年》杜預注：「闞止，陽生家臣子我也。」又《哀公十四年》注：「子方，子我臣。」《史記・田敬仲完世家》「齊人共立其子壬，是為簡公。田常成子與監止俱為左右相」，裴駰《集解》：「監，一作『闞』。」

《論書篇》「於《洛誥》，見周公之德焉」，冢田虎曰：「周公經營洛邑，將致政成王，以其義告也。」

《論書篇》「《大禹謨》、《禹貢》可以觀事」，冢田虎曰：「事，謀九功，平水土之事。」

《論書篇》「《皋陶謨》、《益稷》可以觀政」，冢田虎曰：「政，敘典、秩禮、命德，討罪之類也。」

《論書篇》「《洪範》可以觀度」，冢田虎曰：《洪範》，箕子為武王陳天地之大法也。」

《論書篇》「《五誥》可以觀仁」，冢田虎曰：「誥舊三十八篇，其十八篇逸云。今所謂《五誥》，不知何篇也。蓋亦《大誥》、《康誥》、《酒誥》之屬。」

《論書篇》「吾於《高宗肜日》……則遠方歸志而致其敬焉」，冢田虎曰：

「此意於今《高宗肜日》，無所見焉，疑在高宗之訓與？王充《論衡》曰：『高宗祭成湯之廟，有蜚雉，升鼎而雊。祖乙以爲遠人將有來者，說尙書家謂雉凶，議駁不同（按：《論衡‧異虛篇》）。』又曰：『《尙書大傳》云：「高宗祭成湯之廟，有雉升鼎耳而鳴。高宗問祖乙，祖乙曰：『遠方君子殆有至者。』」』是今意爾。」

《論書篇》「昔康叔封衛，統三監之地，命爲孟侯」，冡田虎曰：「武王克殷，分其地爲三。封紂子武庚，命管叔、蔡叔監殷，爲之三監。武王崩，三監叛。周公相成王，東征滅之，封其弟康叔爲衛侯，統三監之地。」

《論書篇》「湯及太甲、武丁、祖乙」，冡田虎曰：「太甲，湯太子太丁子，太丁未立而卒，及湯崩而太甲立。武丁，高宗，殷二十世。祖乙，殷十一世。此當次祖乙、武丁也。」

《記義篇》「若此於長者薄，於婦人厚也」，冡田虎曰：「文伯不能隨於夫子，而婦人從死於文伯者，斯知文伯之所以薄於長者，厚於婦人也。」

（五）直接注解實詞詞義

《嘉言篇》「河目而隆顙」，冡田虎曰：「河目，眼匡平而長也。」

《嘉言篇》「修肱而龜背」，冡田虎曰：「修，長也。龜背，背肉隆高也。」

《嘉言篇》「或馳而墜」，冡田虎曰：「馳，廢壞也。」

《嘉言篇》「女子必漸乎二十而後嫁」，冡田虎曰：「漸，至也。」

《嘉言篇》「且私焉」，冡田虎曰：「私，私語。」

《嘉言篇》「子雖欲挾其輈而扶其輪」冡田虎曰：「輈，車轅也。」

《論書篇》「莫克圖室家之端焉」，冡田虎曰：「端，緖也。」

《論書篇》「見君子之不忍言人之惡而質人之美也」，冡田虎曰：「質，成也。論語曰：『君子成人之美，不成人之惡（《顏淵章》）。』」

《論書篇》「龍子未可謂能爲書也」，冡田虎曰：「爲，修也。」

《論書篇》「志之於心弗敢忘」，冡田虎曰：「志，記也。」

《論書篇》「禋於六宗」，冡田虎曰：「禋，精意以享也。」

《論書篇》「祖迎於坎壇」，冡田虎曰：「祖迎，送迎也。」

《論書篇》「庸庸祗祗」，冡田虎曰：「庸，用也。祗，敬也。」

《論書篇》「奠高山」，冡田虎曰：「奠，定也。」

《論書篇》「欽四鄰」，冡田虎曰：「欽，敬也。鄰，近也。」

《論書篇》「門人加親」，冡田虎曰：「加，益也。」

《論書篇》「公笑，而目孔子曰」，冢田虎曰：「目，注視也。」

《論書篇》「考文王」，冢田虎曰：「考，父也。」

《論書篇》「干冢宰之政」，冢田虎曰：「干，犯也。」

《論書篇》「莫尙藥乎」，冢田虎曰：「尙，加上也。」

《記義篇》「季桓子以粟千鍾餼夫子」，冢田虎曰：「餼，饋也。」

《記義篇》「而素規去就」，冢田虎曰：「素規，豫計也。」

《記義篇》「動不違仁」，冢田虎曰：「違，去也。」

《記義篇》「愛金而令不辜陷辟」，冢田虎曰：「辟，罪也。」

《記義篇》「夫子之音，清徹以和，淪入至道」，冢田虎曰：「徹，通也。淪，流轉也。」

《刑論篇》「古之刑省，今之刑繁」，冢田虎曰：「省，少。繁，多也。」

《刑論篇》「折民維刑」，冢田虎曰：「折，分斷也。」

《刑論篇》「刑張而罪不省」，冢田虎曰：「省，減也。」

《刑論篇》「率過以小罪，謂之枳」，冢田虎曰：「率，循也。枳，害也。」

《刑論篇》「寧失不經」，冢田虎曰：「經，常也。」

《刑論篇》「其狀自反」，冢田虎曰：「反，歸也。」

（六）直接解釋虛詞詞義

《嘉言篇》「抑亦聖人之興者乎」，冢田虎曰：「抑，反語辭。」

《嘉言篇》「聖將安施」，冢田虎曰：「安，焉也。」

《嘉言篇》「盍姑已乎」，冢田虎曰：「盍，何不也。」

《論書篇》「曩師聞諸夫子」，冢田虎曰：「曩，往日也。」

《論書篇》「汝二人者孰視諸」，冢田虎曰：「諸，之乎也。」

（七）使用「猶」、「言」、「猶言」、「猶曰」、「曰」、「為」、「謂」、「之謂」、「貌」等術語解釋語義

《嘉言篇》「必問所以已之之方焉」，冢田虎曰：「已，猶愈也。」

《嘉言篇》「上懸之於無極之高……而造之者不知其危」，冢田虎曰：「言以一士之力，欲攻專權之田氏，其危亦太甚也。」

《論書篇》「丈夫三十而室」，冢田虎曰：「娶妻曰室。」

《論書篇》「有鰥在下」，冢田虎曰：「無妻曰鰥。」

《論書篇》「內無怨女，外無曠夫」，冢田虎曰：「可嫁而不嫁曰怨女，可

娶而不娶曰曠夫。」

　　《論書篇》「故《帝典》可以觀美」，冢田虎曰：「美謂聖德之美。」

　　《論書篇》「一夫而被以五刑」，冢田虎曰：「一夫，猶言獨夫。蓋天絕人去，一獨夫而後刑之之謂也。」

　　《論書篇》「離離然」，冢田虎曰：「離離，陳列貌。」

　　《論書篇》「夫子愀然變容」，冢田虎曰：「愀然，容色變貌。」

　　《論書篇》「不失其道」，冢田虎曰：「其道，謂用舍賞罰之道也。」

　　《論書篇》「既咸熙熙」，冢田虎曰：「熙熙，和諧貌。」

　　《論書篇》「夔能若此，一而足矣」，冢田虎曰：「言一人而足矣，不可求之佐也。」

　　《記義篇》「同僚有服乎」，冢田虎曰：「同官爲僚。」

　　《記義篇》「尸利攜貳」，冢田虎曰：「尸利，猶尸祿，謂不爲其事而居其利祿。」

　　《記義篇》「夫子降德」，冢田虎曰：「降德，猶言屈節，自降屈也。」

　　《記義篇》「雖君私之，其若義何」，冢田虎曰：言君臣尊卑之義不可失之也。」

　　《刑論篇》「刑猶弗勝」，冢田虎曰：「言刑以威之，然猶不勝齊之，當何禮得齊之與？」

　　《刑論篇》「若徒轡無策，馬何懼哉」，冢田虎曰：「言禮刑兩用，乃亦可速治。」

　　《刑論篇》「則上盜先息」，冢田虎曰：「上盜猶大盜也。」

　　《刑論篇》「君子之於人也，有不語也，無不聽也」，冢田虎曰：「語猶言也。君子之與人言語，我則有所不敢言焉。人之言則無所不聽焉。」

　　《刑論篇》「況聽訟乎？必盡其辭矣。夫聽訟者，或從其情，或從其辭。辭不可從，必斷以情」，冢田虎曰：「凡言猶無所不聽焉，況於獄訟之言乎？必盡其囚辭，而審聽斷之也。凡訟獄者，有辭與情相違者。而辭有巧拙，情有曲直，故聽訟者，審察其辭而求其情，不惟從辭以折之，當必從情以斷絕之也。」

　　《刑論篇》「私則民怨」，冢田虎曰：「私，有偏黨之謂也。有所偏黨，則招民怨。」

　　《刑論篇》「《書》曰：『上下比罰』」，冢田虎曰：「上下，猶曰輕重。」

（八）詮解名物、句義

《嘉言篇》「弟子與在賓列」，冢田虎曰：「弟子，宰我自謂。」

《嘉言篇》「夫子適齊，晏子就其館，既宴」，冢田虎曰：「就孔子舍館而宴。」

《論書篇》「納於大麓」，冢田虎曰：「大麓，蓋唐、虞時官名，取乎其大錄萬機之政而名官也爾。」

《論書篇》「主於郊宮，所以祭日也；夜明，所以祭月也；幽禜，所以祭星也；雩禜，所以祭水旱也」，冢田虎曰：「郊宮，祭日之壇。夜明，祭月之壇。幽禜、雩禜，皆壇也。」

《論書篇》「《書》稱夔曰『於，予擊石拊石，百獸率舞，庶尹允諧』」，冢田虎曰：「《書·益稷》。夔，舜典樂。於，歎辭。石，磬也。庶尹，眾官正，長也。」

《記義篇》「其母怒而不哭，相室諫之」，冢田虎曰：「其母，文伯之母敬姜也。相室，家相。」

《記義篇》「《詩》云：『如可贖兮，人百其身』」，冢田虎曰：「《秦風·黃鳥》之詩。」按：《呂氏春秋·察微篇》：「魯國之法，魯人為人臣妾於諸侯，有能贖之者，取其金於府。子貢贖魯人於諸侯，來而讓不取其金。孔子曰：『賜失之矣，自今以往，魯人不贖人矣。取其金則無損於行，不取其金則不復贖人矣。』」

《記義篇》「吾於《周南》、《召南》，見周道之所以盛也」，冢田虎曰：「《詩序》曰：『《周南》、《召南》，正始之道，王化之基。』《論語》曰：『人而不為《周南》、《召南》，其猶正牆面而立乎？』」

《記義篇》「見苞苴之禮行也」，冢田虎曰：「包且，包苴也。《序》曰：『美齊桓公也。』其《詩》曰：『投我以木瓜，報之以瓊琚。』」

《刑論篇》「孔子曰：『齊之以禮，則民恥矣；刑以止刑，則民懼矣』」，冢田虎曰：「恥於失其義也。《書》曰『刑期無刑』，又曰『辟以止辟乃辟』，此意也。如是則民懼刑也。」

（九）闡釋引申文意、章旨

《嘉言篇》「吾觀孔仲尼，有聖人之表」，冢田虎曰：「言聖德見於儀表也。」

《嘉言篇》「既而夫子聞之，曰：『吾豈敢哉！亦好禮樂者也』」，冢田虎

曰：「言非敢正其統紀，亦唯好之者也。蓋謙辭。齊太史子輿與南宮敬叔相語者，可與此相照也。」

《嘉言篇》「夫子曰：『美哉！斯臺，自古聖王之爲城臺，未有不戮一人而能致功若此者也』」，冢田虎曰：「暴王皆縱其欲而善戮人也。此反其言以諷之也。」

《嘉言篇》「夫以少少之眾，能立大大之功，唯君爾」，冢田虎曰：「文王則以大眾作小臺，而已，今則反之，皆所以諷焉。」

《嘉言篇》「是陽動而陰應，男唱而女隨之義也」，冢田虎曰：「許嫁而從夫者，陰陽奇耦，自然之數。」

《嘉言篇》「眾坐默然無辭，弟子此言何如」，冢田虎曰：「宰我當時憎其阿諛之態，以詰之爾。」

《嘉言篇》「且以參據所以已之之方優劣耳」，冢田虎曰：「欲參驗之以療人之疾也。」

《嘉言篇》「齊其危矣，譬若載無轄之車，以臨千仞之谷」，冢田虎曰：「齊是時景公失政，而陳恒制國，且君多內嬖，太子未立，危亂可立而待也。」

《嘉言篇》「子，吾心也」，冢田虎曰：「言以孔子爲腹心，則將從其所謀也。」

《嘉言篇》「當或可救，子幸不吾隱也」，冢田虎曰：「或，有也。欲其有可救死之謀，則語之而不隱也。」

《嘉言篇》「丘不足與計事」，冢田虎曰：「欲爲君攻讎，可謂義也。然非亥之力所能爲，故不可敢爲計也。」

《嘉言篇》「揖子貢使答之」，冢田虎曰：「子貢辯，故使代說其難易。」

《嘉言篇》「馬方駭……其危必矣」，冢田虎曰：「馬將駭，鼓而驚之，則馬愈奔逸，車顛覆。『塡』與『鎮』同。繫將絕，重其鎮，則繫絕而墜益深也。《漢書・枚乘傳》亦用此文。」按：《文選・上書諫吳王》李善注引作「鎮」，鎮猶言壓也。

《嘉言篇》「東郭亥……奚至懼之哉」，冢田虎曰：「唯可以事之難易，告焉也。懼之，則害於爲義之志。」

《嘉言篇》「君子尚辭乎……繁辭富說，非所聽也」，冢田虎曰：「尚，上也。宰我善辭辯，故問。繁富不要之辯說，君子舍而不察聽之也。《書》曰：『辭尚體要（《畢命篇》）。』《論語》曰：『辭達而已矣（《衛靈公章》）。』皆

不可流乎繁富也。」按：《法言・吾子篇》：「或問：『君子尚辭乎？』曰：『君子事之爲尚。事勝辭則伉，辭勝事則賦，事、辭稱則經。』」李軌注：「貴事實，賤虛辭。夫事功多而辭美少，則聽聲者伉其動也。事功省而辭美多，則賦頌者虛過也。事、辭相稱，乃合經典。」與此文可互參，亦可補冢田氏所注之闕。

《嘉言篇》「吾於予……切事，則足以懼之」，冢田虎曰：「二子皆以言語見取，但宰我之言，則近取比類，以能喻人。子貢之言，則切於事理，以善懼人也。」按：《史記・仲尼弟子列傳》：「子貢利口巧辭，孔子常黜其辯。」《法言・問明篇》：「仲尼，聖人也，或者劣諸子貢。子貢辭而精之，然後廓如也。」

《論書篇》「受命於天者，湯、武是也；受命於人者，舜、禹是也」，冢田虎曰：「唐、虞之禪，商、周之伐，雖同是天也，然湯、武之爲王，非有上之人命之者焉，唯天下去桀、紂而歸湯、武，是且受命於天也。舜、禹之爲王，非天下去堯而歸舜，去舜而歸禹，有上之人命之者在焉，是而受命於人也。」

《論書篇》「夫不讀《詩》、《書》、《易》、《春秋》……湯、武之伐也」，冢田虎曰：「能讀四經，則得以知聖王之心。又其禪與伐，亦可以別其義矣。」

《論書篇》「堯爲天子，而有鰥在下，何也」，冢田虎曰：「聖世不可有怨曠者也。」

《論書篇》「故逮三十而謂之鰥也」冢田虎曰：「父母不爲圖婚，則及三十而無妻也。」

《論書篇》「《泰誓》可以觀義」，冢田虎曰：「所謂義者，除天下之同害，興天下之同利。」

《論書篇》「志盡而不怨，辭順而不諂」，冢田曰：「稷、契、皋陶、伯益、伊、傅、周召之臣，於唐、虞、三代之朝皆然矣。」

《論書篇》「吾於《洪範》……其唯《洪範》乎」，冢田虎曰：「所謂《洪範》，非總謂九疇，特以皇極章謂之與？他章無所見此意矣。皇極曰『凡厥庶民，有猷，有爲，有守。汝則念之，不協於極，不罹於咎，皇則受之』，是等之言，可謂成人之美也。發乎中而見乎外，言發於中心而見於言語也。然章意猶不分明也。」

《論書篇》「子何爲於《書》」，冢田虎曰：「問於《書》有何所修也？」

《論書篇》「則可以發憤慷喟，忘己貧賤」，冢田虎曰：「諷詠之間，則可以發憤而慷慨歎喟。」

《論書篇》「上見堯、舜之德，下見三王之義」，冢田虎曰：「言每見帝王德義而獨樂之也。」

《論書篇》「惡覩其宗廟之奧、百官之美乎」，冢田虎曰：「言目唯見其道之盛，而身未及履其德之美也。」

《論書篇》「明舜之行合於天也」，冢田虎曰：「政教致中和，而人心輯睦，則陰陽和調，風雨亦不失節，故《周官》曰：『茲惟三公，論道經邦，爕理陰陽。』《記》曰：『致中和，而天地位，萬物育。』而《史記》以大麓，更爲山林川澤，可知其說之紕繆矣。」

《論書篇》「直而無私焉，四方皆伐焉」，冢田虎曰：「於生物無私也。於人之斬伐，其植物亦無私也。」

《論書篇》「屛心而慮之，眾平然後行之，致刑錯也」，冢田虎曰：「屛去私心，而詢謀之眾。眾議平而後行罰也。錯，置也。致刑錯而不用也。」

《論書篇》「雖四於三王，不亦可乎」，冢田虎曰：「美其過而改之大也。舊本此章首有『《書》曰「其在祖甲，不義惟王」』十字，是必後人附會，今敢削之也已。蓋是傚《尚書》孔傳之謬，而冠於此章與？抑孔傳依此《孔叢子》，以誤於《無逸》之文與？」

《記義篇》「季孫以爲惠也」，冢田虎曰：「恤夫子貧，以惠之也。」

《記義篇》「吾得千鍾，所以受而不辭者，爲季孫之惠，且以爲寵也」，冢田虎曰：「其惠夫子之貧，且以之爲寵榮，夫子爲之故，受而不辭也。」

《記義篇》「與季孫之惠於一人，豈若惠數百人哉」，冢田虎曰：「言與使季孫惠我一人，不若使之惠數百人之爲憂也，故不獨受之以成富也。」

《記義篇》「是子素宗之而不能隨」，冢田虎曰：「文伯從來尊宗孔子，而不能隨其行。」

《記義篇》「如君之言，此即所以失之也」，冢田虎曰：「其言一一自觀察之，即所以失之也。」

《記義篇》「人既難知，非言問所及，觀察所盡」，冢田虎曰：「眾庶之臧否，非視聽之所能盡焉。」

《記義篇》「臣以其用，思其所在，觀之有以知其然」，冢田虎曰：「以其

所常用物，而思其志之所在，以此觀之，以知其然也。」

《記義》「不合則去，退無吝心」，冢田虎曰：「道不合則去其位，退後無吝惜祿位之心。」

《記義篇》「何必遠辱君之重眖乎」，冢田虎曰：「誠有能行其道之君，不須安車之眖，固當步行朝之也。」

《記義篇》「讎以非罪執於義」，冢田虎曰：「讎以非其罪見執拘，而不敢辭焉，有於義將罹厄者。」

《記義篇》「義而贖之，貧取於友，非義而何」，冢田虎曰：「朋友固有通財之義，子路義顏讎，而將贖之，已無財則取之於友，皆可謂義矣。」

《記義篇》「故二三子行其欲，由也成其義」，冢田虎曰：「欲子路之成義，故納金助之也。」

《記義篇》「向也，夫子之音，清徹以和，淪入至道」，冢田虎曰：「孔子曰：『先王之制音也，奏中聲以爲節，流入於南，不歸於北。』」

《刑論篇》「古有禮，然後有刑，是以刑省。今無禮以教，而齊之以刑，刑是以繁」，冢田虎曰：「先禮教而後刑罰，則民鮮犯法者也。上無禮教，則下民多叛道者也。」

《刑論篇》「伯夷降典，折民維刑」，冢田虎曰：「舜時伯夷作秩宗，下典禮以教民，而後斷之以刑法也。」

《刑論篇》「夫無禮則民無恥，而正之以刑，故民苟免」，冢田虎曰：「無禮以教之，則民不知人倫之別，故爲不道，無所恥於心。而刑以正之，則民欲苟免乎刑而已。」

《刑論篇》「有罪者懼，是聽之察，刑之當也。無罪者恥，何乎」，冢田虎曰：「以聽獄之明察而刑之，當其罪，故有罪者懼也。文子蓋以爲無罪則宜無恥問之也。」

《刑論篇》「無轡而用策，則馬失道矣」，冢田虎曰：「治之善者，上執禮讓，而民自化之。上無禮之教，而刑以齊之，則民將反失道也。」

《刑論篇》「今也廢禮而尚刑，故民彌暴」，冢田虎曰：「唯鞭策之用，則馬窮而必逸。徒刑罰之尚，則民窮而彌暴。」

《刑論篇》「中國之教，爲外內以別男女，異器服以殊等類，故其民篤而法，其刑輕而勝，由有禮也」，冢田虎曰：「器械衣服，皆別異之，以殊貴賤之等類也。民俗敦篤，而法其禮教，雖刑則輕也，而勝治之，是由其有禮

也。」

《刑論篇》「上不教民，民匱其生」，冢田虎曰：「上不教之，則下民惰農桑而走末業，以致其生產匱乏也。」

《刑論篇》「故古之於盜，惡之而不殺也」，冢田虎曰：「其盜則可惡之也，然其所以盜者，則由衣食之匱也，故教之生業而不敢殺。」

《刑論篇》「是以罰行而善不反，刑張而罪不省」，冢田虎曰：「善不反，不善不反於善也。」

《刑論篇》「興其賢者，而廢其不賢」，冢田虎曰：「賢不賢，謂民之有善行者與不（按：「不」下疑有脫文）者也。」

《刑論篇》「今諸侯不同德，國君異法，折獄無倫，以意爲限，是故知法之難也」，冢田虎曰：「不則先王成憲而國各異刑法，而以己意爲限斷，則其折訟獄無倫理，是以法難知也。《康誥》復曰：『用其義刑義殺，勿庸以次汝封。』」

《刑論篇》「古之知法者能遠，今之知法者不失有罪」，冢田虎曰：「能遠者，謂防其源而不使民犯焉。今則不然，務執拘有罪而已。」

《刑論篇》「寡恕近乎濫」，冢田虎曰：「濫，刑之溢也。《詩》曰：『不僭不濫。』言招怨多，斯刑之濫也。」

《刑論篇》「敬刑所以爲德矣」，冢田虎曰：「刑罰，斯非可以招怨也，敬刑，則所以爲德也爾。」

《刑論篇》「治必以寬，寬之之術，歸於察」，冢田虎曰：「寬，容而不棄也。治獄當必容兩造辭。審察囚情之曲直也。」

《刑論篇》「故善聽者，雖不越辭，辭不越情，情不越義」，冢田虎曰：「善聽訟者，所聽則雖不出於辭，然察其情。而越情之辭，則不聽之。其辭則雖不越情，然協之義。而越義之情，則亦不從之。」

《刑論篇》「雖得其情，必哀矜之」，冢田虎曰：「凡訟獄者，多掩其實，則其情不易得。故聽訟者，要在得其情。然民之有訟獄，惟由上失其道，而貧民不得其所，是以君子得其情，則必哀愍之，而不敢即斷也。」

《刑論篇》「死者不可生，斷者不可屬」，冢田虎曰：「大辟者，不可復生。劓刖者，不可再續。故折獄宜哀敬也。」

《刑論篇》「若保赤子」，冢田虎曰：「哀矜訟者，亦可若保養赤子也。」

《刑論篇》「古之聽訟者，惡其意，不惡其人」，冢田虎曰：「唯惡其意之

奸慝，而非惡其人之躬也。」

《刑論篇》「求所以生之，不得其所以生，乃刑之，君必與眾共焉」，冡田虎曰：「雖其事則當殺，而復論其所以犯焉，必即人倫之情義以權之，而求其所以可生之理也。古者聽獄，雖獄成也，又命三公卿士，參聽棘木之下，而後王以三宥之法聽之。」

《刑論篇》「今之聽訟者，不惡其意，而惡其人，求所以殺，是反古之道也」，冡田虎曰：「尤罰附於事，而不論其情意如何，特求其罪之所以當死刑，是反戾於古道也。」

《刑論篇》「今其自反，罪以反除，又何執焉」，冡田虎曰：「今其人自歸來，則其叛之罪，既自除焉，又何執之為？」

第五章 《小爾雅》研究

　　《小爾雅》始出於漢代，《漢書・藝文志》孝經家：「《小爾雅》一篇。」後來有晉代李軌爲之作注解，《隋書・經籍志》論語家：「《小爾雅》一卷，李軌《略解》。」〔註1〕《新唐書・經籍志》論語類：「李軌解《小爾雅》一卷。」〔註2〕隋唐時期流傳的是李軌所注解的《小爾雅》。宋王堯臣《崇文總目》卷一小學類：「《小爾雅》一卷，孔鮒撰。」〔註3〕（清錢東垣等輯釋本）宋鄭樵《通志・藝文略》諸子類：「《小爾雅》一卷，楚孔鮒撰，李軌注。」〔註4〕宋趙希弁《郡齋讀書志附志》諸子類：「《小爾雅》一卷，孔氏古文也，見於孔鮒書。」〔註5〕這些是傳統書目文獻對於《小爾雅》及其李軌注的著錄，也是研究《小爾雅》的基點。清代學者於《小爾雅》給予高的評價，胡承珙曰：「《小爾雅》者，《爾雅》之羽翼，六藝之緒餘也。《漢書・藝文志》與《爾雅》併入孝經家。揚子雲、張稚讓、劉彥和之倫，皆以《爾雅》爲孔門所記，以釋六藝之文者，然則《小爾雅》猶是矣！漢儒訓詁多本《爾雅》，毛公傳《詩》、鄭仲師、馬季長注《禮》，亦往往有與《小爾雅》合者，特以不著書名，後人疑其未經援及。然如《說文》所引《爾雅》之『涼』，則故明明在《小爾雅》矣！其中如『金噩』之解、『公孫』之稱、『請命』之禮、『屬婦』之名，合符《詩》、《書》，深禆經誼。沿及魏、晉，援據益彰。……酈氏之注《水經》，

〔註1〕 《隋書・經籍志》一經類論語家，影印文淵閣《四庫全書》本。
〔註2〕 《新唐書・藝文志》經解論語類，影印文淵閣《四庫全書》本。
〔註3〕 宋王堯臣等撰：《崇文總目》卷五雜家類，影印文淵閣《四庫全書》本。
〔註4〕 宋鄭樵：《通志・藝文略》諸子類，影印文淵閣《四庫全書》本。
〔註5〕 宋趙希弁：《郡齋讀書志附志》諸子類，影印文淵閣《四庫全書》本。

李氏之注《文選》，陸氏之《音義》，孔、賈之義疏，小司馬之注《史》，釋元應之譯《經》，其所徵引，核之今本，粲然具存」，〔註6〕胡承珙的評價，是清代學術界的共識。

第一節　《小爾雅》與《孔叢子》的聯繫

一、清代學者考證

　　《小爾雅》本爲單獨流傳，自宋代開始併入《孔叢子》，今最早見於北宋嘉祐八年刻宋咸《孔叢子注》第十一篇。就文獻流傳的角度，宋翔鳳認爲「唐以前人引《小爾雅》有三名：其作『小爾雅』者，據其本名也。有作『爾雅』者，以與《爾雅》同爲一家，故冒《爾雅》之號，⋯⋯有作『小雅』者，省文。⋯⋯（李軌）其注《小爾雅》，當在《孔叢》既出之後。⋯⋯宋室南渡，古籍凌夷，李軌之書已不傳，當時錄館閣書，從《孔叢》採出此篇，故自後錄《小爾雅》者，並以爲孔鮒所撰，此作僞之徒捃拓以入《孔叢》而依託於鮒。⋯⋯李軌所解，自不無王肅輩竄定，然尚是漢代孝經家相傳之本，故唐以前無一人以爲孔鮒撰《小爾雅》者」。〔註7〕宋氏之說，代表了當時流行的觀點。陳國慶《漢書藝文志注釋彙編》：「沈欽韓《漢書疏證》：『陳振孫曰：「《漢志》不著名氏，《唐志》有李軌《解》一卷，今《館閣書目》云：孔鮒撰，蓋即《孔叢》第十一篇，當是好事者鈔出別行。案班氏時，《孔叢》未著，已有《小爾雅》，亦孔氏壁中文，不當謂其從《孔叢》鈔出也。」』錢大昕《漢書考異》：『李善《文選注》引《小爾雅》皆作『小雅』。此書依附《爾雅》而作，本名『小雅』，後人僞造《孔叢》，以此篇竄入，因有《小爾雅》之名，失其舊矣。』按《四庫全書》著錄入存目。孫詒讓云：『李軌《小爾雅略解》今不傳，王煦《小爾雅疏》乃誤認宋咸《注》爲李《解》，可笑也。』」〔註8〕

二、《小爾雅》流傳考

　　上述諸家之說，基本上闡明了《小爾雅》與《孔叢子》的一些關係，但還有一些需要論證的問題：一是在確定《小爾雅》成書於漢代的前提下，其

〔註6〕　胡承珙：《小爾雅義證》十三卷，《補遺》一卷，《續修四庫全書》本。
〔註7〕　宋翔鳳：《小爾雅訓纂‧小爾雅訓纂考》，《續修四庫全書》本。
〔註8〕　陳國慶：《漢書藝文志注釋彙編》，中華書局，1983年。

年代當在《孔叢子》編定之前，然《孔叢子》編定之時，有無收入《小爾雅》？二是即或《孔叢子》收入了《小爾雅》，《小爾雅》同時還有無單獨流傳？就《水經注》卷十三所收之《爾雅》「純黑反哺謂之慈烏」等十四字，今本《爾雅》無，清儒考證爲《小爾雅》之文，學界或以爲「唐代以前《小爾雅》一直有單行本傳世」，〔註9〕但唐代以後的情況則較爲複雜，在《小爾雅》與《孔叢子》的關係上，涉及以下問題：一是《小爾雅》何時併入《孔叢子》，是編定時所併入，或是成書後於流傳中爲後人所加？二是《孔叢子》爲何要收編《小爾雅》？三是宋咸《孔叢子注》流傳後，是否還有李軌所注解的《小爾雅》在單獨流傳？

第一，在宋咸注《孔叢子》之前，包括《小爾雅》在內的《孔叢子》，有多種版本在流行，這從北宋嘉祐八年刻宋咸《孔叢子注》所保留的佚文中可以看出。《小爾雅·廣言》「烯，乾也」，宋咸注：「烯，一本作『慘』。」「麗，兩也」，宋咸注：「亦作『灑』。」「枳，害也」，宋咸注：「一本作『疧』。」宋咸在校勘中採用列佚文的術語還有「數本皆作」、「諸本皆作」等，宋咸作注釋時，使用了當時流傳的《孔叢子》多種版本進行校對，這說明在宋咸注《孔叢子》之前，通行著包括《小爾雅》在內的多種《孔叢子》版本。

第二，明正德、嘉靖間有顧元慶編《陽山顧氏文房小說》，其中收《小爾雅注》一卷，爲雙行小注，卷尾題「夷白齋宋本重雕」。其注文爲宋咸《注》。夷白齋是顧元慶的堂號，故此爲顧元慶所藏之宋本，但此夷白齋本是《孔叢子注》本，還是從《孔叢子注》中所抽出的《小爾雅》單行本？在無一手材料證實的情況下，二者都有可能，但考《崇文總目》，是將《孔叢子》與《小爾雅》分別列於雜家與小學類的，《崇文總目》編成於北宋慶曆1年，爲公元1041年，宋咸《孔叢子注》成於嘉祐3年，爲公元1058年，與《崇文總目》相距僅十六年，《崇文總目》既同時收錄《孔叢子》與《小爾雅》，說明其間既有包含《小爾雅》在內的七卷本《孔叢子》，又有不包含《小爾雅》在內的《孔叢子》及《小爾雅》的單行本在同時流行，但其書既題《小爾雅》爲「孔鮒撰」，應該是從《孔叢子》所抽出的單行本，而不是李軌所傳的《小爾雅》單行本。

第三，宋洪興祖撰《楚辭補注》，其中既有引用《孔叢子》的文字，又有引用《小爾雅》的文字，說明洪興祖所使用的《小爾雅》是單行本。洪興祖

〔註9〕 楊琳：《小爾雅今注·前言》，漢語大詞典出版社，2002年。

生於宋哲宗元祐 5 年，爲公元 1090 年，卒於南宋高宗紹興 25 年，爲公元 1155 年，以其中年撰《楚辭補注》，距宋咸《孔叢子注》成書，已過百年，故洪氏所據《小爾雅》，也應當是出於宋咸《孔叢子注》的單行本。至南宋書目記載，如鄭樵《通志》卷六十三《藝文略》諸子類「《孔叢子》七卷，陳勝博士孔鮒撰。《孔叢子釋文》一卷。《小爾雅》一卷，楚孔鮒撰，李軌注」，則鄭樵所見《小爾雅》，亦爲出自《孔叢子注》的單行本。題「孔鮒撰」者，爲因襲《崇文總目》之說。所謂「李軌注」，實爲宋咸注，題「李軌」者，乃承《隋書・經籍志》之說。

第四，宋咸注《孔叢子》，使用了多種版本進行校勘，並有較詳細的注解，按後出轉精的規則，宋咸《孔叢子注》出現後，其它版本《孔叢子》及單行本《小爾雅》逐漸佚失，這恐怕是宋咸《孔叢子注》通行後，《小爾雅》單行本淡出的眞正原因。北宋以後又有《小爾雅》單行本通行，已是由宋咸《孔叢子注》所抽出者。以上可補前人之說二點：一是《小爾雅》單行本於《崇文總目》成書時猶存。二是該單行本由宋咸《孔叢子注》流傳後逐漸淡出。

第五，我們仔細審查宋咸《孔叢子注》內部的篇章結構，位於《小爾雅》之前的十篇，首篇至第五篇，主記孔子有關言行，第六至第十篇，記載子思有關言行。《小爾雅》爲第十一篇，第十二篇及以下，記載子高、子順、子魚的一些言行，有父子相承的內在脈絡。在中間第十一篇的位置插入《小爾雅》，從表面看，似乎與全書體例不類，前人已看出這一點，故有些刻本，如湖北崇文書局刻《百子全書》，收《孔叢子》而棄《小爾雅》。事實上，《孔叢子》編定時，當本無《小爾雅》，其時《小爾雅》早已單行，後來《孔叢子》之所以收編《小爾雅》，與《爾雅》入「十三經」有些類似。雅學因經學而興，唐開成時於國子學刻石經，《爾雅》與《孝經》、《論語》一同入「九經」，始爲「十二經」之一。受其影響，取《小爾雅》入《孔叢子》，與取《爾雅》入「十二經」雖有層次之別，但同爲孔門之學，其因則一。至於列位第十一篇者，則是前十篇乃記孔子、子思事，其爲先秦時人。《小爾雅》既成於《爾雅》之後，而子高、子順等爲父子相承，因此只能於《公孫龍篇》，即記子高等言行之前插入爲第十一篇。就單行本《小爾雅》在唐代仍通行的情況看，其被收入《孔叢子》，當在唐開成時《爾雅》入經書，成爲「十二經」之一以後。唐人並不懷疑《孔叢子》，故孔穎達撰《毛詩正義》采其孔子論《詩》之句，李

善注《文選》，佐證以《孔叢子》之文，章懷太子李賢注《後漢書》，亦採《孔叢子》文句，這些就是《小爾雅》被收入《孔叢子》的基礎。〔註10〕

　　《小爾雅》前後二次單獨通行，中間以宋咸《孔叢子注》的流傳爲界。宋咸《孔叢子注》通行前單行的《小爾雅》，應當是李軌的《略解》本，宋咸《孔叢子注》通行後單行的《小爾雅》，實出於宋咸《孔叢子注》本。

第二節　清代諸家《小爾雅》名物訓詁研究

　　在清代，關於《小爾雅》的名物訓詁，達到了空前的高度，代表性的成果有莫栻《小爾雅廣注》、葛其仁《小爾雅疏證》、胡承珙《小爾雅義證》、王煦《小爾雅疏》、宋翔鳳《小爾雅訓纂》、朱駿聲《小爾雅約注》、胡世琦《小爾雅義證》以及阮元、戴震、洪亮吉、段玉裁、胡世琦等的來往書信，其所爭論的焦點問題與研究價值，也集中體現在各自所載他人序文的評價與自序及其意見交流的書信上。

一、莫栻《小爾雅廣注》

　　莫栻，清代浙江錢塘人，所撰《小爾雅廣注》，書前載友人陳景鍾的《序》文，謂「甲寅秋，余臥病苕上，右張寄我《小爾雅廣注》一冊，屬余題其首。蓋是書在前漢《藝文志》已錄之，內有宋咸注，實寥寥數筆，不能盡字義之半。右張取而廣之，故謂之『廣注』」，說明莫氏當時所見到的是《小爾雅》一卷的單行本，可能是明代正德、嘉靖間刊顧元慶編《陽山顧氏文房小說》本，其中保留有宋咸的簡單注文，爲廣其注，故謂之《廣注》。陳景鍾在《序》文中對莫氏的學問很是推崇，「余鑽故紙堆號三十年，苦宅無賜，書考訂不廣，終不敢於古人未注者闡明推廣，爲後學一導先路，蓋亦有志未逮耳。吾友右張莫子，胸羅最富，與之言，溫溫不克，而於古今事物，鈎深索隱，則不憚窮日之力以追之……閱之，幽隱畢著，凡疑處，皆曠若發蒙，其津梁後學，固不爲小，然余猶有惜者，此書原本甚少，每讀之，階前梧影未移，而卷已告罄。右張窮搜博討，萬不能於本文外更增支節，故於胸中所有，十亦未吐其一二也。願右張更從事於《廣雅》諸書，於前人未注者注之，注而未廣者廣之，足以盡吐胸中之奇，以貽駿惠於學圃，豈非生平一快事乎！則此注可

〔註10〕見林琳、傅亞庶：《論小爾雅與孔叢子的關係》，《古代文明》（東北師大）2011年第 3 期。

當噃失（按：「失」當爲「矢」之訛）耳」，〔註 11〕陳氏之序，於莫栻之《廣注》表明了三點：一是《廣注》彌補了宋咸注釋的不足，二是凡疑難之處，《廣注》有所發微，即「曠若發蒙，其津梁後學」，三是限於《小爾雅》的篇幅，莫氏不能展示自己的全部才華，希望能繼續擴展到《廣雅》等書，「於前人未注者注之，注而未廣者廣之」。莫氏所撰之「廣注」，是採用了傳統的「疏證」方式進行的。

（一）底本有宋咸注者，為之補注

《小爾雅・廣詁》「淵、懿、邃、賾，深也」，宋咸注：「《法言》曰：『文王淵懿。』淵，深也。懿，美也。」莫栻曰：「《詩・衛風》『秉心塞淵』，注：『淵，深也。』《詩・豳風》『女執懿筐』，注：『懿，深美也。』言蠶始生則執深筐以求口桑也。邃，《說文》：『深遠也。』《禮・玉藻》『十有二旒，前後邃延』，注：『言十二旒在前，後垂而深邃，以延覆冕上也。』又屋宇深邃曰邃，《離騷》『閨中既邃遠兮』。賾，《易・繫辭》『聖人有以見天下之賾』，疏：『賾謂幽深難見。』」按：宋咸注文引《法言》，在《問明篇》。莫栻引《豳風》在《七月篇》，毛傳：「懿筐，深筐也。」「賾」，《續修四庫全書》影印清葛其仁《小爾雅疏證》：「字當作『嘖』。」今人遲鐸《小爾雅集釋》：「是『嘖』爲『賾』本字也。」

《小爾雅・廣詁》「攻、爲、話、相、旬、宰、營、匠，治也」，宋咸注：「話、旬未詳，餘皆常意。」莫栻曰：「攻，《論語》『攻乎異端』，《晉語》『疾不可爲也』，已注皆訓治。原注『話、旬未祥』，按『話』疑『詁』字誤者，《立政》『其克詁爾戎兵』，注：『詁，治也。治爾戎服兵器也。』相，《集韻》：『助也。』《易・泰卦》：『輔相天地之宜書。』《立政》：『用勱相我國家。』《左氏・昭公九年》『陳，水屬（按：屬，洪亮吉《春秋左傳詁》作「族」，莫氏當誤引）也，火，水妃也。而楚所相也』，注：『楚之先祝融主治火政。』旬，疑『旬』字誤。《廣韻》：『旬，治也。』《書・多士》『乃命爾先祖成湯，革夏俊民，旬四方』，傳：『天命湯更代夏，用其賢人治四方。』《詩・小雅》『信彼南山，惟禹甸之』，注：『甸，治也。言大禹治水，開地之功也。』宰，《玉篇》：『治也。』《周禮・天官・冢宰》：『使率其屬以掌邦治營。』《詩・小雅》『庸庸謝功，召伯營之』，箋：『營，治也。』匠，《周禮・考工記・匠人》：『營國

〔註 11〕 陳景鍾：《小爾雅廣注・序》，《續修四庫全書》本。

匠人爲溝洫。』亦治意。」按：莫氏此條之「廣注」，引證繁博，時人亦有相似之說。「話」，宋本作「詁」，周叔弢藏本、周子義本、程榮本、馮夢禎本、孔胤植本、何允中本、《指海》本、《藝苑捃華》本、《增定古今逸史》本、明吳管校《小爾雅注》本、顧元慶本、袁褧本、胡文煥本、潘之淙本並作「話」。章鈺校跋本正文作「話」，旁標「詁」。冢田虎本正文作「話」，天頭標注：「『話』疑『詁』誤。」「旬」，冢田虎本天頭標注：「『旬』疑『甸』誤。」葛其仁曰：「『話』義未詳，疑當作『詁』。《周禮・大司馬》『詰禁』，注：『詰，猶窮治也。』」王煦曰：「《說文》作『詥』，云『合會也』。《廣雅》云：『話，調也。』二訓皆有治義。」

（二）底本無宋咸注者，詳加注解

《小爾雅・廣言》「旰、晏，晚也」，莫栻曰：「《說文》：『旰，勉也（按：《說文》「旰，晚也」，莫氏筆誤）。』《左氏・襄公十四年》：『日旰不召。』《前漢・張湯傳》：『日旰天子忘食。』……《玉篇》：『晏，晚也。』《儀禮・士相見禮》：『問日之早晏。』《淮南子・天文訓》：『日至於桑野，是謂晏食。』《楚辭》：『及年歲之未晏兮。』有日晚歲晚義。」

《小爾雅・廣言》「里、度，居也」，莫栻曰：「《說文》：『里，居也。』《詩・鄭風》『無逾我里』，傳：『居也。』《周禮・地官・遂人》：『五家爲鄰，五鄰爲里。』《風俗通》：『五家爲軌，十軌爲里。里者，止也，五十家共居止也。』又漢制：長安有戚里，天子姻戚居之。《詩・大雅》『度之縈縈』，傳：『度，居也。』」

《小爾雅・廣言》「荷、揚，擔也」，莫栻曰：「《廣韻》：『荷，胡可切，音賀。』《左氏・昭公七年》『其父析薪，其子不克負荷』，注：『荷，擔也。』《論語》『有荷蕢而過孔氏之門者』，疏：『荷，擔揭也。』揚，舉也，亦負荷之義。」按：揚，宋本作「揭」，周叔弢藏本、周子義本、馮夢禎本、孔胤植本、冢田虎本、顧元慶本、袁褧本、吳管本並作「揚」。王煦曰：「舊本『揭』或作『揚』。按：《眾經音義》三引是文，字並作『揭』，當形近之誤。」此當從宋本，「揚」可訓「舉也」，然謂其「負荷之義」，過於牽強。

（三）於疏證之外，增加按語

《小爾雅・廣言》「判，散也」，莫栻曰：「《玉篇》：『分散也。』又『剖也。』」按：物各判分其半則散，故訓散。」

（四）間有文字校勘，申明己意

《小爾雅·廣言》「殿，愼也」，莫栻曰：「『愼』字疑『鎭』字之訛。《詩·小雅》：『殿天子之邦。』《左氏·成公二年》：『此車一人殿之，可以集事。』皆取鎭定之義。」按：「塡」、「鎭」是古今字。宋本宋咸注：「一作『塡』。」葉氏藏本、蔡宗堯本、潘承弼校跋本、王煦本、宋翔鳳本、胡世琦本、葛其仁本、朱駿聲本並作「塡」。冢田虎曰：「『愼』當作『鎭』。」王煦曰：「『塡』古『鎭』字，今班、馬書『鎭』猶作『塡』。……舊本『塡』作『愼』，今據義改。」宋翔鳳曰：「《說文》無『塡』字，此當作『鎭』。」胡世琦曰：「『鎭』，一本作『塡』，鎭、塡亦通。俗本訛作『愼』。」作「塡」，與宋咸注文「一作『塡』」、葉氏藏本後附《孔叢子釋文》「殿塡」之「塡」合，是。

二、葛其仁《小爾雅疏證》

葛其仁，江蘇嘉定人，著《小爾雅疏證》四卷，後附王寶仁《小爾雅佚文》一卷，共爲五卷。據其自《序》「是書成二十餘年，舟車南北，恒用自隨，偶有所得，應時改定，然終未敢自信。頃因檢理篋衍，出示同學，咸從臾付梓，免出所業，就正有道，享帚之誚，知不免矣。道光己亥，九月朔」，則《小爾雅疏證》當成書於道光己亥時，爲道光十九年，當公元 1839 年。該書爲著者在二十餘年間斷續所成，在疏證方面，自謂其「博採傳注，旁及群籍，審其義趣，明其指歸……按義類以舉隅，資聞見之一得」，〔註12〕阮元讀過該書後，爲之作序，謂其「廣徵博引，粲然畢具」。〔註13〕在葛其仁之前，已有宋翔鳳的《小爾雅訓纂》五卷問世，比較二書，葛其仁的長處還是在於校勘方面，如：

《小爾雅·廣詁》「經、屑、省，過也」，經，葛其仁改作「淫」，曰：「『淫』，舊本作『經』，《文選·七發》注引《爾雅》：『淫，過也。』案：《爾雅》無此文，今據改。」先期胡世琦撰《小爾雅疏證》曰：『《文選》司馬相如《上林賦》『對疆畫界者，非爲守禦，所以禁淫也』，李善注引《小爾雅》云：『淫，過也。』『淫』，各本訛作『經』，今改正。」二說立於不同時期，同爲雅馴。

《小爾雅·廣訓》「無顯，顯也」，葛其仁曰：「『無顯』當爲『不顯』。《詩·清廟》：『不顯不承。』……又《文王篇》『有周不顯』，傳：『不顯，顯也。』」

〔註12〕 葛其仁：《小爾雅疏證·自序》，《續修四庫全書》本。
〔註13〕 阮元：《小爾雅疏證·序》，《續修四庫全書》本。

按「無顯」，葉氏藏本、潘承弼校跋本、胡承珙本、朱駿聲本並作「不顯」，則葛氏之說信而有證。

《小爾雅·廣訓》「遐不黃耇，言壽考也」，葛其仁曰：「鄭訓《南山有臺》第四章『遐不眉壽』爲近眉壽。此不從不字，連下讀，與『不顯不承』一例。不黃耇者，言壽考也。破鄭義『遐』，不作『近』解也。」

葛其仁《小爾雅疏證》的價值還在於在第五卷收錄了王保仁校輯的《小爾雅》佚文：

1、固，亦故也。（《一切經音義》廿四引）

2、分，次也。（《文選·魯靈光殿賦注》引）

3、碩，遠也。（《一切經音義》三引）

4、迕，犯也。（《文選·運命論注》引）

5、暴，乾也。（《一切經音義》廿二引）

6、廣，橫也。（《一切經音義》二引）

7、禦，抗也。禦，當也。（《一切經音義》廿四引）

8、區，域也。（《後漢書·方術傳注》引）

9、盥，澡也，灑也。（《莊子·寓言篇釋文》引）

10、羌，發聲也。（《文選注》卷二引）

11、祭山川曰祈沈。（《考工記釋文》引）

12、桑土，桑根也。（《詩·鴟鴞釋文》引）

13、通五色皆曰繪。（《一切經音義》六引）

14、縞，皓也。繒之精白者曰縞。（《後漢書·順帝紀注》引）

15、杻謂之檍，械謂之桎。（《易·蒙卦釋文》引）

16、所以飼獸曰芻。（《一切經音義》一引）

17、大而白項者，謂之蒼鳥。（《水經·灅水注》引）

18、豕之大者謂之豜豝。（《爾雅釋文》引）

19、兔之所息謂之窟，鹿之所息謂之場。（《埤雅》引）

20、雞雉所乳之窠。在樹曰巢，在穴曰窟也。（《一切經音義》一引）

這二十條中真正能看作是《小爾雅》佚文的，只有第 1、2、3、4、5、6、8、9、11、12、13、14（縞，皓也）、15、16、17 等十五條。其它各條，由於清代學者王煦、宋翔鳳、胡承珙等也輯有《小爾雅》佚文，然互有重出者，亦有見於今傳世刻本者，亦有可據文義補入《小爾雅》具體章節者。在清人

所輯基礎上，去其重出者，方得看作爲佚文。

三、胡承珙《小爾雅義證》

胡承珙，字景孟，號墨莊，安徽涇縣人，嘉慶十年中進士，選翰林院庶吉士，散館授編修。嘉慶十五年充廣東鄉試副考官。尋遷御史，轉給事中。嘉慶二十四年授福建分巡延建邵道。學術上曾著有《毛詩後箋》三十卷、《儀禮古今文疏義》十七卷、《爾雅古義》二卷。《小爾雅義證》十三卷，據其《自序》，當成書於道光丁亥年五月，即 1827 年間。胡承珙在《自序》中首先肯定了《小爾雅》的價值，「《小爾雅》者，《爾雅》之羽翼，六藝之緒餘也。《漢書・藝文志》與《爾雅》併入孝經家。揚子雲、張稚讓、劉彥和之倫，皆以《爾雅》爲孔門所記，以釋六藝之文者，然則《小爾雅》猶是矣！漢儒訓詁多本《爾雅》，毛公傳《詩》、鄭仲師、馬季長注《禮》，亦往往有與《小爾雅》合者，特以不著書名，後人疑其未經援及。然如《說文》所引《爾雅》之『京』，則故明明在《小爾雅》矣！其中如『金舄』之解、『公孫』之稱、『請命』之禮、『屬婦』之名，合符《詩》、《書》，深裨經誼。沿及魏、晉，援據益彰。李軌作解，今雖不存，而所注《法言》『曼無邵美』，即用雅訓，是固足以名其學矣」。其次，胡承珙看到了戴震對《小爾雅》的橫施駁難，覺得《小爾雅》的價值不容否定，故爲《小爾雅》作義證，「曩見東原戴氏橫施駁難，僅有四科，予既援引古義，一一辨釋。因覆原本雅故，區別條流，又採輯經疏、《選》注等所引，通爲義證。略存舊帙之彷彿，間執後儒之訾議，將有涉乎此者，庶其取焉」，〔註14〕可以看出，胡承珙義證的重點在於「覆原本雅故，區別條流」。胡氏是清代研究《小爾雅》的大家之一，清人朱珔爲胡世琦《小爾雅義證》所作的《序》文中曾對胡世琦、胡承珙、宋翔鳳等研究成果進行過詳細而切實的比較評價。就其整體而言，胡承珙的成績體現在以下幾個方面。

（一）訂正所據本《小爾雅》文字

1、訂正訛文

《小爾雅・廣詁》「燡，明也」，原本「燡」作「斁」。胡承珙曰：「燡者，《文選・魯靈光殿賦》『赫燡燡而爥坤』，注云：『燡，光明貌。』案：《洪範》

〔註14〕 胡承珙：《小爾雅義證・自序》，《續修四庫全書》本。

曰『驛』，《古文尚書》作『圛』，《周禮》疏引鄭注《尚書》云：『圛，色澤而光明也。』《方言》云：『曎，明也。』圛、曎並與燡同。《一切經音義》卷二十四引《小爾雅》：『赫、燡，明也。』『燡』近本作『歝』，今訂正。」按：胡說是，當作「燡」。

《小爾雅‧廣詁》「階，因也」，原本「階」作「皆」，胡承珙曰：「階者，《文選‧南都賦》『高祖階其塗』，曹植《應詔詩》『遵彼河湑，黃阪是階』，王元長永明十一年《策秀才文》『斯路何階？人或誰可』，李善注並引《小爾雅》曰：『階，因也。』」按：胡說是，葉氏藏本、潘承弼校跋本、章鈺校跋本並作「階」，是其證。

《小爾雅‧廣詁》「鍾、最，叢也」，胡承珙曰：「『最』當從《說文》作『冣』。《說文》：『冣，積也。』『最，犯取也。』本為二字，後人多混『冣』為『最』，『冣』字遂廢。蓋『冣』本有聚義，故『叢』亦通作『冣』。」鍾，胡承珙曰：「《文選》陸士衡《君子行》『福鍾恒有兆』，李善注引《小爾雅》云：『鍾，聚也。』據此，似《小爾雅》此條本以諸字並訓為『聚』，今本皆釋為『叢』者，雖二字本通，疑傳寫者以聚與叢互易致誤耳。」

《小爾雅‧廣言》「肆、從，遂也」，原本「遂」作「逐」，胡承珙曰：「近本訛作『逐』，今訂正。」按：葉氏藏本、潘承弼校跋本、宋翔鳳本、葛其仁本、朱駿聲本、胡世琦本並作「遂」，是其證。

《小爾雅‧廣言》「懋，強也」，胡承珙曰：「懋訓『願』，又訓『強』者，古訓多有相反者，……『懋』近本作『憨』。……『懋』與『整』字相涉易亂，故上文『懋』誤作『整』。俗『整』字作『憨』，故此又誤為『憨』耳。」

《小爾雅‧廣訓》「『麌鹿麌麌』，語其眾也」，胡承珙曰：「『麌』當從《說文》作『噳』。……《夏小正》云：『八月鹿人從。』鹿人從者，從群也。群聚是眾之義，故於麌鹿言眾矣。」

《小爾雅‧廣義》「面慚曰戁」，胡承珙曰：「『戁』本作『赧』，因聲近而誤。《說文》云：『赧，面慚赤色。』《方言》云：『赧，慚也。秦晉之間凡愧而見上謂之赧。』郭璞注引《小爾雅》『面赤愧曰赧』，案『赤』字疑衍。《一切經音義》卷二引《小爾雅》『面愧曰赧』，《小司寇》賈疏、《史記‧周本紀》索隱、《文選》季重《答東阿王書》李注、《一切經音義》卷二十二並引作『面慚曰赧』，惟《爾雅‧釋言》釋文引《小爾雅》作『面慚曰戁』，與今刻同。蓋『戁』、『赧』聲相近，故字可通與？」

2、補正脫文

《小爾雅・廣言》「懋，且也」，原本「懋」作「𢔌」。「𢔌，且也」三字，宋刻本以外其它傳世諸本俱脫之。胡承珙曰：「《詩・十月》釋文引《爾雅》：『懋，且也。』是《小爾雅》於『懋』字本有三訓，今本脫此條耳。」宋翔鳳亦曰：「《爾雅》云『願也，強也，且也』，按：《爾雅》無此文。凡陸德明音義、孔穎達正義引《爾雅》而不在《爾雅》者，如《賓之初筵》正義引『射張皮謂之侯』云云，《小弁》音義引『小而腹下白』云云，並《小爾雅》文，則此『強也』下當脫『懋且也』三字，宜補入。……『懋』亦『懋』之俗字。」按：胡承珙、宋翔鳳二說與宋本暗合，甚是。此謂之「理校」，乃校勘學之最高境界。

（二）辨識文字通假

《小爾雅・廣言》「順，退也」，胡承珙曰：「『順』與『遜』通。《易・坤》：『履霜堅冰至，蓋言順也。』《春秋繁露》作『蓋言遜也』。《爾雅・釋言》云：『遜，遯也。』《易・雜卦傳》：『遯則退也。』」

（三）以連綿詞釋單音詞

《小爾雅・廣義》「體慚曰逡」，胡承珙曰：「《爾雅・釋言》云：『逡，退也。』注云：『逡巡，卻去也。』《文選・上林賦》注引《廣雅》云：『逡巡，卻退也。』案：體慚無所形見，逡巡卻退即是慚懼之意。」

（四）以方言證雅言

《小爾雅・廣服》「麻紵葛曰布，布，通名也」，胡承珙曰：「《詩》疏引陸璣云：『紵亦麻也，科生數十莖，宿根在地中，至春自生，不歲種也。荊、揚之間一歲三收。今南越紵布皆用此麻。……顏師古《急就篇》注：「紵，織紵爲布及疏也。」』《文選・吳都賦》『果布輻湊而常然』，劉淵林注云：『布，箋紵之屬。』葛者，《儀禮・士虞禮》『冪用絺布』，注云：『絺布，葛屬。』《禹貢》疏云：『葛，越南方布名。』是麻、紵、葛皆曰布，布爲通名也。」

（五）區別同義詞之間的差別

《小爾雅・廣服》「大巾謂之幕」，胡承珙曰：「《周禮・冪人職》『掌共巾冪』，注云：『共巾可以覆物。』疏云：『據經巾冪俱用，鄭惟言共巾，不言冪者，但冪惟祇覆物，其巾則兼以拭物，故特解巾可以覆物者也。』據此，是拭物之巾容有大有小，若冪惟祇覆物，必用大巾，故云大巾謂之冪。」

（六）注意到語用上「對文」與「散文」的區別

　　《小爾雅‧廣器》「大者謂之索，小者謂之繩」，胡承珙曰：「索與繩散文則通，對文則別。《文選》注引《字林》云：『糾，兩合繩。緪，三合繩。』《漢書》注引臣瓚曰：『緪，索也。』此大者謂索之證也。」

（七）注意到上古漢語的某些語言習慣

　　《小爾雅‧廣器》「水之北謂之汭」，胡承珙曰：「汭字訓各不同，……至水北之訓惟見於《小爾雅》。東晉《古文尚書》孔傳訓『汭』字即本此。汭之名固未可專屬於水北，然水北曰汭，古人自有此名。……《大雅》『芮鞫之即』，傳云：『芮，水涯也。』箋云：『芮之言內也。』釋文：『芮本又作「汭」。』鄭云：『水內即是水北。』蓋以南面言之則北為內也。」

四、王煦《小爾雅疏》

　　王煦，清代乾隆、嘉慶時期學者，與胡承珙、宋翔鳳、胡世琦等大致同期。著《小爾雅疏》八卷，書刻於嘉慶庚申，即嘉慶五年。該書的特點，據其書前自敘，謂「煦弱冠入都，從事雅訓，採掇聞見，廿載於茲。猥以俗本流傳，脫訛滋甚，爰據善本及群書所徵引者，讎校經文，訂正漏略，敷暢李氏之意，作為誼疏。……今一准許氏《說文解字》，參以《玉篇》、《廣韻》諸書，辨其子母與其雅俗，所以存古文也。……今並旁徵漢讀，按定正聲，力除汒懜，所以存古音也。……今自秦、漢汔於晉、唐，凡傳注之書有關雅訓者，並從搜輯。至於齊、魯、韓《詩》，賈、馬、鄭、王諸經逸注，苟誼堪取證，亦所不遺，所以存古訓也」，〔註15〕由此可見，王煦的著述首先是校勘《小爾雅》文字，其次是疏解《小爾雅》舊注文義。再次是通過注解《小爾雅》，達到存古文、存古音、存古訓的目的。王煦此書的長處在於資料搜集的豐富性，這也是清儒著述的共同特點，但王煦在這方面尤其突出。王煦此書的不足在於把所據底本上的宋咸注錯當成了李軌的略解，這也說明王煦所據底本是《小爾雅》單行本，而不是《孔叢子》，因為清儒共同認為《孔叢子》是偽書，所以不情願以《孔叢子》中的《小爾雅》作為底本。殊不知明、清時流行的《小爾雅》，本來就是從《孔叢子》中抽出而單行的，清儒們或許知道這件事，然心理越不過這道「偽書」的屏障，自欺欺人罷了，但對於王煦來說，卻鑄成一錯。儘管如此，卻瑕不掩瑜，縱觀王氏之書，有如下

〔註15〕王煦：《小爾雅疏‧敘》，《續修四庫全書》本。

特點：

（一）疏解宋咸注文之義

《小爾雅・廣詁》「戶、悛、格、扈，止也」，宋咸注：「戶取其闌礙，悛取其改，亦皆止之義。」王煦曰：「《說文》：『礙，止也。』戶闌所以止行，故曰闌礙。……悛爲改者，東晉《古文尚書・泰誓》云『惟受罔有悛心』，孔傳：『悛，改也。』杜預《左傳》注同。蓋過而能改，其過即止，故曰『皆止之義』。」

《小爾雅・廣言》「箅、麗，數也」，宋咸注：「麗取其數，各有所麗著也。」王煦曰：「『麗著』者，《易・離卦》『日月麗乎天』，《左氏》宣十二年《傳》『射麋麗龜』，王弼、杜預注並云：『麗，著也。』『取其數各有所麗著』者，徐岳《數術紀遺》曰：『黃帝爲法，數有十等，及其用也，乃有三焉。十等者，億、兆、京、垓、秭、壤、溝、澗、正、載也。三等者，謂上、中、下也。其下數者，十十變之，若言十萬曰億，十億曰兆，十兆曰京也。中數者，萬萬變之，若言萬萬曰億，萬億曰兆，萬兆曰京也。上數者，數窮則變，若言萬萬曰億，億億曰兆，兆兆曰京也。』甄鸞曰：『毛注云「萬萬曰億」，此即中數也。鄭注云「十萬曰億」，此即下數也。上數宏廓，世不可用。』韋昭《楚語》注：『十萬曰億，古數也，今人乃以萬萬爲億。』是中數之說起於秦、漢也。此即『各有麗著』之義也。」

《小爾雅・廣言》「校，報也」，宋咸注：「犯而不校，言報也。」王煦曰：「《論語・泰伯篇》文。包咸注：『校，報也。』何休《公羊》隱十年《傳》注云：『君子當犯而不校。』疏云：『校，謂交接之交，不謂爲報也。』是校兼交、報二義也。」

《小爾雅・廣言》「奚、害，何也」，宋咸注：「《詩》『害澣害否』，蓋言何也。」王煦曰：「《周南・葛覃》文。毛傳：『害，何也。』」

《小爾雅・廣言》「苞、跋，本也」，宋咸注：「《禮》『燭跋』，《易》『苞桑』，皆言本也。」王煦曰：「《禮記・曲禮》云『燭不見跋』，鄭注：『跋，本也。』正義云：『手把處也。』『苞桑』者，《易・否卦》九五爻辭鄭注：『苞，植也。』李鼎祚集解引陸績云：『苞，本也。』」

《小爾雅・廣言》「蔽，斷也」，宋咸注：「《書》云：『惟先蔽志。』《周禮》亦云（按：原本「云」作「出」，「出」當爲「云」之訛，今改）。」王煦曰：「東晉《古文尚書・大禹謨》云『官占惟先蔽志』，《今文尚書・康誥》云

『丕蔽要囚』，孔傳並云：『蔽，斷也。』」

《小爾雅‧廣言》「曁，息也」，宋咸注：「《大雅》曰：『不解於位，民之攸曁。』」王煦曰：「《詩‧大雅‧嘉樂》、《泂酌》兩言『民之攸塈』，毛傳：『塈，息也。』……《左氏》成二年、昭二十一年《傳》兩引《詩》云『不懈於位，民之攸曁』，杜注並云：『曁，息也。』據《左氏》所引，則知《詩》『塈』字古本作『曁』，杜預之注，依用毛傳，則知西晉時《毛詩》本猶作『曁』也。後人因『曁』、『塈』形近，遂至訛『曁』爲『塈』。……李氏（按：王煦誤以宋咸注爲李軌略解，故稱之「李氏」，後出李氏同此）所引，即《詩‧假樂》、《泂酌》文也。可知東晉時《毛詩》本猶作『曁』字，今《詩》本雖誤，幸有《左傳》及杜注可證，是『塈』之當改從『曁』，斷可識矣。」按：曁，宋翔鳳本、莫栻本、葛其仁本、朱駿聲本並作「塈」。明、清刻本，凡存有宋咸注文者，俱脫「不解於位」四字，宋咸注文實出《大雅‧假樂篇》。《泂酌篇》作「豈弟君子，民之攸曁」，非宋咸所取。

《小爾雅‧廣訓》「公孫碩膚，德音不瑕，道成王大美，聲稱遠也」，宋咸注：「碩，大；膚，美也。不瑕，言成王不可疵瑕。」王煦曰：「『公孫碩膚，德音不瑕』，《豳風‧狼跋》文，此釋之也。毛傳：『公孫，成王也，豳公之孫也。碩，大；膚，美；瑕，過也。』按：《毛》義與《小爾雅》同，惟《毛》訓瑕爲過，此訓遐（按：瑕）爲遠，小異。」

《小爾雅‧廣訓》「『鄂不韡韡』，言韡韡也」，宋咸注：「鄂言常棣之柎鄂得華之，韡韡然，盛而光明也。」王煦曰：「《小雅‧常棣》文，此釋之也。毛傳：『鄂猶鄂鄂然，言外發也。韡韡，光明也。』《正義》：『王述之曰：「不韡韡，言韡韡也。」』並與此文同。至鄭箋以承華者爲鄂，『不』讀作『柎』，鄂足也，亦與毛傳異，非雅義也。」

（二）校正文字形體訛誤

《小爾雅‧廣言》「荷、揭，擔也」，王煦曰：「舊本『揭』或作『揚』。按：《眾經音義》三引是文，字並作『揭』，當形近之誤。」按：「揭」，周叔弢藏本、周子義本、馮夢禎本、孔胤植本、冢田虎本、顧元慶本、袁褧本、吳琯本並作「揚」。

（三）校正衍文

《小爾雅‧廣言》「姓、佲、孥，子也」，宋咸注：「姓（按：原本「姓」

作「性」，宛委別藏本、周叔弢藏本、《指海》本注文並作「姓」，是，據改），《禮》所謂子姓。命，未詳。」王煦曰：「命無正訓，故曰『未詳』。或云：依上下文例，當爲衍文。」按：《儀禮・特牲饋食禮篇》「子姓兄弟，如主人之服」，鄭氏注：「言子姓者，子之所生。」《禮記・喪大記篇》鄭氏注：「子姓，謂眾子孫也。」此當爲宋咸注文所本。依此條上下文例，王煦「衍文」說近是。

《小爾雅・廣名》「死而復生謂之大蘇」，王煦曰：「《眾經音義》引《小爾雅》云：『死而復生謂之穌。穌，寤也。』與『蘇』同。據此，則『大』字疑衍文。蓋因上言大行，趁文而誤耳。」按：葉氏藏本、潘承弼校跋本、胡承珙本、葛其仁本、朱駿聲本、胡世琦本「蘇」上並無「大」字。葛其仁本於「蘇」下有「蘇，寤也」三字。莫栻曰：「陸氏曰：『蘇者，死而更生也。』」「大」爲衍文，當刪。

《小爾雅・度》「兩謂之疋」，原本「兩」上有「倍」字。王煦曰：「古者謂匹爲兩。《左氏》閔二年《傳》云『重錦三十兩』，杜注：『三十兩，三十匹也。』……舊本『兩』上有『倍』字，蓋因上有倍丈、倍端之文，傳寫者遂趁文屬入『倍』字，致上下皆錯轕耳，今特據經傳訂正。」

（四）說明古今字

《小爾雅・廣獸》「鹿之所息謂之場，兔之所息謂之窟，魚之所息謂之潛，潛，椮也，積柴水中而魚舍焉」，王煦曰：「《詩・周頌・潛》云『潛有多魚』，毛傳：『潛，椮也。』《爾雅》云『椮謂之涔』，郭注：『今之作「椮」者，聚積柴木於水中，魚寒得入其裏藏隱，因以薄圍捕取之。』《詩》釋文云：『「潛」，《爾雅》作「涔」。』《韓詩》云：「涔，魚也。」《小雅》作「槮」。』『椮』，《詩》傳及《爾雅》並作『米』旁『參』。《小爾雅》云：『魚之所息謂之槮。槮，椮也。』謂積柴水中令魚依之止息，因而取之也。郭景純因改《爾雅》從《小爾雅》，作『木』旁『參』。《字林》作『罧』。孔穎達曰：『《釋器》云：「椮謂之涔。」……椮字，諸家本作「米」邊，爾雅作「木」邊，積柴之義也。然則椮用木不用米，當從木爲正也。「涔」、「潛」古今字。……然則《小爾雅》本或作「潛」，或作「槮」也。』」

（五）闡明古音通假現象

《小爾雅・廣詁》「尼、戚，近也」，王煦曰：「『未可以戚我先王』，《周

書·金縢》文。東晉孔傳云：『戚，近也。』」又曰：「尼者，字與『昵』通。
《爾雅》『昵，近也』，郭注：『尼者，近也。』」

《小爾雅·廣詁》「寒，取也」，王煦曰：「『寒』當與『搴』通。」

《小爾雅·廣言》「枳，害也」，宋咸注：「一作『疧』。」王煦曰：「（枳）
亦通作『疧』。……應劭曰：『以杖手歐擊人，剝其皮膚，腫起青黑而無創瘢
者，律謂之疧痏。』按：《說》文：『疧，毆傷也。』」

（六）詮釋方言詞語

《小爾雅·廣服》「袴謂之襱」，王煦曰：「《方言》云：『齊、魯之間袴謂
之襱，或謂之襱。關西謂之袴。小袴謂之芙蓉衫，楚通語也。』」

《小爾雅·廣服》「鍵謂之鑰」，王煦曰：「《方言》云：『戶鑰，自關而東
陳、楚之間謂之鍵，自關而西謂之鑰。』」

（七）詮釋名物性詞語間的差別

《小爾雅·廣名》「空棺謂之櫬」，王煦曰：「櫬者，《說文》：『櫬，棺也。』
杜預《左傳》襄四年注云：『櫬，親身棺也。』……《太平御覽》引《外傳》
云：『凡棺之重數，從內數向外，如席之重。兕革棺，一名椑棺，又名櫬。』
是櫬為親身棺也。又《廣韻》云：『櫬，空棺也。』」

《小爾雅·廣名》「有屍謂之柩」，王煦曰：「《釋名》云：『屍已在棺曰柩。
柩，究也。送終隨身之制，皆究備也。』《白虎通》云：『柩之為言究也，久
也，不復變也。』是柩為有屍之稱也。」

《小爾雅·廣服》「繒之精者曰縑」，王煦曰：「竊謂縞即縑也，與素微異。
《說文》：『縑，並絲繒也。』《釋名》云：『縑，兼也。其絲細緻，數兼於絹，
染兼五色，細緻，不漏水也。』是縑視素為精也。」

《小爾雅·廣服》「縑之麄者曰素」，王煦曰：「《禮記·雜記》云『純以
素』，鄭注：『素，生帛也。』今江東呼帛之未練者曰生絹，越俗謂之絁絲，知
此即素也。素本白致，但視縑為麄，故云縑之麄者曰素。」

《小爾雅·廣服》「弁髦，太古布冠，冠而敝之者也」，王煦曰：「《儀禮
記》云『冠義，始冠之緇布之冠也。太古冠布，齊則緇之，冠而敝之可也』，
鄭注：『太古，唐、虞以上。重古始冠，冠其齊冠。』即此所謂太古布冠也。……
《左氏》昭九年《傳》云『豈如弁髦，而因以敝之』，杜注：『童子垂髦始
冠，必三加冠成禮而棄其始冠，故言弁髦，因以敝之。』是即以弁髦為緇布

冠也。」

《小爾雅・廣服》「履尊者曰達履」，王煦曰：「《詩・小雅・車攻》云『赤芾金舄』，毛傳：『諸侯赤芾金舄。舄，達履也。』鄭箋：『金舄，朱黃色也。』正義曰：『金舄者，《天官・屨人》注云：「舄有三等，金舄爲上，冕服之舄。下有白舄、黑舄。」此云金舄者，即禮之赤舄也。故箋云：「金舄，朱黃色。」加金爲飾，故謂之金舄也。白舄、黑舄猶有在其上者，爲尊未達。其赤舄則所尊莫是過，故曰達履，言是履之最上達者也。此舄也，而曰履，履，通名。』」

五、宋翔鳳《小爾雅訓纂》

宋翔鳳，字於庭，江蘇長洲人，嘉慶五年舉人，著《小爾雅訓纂》六卷，於嘉慶十二年成書。宋氏此書卷六有《序》，講了以下幾個問題：1、《小爾雅》一書出自西京，有很高的價值，「說《詩》者毛氏，說《禮》者鄭仲師氏、馬季長氏往往合焉」。2、有晉人李軌作《小爾雅略解》，傳於唐代，該書開始通行。3、《小爾雅》乃「《爾雅》之流別，經學之餘裔也」，晚晉之人僞造《孔叢子》，《小爾雅》被收入《孔叢子》。4、「宋人寫館閣書者，又就《孔叢》以錄出之，當代書目遂題爲孔鮒所撰，而李軌之《解》不傳，則唐以前之元本不可復見」。5、現在通行的《小爾雅》由於採自僞書，於文字上一定會多有竄亂。6、近代學者對《小爾雅》持否定態度，是不合適的，「今之爲康成學者，恒謗譏此書，以爲不合鄭君，同乎俗說，然還按《詩》、《禮》，乃鄭君之改易古文，非《小爾雅》之個違經義。據其後以疑其前，明者之所不取也。漢之經師，咸有家法，唯有小學，義在博通。就今所傳楊子雲、劉成國、張稚讓諸家之作，多資旁採，鮮獲所宗，比之墨守，殆有殊塗」。7、《小爾雅》在兩漢時期就得到學界的高度重視，「至於此書，則依循古文，罕見淩雜，檃括以就，源流合一，故中壘之《錄》，蘭臺之《志》，入於孝經一家，而不從小學之例，斯其足以貴寶者矣」。〔註16〕上述包含了宋氏著述《小爾雅訓纂》的動機、目的。關於宋翔鳳《小爾雅訓纂》的價值，近人胡樸安有過評價，「宋氏之書成於黔中，與二胡亦不相謀，其書字體，多準《說文》。……然亦有違誤者，如『履，具也』，履不得訓具，履當爲『展』，《周禮》鄭司農注：『展，具也。』……凡此皆宋書之違誤者。然宋書亦盡多精義，如『裀，潔也』引

〔註16〕宋翔鳳：《小爾雅訓纂・序》，《續修四庫全書》本。

《書》『禋於六宗』，馬融云『禋，精意以享也。精、潔義同』，而爲胡氏承珙之書所未引。比而觀之，各有疏密」。〔註17〕綜而觀之，宋氏於《小爾雅》研究，有如下建樹：

（一）糾正宋咸注釋中的錯誤

清人所見到的《小爾雅》多爲單行本，其中所保留的宋咸的注文，較宋刻本《孔叢子‧小爾雅》而言，數量少之又少，又因爲宋咸不是語言學家，注釋《小爾雅》，乃非其所長，詞語解釋中出現問題，是不可避免的。宋氏於此，加以訂正，意義重大。

《小爾雅‧廣詁》「幾、蔡、模、臬，法也」，宋咸注：「幾者，動之微，亦可爲法。蔡取蓍龜，義亦法也。」宋翔鳳曰：「《論語》『臧文仲居蔡』，鄭康成、包咸並云：『蔡，國君之守龜出蔡地，因以爲名焉。』是蓍蔡之蔡，因以地得名，不取法義也，舊注非爾。」

《小爾雅‧廣服》「襜褕謂之童容」，宋咸注：「襜褕亦云蔽膝，又曰童容。」宋翔鳳曰：「《廣雅‧釋器》：『襜褕，襌襦也。』襌襦即童容，從衣者，俗童容亦取宏裕之義。……《方言》四：『襜褕，江、淮、南楚謂之襌襦。自關而西謂之襜褕。』此襜褕謂衣裳相連者，與蔽䣛之襜不同，舊注非爾。」按：宋翔鳳說是，上條之「紱」即謂蔽膝，此條不應重出，復作蔽膝解。

《小爾雅‧廣器》「室謂之鞞，鞛珌，鞞之飾也」，宋咸注：「鞞，佩刀削上飾。鞛，下飾。鞛亦作『琫』。」宋翔鳳曰：「『鞞』即『鞞』字。……『鞛』字正，俗『琫』。……《說文》：『琫，佩刀上飾。』『珌，佩刀下飾。』……《禮經》言鞞飾制，先琫後珌，知琫在上，珌在下爲是。……《藝文類聚》六十引《字林》云：『琫，佩刀下飾也。天子以玉，諸侯以金。珌，佩刀上飾也。』蓋據《毛詩》、《左傳》先鞞後琫，故謂鞞上琫下，不知鞞是全體，琫是上飾，略珌不言耳。《字林》、《左傳》注及《小爾雅》舊注並非是。《釋名》：『刀室曰削。削，陗也，其形陗殺，裹刀體也。室口之飾曰琫。琫，捧也，捧束口也。下末之飾曰珌。珌，卑也，在下之言也。』《玉篇》以珌爲『鈚』之異文。珌、珌聲之轉也。」

（二）考證文字形體訛變現象

《小爾雅‧廣言》「矜，惜也」，矜，除宋刻本以外，其它諸本並作『矜』。

〔註17〕 胡樸安：《中國訓詁學史》，北京市中國書店，1983年。

宋翔鳳曰：「『矜』字當作『矛』旁『令』。漢《唐扶頌》『不侮矜寡』，洪適《隸釋》、《石經論語》殘碑『則哀矜而勿喜』，是漢人隸書並從『令』。」此條亦有王煦考證曰：「《廣韻》云：『矜，本矛柄也。《字樣》云：「借爲矜憐字。」』東晉《古文尚書·旅獒》云：『不矜細行。』猶言不惜小節也。」按：宋翔鳳「矜」字說與宋刻本暗合，是。則《小爾雅》爲漢時人所撰，此又一明證。

　　《小爾雅·廣言》「籌、麗，數也」，宋翔鳳曰：「《說文》：『籌，長六寸，計歷數者，從竹從弄，言常弄乃不誤也。』又『算，數也，從竹從具。讀若「籌」。』此『籌』當從『具』作『算』。」

　　《小爾雅·廣名》「無主之鬼謂之殤」，宋翔鳳曰：「按：『殤』字當作『禓』。《禮記·郊特牲》『鄉人禓』，鄭注：『禓，強鬼也。』……禮有殤服，有殤祭，不得爲無主矣。」

（三）補正《小爾雅》的脫文

　　《小爾雅·廣物》「槁謂之稈，稈謂之芻，生曰生芻」，宋翔鳳曰：「《眾經音義》二引《小爾雅》云：『稈謂之芧，所以飼獸曰芧。』芧，古文『芻』。又十七卷引《小爾雅》云：『稈謂之芻，所以飼獸曰芻，生曰生芻。』按：今本無『所以飼獸曰芻』六字，當補入。《祭統》云『士執芻』，鄭注：『芻謂稾也。』……按：散文則草皆爲芻，故《說文》：『芻，刈草也。』《周禮·大宰》『七曰芻秣之式』，鄭注：『芻秣，養牛馬禾穀也。』又《充人》『芻之三月』，注：『養牛羊曰芻。』並所以飼獸之證。《小雅》：『生芻一束。』《眾經音義》云：『生芻謂青稾也。』」

（四）說明詞義演變所產生的古今字現象

　　《小爾雅·廣名》「饋死者謂之賵」，宋翔鳳曰：「『饋』與『歸』，古今字也。……《儀禮·既夕》云『公賵，元纁束馬兩』，鄭注：『賵，所以助主人送葬也。』」

　　《小爾雅·廣服》「大扇謂之翣」，「翣」，葉氏藏本、馮夢禎本、潘承弼校跋本並作「箑」。宋翔鳳曰：「『箑』亦通『萐』，《白虎通·封禪篇》：『萐甫者，樹名也。其葉大於門扇，不搖自扇，於飲食清凉，助供養也。』此大扇爲翣之證。是翣作『箑』，又作『箑』，又作『萐』。後以翣爲喪翣，故扇翣多作『箑』字矣。」此條又有王煦曰：「《說文》：『箑，扇也。或體作箑。』又云：

『翣，棺羽飾也。天子八，諸侯六，大夫四，士二。』是箑爲招涼之扇，翣爲棺飾之扇，字殊義別。……《釋名》云：『齊人謂扇爲翣，象翣扇爲清涼也。翣有繡有畫，各以其色名之也。』則合招涼與棺飾之扇皆爲翣矣。……扇本迎涼所用之名，因棺飾之翣似扇而大，故謂之大扇。《說文》以爲棺羽飾者，蓋古時喪翣或用羽爲之，故字從羽也。」按：宋、王二說殊途同歸，所闡釋的文字變異，即詞義演變所產生的古今字現象

（五）說明漢字流變中的正、俗字

《小爾雅·廣服》「袴謂之襗」，宋翔鳳曰：「（方言）郭璞注引《傳》曰：『徵褰與襦。』今昭二十五年《左傳》『襗』作『褰』，褰是正字也。《廣雅·釋器》：『褌謂之袴。』」

《小爾雅·廣服》「蔽膝謂之袡」，宋翔鳳曰：「『袡』即『襜』字。《爾雅·釋器》：『衣蔽前謂之襜。』郭璞注：『今蔽膝也。』……《說文》：『襜，衣蔽前。』則正字作『襜』，經典通爲『袡』，又作『幨』。……《釋名》：『韍，韠也。韠，蔽膝也，所以蔽膝前也，婦人蔽膝亦如之。齊人謂之巨巾，田家婦女出自田野，以覆其頭，故因以爲名也。又曰跪襜，跪時襜襜然張也。』皆廣蔽郄之異名也。」胡世琦曰：「《廣雅疏證》云：『凡言襜皆障蔽之義：衣蔽前謂之襜，床前帷謂之幨，車裳帷謂之幨，褗謂之幨，其義一也。』」按：胡世琦較宋翔鳳又精確了一步，所引王念孫之說，是接觸到了詞語的詞源義。

《小爾雅·量》「兩手謂之掬」，宋翔鳳曰：「『掬』蓋俗字。《周禮·考工記》陶氏疏引《小爾雅》：『匊，二升。二匊爲豆，豆，四升。四豆曰區，四區曰釜。二釜有半謂之庾。』」按：所引與此本不同者，疑彼所據爲李軌本，此則《孔叢》本也。其云匊二升則溢一升，與鄭所說僅校二十四分升之一耳，蓋舉其成數。又按：篆文升與手字相近，『一手』、『兩手』，當是『一升』、『兩升』之誤。」

（六）解釋文獻用語中「對文」與「散文」的區別

《小爾雅·廣名》「埋柩謂之殔」，宋翔鳳曰：「《說文》：『殔，瘞也。從歹，隶聲。』經典皆作『肂』。《士喪禮》『掘肂見衽』，注：『肂，埋棺之坎也，掘之於西階上。……自天子至士，殯皆曰肂。』《呂氏春秋·先識覽》『威公薨，肂九月不得葬，周乃分爲二』，高注：『下棺置地中謂之肂。』《釋名·喪

制》曰：『於西壁下塗之曰殯。殯，賓也。』……蓋殯、殔對文乃異，散文則通也。」

（七）以連綿詞解釋單音詞語

《小爾雅・廣器》「舩頭謂之舳，尾謂之艫」，胡承珙曰：「車前謂之軸，船前謂之舳，聲義相近。……蓋舳艫前後本可互名，故諸書訓各不同與？」葛其仁曰：「舳艫亦為船頭尾之通稱。」宋翔鳳曰：「按：舳艫，雙聲字，當依漢律舳艫連言為正。當代俗儒強為分析，故說各參差」按：宋氏以連綿詞解釋單音詞語，其說在諸清儒之上。

（八）闡釋詞語聲近義通的現象

《小爾雅・廣詁》「掇、督、撫，拾也」，督，宋翔鳳所據底本作「叔」，宋翔鳳曰：「（叔）一本作『督』，聲與『叔』相近，可通用。」

《小爾雅・廣服》「布褐而紩之謂之藍縷」，宋翔鳳曰：「《方言》四：『禂謂之襤，無緣之衣謂之襤。』又云：『楚謂無緣之衣曰襤，紩衣謂之褸，秦謂之致。自關而西秦、晉之間無緣之衣謂之祄褸。』《方言》三：『褸裂、須捷，斯敗也。南楚凡人貧，衣被醜敝謂之須捷，或謂之褸裂，或謂之襤褸。故《左傳》曰「篳路襤褸以啓山林」，殆謂此也。』《方言》『衣被』，宣十二年《左傳》、《小爾雅》舊注引《方言》『被』並作『破』，則今本誤也，謂無緣之衣又加以縫紉，故云襤褸。……今宣十二年《左傳》作『藍縷』，與《小爾雅》同，皆叚藉字。《正義》引服虔云『言其縷破藍藍然』，非正訓也。藍縷，《楚世家》作『藍婁』。」

《小爾雅・廣器》「衡，扼也」，宋翔鳳曰：「《說文》：『軛，轅前也。』『軥，軛下曲者。』」按：此知軛即衡，軥即鳥啄。《說文》又云：『槅，大車枙。』」按：槅與軛通，隸又作『枙』，……《小爾雅》『軛』作『扼』者，《說文》作『搹』，或從『厄』作『扼』，取扼搤之義，故字亦通用也。」

（九）闡釋名物性詞語的內在意蘊

《小爾雅・廣義》「上淫曰蒸，下淫曰報」，宋翔鳳曰：「宣三年《傳》曰『文公報鄭子之妃』，服虔曰：『鄭文公叔父子儀也。報，復也。淫親屬之妻曰報。漢律淫季父之妻曰報。則報與亂為類，亦鳥獸之行也。』」

六、朱駿聲《小爾雅約注》

朱駿聲，字豐芑，號允倩，嘉慶二十三年舉人，晚年又號石隱，自署元

和人。早年曾師從錢大昕，精於文字音韻訓詁之學，平生著述甚多，以《說文通訓定聲》最為著名，故為清代《說文》研究四大家之一。撰《小爾雅約注》一卷，其所以為「約注」，朱氏在《序》文中說「為之注者，東晉李軌《解》無傳，北宋宋咸《注》頗略。近吾鄉宋翔鳳大令、嘉定葛其仁廣文均有疏證，犁然粲然矣」，說明朱氏是意在不重複前人的研究，立意求新。他的《約注》，首先是做文字校勘的工作，在他搜集的版本裏，有陶宗儀《說郛》、何鏜《漢魏叢書》及余有丁綿眇閣本、郎奎金策檻本、陳趙鵠聽塵堂本、顧元慶《文房》本，其中綿眇閣本是明萬曆三十年綿眇閣刊馮夢禎輯《先秦諸子合編》所收《孔叢子》三卷本，顧元慶《文房》本是明正德、嘉靖刊顧元慶編《陽山顧氏文房小說》據夷白齋宋本重雕《小爾雅注》一卷，觀朱氏之約注，顧元慶本是其主要參校本。其次，《約注》的特點是於諸家之說「鉤稽異同，審慎裁補，誼會其通說，反乎約」，〔註18〕在自視無法超越前人的情況下，這也是一種明智之舉。通觀朱氏之《約注》，主要成果還是在文字校勘方面，如：

　　《小爾雅‧廣詁》「淫、溢、沈、滅，沒也」，朱駿聲曰：「『溢』下脫『也』字，當別為一節。」

　　《小爾雅‧廣言》「交、校，報也」，朱駿聲曰：「一說《論語》『犯而不校』，此報為以德報怨之報，乃『復』之借字。」

　　《小爾雅‧廣言》「姓、命、孥，子也」，朱駿聲曰：「『命』即『孥』之誤字重出。一說『命』下脫『也』字，別為一節。」

　　《小爾雅‧廣服》「紱謂之綬」，朱駿聲曰：「『紱』當作『韍』，蔽膝也。綬者，組帶之大名，所以繫韍者。秦、漢時韍廢而存其繫，即謂之韍也。」

　　《小爾雅‧廣服》「布褐而紩之謂之藍縷」，朱駿聲曰：「藍縷，雙聲連語，敝意也。」

　　《小爾雅‧廣服》「帶之垂者謂之厲」，朱駿聲曰：「『厲』借為『裂』。」

　　《小爾雅‧廣器》「車轅上者謂之輈」，朱駿聲曰：「『輈』當作『龐』。轅謂輈也。輈之曲而上者為龐，謂其穹隆而高，猶曰軒輊也。」

七、胡世琦《小爾雅義證》

　　關於胡世琦《小爾雅義證》，早期胡樸安在《中國訓詁學史》中介紹說：

〔註18〕　朱駿聲：《小爾雅約注‧序》，《續修四庫全書》本。

「胡世琦，字玉樵，安徽涇縣人，嘉慶十九年進士。所著之《小爾雅義證》未刻，稿已佚。宋（按：「朱」之訛）琇有《序》一篇，言之極詳，在《小萬卷文序》中。劉聚卿刻《聚學軒叢書》，取朱《序》附在胡承珙《小爾雅義證》後。」〔註19〕胡世琦的遺稿後來流入故宮博物院，繼而收藏在臺北故宮博物院，臺北故宮博物院後來刊行《影印清代稿本百種彙刊》，收入胡世琦《小爾雅義證》手稿。

在清儒的《小爾雅》研究中，胡世琦的成就是最高的，相比於其它諸家，他的突出特點是「以古音求古誼，以古誼證古經傳，旁推交通，無不極其精審」，〔註20〕這一點，在其《小爾雅義證》中得到充分體現，尤其是在名物訓詁方面，於事物有「異名而實同、名同而實異」者，有「專稱與共名」者，其辨之精當，時人無出其右。如：

《小爾雅·廣言》「剿，截也」，顧元慶本作「劋」。宋翔鳳曰：「『剿』當從刀作『劋』，依《說文》作『剿』。《說文》：『剿，絕也。』」胡世琦曰：「剿讀爲『劋』，古通用。」

《小爾雅·廣言》「殿，鎮也」，胡世琦曰：「鎮，一本作『塡』，鎮、塡亦通。俗本訛作『愼』。」按：作『塡』，與宋咸注文「一作『塡』」、葉氏藏本後附《孔叢子釋文》「殿塡」之「塡」合。

《小爾雅·廣名》「殔坎謂之池」，胡世琦曰：「喪禮之坎有二：有埋棺之坎，有棄餘潘水之坎，……疑此當即棄潘水之坎也。以土得名則謂之坎，以水得名則謂之池，其實一也，故坎謂之池也。『殔』字，緣上句『殔』字相承而衍，傳寫訛耳。」

《小爾雅·廣名》「塡竁謂之封」，胡世琦曰：「封既爲下棺之名，又別爲塡竁之名也。竁，穿土也。塡竁謂下棺之後，以所穿土復塡而爲冢，故又謂之復土。……復土與聚土、築土義同，故塡竁謂之封也。」

《小爾雅·廣名》「宰，冢也，壟，塋也」，胡世琦曰：「郭注《方言》云：『古者卿大夫有埰地，死葬之，因名也。』採與宰以聲相近而義同，郭注失之。《廣雅疏證》云：『冢謂之宰，亦謂之採，猶官謂之宰，亦謂之寀。』壠與『壟』同。墳與塋義亦同。舉其地域則謂之塋，狀其高腫則謂之墳，其實

〔註19〕 胡樸安：《中國訓詁學史》，北京市中國書店，1983年，第73頁。
〔註20〕 清《洪穉存太史論小爾雅書》，收在胡世琦《小爾雅義證》中，《影印清代稿本百種彙刊》本。

一也。」

《小爾雅‧廣服》「蔽膝謂之袡」，胡世琦曰：「《廣雅疏證》云：『凡言襜皆障蔽之義：衣蔽前謂之襜，床前帷謂之幨，車裳帷謂之幨，幰謂之幨，其義一也。』」

《小爾雅‧廣服》「簣、床，第也」，胡世琦曰：「第或編以木，乃如今之床版；或編以竹，乃如今之床席也。《廣雅疏證》云：『第之言齊也，編竹木為之，均齊平正，聲轉為簣。』」

《小爾雅‧廣器》「戈，句子戟也」，胡世琦曰：「《說文》：『戟，有枝兵也。』蓋對戈之句子而右有枝者為戟，則對戟之雙枝，而句子無右枝者，即可定為戈矣。……《說文》：『子，無右臂也。』戈獨枝為子，取其義且象其形也。戈為句兵以句，雖有援以刺，而以句刃為主，故云句子也。其曰戟者，戈與戟異名亦通稱也。且戈戟形相似，故往往以戈定戟，以戟定戈。《方言》『凡戟而無刃，秦、晉之間謂之鈎，……吳、趙之間謂之戈』，此言戟無右刃者謂之戈也。不言右，省文耳。又云『三刃枝，南楚、宛、郢謂之匽戟』，此言戈左右有刃，並直刃謂之戟也。……《說文》：『戈，平頭戟也。』此戈對戟之右枝上向者為平頭，猶戟對戈之句子者為枝兵也。戈、戟彼此互文見義，而形制可定，古訓之精如此。戈之平頭指句刃不上而言，非必去其直刃乃為平頭也。」

《小爾雅‧廣器》「較謂之幹」，胡世琦曰：「本文『幹』當為『軒』，以字形相涉而訛。《說文》：『軒，曲輈轓車也。』……《景帝紀》『令長吏二千石車朱兩轓，千石至六百石朱左轓』，應劭注云：『車耳反出，所以謂之藩屏，屏翳塵泥也。』又以其重出式上如角然，故謂之角。角、較古字通。……轓之為軒，猶較之為軒也。……車輿內謂之箱，前謂之式，式下謂之輢。輿兩旁謂之輢，輢內亦謂之輪。其上謂之較，較外蔽謂之轓。有轓謂之軒。車輪上較曰軒，猶宮室，輪上板亦曰軒也。」

《小爾雅‧廣物》「槁謂之稈，稈謂之芻，生曰生芻」，胡世琦曰：「蓋槁與之為言槁也。枯槁者謂之槁，青槁其新刈者，故曰生芻也。各本『生曰』下脫『生芻』二字，今據《一切經音義》補正。」

《小爾雅‧廣物》「把謂之秉，秉四曰筥，筥十曰稯」，胡世琦曰：「稯之為言總也。……《說文》：『總，聚束也。』……筥與稯、積，稯與緵、總並聲近而義同。……『稯十曰秅』之文，《聘禮》、《說文》、《廣雅》並載，不

應此獨遺之，當是傳寫脫四字也。熊忠《古今韻會》『筥』字注引《小爾雅》『把謂之秉，秉四曰筥，筥十曰稷，稷十曰秅』，今據以補。俗本訛爲稷，今改。」

《小爾雅·廣鳥》「鴉烏，鷽也」，胡世琦曰：「曰雅烏，曰鷽，曰卑居，曰鵯烏，曰楚烏，曰賈烏，曰雅烏，曰雅，皆異名而實同。」

《小爾雅·廣度》「兩謂之疋」，胡世琦曰：「《左傳》正義亦云：『兩，五尋，四丈。謂之兩者，分爲兩段故也。謂之匹者，兩兩合卷，若匹耦然也。』」

《小爾雅·廣度》「疋五謂之束」，胡世琦曰：「《雜記》『束五兩』是也，亦謂之五匹。……俗本『兩』訛作『疋』，今改正。『有』下脫『五』字，今補正。」

《小爾雅·廣衡》「斤十謂之衡」，胡世琦曰：「衡爲斤兩之統名，又爲十斤之專稱。猶『稱』爲銓衡之統名，亦爲衡有半之專稱也。古義爲通訓而亦得分屬者，此類甚多。」

《小爾雅·廣衡》「石四謂之鼓」，胡世琦曰：「石、鼓爲量名，又爲衡名。《曲禮》、《管子》、《荀子》、《廣雅》之鼓皆量器名也。……《太平御覽》卷八百三十引《小爾雅》『石四謂之鼓，然則鼓四百八十斤也』，末句與《廣量篇》『秉十六斛也』同一文例。各本脫此九字，今據以補。」

在胡世琦的《小爾雅義證》中，附有朱珔爲該書寫的《序》文。朱氏的《序》文極其詳盡，我們不僅可以當做對胡世琦《小爾雅義證》的導讀來讀。還可以作爲這一節關於清儒研究《小爾雅》的總體評價來看待。

第一，與胡世琦同時研治《小爾雅》的，還有胡承珙，其書也名之曰《小爾雅義證》，「余友胡君玉鑑太史之治《小爾雅》，尚在未第以前。後同族墨莊觀察復爲之。二君撰著時，一在都，一在里，兩不相謀。君於《廣詁篇》引墨莊語，特偶箚商，實未先見其書，乃並署名『義證』，亦通符所謂『閉門造車，出門合轍』者也。迨墨莊書刊行，而君書猶藏巾篋」，〔註21〕說明了胡世琦與胡承珙是同族同時，著書之時，胡承珙在京都，胡世琦在鄉里，各不相謀，書成之後，各有異同，然胡世琦之書未及刊行即謝世，該書成爲遺稿。

第二，朱氏不僅見到了胡世琦《小爾雅義證》，也見到了胡承珙的《小爾雅義證》，又有機會見到宋翔鳳的《小爾雅訓纂》，宋氏乃於黔中撰成此書，與二「胡」亦未相謀，因此朱氏就有了比較三人研究成果之異同的機會，「余

〔註21〕 朱珔：《小爾雅義證·序》，收在胡世琦《小爾雅義證》中。

乃比而觀焉，大抵各有推闡，亦各有疏密。宋君凡字體多準《說文》，最確當。
但《廣詁》『履，具也』，履不得訓『具』，當爲『展』。『詁，治也』，詁蓋『詁』
之誤字。『皆，因也』，皆蓋『階』之壞字。《廣言》『衍、演、廣，遠也』，『遠』
當爲衍字。『嗟，發聲也』，《文選・西都賦》注引《小爾雅》『羌，發聲也』，
則『嗟』下脫『羌』字。『越，遠也』，《一切經音義》引《小爾雅》『碩，遠
也』，則『越』下脫『碩』字。《廣器》『坰，地也』，據《說文》『坰』作『冂』，
象遠界也，《魯頌》毛傳『坰，遠野也』，則『地』上當脫『遠』字。《廣物》
秉筥之數，君依《韻會》所引，於『筥十曰稯』下尚有『稯十曰秅』。《廣獸》
『雞雉之乳謂之窠』，陸佃《埤雅》所引尚有『兔之所息謂之窟，鹿之所息謂
之場』，而宋君皆未及。《廣言》『懋，強也』，宋君與墨莊據《詩・十月》釋
文引《爾雅》『懋，且也』。今《爾雅》無此文，當即《小爾雅》，而君亦未及
也。《廣器》『射有張布謂之侯』，《詩・賓之初筵》釋文據王肅引《小爾雅》『射
張皮謂之侯』，君與墨莊仍從作『布』之本。墨莊引《說文》：『矦，從人從厂，
象張布。』《鄉射禮》『乃張矦』，注：『矦，謂所射布也。』君引《周禮・司
裘》注：『虎矦、熊矦、豹矦、麋矦，以皮飾其側謂矦。上下俱用布，惟兩旁
飾以皮，雖謂之皮矦，猶張布也。』據此知大射、賓射、燕射、鄉射之矦，
無不以布者。余謂言布可以談皮，言皮不可以談布。宋君依王肅作『皮』，轉
以作『布』爲誤，恐未然。《廣量》『藪二有半謂之缶。缶二謂之鍾。鍾二謂
之秉』，君與墨莊謂『藪二』下『有半』二字當在『鍾二』下，蓋衍於前而脫
於後。若如今本，則缶爲四斛，鍾爲八斛，正《左傳》所稱『陳氏三量，皆
登一焉，鍾乃大矣』者，不應與上文豆、區、釜、藪之量忽生異數。『鍾二爲
秉』，又與《聘禮記》『秉，十六斛』之數不合，且《太平御覽》引《小爾雅》
作『藪二謂之缶。缶二謂之鍾。鍾二有半謂之秉』，確鑿可證。宋君仍今本之
誤，謂『自陳氏改量，周、秦之際大率以八斛爲鍾，《小爾雅》出其後，故亦
云爾』，意爲之說，殆非也。」

　　第三，朱氏切實地指出了胡世琦之見優於胡承珙與宋翔鳳的地方，中間
亦表述了自己的一些見解，「至君之說有與墨莊相出入者。《廣詁》『掠，取也』，
墨莊引《說文》：『掠，奪取也。』此字乃新附，非許氏之舊，不得克據爲《說
文》。君謂『掠』字《說文》所無，『掠』即『京』之別體，《說文》『京，強
也』，京取猶今言強取，古聲同也。『撫，拾也』，墨莊引《說文》徐鍇本云：
『撫，安也。一曰揗也。』君謂此繫傳語，而《玉篇》、《廣韻》、《集韻》引

《說文》，俱無下四字，不得爲許氏本文。別引《廣雅》：『撫，持也。』持、拾一聲之轉，持猶拾也。二義皆勝。『經，過也』，墨莊既如字釋之，而於補遺別出『淫』字。君於宋君謂『經，當作「淫」』。君據《文選・上林賦》注，宋君據《七發》注，並引作『淫，過也』，則作『淫』是矣。余謂『淫』字或爲『經』下之脫文，而君言淫與涇、徑通。所引《釋名》及《楚辭・招魂》注、《淮南・覽冥訓》注皆涇、徑與『經』同聲可通，未嘗言『淫』通也。《廣言》『麗、著，思也』，墨莊據劉逵《吳都賦》注引《爾雅》『麗，附也』，今《爾雅》無此文，疑是引《小爾雅》，今本『思』字蓋『附』之訛，說近是。君則以麗與『離』、『罹』通。《詩・四月》及《小弁》傳，離、罹皆云憂也。《爾雅》『憂，思也』，《禮記・祭義》『致愛則存，致愨則著』，鄭注：『存、著謂其思念也。』則思不爲誤字。較之宋君但空言『心有附著然後思，故麗、著並有思義』者，更爲有據。『映，曬也』，墨莊引《文選》王仲宣《詩》注『暎猶照也』，梁元帝《纂要》『日在午曰亭，在未曰映』，義固通，但《說文》無暎、映字。宋君謂『映當作「央」』，《詩・出車》傳：『央央，鮮明也。』《說文》：『瑛，玉光。』或借瑛爲『映』，未免迂曲，不如君讀映爲『晹』，聲近通用。《說文》『晹，日出也』，《繫傳》云：『晹，日曝之也。』《玉篇》：『晹，日乾物也。』於曝、曬義爲愜。《廣訓》『雜採曰繪』，據《文選・吳都賦》、《射雉賦》、《江》賦李善注並引《小爾雅》：『雜採曰綷。』墨莊未改『繪』字，而釋義爲『綷』。宋君以作『繪』爲是。余謂《說文》『繪，五彩繡也』亦通。然『綷』與『雜』義猶相近，且《選》注所引可證，不如君之直作『綷』。綷，《說文》作『䘟從㡿，綷省聲。』則『綷』固非俗字也。而君又有獨得者。《廣器》『車轅上者謂之轣』，據《方言》，車轊爲轣。轊者，車軸端也，即《史記・田單傳》之『鐵籠』，籠與『轣』通。此云『轅上』，墨莊以爲未詳，宋君欲改作『車軸端』，君則引《說文》：『籠，笭也。』『笭，車笭也。』笭一作『軨』。《說文》：『軨，車轖間橫木也。』車轖橫木謂之笭，亦謂之籠。又援《釋名》及《小戎》傳、箋，而知蔭笭之陰垂轅上，則笭亦在轅上。笭既爲籠，即可作『轣』，猶車軸頭爲轊，亦作『籠』也。名同而實異，爲二君所不逮。余謂此如『軹』本轂末之名，而軸末亦名『軹』；『軌』本車轍之名，而軎亦名『軌』，斯通論，非強傅也。『較謂之幹』，三家各出一議。宋君據《爾雅》『較，直也』，幹亦取直意，是《釋詁》不是《釋器》，未明較爲何物。又因較言直，與《說文》『曲鉤』語背，遂謂『較』與『重較』斷爲二事，疑非。墨莊以幹

本井闌之名。《漢書・成帝紀》注:『較獵者,大爲闌較。』是井闌謂之幹,禽獸之闌謂之較,故車闌謂之較,亦謂之幹也,已善圓其義。君既疑如井闌,而又謂幹之名,絕無所據,當與『軒』字相涉而訛。《說文》:『軒,曲輈轓車也。』較,《說文》謂之『軶』,應劭云:『車輢爲軶。』《左氏》閔二年《傳》服注:『車有藩曰軒。』故較亦可謂之軒,此義就車論車,尤新而不詭。《廣鳥》之『陽鳥』,舊本作『鳩雁是也』。『鳩』似『鴻』之誤,鴻雁爲陽鳥,人皆知之;而鳩亦得謂陽鳥,人多未知。墨莊與宋君直作『鴻雁』,並不云或作『鳩』。君獨援《魏志・管寧傳》『戴鵀,陽鳥也』,戴鵀,即布穀,亦謂之鳲鳩。又引《列子・天瑞篇》,而知鳩之化生,視乎陽之消長,遂以鳩雁兼言,雖創而實確。」

第四,朱氏指出了胡世琦《義證》的獨創之處,即「於一字之義分爲二」,也就是我們現在所說的單音詞與複合詞的問題,宋翔鳳與胡承珙則未達到這樣的高度。「且君於一字之義分爲二。如《廣詁》『幾、察(按:「察」當爲「蔡」之筆誤)、模、枲,法也』,宋君未釋『模』字。君謂模之爲法,乃效法之法,非刑法之法。墨莊則引《廣雅》『摹,刑也』,刑與法同,摹即模。余謂《爾雅》『範,法也』,《一切經音義》引《通俗文》『規模曰範』,是範與模同,又通作『笵』,《荀子・強國篇》『刑範正』,楊倞注:『範,法也。刑範,鑄劍規模之器也。』蓋刑罰所以範民於法度,故儀型、典型之型,祇作『刑』,則『效法』與『刑法』義正相成。他若『疆,界也』,又『竟也』。君謂『界』與『竟』義同。前取邊竟之義,後乃取究竟之義,義亦相成。過有二義,一爲過失之過,一爲過從之過。則前言『經』與『淫』俱訓過者,可通矣。間之爲隙,有空隙之隙,有嫌隙之隙。《廣言》『廢、措,置也』,置有二義,有置立之置,有置棄之置。廢、措義亦從之。余謂《爾雅》『臺、朕、賚、畀、卜、陽,予也』,予既訓我,又爲賜與,故臺、朕、陽爲予我之予;賚、畀、卜爲賜予之予,正相類。墨莊與宋君皆未剖析至是也。」

第五、朱氏指出了胡世琦《義證》中一些可商榷的地方,「其中稍可商者,惟《廣言》『涼,薄也』,墨莊據《說文・氺部》引《爾雅》『㵄,薄也』。今《爾雅》無此文,許所引當即《漢書・藝文志》孝經家之《小爾雅》。蓋古本作『㵄』,後人改爲『涼』。此與宋君略同,而君未及,似宜補。『俘,罰也』,君與墨莊並云罰與『伐』通。《史記・律書》:『北至於罰。罰者,言萬物氣奪可罰也。』《一切經音義》引《國語》賈注:『伐國取人曰俘。』故俘可訓罰。

但其義頗費斡旋。宋君據《禮記‧投壺》『若是者浮』注引《晏子春秋》曰：
『酌者奉觴而進曰：「君今浮晏子。」時以罰梁邱據。』正義引《小爾雅》：『浮，
罰也。』則俘當作『浮』。此爲的據。墨莊亦疑今本脫『浮』字，而君專釋『俘』，
未免於偏。《廣名》『殔坎』，墨莊謂之池。墨莊與宋君據《檀弓》『曾子弔於
負夏，主人既祖塡池，推柩而反之』，鄭注雖破『塡池』爲『奠徹』，而釋文
云：『盧、王並如字讀。』是知殔池爲埋棺之坎，將殯則掘殔，遷柩則塡池也。
君則謂喪禮之坎有二：有埋棺之坎，有棄餘潘水之坎。《士喪禮》『甸人掘坎
於階間，少西』，又云『澡濯棄於坎』，《喪大記》『浴餘水棄於坎』，此棄餘潘
水之坎，池必有水，棄餘水方與池合。立義亦甚精。余謂《士喪禮》『掘殔見
衽』，注云：『殔，埋棺之坎也。』本文明言『殔坎』，必如君說『殔』字爲衍
文而後可，苦無證據。竊意殔坎之名池，亦如柳車之池，但取象承溜而已，
似不必泥於有水否。則盧、王讀『塡池』將何解？且何以推柩而反之耶？況
連上文『埋柩謂之殔。殔坎謂之池』，無緣轉遺埋棺之坎，而獨舉棄餘水之坎。
君或塡池用鄭義，不取盧、王，特余未敢遽以爲定論耳。《廣服》『襜褕謂之
童容』，據《說文》、《玉篇》，皆云『襜褕，直裾』，故《釋名》謂取其宏裕，
而《漢書‧何並傳》顏注獨言『曲裾』，墨莊議其非，宋君以『曲』爲誤字。
君引任氏大椿《深衣釋例》，謂襜褕，曲裾，即深衣。鄭注所云鈎邊，若今曲
裾者也。余謂任意蓋以襜褕之曲裾者乃爲深衣，非襜褕亦曲裾也。顏師古於
《武安侯傳》、《雋不疑傳》皆云：『襜褕，直裾。』不應《何並傳》忽異。君
謂襜褕爲襌衣，與深衣同。直裾、曲裾義各有取，似襜褕亦有曲裾矣！頗覺
未晰。《廣量》『一手之盛謂之溢，兩手謂之匊，匊四謂之豆』，據《考工記‧
陶人》疏引《小爾雅》：『匊，二升。二匊爲豆。』宋君以一手兩手爲一升兩
升之誤。其以匊四爲匊二，三家皆同。余謂一手之盛，謂一手所盛之米若干
也，若作一升，祗當言一升謂之溢，贅『之盛』二字，殊不辭。匊從手取義，
《說文》：『在手曰匊。』《詩‧椒聊》、《采綠》傳並云：『兩手曰匊。』升安
得以匊言？故改手爲升，斷不可通。不解墨莊何以亦疑之？至言匊二升者，
蓋從《喪服傳》鄭注，溢一升，則四升爲豆，自當爲匊二。然《儀禮》釋文
引王肅、劉逵、袁準、孔倫、葛洪皆云：『滿手曰溢。』滿手得半升，故舊注
匊爲一升。君與墨莊並謂此與鄭意異，即無庸傅合。君言《陶人》疏以意爲
詞，則不盡足據。竊意《小爾雅》前從鄭，何必定與鄭無二義？匊既爲一升，
正宜匊四謂之豆，似今本非誤。《御覽》所引固如是，墨莊亦云然，而君作『匊

二』，又不識何以獨別茲數者？惜無由起君而質之也。」

第三節　清儒《小爾雅》名物訓詁之爭

《小爾雅》中關於名物的解釋，成爲清儒論爭的焦點。這主要是由戴震關於《小爾雅》的評價而引發的。

一、《小爾雅‧廣器》「鵠中者謂之正」

戴震曰：「《小爾雅》一卷，大致後人皮傅掇拾而成，非古小學遺書也。如云『鵠中者謂之正』，則正、鵠之分，未之考矣。」〔註22〕

王煦不同意戴震關於「後人皮傅掇拾而成，非古小學遺書」之論，反駁說「《小爾雅》爲先秦古書，漢成、哀間劉向、劉歆編入《錄》、《略》，後漢班固列於《藝文》。自漢迄唐，傳注家皆取以訓釋經藝，罔有異詞。……《小爾雅》本文證以漢、魏諸儒傳注之義，則知東原之說非也。孔氏生當秦季，約其時次，與大毛公比肩接踵。篇中如釋『公孫碩膚』、『鄂不韡韡』，並與毛傳合，可知當日經師授受，實出一原。自餘諸訓，亦無不斟酌《蒼》、《雅》，與漢、魏諸儒相發明，安所見皮傅掇拾乎？鄭樵謂《爾雅》掇拾傳注而成，東原幾不惜尋覆轍矣！古人釋經，不必定舉援引書目。漢世稱大儒者，莫如後鄭。觀其《易》注云：『由，用也。』《詩》箋云：『肆，犯也，突也。』《儀禮》注云：『素，故也。』《曲禮》注云：『跋，本也。』《周官》注云：『蠲，潔也。』《孝經》注云：『資，取也。』若此之類，悉取是書。若以其未嘗援引書名，即謂並非取此，則毛公據《爾雅》作《詁訓傳》，亦不舉《爾雅》名，亦將謂毛公不取《爾雅》釋《詩》乎？……漢、唐諸儒釋經，凡引《小爾雅》之文，多通稱《爾雅》。如許氏《說文》引《爾雅》云：『椋，薄也。』《詩‧賓筵》疏王肅引《爾雅》云：『射張皮謂之侯。侯中者謂之鵠。鵠中者謂之正，正方二尺。正中謂之槷，槷方六寸。』《周官‧太祝》釋文引《爾雅》云：『慤，願也，強也。』《尙書‧呂刑》釋文引《爾雅》云：『鋝謂之鍰。』《禮記》釋文引《爾雅》云：『棘實謂之棗。』《史記》裴駰集解引《爾雅》云：『四尺謂之仞，倍仞謂之尋。』小司馬索隱引《爾雅》云：『顏，額也。』『怴，狃也。』李賢《後漢書》注引《爾雅》云：『繒之精者曰縞。』『橛謂之橋。』李善《文選》注引《爾雅》云：『階，因也。』『劭，美也。』『棘，戟也。』『肴，舉

〔註22〕戴震：《書小爾雅後》，《戴震文集》卷第三，中華書局，2006年。

也。』『蓋、戴，覆也。』名為《爾雅》，實《小爾雅》文。亦有稱『小雅』者，一見於陸氏《周頌・潛》釋文，至李善注《文選》則統稱『小雅』，蓋省文也。亦有《小爾雅》所無，而見引於他書者，如《易》釋文引《小爾雅》云：『杻謂之梏，械謂之桎。』《考工記》釋文劉昌宗引《小爾雅》云：『祭山川曰祈沈。』《莊子》釋文引《小爾雅》云：『盪，澡也，灑也。』唐沙門元應《一切經音義》引《小爾雅》云：『碩，遠也。』『兔之所息謂之窟。』酈道元《水經注》引《小爾雅》云：『大而白頭者謂之蒼鳥。』或本書佚文，或傳寫之誤。」王氏之駁，有理有據，使戴氏無言以對。關於「正、鵠之分，未之考也」之論，王煦反駁說「正、鵠之義，禮經未有明文，鄭眾、馬融、王肅並依《小爾雅》，以鵠中為正。賈逵雖云『鵠居正內』，與諸家別，而亦以正、鵠為一侯。其分『採侯為正，皮侯為鵠』者，惟鄭康成耳。今姑不必闢康成，祖《小爾雅》，第必欲卻埽眾家之說，獨取康成以排孔氏，其墨守不已甚乎！古訓每一字而含數義，不可以一義拘。」〔註23〕

胡世琦亦不同意戴震之說，曰：東原先生以《小爾雅・廣器篇》『鵠中者謂之正』，於正、鵠之分，未之考也。琦竊以為《小爾雅》所云『侯中者謂之鵠。鵠中者謂之正，正方二尺。正中者謂之槷，槷方六寸』，此必先秦經師相傳之古誼，自鄭康成以前，未之或易也。鄭眾《周禮・司裘》注：『方十尺曰侯，四尺曰鵠，二尺曰正，四寸曰質。』陳氏《禮書》、孔穎達《詩》正誼並引馬融《周禮》注亦云：『十尺曰侯，四尺曰鵠，二尺曰正，四寸曰質。』馬、鄭誼與《小爾雅》並同，惟質四寸與六寸略異耳。其有與《小爾雅》大同而小異者，則鄭康成《射人》注云：『今儒家以四尺曰正，二尺曰鵠。』稱儒家者，考之《禮書》則賈逵說也。《禮書》引賈逵《周禮解詁》云『四尺曰正，二尺曰鵠』，是也。蓋鄭眾、馬融以正在鵠內，賈逵以鵠在正內，內外不同，同在一侯，有此大小。則自鄭康成以前之經師注《周禮》者，皆以鵠、正為異名同用。若非先秦經師相傳之古誼，則諸大儒必不皆以之注經也。此《小爾雅》鵠、正之同異、大小，稽之於古而有可信者。至康成始，一斷以《周官經》，以《司裘》為大射，侯中製皮用鵠，《射人》為賓射，侯中採畫用正，皆謂之槷，無鵠、正一射並用之事。又以鵠大如正，皆居侯中三分之一，無四尺、二尺之分，皆後鄭依經創誼也。後王肅亦用《小爾雅》『四尺為鵠，二尺為正，六寸為槷』，亦以秦、漢以來鄭、馬諸儒相傳古義，惟此足以與後鄭

〔註23〕 王煦：《小爾雅一篇疏》，《續修四庫全書》本。

立異耳。此其義何可遽非也？」胡世琦的考證可以概括爲以下幾點：第一，《小爾雅》所解，一定是先秦經師相傳之古義，馬融《周禮》注、鄭眾《周禮・司裘》注與《小爾雅》並同，只有四寸與六寸的細微差異。第二，鄭眾、馬融以正在鵠內，賈逵以鵠在正內，內外不同，同在一侯，只有大小之別。第三，在鄭康成之前各家經師所注《周禮》的，都認爲鵠、正是異名同用。《小爾雅》中的鵠、正的同異、大小，在古代是可以得到驗證的。

段玉裁贊成胡世琦的觀點，在《論小爾雅書》中曰：「洛誦大著，眞《小爾雅》之功臣也，校之也精矣，考之也博矣。援鄭眾、馬融、賈逵《周禮注》，以證『鵠中者謂之正，正方二尺。正中者謂之槷，槷方六寸』，皆不與鄭康成同。……東原先師所詆訾者，皆非本書之過，足見細心綜覈之美矣！〔註24〕

二、《小爾雅・廣度》「四尺謂之仞」

戴震曰：「『四尺謂之仞』，則『築宮仞有三尺』，不爲一丈，而爲及肩之牆矣。『澮深二仞』，無異洫深八尺矣。其解釋字義，不勝枚數以爲之駁正。故漢世大儒，不取以說經，獨王肅、杜預及東晉梅賾奏上之《古文尚書》，孔傳頗涉乎此。」胡世琦辨正曰：「東原先生又以《小爾雅》『四尺爲仞』，核之《考工記・匠人》『澮深二仞』，《禮記・祭法》『築宮仞有三尺』，爲不可通。琦謂：先儒論仞、尺、寸之度，各有不同，合之經義皆有可通有不可通。即如《匠人》畎隧溝洫，皆廣深之數相等，而澮廣二尋深二仞，其廣深亦當相等。尋爲八尺，則仞亦當爲八尺。故許愼、趙岐、王肅、郭璞、顏師古諸人，皆以仞爲八尺者，必以此也。《祭法》之『築宮仞有三尺』，以書傳舊義推之，牆高一丈，除三尺之外，率有七尺，則仞又當爲七尺。故包咸、鄭康成、高誘、司馬彪、陸德明諸人，皆以仞爲七尺者，必以此也。此古誼之可通者也。然《儀禮・鄉射禮記》『旌各以其物，槓長三仞』，賈公彥以『大夫、士同建物，士三仞，大夫五仞』推之，隆殺以兩，諸侯七仞，天子九仞。若以七尺爲仞計之，則諸侯之槓爲四丈九尺，天子之槓爲六丈三尺。以八尺爲仞計之，則諸侯之槓爲五丈六尺，天子之槓爲七丈二尺。即古尺異於今尺，持如此之槓，亦甚難於進退號眾矣。此古誼不可通者也。惟四尺爲仞，合之《鄉射記》書誼，其數足以相當。則知《小爾雅》之四尺爲仞，必先儒依經立誼相傳之古義，非無據也。後王肅既以八尺爲仞，又依《小爾雅》四尺爲仞，亦以其

〔註24〕清《段茂堂先生論小爾雅書》，收在胡世琦《小爾雅義證》。

誼之各有當，而持不能定耳。王肅《聖證論》及《家語》注並云：『八尺曰仞。』《儀禮・鄉射禮記》疏、《考工記・匠人》疏並云：『王肅依《小爾雅》『四尺曰仞』。」胡世琦的核心觀點是先儒論述仞、尺、寸的標準，各有不同，以經義來驗證，均有可通或不可通的地方。但他用以論證的核心材料被段玉裁發現了破綻。

段玉裁在回覆胡世琦的書信中，不同意胡世琦「仞為四尺」的辯證，贊成戴震之說，曰：「即以說仞一條言之：大著援《禮經》『榗三仞』賈公彥疏：『士榗三仞，大夫五仞。』按：此語本《禮緯》。《周禮・節服氏》正義引《禮緯・含文嘉》，《公羊・襄十六年》疏引《稽命徵》、《含文嘉》皆云：『天子榗九仞，諸侯七仞，卿大夫五仞，士三仞。』《廣雅》、司馬彪《輿服志》及《爾雅》釋文皆本之。要之，緯書多有不可信者。其可信者，康成氏未嘗不用之矣！大著乃以為仞必當四尺之證，辨則辨矣，而未知此緯之無理也。無論七尺八尺之仞，患其難用，即依四尺計之，九仞至三丈六尺，七仞二丈八尺，不亦太高矣乎？《周官》九旗既以物色為尊卑，榗之高庫差次，以尺計足矣，不必以仞計。《左傳・昭十年》：『齊侯使公孫黑以靈姑鉟率，吉，請斷三尺而用之。』然則大夫於諸侯祇爭三尺耳。『楚靈王之為令尹也，為王旌以田。芋尹無宇斷之曰：「一國兩君，其誰堪之？」』但云斷之，不言數，所斷亦有限。《禮緯》依託貴多之文，而不計其適用與否，宜乎？漢人注經不之用也。仞或言七尺，或言八尺，以《考工記・匠人》『澮廣二尋，深二仞』斷之，固斷非深八尺以同於洫，亦斷非廣深皆十六尺而異其名，仞之必為七尺可定矣。東原師之論，詳此可見一班。今足下藉此書以發明，所得未為不善。」段玉裁是戴震的學生，為守師門，於先生的觀點，能擁戴之處，則當盡力維持，一句「辨則辨矣，而未知此緯之無理也」，就十分委婉地指出胡世琦的觀點雖然思辨性較強，但使用的材料是有硬傷的，這也就等於間接否定了胡世琦。最後肯定地說「仞之必為七尺可定矣」。就是在前《廣器篇》「鵠中者謂之正」這一條，雖然戴震之說有誤，段玉裁還是委婉地說「東原先師所詆訾者，皆非本書之過，足見細心綜覈之美矣！顧讀書有本子之是非，有作書者之是非；本子之是非可讎校而定之，作書者之是非則未易定也。慎修先生、東原師皆曰，從事經學蓋有三難：淹博難，識斷難，審定難。僕以為定本子之是非，存乎淹博；定作書者之是非，則存乎識斷、審定。孟子所謂知者，韓子所謂識古書之正偽與雖正而不至者，在是也。東原師之學，不務博而務精，故博

覽非所事，其識斷審定蓋國朝之學者未能或之過也」，這等於是在宏觀上繼續肯定戴震的學識。胡世琦並沒有停止爭論，在《復段茂堂先生論小爾雅書》中再次申述己意：「至尊書中所論『四尺爲仞』，既無以定四尺之仞之必不可行，以古尺短於今尺也；亦無以定槙之高庫必計以尺，以春秋之斷三尺非定制也。至鄉前輩如東原先生，固平生所服膺其義者。然《詩》箋翼傳，時異大毛；禮注傳家，多殊先鄭。讀書服義例，不苟同如此。故雖以琦之讕陋，亦不敢以東原先生駁正此書之說爲論定者。誠不欲以一心之所信，易前人之所疑耳！昔劉子駿云：『與其過而廢之也，寧過而立之。』況以此書爲《爾雅》後小學之遺書，其義訓爲後儒所訾議者，證之於古，確然見其合，未見其僞，而以前輩之偶有論述，隨聲是非，致使後人疑古廢書，則更有所不敢也。」〔註25〕胡世琦在追求正確的結論方面不墨守成規，也不肯退讓，不因爲當時戴震、段玉裁的名氣遠高於自己就進而遷就，一句「與其過而廢之也，寧過而立之」，文人求新之氣骨，見諸筆端。

　　清人的論爭並未因段玉裁「七尺爲仞」而止，王煦曰：「按：傳注家釋仞，說各不同，許慎《說文》、趙岐《孟子》注、孔安國《古文尙書傳》、顏籀《漢書・食貨志》注俱云八尺曰仞。鄭康成《禮記》注、包咸《論語》注、陸德明《禮記》釋文俱云七尺曰仞，應劭《漢書・食貨志》注云『五尺六寸曰仞』，《考工記・匠人》疏引王肅云『四尺曰仞』。竊謂諸家之說蓋雜舉周、秦、漢尺而言，從周尺者皆云八寸（按：「寸」當爲「尺」之訛），從漢末及魏尺者少至五尺六寸。蓋尺之制異，非仞之制異也。惟王肅四尺之說與本經同，與眾家懸殊。按：以古今大小之尺亦不可合。以意揆之，似主周尺而取其半也。」胡承珙曰：「黃生《義府》云：『四尺曰仞，倍仞曰尋，此正義也。蓋人伸兩臂以度謂之尋，尋，八尺也。但伸一臂則謂之仞，仞四尺也。』」朱駿聲曰：「程瑤田《通藝錄》云：『人伸兩臂爲尋，八尺，言度廣也。度深則身側臂曲而爲七尺。《考工・匠人》「廣二尋，深二仞謂之澮」，尋、仞異文，必廣、深不同也。』程說精確，若是四尺，則溝深二仞，與洫深八尺不異。」尺、仞之說，後出轉精，至此，勿需再辯。

三、《小爾雅・廣量》「豆四謂之區，區四謂之釜」

　　戴震曰：「『豆四謂之區，區四謂之釜』，本諸《春秋傳》『四升爲豆，各

自其四以登於釜』之文。下曰『釜二有半謂之籔』，本《聘禮記》『十六斗
曰籔』。『籔二有半謂之缶』，此句無本。『缶二謂之鍾』，所謂『陳氏新量皆登
一焉，鍾乃大矣』者。齊舊量蓋先王之制：區斗六升，釜六斗四升，鍾六
斛四斗。陳氏從而詭更之：釜登一區則八斗，區登一豆則二斗，豆登一升則
五升，而鍾實八斛。茲用舊量之豆、區、釜，用新量之鍾，兩法雜施，顯相
刺謬。」

　　王煦反駁說「豆、區、釜、鍾新舊之量，並見《左傳》，但新舊兼舉，則
文失之繁。舉新遺舊，舉舊遺新，則義失之漏。故於豆、區、釜存舊量之數，
於鍾存新量之數，此正見古人屬辭體要，而乃反譏其兩法雜施。試思兩法不
雜，非繁複即漏略，將如何載筆乎？」胡世琦的駁論則更為具體，說：「東原
先生又以《小爾雅・廣量篇》用《左傳》齊舊量之豆、區、釜，用陳氏新量
之鍾，兩法雜施，顯相刺謬。琦以為《左氏傳》所云『齊舊四量，豆、區、
釜、鍾。四升為豆，各自其四，以登於釜。釜十則鍾』者，由四升為豆推之，
則四豆為區，區十六升也。四區為釜，釜六斗四升也。釜十則鍾，鍾六斛四
斗也。此齊之舊量也，《傳》又云『陳氏三量，皆登一焉，鍾乃大矣』者，謂
一豆登一升，則五升為豆。由是而四豆為區，則區登一豆而為二斗。由是而
四區為釜，則釜登一區而為八斗。由是而釜十則鍾，則鍾為八斛矣。此陳氏
之新量也。《小爾雅》『豆四謂之區。區四謂之釜』，適合舊量釜六斗四升之數。
又云『釜二有半謂之籔』，則籔為十六斗也。『籔二有半謂之缶』，則缶為四斛
也。『缶二謂之鍾』，則鍾為八斛也。又適合陳氏新量之鍾數。此先生之所謂
兩相刺謬者也。不知《小爾雅》本作『籔二謂之缶』，『有半』二字乃緣上句
相涉而衍，為傳寫之訛。《太平御覽》引《小爾雅》作『籔二謂之缶』，則宋
時本固未衍也。計二籔為缶，則為三十二斗。二缶之鍾，則固六斛四斗矣。
較之《左氏傳》所稱，悉合先王之舊法，而不雜以陳氏之詭制，此其可徵信
者也。此與上文『㪷四謂之豆』，緣下句『豆四謂之區』而訛『四』字。《考
工記》疏及《太平御覽》作『㪷二謂之豆』，而始合於㪷二升，豆四升之數。
下文『鍾二謂之秉』，又緣上句『缶二謂鍾』而脫『有半二』字。《太平御覽》
作『鍾二有半謂之秉』，而始合於《聘禮記》『秉十六斛』之數。此古書之所
以貴校本也。」

　　胡世琦的駁論可以歸納為以下幾點：第一，《小爾雅》本作「籔二謂之
缶」，「籔二有半謂之缶」，「有半」二字乃緣上句相涉而衍，為傳寫之訛。並

指出《太平御覽》引《小爾雅》作「籔二謂之缶」。胡承珙也說：「此『有半』二字疑衍。十六斗曰籔，二籔爲三斛有二斗，二缶則六斛有四斗，正與鍾數合。若如籔二有半，則缶是四斛，鍾是八斛，乃《晏子》所謂陳氏之量皆加一焉，『鍾乃大矣』者，是八斛之鍾，非六斛四斗之鍾矣。不應與上文豆、區、釜、籔之量忽生異數，故疑『有半』二字爲衍。」此二論證據確鑿，可破戴東原之說。第二，匊四謂之豆，豆爲四升，以匊二升計之，則當作「匊二謂之豆」，《考工記》疏及《太平御覽》作『匊二謂之豆』，而始合於匊二升，豆四升之數。宋翔鳳也說「『掬四謂之豆』，依《考工記》疏所引，『四』當作『二』。昭三年《左傳》『齊舊四量，豆、區、釜、鍾。四升爲豆，各自其四，以登於釜，釜十則鍾』，杜注：『四豆爲區，區斗六升，四區爲釜，釜六斗四升，鍾六斛四斗。』」第三，鍾二謂之秉，又因上句「缶二謂鍾」而脫「有半」二字。《太平御覽》作「鍾二有半謂之秉」，而始合於《聘禮記》「秉十六斛」之數。第四，《廣雅》所言不足爲憑，如果《小爾雅》所記的量數完全與《儀禮》、《左傳》相符，那麼就是《廣雅》誤記而《小爾雅》不誤。第五、秉十曰筥，與《聘禮記》「四秉曰筥」之數不合，都是《廣雅》的誤記。《廣雅》錯誤地將「禾把之秉」當作了「量名之秉」。而筥、稯、秅都誤作爲量名，從許慎《說文解字》、韋昭《國語》注已皆不可幸免。胡世琦總結認爲「古書所以貴校本」，戴氏所誤，當歸於其就底本而立論，這也是所有立論者應當謹記的。

四、《小爾雅・廣衡》「兩有半曰捷，倍捷曰舉」

戴震曰：「《廣衡》曰：『兩有半曰捷，倍捷曰舉。』皆於古無本。」

胡世琦反駁說「《廣衡》『兩有半曰捷，倍捷曰舉』，於古無證」，則古書之散逸也。許著《說文》亦有未備，郭注《爾雅》動稱未詳，況以今人之見聞而讀古人之書哉！漢、魏諸儒，若賈、馬、何、鄭之說經，楊、許、服、張之字訓，高誘之注《呂覽》、《淮南》，王逸之爲《楚辭章句》，韋昭之注《春秋外傳》，條其誼類，先後若符，而爲前此訓詁諸書之所未有者，非取之《小爾雅》而誰取耶？亦非必至王肅、杜預而始涉乎此也。」

五、《小爾雅・廣衡》「倍舉曰鋝，鋝謂之鍰」

戴震曰：「『倍舉曰鋝，鋝謂之鍰』，賈景伯所稱『俗儒以鋝重六兩』是也。不稽古訓，故目之曰俗儒云爾。」

　　王煦反駁說「鎪、鋝並重六兩，見於許氏《說文》，鄭康成注《周禮》用之，許、鄭非俗儒明甚。賈逵以鋝重六兩爲俗儒者，其說本於馬融，然融本云『俗儒以鋝六兩爲一川』，『一川』二字無出，故以俗儒目之，《尚書・呂刑》疏可復視也。景伯援據不詳，輒加訾毀。後儒不思訂正，反以承謬襲訛，自矜稽古，竊恐俗儒之名自有所歸，而孔氏不任受也。」

　　胡世琦亦反駁說：「又《小爾雅・廣衡篇》『倍舉曰鋝。鋝謂之鎪』，則正《尚書》釋文所稱『鋝爲六兩』，鄭康成與《小爾雅》同者。鄭注《考工記・冶氏》引《說文解字》云『鋝，鎪也。今東萊或以大半兩爲鈞，十鈞爲鎪，鎪重六兩大半兩，鎪、鋝似同』，蓋二十四銖爲兩，三分兩之二爲大半兩，則鄭誼之與《小爾雅》所差祇在十六銖。伏生《大傳》云：『一饌六兩。』饌即『鋝』之假藉字。鄭康成注云：『死罪出金鐵三百七十五斤六兩之積數也。』則康成亦以鋝爲重六兩，鎪與『鋝』同也。鋝、鎪六兩，自是周、秦以來之古法，故秦、漢間諸儒誼同康成所稱。今東萊蓋據當時所見，而小有異同，有大半兩之差耳。賈逵亦云：『俗儒以鋝重六兩。周官劍重九鋝，其說近是。』馬融《周禮注》，以鋝、鎪六兩之義無所出，亦未準之於姚氏九鋝、七鋝、五鋝之制耳。至賈逵所稱俗儒者，猶云今俗之儒。如《周禮・射人》注稱賈逵之說爲今儒家，《禮記・月令》注稱馬融之說爲今俗人。非必斥指作《小爾雅》之人不稽古訓而爲此稱。果爾，則伏生與鄭康成亦俗儒耶？賈逵特是其說，則反從不稽古訓之俗儒耶？東原先生以賈逵之所斥俗儒者，即謂作此書之人於古訓無所稽，恐亦未見其然也。且古儒生之所謂俗儒者，亦往往於古學、今學之際緣隙奮筆，故何休《公羊傳序》，至稱賈逵之徒治《左氏》之古學，以《公羊》之今學爲俗儒。然《公羊傳》果可過而廢之耶？此何休所以有『觀聽不決，多隨二創』之歎也。」此處段玉裁亦有說：「玉裁按：鎪重六兩，《今文尚書》說也。古文家每謂今文家爲僞儒。要之，今文大可從者。」

六、《廣雅》掇拾之病，與《小爾雅》同

　　戴震說：「張揖作《廣雅》，於《釋器》曰：『鍾十曰斛，庾十曰秉，秉十曰筥。』斛、庾二文錯見，並當爲籔。而改『區十曰籔』，斯協於《聘禮記》『十斗曰斛，十六斗曰籔，十籔曰秉』矣，『鍾十』之云謬也。此十六斛之秉，量名也；刈禾盈手謂之秉，秉猶把也；字同義別。《聘禮記》曰：『四秉曰筥，十筥曰稷，十稷曰秅，四百秉爲一秅。』然則『秉十』當改『秉四』，又不當

蒙『籔十曰秉』相亂。其掇拾之病，與《小爾雅》同，或曰：『《小爾雅》者，後人採王肅、杜預之說爲之也。』

胡世琦反駁說：「《廣雅·釋器》：『升四曰豆。豆四曰區。區四曰釜。釜十曰鍾。鍾十曰斛。斛十曰秉。』豆與『豆』同，斛與『籔』同。十六斗曰斛，六十四斗曰鍾。《廣雅》以斛大於鍾，非也。若如《廣雅》所稱，則斛爲六百四十斗，秉爲六千四百斗，恐一車之載不能任一秉之米。合之《聘禮記》所云『十斗曰斛，十六斗曰籔，十籔曰秉，二百四十斗』，爲一車之米者，其數懸遠。鄭注《聘禮記》，二百四十斗謂一車之米，秉有五籔也。若《小爾雅》量數則盡與《儀禮》、《左傳》相符，是《廣雅》誤而《小爾雅》不誤也。至《廣雅》承『斛十曰秉』，而言『秉十曰筥。筥十曰稯。稯十曰秅』，則誤以刈禾盈把之秉，爲量十六斛之秉，並筥、稯、秅皆誤爲量名矣。而『秉十曰筥』，又與《聘禮記》『四秉曰筥』之數不合，皆《廣雅》之誤也。其誤以禾把之秉爲量名之秉。而筥、稯、秅皆誤爲量名者，自許愼《說文解字》、韋昭《國語》注已皆不免，至推其誼，皆不可通。《小爾雅》籔、秉之數與秉、筥、稯、秅之數，並本《聘禮記》，而一歸於《廣量》，一歸於《廣物》。於量數則終之曰『秉十六斛』，於物數則始之曰『把謂之秉』。此其依經立義，精鑿不刊，其識猶有遠出於許君上者，況其它乎？後鄭康成《儀禮》注，因之而別之曰：『此量名也。』『此刈禾盈手之秉也。』於是乎量之數與物束之數，其多寡、輕重始與經義不戾。後人皆服康成之精於創誼，而不知其本之於《小爾雅》也。東原先生至謂《廣雅》掇拾之病與《小爾雅》同，其果爲允論耶？」胡世琦進而認爲，《廣雅》因爲「斛十曰秉」，而說「秉十曰筥，筥十曰稯，稯十曰秅」，是誤以刈禾盈把之秉，作爲量十六斛之秉，並筥、稯、秅皆誤爲量名了。秉十曰筥，與《聘禮記》「四秉曰筥」之數不合，都是《廣雅》的誤記。

在《復段茂堂先生論小爾雅書》中，胡世琦通過具體的考證，再次肯定《小爾雅》的價值。第一，漢儒對於經傳的解釋，往往出自於《小爾雅》，胡氏曰：「《廣詁》：『蔡，法也。』《書·禹貢》『二百里蔡』，馬融注亦云：『蔡，法也。』《廣詁》：『淫、屑，過也。』《書·多士》『大淫泆有辭』，馬融注作：『淫，屑。』亦云：『屑，過也。』凡此並與《古文尚書》注同，與《僞孔傳》異。又《廣詁》：『末，無也。』昭公十四年《左傳》『三數叔魚之惡，不爲末』，服虔注：『不爲末者，不爲末殺、隱蔽之也。』以『末』字絕句，義

亦同《小爾雅》，蓋末發、隱蔽即將有作無之謂也。《廣言》：『臬，極也。』昭公十三年《左傳》『貢之無藝』，服注：『藝，極也。』藝爲『臬』之通假字，訓『藝』爲『極』，猶訓『臬』爲『極』也。凡此並與服虔古注同，與杜預注異。又《廣言》：『載，行也。』《書·堯典》『有能奮庸熙帝之載』，鄭注亦云：『載，行也。』王肅注《書》『熙帝之載』則云：『載，事也。』《廣言》：『愁，強也。』《詩·十月之交》『不愁遺一老』，鄭箋亦云：『愁者，心不欲自強之辭也。』愁與『強』同。王肅注《家語》『終記解不愁遺一老』，則云：『愁，且也。』凡此並與鄭康成箋注同，與王肅注異。其諸大儒之同此義訓者，皆爲《小爾雅》以前古訓詁書所未有，則安知其非即取之於《小爾雅》乎？且不特此也，如《詩·皇矣》『是伐是肆』，鄭箋：『肆、犯，突也。』當即用《廣言》『犯、肆，突也』之訓。《詩·東山》『勿士行枚』，鄭箋：『勿，無也。』《禮記·檀弓》『末有所歸』，鄭注：『末，無也。』當並用《廣詁》『勿、末，無也』之訓。《表記》『不以口譽人』，鄭注：『譽，繩也。』當即用《廣訓》『繩之，譽之也』之訓。又《廣言》：『跋，本也。』跋爲『茇』之通假字。《禮記·曲禮》『燭不見跋』，鄭注云：『跋，本也。』亦即用《小爾雅》。又《廣言》：『稽，考也。』稽爲『卟』之通假字。《周禮·質人》『掌稽市之書契』，鄭注：『稽，考也。』亦並用《小爾雅》。其它古字古義，有符六書假借、轉注之旨而爲漢儒釋經注子之所通用者，不可枚數。其不標明《小爾雅》者，古注簡質，往往是也。」第二，古代的經傳、小學遺書，尤其需要利用《小爾雅》才可以得到訂正，胡氏曰：「《周禮·羽人》十羽、百羽、十搏之名，與《爾雅》一羽、十羽、百羽之名，彼此互異。有《小爾雅·廣言》『束，縛也』之訓，則知羽人『十搏爲縛』，縛乃羽束之總數，故《說文》亦以縛訓束。此鄭氏《禮》注所以從《周禮》，不從《爾雅》也。《儀禮·聘禮記》之『秉、筥、稯、秅』，許愼、韋昭、張揖並誤以爲量名，不據之《小爾雅》，則無以定其爲禾束之名也，故鄭注《儀禮》因之。《周書·呂刑》之『鍰』，《考工記·冶氏》之『鋝』，鄭眾、馬融並誤以爲量名，許愼又以爲重十一銖二十五分銖之十三，不據之《小爾雅》，則無以定其爲六兩之衡也，故鄭注《尚書大傳》因之。」

七、《小爾雅》爲後人採王肅、杜預之說爲之也

戴震說：「《小爾雅》者，後人採王肅、杜預之說爲之也。」

胡世琦反駁說：「至謂《小爾雅》爲後人採王肅、杜預之說爲之，則尤不

然。孔穎達《詩》正誼所稱王肅引《小爾雅》侯、鵠、正、埶之誼宜從,則王肅固本《小爾雅》矣!《左傳》正誼所稱杜注『由,用也』之誼,爲用《廣詁》文,則杜預亦本《小爾雅》矣!不特此也,賈逵以劍重九鋝而稱引鋝重六兩,馬融以鋝爲量名,而亦稱引鋝重六兩,則賈、馬以前《小爾雅》誼固亦已行矣!其或從或不從,則諸儒師承異也。彼王肅、杜預者,特其遵信者耳!要之,《小爾雅》晰其誼例,探其旨歸,自確然信其爲古小學遺書。而本古誼以通古經者,此書爲必不可少。《漢書·藝文志》與《爾雅》並次於《孝經》之後。厥指微已。諸凡所陳,非敢與前輩立異,蓋通人之蔽時有,而愚者之得不乏,願先生之終有以教之也!」

第四節　清儒治《小爾雅》之局限

　　清儒治《小爾雅》,於其名物訓詁之處,達到了一個空前的高度,對於秦漢間儒學經師之見及魏晉之際古書訓詁資料的搜集,也臻於詳盡。今天看來,清儒之失,失於文字校勘。這是研治古籍的基礎,清儒限於當時《小爾雅》珍本難求,故有諸多失校、失釋之處。

一、失之於校勘文字,無善本可借鑒

　　《小爾雅·廣言篇》「獲、干,得也」,宋刻本、葉氏藏本、蔡宗堯本、潘承弼校跋本並有此四字,他本皆脫。清儒沒有見到這四個本子,故無釋。

　　《小爾雅·廣言篇》「適,閒也」,原本「枳,害也」下無「適,閒也」三字,葉氏藏本、蔡宗堯本、潘承弼校跋本並有「適,閒也」三字,是,據補。清儒沒有見到這三個本子,故無釋。

　　《小爾雅·廣言篇》「襄,外也」,此三字唯宋本、葉氏藏本、蔡宗堯本、潘承弼校跋本存之,其它傳世諸本皆脫,故明、清治《小爾雅》諸家均無釋。「襄」與「裔」爲異體字,《楚辭·九歌·湘夫人》「蛟何爲兮水裔」,王逸《章句》:「『裔』,一作『襄』。」洪興祖《補注》:「裔,邊也,末也。」《說文》:「裔,衣裾也。」段玉裁注引《方言》曰:「『裔,夷狄之總名。』郭云:『邊地爲裔。』」古以華夏爲內,夷狄爲外,邊地猶言外地也。此或爲《小爾雅·廣言》「襄,外也」所本。

　　《小爾雅·廣訓篇》「諸,之乎也」,此四字,除宋刻本外,它本皆脫,故明、清以來,治《小爾雅》諸家無訓。觀上一條葉氏藏本作「諸,之也,

乎也」，而致諸家之說各異。實則《小爾雅‧廣言篇》「諸」收有三訓：一曰「之也」，二曰「乎也」，三曰「之乎也」。王引之《經傳釋詞》卷九：「急言之曰『諸』，徐言之曰『之、乎』。」

二、失之於無完整保留有宋咸注文之宋刻本可作校勘、義疏之參考

由於我們目前所見到的《孔叢子》，只有宋刻本保留有完整的宋咸注文，其它傳世刻本，宋咸的注文有的被完全刪除，有的保留很少。清儒見到的《小爾雅》，無論是單行本，還是《孔叢子》中的第十一篇，都是如此。我們以宋刻本與清儒可以見到的顧元慶本《小爾雅》注文的條目做一比較，宋刻本《小爾雅》有宋咸注文 68 條，顧元慶本《小爾雅》有宋咸注文 43 條，這不僅體現為數量的差別，就是在二書相同的條目上，顧元慶本的注釋文字也較少，就是說本來內容豐富的宋咸注文，在明刻本中被大量地刪削了，在這些被刪削的文字裏，有宋咸保留的北宋其它《小爾雅》刻本的異文，宋咸用「一作×」的形式標記出來，還有一些詞語的音注，即反切，還有一些宋咸做的考證性的文字，還包括被認為是宋咸的錯誤性的注釋文字，在明刻本中都消失殆盡了，因此王煦作《小爾雅疏》，其中一項重要的內容就是為舊注作疏，還有，我們看到宋翔鳳曾批駁宋咸注釋的錯誤，但這都是在刪節本上進行的，今天看來，儘管王煦、宋翔鳳均為清儒中的飽學之士，但仍失之於無米之炊的尷尬境地。最為可惜的，是他們看不到宋咸注文中所保留的北宋時《小爾雅》其它版本的異文，所以，儘管清儒在《小爾雅》研究中做出了突出的成績，但客觀地說，其學術性很有局限，這是時代造成的。倘使清儒復起，面對宋刻本《小爾雅》，當無不痛心疾首，否則他們會做出更大的成績來。

第六章　《孔叢子》版本源流考論

　　《孔叢子》成書後，在社會上逐漸擴大流傳範圍。最初只是偶然出現在兩晉及六朝人著作的引述中，到唐、宋時，已有較大影響。李善《文選》注節錄《孔叢子》五十二條，《初學記》節錄《孔叢子》十九條，《記纂淵海》節錄《孔叢子》三十一條，《太平御覽》節錄《孔叢子》達一百三十條以上，這固然由於《太平御覽》的卷帙浩繁，但也與《孔叢子》的影響不無關係。北宋時，《孔叢子》已成為通行的典籍之一，有多種刻本在流傳。治平四年，司馬光編著《資治通鑑》，節錄了《孔叢子》有關內容。兩宋之交的洪興祖撰《楚辭補注》，也引用過《孔叢子》若干文句。到南宋時，朱熹雖然在文體上對孔鮒撰寫《孔叢子》持懷疑態度，但並不否定《孔叢子》的一些史料價值，其主持撰寫的《儀禮經傳通解》及後來黃幹《儀禮經傳通解續》，亦引用《孔叢子》有關內容，以之佐證。

第一節　《孔叢子》七卷刻本流傳

一、《孔叢子》七卷刻本文獻著錄

（一）隋、唐時期文獻著錄

　　1、《隋書》卷三十二《經籍志》一經類論語家：《孔叢》七卷，陳勝博士孔鮒撰。（影印文淵閣《四庫全書》）

　　2、《舊唐書》卷四十六《經籍志》經類論語家：《孔叢子》七卷，孔鮒撰。（影印文淵閣《四庫全書》）

3、《新唐書》卷五十七《藝文志》經解論語類：《孔叢》七卷。（影印文淵閣《四庫全書》）

（二）宋、元時期文獻著錄

1、《宋史》卷二百五藝文志子類：《孔叢子》七卷，漢孔鮒撰。朱熹曰僞書也。（影印文淵閣《四庫全書》）

2、宋鄭樵《通志》卷六三《藝文略》諸子類：《孔叢子》七卷，陳勝博士孔鮒撰。《孔叢子釋文》一卷，宋咸。（影印文淵閣《四庫全書》）

3、宋尤袤《遂初堂書目》儒家類：《孔藂子》。（影印文淵閣《四庫全書》）

4、宋趙希弁《續輯郡齋讀書志附志》諸子類：《孔叢子》七卷。右孔子八世孫鮒集先君仲尼、子思、子上、子高、子順之言及己之行事，凡二十一篇爲六卷，名之曰《孔叢》，蓋言有善而叢聚之也。孔臧又以其所爲賦與書，謂之《連叢》上、下篇，爲一卷，附之卷末。其書不見於漢、唐《藝文志》。嘉祐四年提點廣南西路刑獄公事兼本路勸農事朝散郎守尚書屯田郎中上輕車都尉宋咸始爲注釋以進。（影印文淵閣《四庫全書》）

5、宋陳振孫《直齋書錄解題》卷九儒家類：《孔叢子》七卷。孔氏子孫雜記其先世系言行之書也，《小爾雅》一篇亦出於此。《中興書目》稱漢孔鮒撰，一名盤盂。案：《孔光傳》，夫子八世孫鮒，魏相子順之子，爲陳涉博士，死陳下，則固不得爲漢人。而其書紀鮒之末，第七卷號《連叢子》者，又記太常臧而下數世，迄於延光三年季彥之卒，則又安得以爲鮒撰？案：《儒林傳》所載爲博士者，又曰孔甲。顏注曰：「將名鮒而字甲也。今考此書稱子魚，名鮒，陳人，或謂之子鮒，或稱孔甲。」然則顏監未嘗見此書耶？《藝文志》有《孔甲盤盂》二十六篇，本注謂黃帝史，或曰夏帝孔甲，似皆非也。其書蓋田蚡所學者，與孔鮒初不相涉也。《中興書目》乃曰「一名盤盂」，不知何據，豈以《漢志》所謂孔甲即陳王博士之孔甲邪？（影印文淵閣《四庫全書》）

6、元馬端臨《文獻通考》卷二百九《經籍考》三十六子部儒家：《孔叢子》七卷。晁氏曰：「楚孔鮒撰。鮒字子魚，孔子八世孫也，仕陳勝爲博士，以言不見用，託目疾而退。論集其先仲尼、子思、子上、子高、子順之言及己之行事，名之曰《孔叢子》，凡二十一篇。叢之爲言聚也。《邯鄲書目》云：『一名盤盂。』取事雜也。至漢，孔臧又以其所著賦與書，謂之《連叢》，附

於卷末十一（按：當作「二十一」）篇。嘉祐中，宋咸爲之注。按：《漢志》無《孔叢子》而儒家有《孔臧》十篇，雜家有《孔甲盤盂書》二十六篇，其注謂孔甲，黃帝史，或曰夏帝，疑皆非。今此書一名《盤盂》。《獨治篇》又云：『鮒或稱孔甲。』《連叢》又出孔臧。意者《孔叢子》即《漢志》孔甲盤盂書而亡六篇，《連叢》即《漢志》孔臧書，而其子孫或續之也。」（影印文淵閣《四庫全書》）

二、宋咸《孔叢子注》七卷刻本

（一）北宋嘉祐八年刻本

《孔叢子》七卷附釋文，孔鮒撰，宋咸注，北宋嘉祐八年（公元 1063 年）刻，一函四冊，上海圖書館藏，著錄爲宋刻本。

北宋時期，《孔叢子》已經有多種刻本流傳，嘉祐年間，宋咸彙集不同刻本「損益補竄」，爲之校勘注釋，於嘉祐三年完成。嘉祐八年，門人呂逢以其書付梓，故宋咸《孔叢子注》七卷始通行於世，史稱嘉祐本。宋嘉祐本今存，正文半頁十二行，行二十四字（或二十三、二十五字不等），白口，四周單邊。注文小字雙行，行字同，卷一首頁鈐有藏章「潘祖蔭藏書記」，卷二首頁鈐有藏章「季振宜藏書印」。此本無目錄，首頁前二行有「提點廣南西路諸州軍刑獄公事兼本路勸農事朝散郎守尙書屯田郎中上輕車都尉賜緋魚袋借紫臣宋咸撰」四十四字，第三行開始爲宋咸《注孔叢子序》，序文曰：

> 《孔叢子》者，乃孔子八世孫鮒，字子魚，仕陳勝爲博士，以言不見用，託目疾而退，論集先君仲尼、子思、子上、子高、子順之言及己之事，凡二十一篇，爲六卷，名之曰《孔叢子》，蓋言有善而叢聚之也。至漢孝武朝，太常孔臧又以其所爲賦與書，謂之《連叢》上下篇爲一卷，附之於末。然士大夫號藏書者所得本，皆豕亥魚魯，不堪其讀。臣凡百購求，以損益補竄，近始完集。然有語或淺固（按：「固」，清抄本標記毛斧季藏宋本作「囶」，疑作「囶」是），弗極於道，疑後人增益，乃悉誅去。義例繁猥，隨亦刪定。因念彼鬼谷、尉繚、庚桑、靈眞浮誇汪洋之說，尚且命氏於世，矧是書（按：原本「是」下無「書」字，據宛委別藏本、葉氏藏本、蔡宗堯本、周叔弢藏本、陳李靄如藏本、《指海》本、陳錫麒本、清抄本補）所載，皆先聖之言、三代之術，六藝之要在焉，非諸子之流也，又可

泯而不稱耶？故敢具所以然，注而示諸學者云。嘉祐三年戊戌二月日臣咸謹序。

書後作爲附錄，有《孔叢子釋文》、《後序》及呂逢《後序》。《後序》曰：

> 臣咸詳孔臧續《連叢子》二篇，至《與子琳書》而止。自《敘世》而下，逮季彥卒，悉孔氏之後人術（按：「術」疑爲「述」之訛）。案：平帝元始元年封孔子後孔均爲襃成侯，追諡孔子爲襃成宣尼公。世祖建武十三年，復封均子志爲襃成侯。志卒，子損嗣。孝和永元四年，徙封襃亭侯。損卒，子曜嗣。曜卒，子完嗣。世世相傳，至獻帝初國絕。魏復封孔子二十一世孫羨爲崇聖侯，晉封二十三世孫震爲奉聖亭侯，後魏封二十七世孫乘爲崇聖大夫。太和十九年，孝文幸魯，親祠孔子廟，又改封二十八世孫珍爲崇聖侯。北齊封三十一世孫爲恭聖侯，周武帝改封鄒國公。隋文帝仍舊封鄒國公，煬帝改封爲紹聖侯。唐太宗封夫子裔孫德綸爲襃聖侯。由漢平帝至唐，子孫襲封不絕，不審何人修續之。然當在桓、靈之際歟？故獻帝時國絕，此書遂已而無續焉。

呂逢的《後序》則重在表述宋咸之《序》所未盡之言：

> 孔叢子者，先生廣平公序之詳矣。先生頃得是書，未幾，因領憲計二政於嶺南，公餘遂釋而進之。先皇帝嘗賜金紫以寵嘉之，然尚藏於秘閣，而天下樂聞乎道者，欲有之而未能得。逢學於先生之門，得其本，又可私善諸己而已耶？因命工刊焉。庶乎與樂聞道者共，使知逢之心異蔡邕帳下之論衡云耳。時嘉祐八年癸卯冬十一月日，門人呂逢序。

按：此本於上海圖書館著錄爲宋刻本。作爲宋刻，目前來看，存在一些可疑之處。該本曾先後收藏於潘祖蔭、季振宜之手，然潘祖蔭並沒有收藏過《孔叢子》宋刻本，所藏者爲元覆刻本《孔叢子》，其所撰《滂喜齋藏書記》卷二子部：「元刻《孔叢子》七卷，一函四冊。宋咸注。前後皆有咸序。前序後接本文，無目。每半頁十二行，行大二十三、四字，小二十七、八、九字不等，附釋文。『敬』、『徼』字缺筆。後有嘉祐八年呂逢刊書序。此元人覆刻本也。延令季氏藏書。附藏印『季振宜藏書記』。」〔註1〕潘景鄭《著硯樓書跋》：「《孔叢子》以宋咸注七卷本爲善，宋槧原本不可見。舊傳阮文達藏有宋刊巾箱一

本，據《孝慈堂目》係安正堂所刊。吾家滂喜齋有元刊宋咸注七卷一本，前後皆有咸序，每半頁十二行，行大二十三、四字，小二十七、八、九字不等，後有嘉祐八年呂逢刊書序，宋諱遇『敬』、『儆』字缺筆，蓋《季滄葦書目》所著錄者。」〔註2〕清季振宜《季滄葦書目》：「延令宋版書目：《孔叢子》七卷，二本。又宋元雜版子書：抄本《孔叢子》七卷，二本，又七本。」〔註3〕上述說明，第一、潘祖蔭《滂喜齋藏書記》中所記的元覆刻宋本《孔叢子》，應當是現藏於上海圖書館的這個著錄爲宋刻的本子，上面有「潘祖蔭藏書記」可證，且爲四冊，也與所記相合。各卷正文與注文總共出現「敬」字三十一處，無一例外都是缺筆字。第二、潘祖蔭的這個藏本，有一些版本特徵：首先有些字原本筆畫不清或是殘字、錯字，被收藏者用粗筆畫加描過或在原字上改寫過，《論書》第二注文「郊宮猶言王宮」，又「若宮室然」二句的「宮」字，部首「宀」，《雜訓》第六「不弔，有司罰之，如之何子之無弔也」句「無弔」前面的「之」字，又「公曰思之可以利民者」的「民」字，《公孫龍》第十二「用之亦惡得無事乎」句的「用」字，《陳士義》第十五「子順曰寡人欲來北狄」句的「狄」字，《論勢》第十六「子順問市丘子曰」句的「市」字，《執節》第十七「猶《書》所謂稷降播種」句的「種」字，《詰墨》第十八「陳常殺其君，孔子齋戒沐浴而朝」句的「子」、「沐」等，筆畫明顯被以手寫的方式加粗，字形變大。《小爾雅・廣名》「下棺謂之窆」的「窆」字，原字明顯看出是「突」字，被收藏者粗筆改爲「窆」。其次有些字原版可能是空格，被後來的收藏者手寫補入的，《記問》第五「季孫曰善，懸子曰然」句的「然」字是手寫補入的。再次，《連叢子下》「兄弟相勉，諷誦不倦於時」句的「誦」「不」，是作爲雙行注文的形式排列於諷字下面的，且筆畫被加粗。最後，各卷的頁面行數固定，但每行的字數並不完全一致，且常常某些字突然變得很大，筆畫很粗。這些版本特徵，只有在對一種版本進行覆刻的情況下才會出現，潘祖蔭或許注意到了這些，才會確定其爲元覆宋本的。第三、季振宜收藏過這個本子，但該本並不是《季滄葦書目》中所列的延令宋版。延令宋版所列爲「《孔叢子》七卷，二本」，下又列宋、元雜版子書「抄本《孔叢子》七卷，二本，又七本」，因爲季振宜、潘祖蔭先後收藏的這個本子是《孔叢子注》，又是一函四冊，和《季滄葦書目》所述並不相合。潘景鄭直言「蓋《季

〔註2〕　潘景鄭：《著硯樓書跋》，上海古籍出版社，2006年。
〔註3〕　清季振宜：《季滄葦書目》，《續修四庫全書》本。

滄葦書目》所著錄者」，乃未詳察耳。第四、上世紀九十年代筆者曾於上海圖書館查到兩條善本書著錄信息，其一：《孔叢子》七卷，附釋文一卷，漢孔鮒撰，宋宋咸注。宋刻本，四冊。索書號爲 755410-13。其二：《孔叢子》七卷，附釋文，孔鮒（漢）撰，宋咸（宋）注。元覆宋本，半頁十二行，行大二十三、四字，小二十七、八、九字不等，四冊。索書號爲 755410-755413。後來再去檢索，這兩條著錄變成了一條，就沒有元覆宋本了，已經把元覆宋本改成宋本。實際上他們那裏只有一種本子，只是重複著錄而已。綜上所述，筆者以爲潘祖蔭鑒定該本爲元覆宋刻的說法正確，後來該書流入上海圖書館，該館後又徑改爲宋刻，是爲輕率。爲撰述方便，後面的文字提及該本，仍以宋刻本稱之。

（二）宋咸《孔叢子注》七卷，宋刻改補本

該本未見傳世，部分文字出現在宋朱熹《儀禮經傳通解》、《儀禮經傳通解續》的注解引文中。

朱熹《儀禮經傳通解》及《續》（又作《儀禮集傳集注》）所引宋咸《孔叢子注》，大部分爲《孔叢子・刑論篇》的文字，所見宋咸的《注》文，與嘉祐本比較，已有幾點不同。第一、朱熹所引的宋咸注中，有些反切音注，是嘉祐本所沒有的，如：「折民維刑」，注：「折，之設反。」「夫無禮則民無恥」，注：「夫音扶。」「吾聞公父氏不能聽獄」，注：「父音甫。」「譬之御則轡也」，注：「轡音秘。」「執轡如組，兩驂如舞」，注：「組音祖，驂，七南反。」「辭不可從，必斷以情」，注：「斷，丁亂反。」「乃惟眚災適爾」，注：「眚，所景反。」「斷者不可屬」，注：「屬，之欲反。」「老而刑之謂之悖」，注：「悖，必餒反。」「牽過以小謂之枳」，注：「枳音紙。」第二、朱熹所引的宋咸注中，一些反切上下字及術語，與嘉祐本不同，如：「比，毗志反」，嘉祐本作「旱居切」。第三、朱熹所引的宋咸注中，注音方式與嘉祐本不同，如：「勝音升」，嘉祐本作「勝，詩證切，又書蒸切」。第四、宋咸注中的反切音注，嘉祐本是統一在書後所附《孔叢子釋文》中。朱熹所引的宋咸注中的反切音注，則改成位於所釋詞語之後。第五、朱熹所引的宋咸注中，詞語注解，有的與嘉祐本全同，如：「無轡而用策，則馬失道矣」，注：「舍轡而用策，則馬失道；去禮而用刑，則民忘生。」「《書》曰『茲殷伐有倫』」，注：「《周書・康誥》之文，言此殷家刑罰有倫理者亦當兼用之。」有的與嘉祐本又不同，如：「牽過以小謂之枳」，注：「枳音紙，一作『疺』，猶傷也。」嘉祐本注文

作「枳一作『疹』，猶傷也。夫過則宜宥，若率以爲小罪，亦傷乎義焉，況爲之大罪耶」。以上說明，朱熹所使用的宋咸注，已不是嘉祐八年刻本，這個刻本一是增加了一定數量的反切音注，改用了一些反切上下字用字及變更反切術語，變「切」爲「反」，並將反切音注由《孔叢子釋文》移至正文所釋詞語之後。二是既保留了宋咸注文，有些地方又進行了大量刪節。朱熹卒於宋寧宗慶元六年，當公元 1200 年，這說明，在慶元年間，已出現了宋咸《孔叢子注》的改補本。〔註4〕

（三）元代刻《孔叢子注》七卷本

元代《孔叢子》刻本，今不見足本傳世，所見者有三。第一、見諸書目著錄。元馬端臨《文獻通考・經籍考》「《孔叢子》七卷」。清彭元瑞等《欽定天祿琳琅書目》後編卷十元版子部「《孔叢子》一函六冊，宋宋咸注，書七卷……末墨記『茶陵桂山書院校正版行』。清季振宜撰《季滄葦藏書目》宋元雜版子書「抄本《孔叢子》七卷，二本，又七本」。清潘祖蔭《滂喜齋藏書記》「元刻《孔叢子》七卷，一函四冊。宋咸注。前後皆有咸《序》……此元人覆刻本也。延令季氏藏書」。清毛扆藏並撰《汲古閣珍藏秘本書目》子部「元人手抄《孔叢子》七卷」。上述書目著錄說明二個問題：其一，元代有覆刻《孔叢子》七卷本或手抄本，其所據本應當是宋嘉祐本。其二，彭元瑞所述「茶陵桂山書院校正版行」者，應當是巾箱本系列之一。第二、或見諸元人於著作中所引述。《戰國策・楚策》四「或謂黃齊」一節有「老萊子教孔子事君」事，元人吳師道《戰國策》補注曰：「《孔叢子》云：『老萊子謂子思曰「自不見夫齒乎？雖堅剛，卒盡相摩；舌柔順，終以不敝。」』」此二十七字，見今本《抗志篇》。又《魏策》四有「秦攻魏急」一節，「或謂魏王」下，吳師道補注：「《孔叢子》云：『秦急攻魏，魏王恐。或謂子順曰：「如之何？」答曰：「吾私其計，然豈能賢於執政，故無言焉。」魏王聞之，駕如孔氏親問焉，曰「國亡矣，如之何」。』」又「此人之大過也」下補注：「《孔叢子注》『言棄其地不如用其地，以攻守爲易；死其地不如棄其地，以圖存爲易』。」又「王之交，最爲天下上矣」下補注：「《孔叢子注》：『言太后德生，則秦不加兵，是乃王以此交秦，爲天下之上矣。』」所引《孔叢子》文字，與宋嘉祐本《論勢篇》「秦急攻魏」一段同，尤其所引宋咸注文，與嘉祐本幾乎全同。今《戰

〔註4〕 參見林琳、傅亞庶：《孔叢子宋代刻本考》，《蘭臺世界》2015 年第 11 期。

國策》爲《四部叢刊》影印元至正年間所刻鮑注吳校本，其所引述《孔叢子》，當爲元刻或元手抄本。第三、見諸類書節錄。今存元人蘇應龍輯《新編類意集解諸子瓊林》，其中多有節錄《孔叢子》文句者，與嘉祐本比照，文字多與之相同，間或有與嘉祐本不同者，如《儒服篇》「人生則有四方之志，豈鹿豕也哉而常聚乎」，蘇應龍本於「常」下有「群」字，與《太平御覽》卷三百六十九、《記纂淵海》卷四十八所引《孔叢子》文合，足證各傳世本俱脫「群」字，說明其所據本在流傳中經過校訂。蘇應龍所節錄的是宋咸《孔叢子注》，雖爲節錄，但往往一段之內，則保留了完整的注文，其所據本應當是宋嘉祐本。從時間上看，蘇應龍輯《諸子瓊林》亦爲元至正年刊本，則吳師道、蘇應龍所見，並當爲元人所覆刻的宋本《孔叢子注》。

三、宋咸《孔叢子注》七卷巾箱本

（一）清抄本《孔叢子》中所標明代毛斧季家藏宋刻本

此爲七卷本，一冊，有宋咸注，注文雙行小字，版面半頁十行，行二十字。正文前有宋咸《進孔叢子表》、《注孔叢子序》、篇目目錄。正文卷終下有紅筆題「丁亥三月用毛斧季家宋本校。在君手定」。《進孔叢子表》下鈐有「邢之襄印」一、「邢氏所收善本」印一。邢之襄爲現代藏書家，此書當爲邢之襄家藏本，後捐獻北京圖書館。該抄本上與毛斧季家藏宋刻本校勘的體例爲：凡宋本與抄本字不同者，在抄本字旁以紅筆將宋本字標記出來。凡抄本出現脫文之處，以紅筆將宋本字補入。筆者以嘉祐本與此清抄本對校，發現清抄本自身的價值不大，文字訛誤者較多。然據此抄本可間接得之數條毛斧季家藏宋刻本與宋嘉祐本文字之異同，是該抄本的價值所在。

《嘉言》第一

1、嘉祐本「夫死病不可爲醫」，毛斧季本「不」作「無」。

《記義》第三

2、嘉祐本「古之達禮者行之也」，毛斧季本「禮」作「理」。

3、嘉祐本「素規去就」，毛斧季本「素」作「類」。

4、嘉祐本「夫子何所之感若是乎」，毛斧季本「感」下有「而」字。

《刑論》第四

5、嘉祐本「謂下禮以教之」，毛斧季本「下」作「先」。

6、嘉祐本「然後維以刑折之也」，毛斧季本「維」作「繼」。

7、嘉祐本「言敬刑所以爲德矣」，毛斧季本「矣」作「也」。

《記問》第五

8、嘉祐本「若管仲之志是以定法」，毛斧季本「是」作「足」。

《雜訓》第六

9、嘉祐本「昔文王舍適而立其次」下注「文王舍其適長伯邑考」，毛斧季本注「適」作「弟」。

《居衛》第七

10、嘉祐本「不可以所爲民亡民也」，毛斧季本「爲民」下有「者」字。

11、嘉祐本「假令周公、堯、舜更時易處」，毛斧季本「舜」下有「不」字，「易」作「異」。

12、嘉祐本「其書周矣」，毛斧季本「周」作「同」。

13、嘉祐本「宋君聞之，駕而救子思」，毛斧季本「駕」上有「不待」二字。

《巡守》第八

14、嘉祐本「申命冢宰，而後道而出」，毛斧季本「後」下有「清」字。

15、嘉祐本「然後勤方岳之諸侯」，毛斧季本「勤」作「觀」。

16、嘉祐本「無功者則削黜貶退」，毛斧季本「貶」作「之」。

《抗志》第十

17、嘉祐本「切爲言之過也」，毛斧季本「切」作「竊」。

《公孫龍》第十二

18、嘉祐本「大道之悖，天下之交往也」，毛斧季本「交往」作「校枉」。

19、嘉祐本「是失教也」，毛斧季本「失」作「先」。

20、嘉祐本「而非龍之異白馬於謂馬」，毛斧季本「謂」上有「所」字。

《儒服》第十三

21、嘉祐本「拒而不告色不已」，毛斧季本「色」作「問」。

《對魏王》第十四

22、嘉祐本「嬖幸者，言用則知上以疎自疑」，毛斧季本「上」作「士」。

23、嘉祐本「許陳事成」，毛斧季本「許」作「計」。

《陳士義》第十五

24、嘉祐本「敢不敬受君之明令」，毛斧季本「令」作「命」。

《論勢》第十六

25、嘉祐本「五國約而誅秦」，毛斧季本「約而」作「西」。

26、嘉祐本「此王能死不能棄之也」，毛斧季本「死」作「使」。

27、嘉祐本「秦四境之內報政以下」，毛斧季本「報」作「執」。

《執節》第十七

28、嘉祐本「其有志不得乎」，毛斧季本「乎」作「白」。

29、嘉祐本「其子辭韓韓君乃止」，毛斧季本「韓」上「韓」作「焉」。

《詰墨》第十八

30、嘉祐本「其母死，服哀三年」，毛斧季本「哀」作「喪」。

《答問》第二十一

31、嘉祐本「秦使將章邯拒之」，毛斧季本「將」下有「軍」字。

32、嘉祐本「臣聞兵法無恃敵之不我攻」，毛斧季本「無」作「非」。

　　從上述毛斧季本與嘉祐本的文字異同可以看出，首先毛斧季本校正了嘉祐本的一些文字訛誤，補正了嘉祐本的一些脫文。其次清抄本所依據抄寫的本子是巾箱本系列的某本，巾箱本所保留的宋咸注文，與嘉祐本比較，是被大幅度刪削過的，而從清抄本上看毛斧季家藏宋本所反映出來的宋咸的注文，與巾箱本系列的注文基本相同，如阮元影鈔本《抗志》第十「雖以天下易其脛毛」下注「一本作『脛一毛』」，毛斧季本亦有此六字注文，這說明毛斧季所藏宋本，應當就是宋刻巾箱本。但《汲古閣珍藏秘本書目》只記有「元人手抄《孔叢子》七卷一本」，沒有這個宋刻《孔叢子》。古人撰寫藏書目，漏收或漏記、誤記所藏之書，並非個例，前述宋刻嘉祐本《孔叢子注》，七卷，一函四冊，上有季振宜藏書印，但是《季滄葦藏書目》僅記有「《孔叢子》七卷，二本」，又「抄本《孔叢子》七卷，二本，又七本」，並無「四冊」的記載。此毛斧季藏宋刻《孔叢子》，或為明代所藏，至清時毛扆撰寫藏書目時，該本已經流出，故毛扆無從見此宋刻《孔叢子》。最後，據清抄本，說明在清代仍有宋刻巾箱本《孔叢子》在流傳。

　　關於宋刻巾箱本出現的時間，目前尚不得而知，但將明刻巾箱本與朱熹《儀禮經傳通解》及《續》所引宋咸《孔叢子注》相比照，可以發現一些問

題。第一、朱熹所用本中的注文（包括反切音注），有的在巾箱系列諸本中被刪除。第二、在朱熹所用本與巾箱系列諸本中都可見到的宋咸注文，其文字亦有差別，如《刑論篇》「古之知法者能遠」下，朱熹所用本注文爲「遠謂能止其源，以禮教先之也」，巾箱系列本注文爲「能遠者止其源，而以禮教先之」，比較來看，朱熹所用本此注文與宋嘉祐本全同，而巾箱系列本則有改動。第三、有巾箱系列本所保留的注文，而在朱熹所用本中被刪之者，如《刑論篇》「牽過以小罪謂之枳」下，朱熹所用本注文爲「枳音紙，一作『疷』。枳猶傷也」，巾箱系列本注文爲「一作『疷』，猶傷也。夫過則宜宥，若牽以爲小罪，亦傷乎義，況爲大罪」，其「猶傷也」以下之文字，朱熹所用本盡刪。以上比較說明，朱熹所用本不是巾箱本，宋刻巾箱本出現的時間，應當在朱熹所用本之後。

（二）《孔叢子注》七卷，宋宋咸注

此本爲《宛委別藏》收影鈔宋巾箱本，六冊。書版半頁八行，行十四字，雙行小注，左右雙欄，無魚尾。清阮元《孔叢子注七卷提要》曰：「舊本題曰孔鮒撰，宋宋咸注。咸字貫之，建陽人，天聖二年進士，仕至都官郎中，詳何喬遠《閩書》。是編依宋巾箱本影鈔，與晁公武《郡齋讀書志》、陳振孫《直齋書錄解題》卷帙相合。以世所傳三傳（按：此「傳」字涉上「傳」字而訛，當爲「卷」字）之本校之，夐然不同。如《小爾雅‧廣言》，俗刻作『俘，罰也』，此作『浮，罰也』。《禮記‧投壺》『若是者浮』，正義所引可據也。咸注亦典核簡潔，卷首載《自序》併《進書表》。王伯厚《玉海》稱咸上所注《揚子》、《孔叢子》，賜三品服。今所注《揚子》更不可得矣。」〔註 5〕但該書影抄所據底本是否爲宋刻巾箱本，學界則多有異說。清瞿鏞《鐵琴銅劍樓藏書目錄》卷第十三子部一儒家類：「《孔叢子》七卷，明刊本，漢人孔鮒撰。此明人翻梓宋時巾箱本，題宋咸注，程以進閱。前有咸《上表》及《序》二篇，寫刻甚精。」〔註 6〕清錢曾《讀書敏求記》卷三之上子：「《孔叢子》七卷，題詞本有。《述古目》注『鈔』字。【補】勞云雲丹鉛精舍有影宋巾箱本。鈺案：宋巾箱本《孝慈目》云係安正堂刊本。瞿《目》云明人翻梓，有『程以進』一行。……黃丕烈此《目》上注『名鈔』二字。……此則空居閣藏本，從至

〔註 5〕　清阮元：《揅經室集外集》卷二《孔叢子注七卷提要》，中華書局，2006 年。
〔註 6〕　清瞿鏞：《鐵琴銅劍樓藏書目錄》，《續修四庫全書》本。

正二年元人所鈔錄出者也。【補】黃丕烈云空居閣是馮氏。從至正二年元人所鈔錄出者也。」〔註7〕安正堂爲明代建陽劉宗器的堂號，有學家據此認爲阮元所據宋刻巾箱本實爲明翻刻或仿刻本。但《孝慈堂書目》所說的安正堂所刊巾箱本是否即阮元所據之巾箱本？即或如此，安正堂刊刻所據之本，是否爲宋巾箱本？這之中，尚有一些問題沒有搞清楚，故不可對阮元所據本輕易定論。張允亮《故宮善本書目》三：「《孔叢子注》七卷，六冊，宋咸撰，影鈔宋巾箱本。」〔註8〕此與阮元編刻《宛委別藏》時所採入本實則爲一。上海圖書館曾藏有一部《孔叢子》七卷本，題「漢孔鮒撰，宋宋咸注，明刻本，六冊（該館稱此原係私人藏書，現已歸還原主，故不得見其書）」，明、清流傳《孔叢子注》爲六冊裝幀的，目前所知，只有此本與阮元所據本及故宮本三種，宋刻巾箱本《孔叢子》今無見傳世本，明、清人所言之宋刻巾箱本，或實則明人翻刻本。清彭元瑞等《欽定天祿琳琅書目後編》卷十《元版子部》著錄有「《孔叢子》一函，六冊。宋宋咸注。書七卷。……前有咸《序》及嘉祐三年《進書表》、四年《謝賜金紫表》，後有《後序》，末墨記『茶陵桂山書院校正版行』，泰興季氏藏本。『季振宜藏書』朱文，卷首、卷一。『古吳錢氏家藏之寶』朱文，卷首、卷二、卷三、卷四、卷六、卷七。『章氏伯玉』白文、卷首、卷四。」〔註9〕彭元瑞等所言元刻《孔叢子》爲一函六冊，與《季滄葦藏書目》所言宋刻之二本、《滂喜齋藏書記》所言元刻之四冊都不相同，故阮元所謂宋刻巾箱本有爲元刻的可能。以宋嘉祐本與阮元影鈔宋巾箱本比較，可以看出一些差異。

　　首先，二者在文字上存在差異，如《嘉言》第一「夫子適周，見萇弘」，影鈔本作「夫子適周，見萇宏」。《論書》第二標題下小注「子夏問《書》大義」，影鈔本作「子張問《書》大義」。「《大禹謨》《禹貢》可以觀事」下小注「謂位賢運德」，影鈔本作「謂世賢運德」。「梁丘據自外而至」，影鈔本作「梁邱據自外而至」。《記義》第三「則夫子雖徒步以朝」，影鈔本作「則夫子雖使步以朝」。《記問》第五「若管仲之知，是以定法」，影鈔本作「若管仲之志，足以定法」。「今非其時來何求」，影鈔本作「今非其時吾何求」。《居衛》第七「且吾性無鬚眉」，影鈔本無「性」字。「周棄之後也」下小注「姜原生棄」，

〔註7〕　清錢曾：《讀書敏求記》，上海古籍出版社，2007年。

〔註8〕　張允亮：《故宮善本書目》，民國三十年排印本。

〔註9〕　清彭元瑞等：《欽定天祿琳琅書目後編》，上海古籍出版社，2007年。

影鈔本作「姜姬生棄」。「宋君聞之駕而救之」，影鈔本「駕」上空一字格。《巡守》第八「今子自計必不能行」，影鈔本作「今子是計必不能行」。「無功德者則削黜貶退」，影鈔本作「無功德者則削黜敗退」。《公儀》第九「穆公謂子思曰」，影鈔本作「穆公問子思曰」。《抗志》第十「徒好飾弄辭說」，影鈔本作「徒好飾美辭說」。《論勢》第十六「秦兵攻趙，魏大夫以爲於魏便」，影鈔本作「秦兵攻趙，魏大夫以爲於魏使」。「王之交最爲天下之上矣」，影鈔本作「王之交最爲天下之主矣」。《獨治》第十九「父怒曰估亂僭號」影鈔本作「父怒曰怙亂僭號」。「各隨本屬之隆殺」，影鈔本作「各隨本屬之際殺」。《問軍禮》第二十「孟冬以級授軍，司徒擂撲」，影鈔本作「孟冬以級授軍，司徒執撲」。「亦弗御也」，影鈔本作「示弗御也」。上述說明，影鈔本與嘉祐本的正文文字差異概率很低，其中有的是嘉祐本正確，如《論勢》第十六「秦兵攻趙，魏大夫以爲於魏便」，影鈔本錯改「便」爲「使」，當是於傳抄中形近而訛者。有的是嘉祐本錯誤，於影鈔本得以改正，如《獨治》第十九「父怒曰估亂僭號」，「估」乃怙之訛，影鈔本作「怙」，是也。《史記・陳涉世家》「由是無親陳王者」，司馬貞索隱：「顧氏引《孔叢子》云：『陳勝爲王，妻之父兄往焉。勝以眾賓待之。妻父怒云：「怙強而傲長者，不能久焉。」不辭而去。』」此可爲阮元影鈔本之所據本當爲宋刻巾箱本的間接證據之一。

其次，見於嘉祐本中宋咸的注釋文字，在影鈔本中被大幅度刪削與改寫。以卷第一之三篇爲例：

《嘉言》第一標題下注「是書之第，乃以仲尼、子思、子上、子高、子順、子襄子孫之言爲之先後，以『嘉言』名篇者，取夫子應答之善言云爾」，「子順」下，影鈔本無「子襄子孫」四字。「其狀河目而隆顙」，注「河目言深且廣。隆，高也。顙，額也」，影鈔本無「隆，高也。顙，額也」六字。「修肱而龜背」，注「言肱長背隆」，影鈔本無此五字。「文王之興，附者六州」，注「仲尼稱文王三分天下有其二，蓋言九州之有六州，即文王所感雍、梁、荊、豫、徐、揚之六州，餘一分冀、青、兗三州屬紂」，影鈔本無「言」「餘一分」「三州」六字。「故區區之臺，未及期日而已成矣」，注「文王受命，作邑於豐，乃及靈臺，所以觀被象民，樂其有靈德，故庶民子來，經始而不日成之」，影鈔本僅作「即所謂經始不日，庶民子來」。

《論書》第二「受命於人者，舜、禹是也」，注「受命於天者，順天以誅惡，非湯、武而何？受命於人者，順人以歸義，非舜、禹而何」，影鈔本改爲

「湯、武順天以誅惡，舜、禹，順人以歸義」。「乃父母之頑嚚也」，注「不孝有三，無後爲大，故舜不告而娶，父頑母嚚然」，「雖堯爲天子，其如舜何」，注「父頑，母嚚，雖堯元聖，亦無如之何」，影鈔本合二條二注爲一，改爲「父頑母嚚，雖堯大聖，亦無如之何」。「則遠方歸志而致其敬焉」，注「德修則異變，況於人乎」，影鈔本無此九字注文。「龍子以爲一夫而被以五刑」，注「龍子趙岐謂古之賢者，蓋嘗有此語」，影鈔本無此注文。「龍子未可謂能爲書也」，注「以龍子失書之義」，影鈔本無此注文。「夫子愀然變容曰」，注「愀然，不平之狀」，影鈔本無此注文。「爾祖其從與享之」，注「《商書‧盤庚篇》之文」，影鈔本無此注文。「季桓子問曰」，注「桓子，魯正卿，季平子之子，名斯」，影鈔本無此注文。「定公問曰：『《周書》所謂「庸庸祗祗，威威顯民，何謂也」』」，注「《周書‧康誥》之文，言文王用可用，敬可敬，畏可畏，以此道而示於民」，影鈔本無此注文。「子張問：『《書》云「奠高山」何謂也』」，注「《夏書‧禹貢》之文」，影鈔本無此注文。「孟懿子問《書》曰」，注「孟懿子，魯大夫仲孫何忌。懿，諡也」，影鈔本無此注文。「陳氏戮其小臣」，注「陳氏，齊大夫之家」，影鈔本無此注文。「《周書》所謂『明德愼罰』」，注「《周書‧康誥》之文，言文王能顯用俊德，愼去刑罰」，影鈔本無此注文。「《書》曰：『其在祖甲，不義惟王』」，注「《周書‧無逸篇》之文，言湯孫太甲爲王不義，伊尹放之桐宮」，影鈔本無此注文。「湯及太甲、祖乙、武丁，天下之大君」，注「蓋赤也嘗聞晏子有是言」，影鈔本無此注文。「魯哀公問」，注「哀公，魯定公之子，名將」，影鈔本無此注文。「《書》稱夔曰『於，予擊石拊石，百獸率舞，庶尹允諧』何謂也」，注「《舜典》之文，言夔之作樂，感百獸相率而舞，則人神和可知焉」，影鈔本無此注文。「非政之本也」，注「言功成則樂作，非所以爲政本」，影鈔本無此注文。

　　《記義》第三標題下注「『記義』者言，記夫子答弟子、諸侯所問之義」，影鈔本無此注文。「季桓子以粟千鍾餼夫子」，注「餼，遺也。《家語》稱：『孔子曰：「季孫賜我粟千鍾，而交益親」』」，影鈔本僅有「餼，遺也」三字。「秦莊子死，孟武伯問於孔子曰」，注「莊子，魯大夫。武伯，懿子之子仲孫彘。武，諡也」，影鈔本僅有「魯大夫」三字。「古之達禮者行之也」，注「四人爲服，史不載其事。老聃有齡，疑熟其說，故曰聞之云」，影鈔本無此注文。「其亦善此而已矣」，注「《家語》、《國語》亦載其事。母曰：『吾聞好外，士死之；好內，女死之。今吾子夭死，吾惡其以好內聞也。二三婦之欲供先者妣，請

無瘠色，無揮涕，無撫膺，無哀容，無加服，有降服，從禮而靜，是昭吾子也。』孔子聞之，曰：『女知無若婦，男知莫若夫。公父氏之婦知矣，剖情損禮，欲以明其子爲令德也。』其辭與此文異，未知孰是焉。《史記》所載，與此義同」，影鈔本無此注文。「衛出公使人問孔子曰」，注「出公名輒，靈公孫，太子蒯聵之子」，影鈔本無此注文。「昔者舜臣堯」，注「言舜臣事堯之時」，影鈔本無此注文。「堯一從之」，注「言一從舜所選任」，影鈔本無此注文。「是則耳目人終無已已也」，注「言舜之舉人，吾又親耳目之，則是己之用耳目，無已時矣」，影鈔本無此注文。「尸利攜貳，非人臣也」，注「尸，主也。攜貳，猶違忒也，言心主利而違忒」，影鈔本無此注文。「孫子之以此免戮也」，注「《史記》稱孫文子攻出衛獻公，獻公奔齊。遂與甯惠子共立殤公。後甯喜與文子爭寵，殤公使甯喜攻文子，文子奔晉，復求入故衛獻公。與此文異，未知孰是」，影鈔本注文簡化爲「《史記》與此文異，未知孰是」。「孔子使宰予使於楚，楚昭王以安車象飾，因宰予以遺孔子焉」，注「昭王，楚平王之子，名熊珍。以象牙飾其車。遺，貺也」，影鈔本無此注文。「何必遠辱君之重貺乎」，注「重貺爲象乎」，影鈔本無此注文。「不若予之實也」，注「天海之言，非人所能際極，故不若以行事之實」，影鈔本無此注文。「既而二三子納金於子路以入衛」，注「二三子，夫子弟子，皆出金與仲由以入衛」，影鈔本無此注文。「受人之金，以贖其私昵，義乎」，注「私，親也。昵，近也。」，影鈔本無此注文。「愛金而令不辜陷辟」，注「辟，法也」，影鈔本無此注文。「如可贖兮，人百其身」，注「《秦風》哀三良之文」，影鈔本無此注文。「喟然而歎曰」，注「喟然，大息貌」，影鈔本無此注文。「見周道之所以盛也」，注「六州之人，浸被大王、王季、文王之化，故王跡所起焉」，影鈔本注文只作「浸被大王、王季所」七字。「見學之可以爲君子也」，注「衛武公年九十有五，猶箴儆於卿、師長士，以懿戒自儆。及其沒也，謂之睿聖武公。《詩》稱『切磋琢磨』，猶學而成然」，影鈔本注文只作「《詩》稱切磋琢磨，猶學而成」。「見古之賢者世保其祿也」，注「昏主則不能致是」，影鈔本無此注文。「見古之明王所以敬諸侯也」，注「仲尼居常言《詩》固多矣，子思不能盡錄，但舉其略」，影鈔本無此注文。「汝二人者孰視諸」，注「問汝二人孰能識此」，影鈔本無此注文。「是閔子」，注「曾子對以爲是閔子知此」，影鈔本無此注文。「於蓼莪，見孝子之思養也」，注「役若養闕，乃君爲之」，影鈔本注文改爲「蓼莪言父母生我劬勞」。「於四月，見孝子之思祭也」，注「《小雅・四月章》，刺幽王以

在位貪殘，下國構禍，怨亂並興，乃無孝子思祭之檄詳」，影鈔本注文改爲「《四月》言先祖胡寧忍予」。

但有的注文卻又和宋嘉祐本完全相同，如《刑論》第四「率過以小謂之枳」，影鈔本注：「一作『疢』，猶傷也。夫過則宜宥，若率以爲小罪，亦傷乎義焉，況爲之大罪」，這說明影鈔本所出之宋刻巾箱本是直接來源於宋嘉祐本。而朱熹引用本此《注》爲「枳音紙，一作『疢』，猶傷也」，其「枳音紙」之文，是把嘉祐本《孔叢子釋文》的三字遷移至此，其它與嘉祐本全同。朱熹本此條注文卻經過了改寫，這說明朱熹所採用的宋刻《孔叢子》改補本出現的時間當晚於宋刻巾箱本。

再次，影鈔本有新增注文。《論書》第二「是非禦侮乎」，影鈔本有注「以四友比四鄰」六字，嘉祐本無此注文。

最後，嘉祐本所附的《孔叢子釋文》，在影鈔本中已完全刪除。前面我們在朱熹《儀禮經傳通解》、《儀禮經傳通解續》注解的引文中所見《孔叢子注》的宋刻改補本，尚可見到《孔叢子釋文》的部分音注出現在每條注解的詞語之後，而影鈔本中只有極少的音注出現在注文中，如《雜訓》第六「婦女舍珠瑱」，影鈔本注「他甸切」。《小爾雅·廣器》第七「正中者謂之埶，……干、瞂，盾也」，影鈔本注「埶，倪結切。瞂，房越切」。在嘉祐本，「他甸切」、「倪結切、房越切」是在《孔叢子釋文》中出現的，說明此影鈔本所據之宋刻巾箱本，應當是在《儀禮經傳通解》、《儀禮經傳通解續》注解的引文中所見《孔叢子注》的宋刻改補本之後刊刻的，應該是南宋刻本之一。

（三）《孔叢子注》七卷，宋宋咸注

此本收藏在國家圖書館。書版半頁八行，行十四字，雙行小注，白口，左右雙邊，無魚尾。板框高 9.8mm，寬 7.1mm。書本高 14.5mm，寬 10.8mm，巾箱本。此本與宋嘉祐本不同，前有宋咸《進孔叢子表》，嘉祐本無此表。《表》之首頁鈐有「高氏珍賞」印一，「武林」印一，「桃花漁隱」印一。《表》之尾頁有「蕭氏山房」印一，卷一《嘉言篇》首頁有「曾在周叔弢處」印一，卷一尾頁有「臧書好古之家」印一，卷二、卷三、卷五、卷七首頁各有「稾一深甫」印一，「臧書好古之家」印一。卷四《公孫龍篇》有「高氏珍賞」印一，全書最後一頁有「高抵子」、「大橋煙水漁舟」、「洛下王孫州家」印三。書後無《孔叢子釋文》、《後序》及呂逢《序》。從藏書印可以看出，此書曾被明代藏書家高濂所藏，後輾轉流入周叔弢之手，中華人民共和國成立後周叔弢將

此書捐獻國家圖書館。

今以周叔弢藏明刻巾箱本與阮元所影鈔之巾箱本進行比較，二本有三點不同：第一，從刻寫用字正、俗的角度看，書寫同一詞語，阮元本是使用當時通行的「正字」，周叔弢本有時使用俗字，即異體字。第二，某些注文存在差異，如阮元本《抗志》第十「雖以天下易其脛毛」下注「一本作『脛一毛』」，周叔弢本無「一本作『脛一毛』」六字。第三，周叔弢本收藏完好，文字無殘字，阮元本上有一些字爲墨框，說明其所鈔之本該字已殘。

《嘉言》第一

「陳惠公」下注「陳悼太子師之子吳也」，阮元本注作「陳悼太子師之子□也」。

《巡守》第八

「見古天子巡守之銘焉」下注「皆刻石紀號，著己之績」，阮元本注作「皆刻石紀□□己之績」。

《抗志》第十

「衛君問子思曰：『寡人之政何如？』答曰：『無非』」下注「言臣下無敢非君之□□」，阮元本注作「言臣□□□□君之□□」。

「公叔氏之子，愛人之同己，慢而不知賢」下注「人同己則愛之，不知賢而敬之」，阮元本注作「人同□□愛之，不□□而敬之」。

「有龍穆者」下注「趙岐謂古之賢人，疑即穆也。詳其爲屨，不爲簧之言」，阮元本注作「趙岐謂古之□人，疑即穆也。詳其爲屨，不爲□□□」。

《連叢子》上第二十二

《諫格虎賦》「走獸動而審（按「審」當作「雷」，嘉祐本作「雷」）音」，阮元本作「走獸動而□□」。又「虞侯苑令」，阮元本作「□侯苑令」。又「營遮榛叢」，阮元本作「營遮□叢」。

《蓼蟲賦》「乃丁大殃」，阮元本作「乃□大殃」。

《與侍中從弟安國書》「不能已已，貴復申之」，阮元本作「不能已□□復申之」。

《敘世》「大司徒光」下注「光字子夏，父霸，字次儒」，阮元本注作「光字子夏，父霸，字□儒」。又「與劉歆友善」下注「歆字

子駿」，阮元本作「歆字子□」。又注「辛父前業」，阮元本作「辛□前業」。

　　《左氏傳義詁序》「由是大以《春秋》見稱與當世」下注「謂門人曰吾已從君魚受道矣……弟奇遊學洛陽」，阮元本作「謂門人□吾已從君魚受道矣……□奇遊□洛陽」。又「遂刪撮《左氏傳》之難者」，阮元本作「遂□撮《左氏傳》之難者」。

《連叢子》下第二十三

　　「語子和曰盍辭乎」下注「漢崔篆嘗著《易林》」，阮元本作「漢崔篆嘗著□□」。

第四，阮元所影鈔之巾箱本即張允亮《故宮善本書目》所記「《孔叢子注》七卷，六冊」，周叔弢所藏爲「明翻宋刻巾箱本，七冊」，冊數不同，係因版刻的先後時間不同，但同出自宋刻巾箱本，則是相同的。

（四）《孔叢子注校》七卷

　　此本半頁九行，行二十一字，雙行小注，白口，左右雙欄，清道光年刊錢熙祚《指海》本。書正文前有《四庫全書提要·孔叢子》、宋咸《注孔叢子序》、《進孔叢子表》。有篇目目錄。「卷七終」下有「金山錢熙祚錫之甫校梓」十字。錢氏雖未言《指海》本爲所據何本而校刻，但考其所載宋咸注文，與巾箱本系列相同，如《連叢子》上《序書》「居大梁」，注：「自叔梁紇至子順，凡九世，居魏城大梁。」此條注文，巾箱系列諸本俱同，然嘉祐本及葉氏藏本系列注文於「魏城」上俱脫「居」字。同時一些版本特徵也與巾箱本系列相同，故錢氏《指海》本所據底本，應當是巾箱本系列之一。

（五）重刊宋本《孔叢子》七卷

　　該本七冊，半頁八行，行十四字，雙行小字注，清光緒元年（1885 年）海昌陳錫麟重刊，巾箱本，此即范希曾《書目答問補正》所謂「《孔叢子》七卷，浙江新刻影宋巾箱本」。〔註10〕上海圖書館藏本爲七冊裝訂，國家圖書館藏本爲四冊裝訂，其行款格式與阮元藏影鈔本、周叔弢藏明刻巾箱本同。國家圖書館所藏有三個複本，其中一本首頁鈐有「青宮大保」印一、「肅毅伯章」印一，這是李鴻章的印章，曾爲李鴻章所收藏之本，首頁有李鴻章手寫《重刊嘉祐足本孔叢子》序，其文曰：

〔註10〕范希曾：《書目答問補正》，上海古籍出版社，1983 年。

　　《孔叢子》一書，《隋書·經籍志》始著錄陳勝博士孔鮒撰，晁公武因《漢志》無《孔叢子》，欲以儒家《孔臧》十篇當之，又牽合附會，以爲即《孔甲盤盂》書，李慈、王謨紛紛辨詰。考書中記鮒之歿，固不得爲鮒書，又有紀延平、延光中事，又安得謂爲孝武時之孔臧書也？陳振孫以爲孔氏子孫記其先世系言行之書，蓋近之矣。考《詰墨篇》以孔子卒時證白公作亂之事，斥墨子爲虛造，而《雜訓篇》記子思從夫子於郊之語，以年考之，亦不合，不幾郢而燕之乎！其書王霸雜用，如『欲以無用之貨溺人之國』，固疑非聖人之言，至『欲割地賂秦以爲嫪毐功』，則雖縱橫之士，亦羞舉其說，謂此孔氏之徒而計出於此，恐不然也。在隋以前，惟《水經注·泗水篇》引《孔叢》之文，其文亦與全書不類，他書未有援引者。朱子謂《孔叢》文氣不似西漢，予則謂多魏晉以後人語，如僞《孔傳》、僞《家語》之類。然古昔嘉言至論，亦徒存於其中，故司馬光作《通鑑》，楊簡作《先聖大訓》，多採取之。又中有《小爾雅》一書，猶《弟子職》之存於《管子》，亦考古者所不廢。《隋志》作七卷，晁、陳《志》、《錄》及《文獻通考》所記益同。明鍾惺去《連叢子》及《詰墨》、《小爾雅》，並爲四卷，不知何人並爲三卷？何氏《叢書》復並爲上下二篇。足本之傳於世者甚寡，嘉祐中，宋咸注成，表進本猶不易遘。錢尊王得空居閣藏本，尚是從元人所鈔重錄者。陳君襄夔乃得宋槧本而什襲之，近復重雕，以廣其傳。予嘗謂宋槧古書日就亡佚，獨賴好古之士珍護而梓播之，是亦守先待後之一端。因嘉襄夔之舉而爲之序。光緒元年龍集乙亥孟春之月合肥李鴻章。

書後陳錫麒《後跋》曰：

　　世傳《孔叢子》三卷，此七卷並《連叢子》，宋槧本也。庚中避亂，流離播遷，篋中僅攜此書。每謂家人曰：汝曹與此俱脫於戹也。向見峽山蔣生沐廣文別下齋藏有七卷本，紙墨少遜。廣文言是儀徵阮相國藏本。又聞南潯蔣氏、上海郁氏亦有此本。兵燹之後，三家本不識有存焉否？茲仿巾箱式重刊，原書乃棄篋。衍其第五卷第四頁，原闕亦乃其舊云。海昌陳錫麒襄夔甫跋。

關於陳錫麒的宋刊本《孔叢子》，我們需要辯證以下幾個問題，第一、該本不

是宋刊嘉祐足本。黃懷信於《小爾雅的源流》指出:「陳氏書之或稱嘉祐本,可能是由於卷端有嘉祐三年宋咸《表》、《序》的緣故。究竟如何,今亦不得詳辨。總之舊之『宋本』今均未見。」〔註 11〕黃先生由於當時尚未見到上海圖書館所藏的宋嘉祐八年刻本,故立說十分謹慎。陳錫麒本當是影刻巾箱本,今據宋嘉祐八年刻本考之,黃懷信之說可信。第二、陳錫麒所藏本,雖為巾箱版式,但不是宋刻巾箱本。嘉祐本《孔叢子・抗志篇》「雖以天下易其脛毛」下宋咸注「一本作『脛一毛』」,毛斧季藏宋刻本、阮元影鈔本並有注文「一本作『脛一毛』」六字,陳錫麒本無此六字注文,說明陳氏所據本與毛斧季本及阮元本都不相同,但周叔弢本卻有此六字注文。第三、阮元影鈔本於全文有三十五處殘字無法辨識,通檢陳錫麒本與之相對的三十五字之處並無殘字,這一點陳錫麒本與周叔弢本完全相同。第三、陳錫麒所藏本當為明刻巾箱本。通檢其版刻之行數、字數、正文文字與所保留的宋咸注文,與周叔弢藏本十分相同,其藏於上海圖書館的刻本,也是七冊裝訂,與周叔弢本完全一致,說明其本應當是與周叔弢本同一版次印行的。第四、陳錫麒誤以己之所藏本為宋刻,謂「此七卷並《連叢子》宋槧本也,……茲仿巾箱本重刊」,影刻後又有李鴻章為之作序,稱其本為宋嘉祐足本,故時人重之,在范希曾所補正張之洞《書目答問》中,直稱其為「浙江新刻影宋巾箱本」,並誤。

至此,我們可以得出結論,上述明刻巾箱本應當源出於宋刻巾箱本,然宋刻巾箱本出現於何時,目前尚不得而知,但將明刻巾箱本與朱熹《儀禮經傳通解》及《續》所引宋咸《孔叢子注》相比照,卻可以發現一些問題。

四、《孔叢子》七卷刻本

(一)《孔叢子》七卷附《釋文》一卷,孔鮒撰,《釋文》佚名撰

此本著錄為明據宋本覆刻,四冊,分題春夏秋冬。藏上海圖書館。版式半頁八行,行十七字。書版先後次序為:《進孔叢子表》、《注孔叢子序》、七卷正文、《孔叢子釋文》、宋人王蘭《跋》。無宋咸注文,《進孔叢子表》下鈐有「上海圖書館」印一、「合眾圖書館」印一,「杭州葉氏藏書印」一,《嘉言》第一下鈐有「武林葉氏藏書印」一,「合眾圖書館藏書印」一、「衍聖公繩二齋書畫印」一。王蘭《跋》文記載了校勘《孔叢子》大概過程:

〔註11〕 黃懷信:《小爾雅彙校集釋・小爾雅的源流》,三秦出版社,2003 年。

　　《孔叢子》記先聖之遺訓與世家有足稽者，近世鮮有流傳。今
夏官貳卿林公塡江右時，取其書刊之，以惠學者。旣而召去，余適
繼至，得書，以此爲託。且曰：『校讎之未精也。』因取而閱之，訛
□至多。遂訪得蜀書，意其據而脫繆乃滋甚，幸有可以互見者，又
旁證遠取，凡刊誤幾六百字，今可讀矣。然前輩謂校書如掃塵，隨
去隨有。故歐陽公讀韓文，得石刻，益知讎正之難。因書其末，以
詒後之君子。淳熙戊申七月，濡須王藺書。

該本未題明人於何時翻刻。傅增湘見過一「《孔叢子》七卷，《釋文》一卷」
本，稱「明刊本，八行十七字，白口雙闌，大版心，似萬曆本。棉紙，藍綾
封面，乃明時原裝。前有宋咸《進書表》，又《序》，後附《釋文》，又淳熙戊
申濡須王藺《序》」〔註12〕，其所見與葉氏藏本同，故葉氏藏明本或翻刻於萬
曆時。以葉氏本與宋嘉祐本比照，有幾點不同。

　　第一，宋咸《注孔叢子序》的署名方式不同。宋嘉祐本《序》尾署名爲
「嘉祐三年戊戌歲二月日臣咸謹序」，葉氏藏本《序》尾署名爲「嘉祐三年戊
戌歲二月日提點廣南西路諸州軍刑獄公事兼本路勸農事朝散郎守、尙書屯田
郎中、上輕車都尉、賜緋魚袋借紫臣宋咸謹序」。嘉祐本在《注孔叢子序》正
文前有單獨提行的「提點廣南西路諸州軍刑獄公事兼本路勸農事朝散郎守、
尙書屯田郎中、上輕車都尉、賜緋魚袋借紫臣宋咸撰」四十四字，其「宋咸」
二字以上，與葉氏藏本《序》尾的署名全同，然嘉祐本於「宋咸」下稱「撰」，
而葉氏藏本有《進孔叢子表》，《表》尾署名爲「宋咸上表」，因此，嘉祐本於
《序》正文前的「提點廣南西路諸州軍刑獄公事兼本路勸農事朝散郎守、尙
書屯田郎中、上輕車都尉、賜緋魚袋借紫臣宋咸撰」文，不像是殘存的《進
孔叢子表》的署名（嘉祐本無《進孔叢子表》），更像是《序》文開始的稱名，
這四十四字應當是《序》正文前的全稱，《序》正文後的「嘉祐三年戊戌歲二
月日臣咸謹序」十四字，是交待《序》文寫作的時間，這樣看來，嘉祐本宋
咸《孔叢子注》中，原本就沒有《進孔叢子表》。葉氏藏本中的《進孔叢子表》，
有二種可能，其一是王藺校訂時，所據本已有之，或爲王藺所加。其二是明
人翻刻時所加。檢巾箱系列諸本，均有此《表》，故此《表》當不爲明人所加，
考王藺《跋》文，並沒有提及《進孔叢子表》之事，因此，最大的可能是《進
孔叢子表》本爲宋咸單獨上呈之表，並不在《孔叢子》書內，故嘉祐八年刊

〔註12〕　傅增湘：《藏園群書經眼錄》，中華書局，2009年。

刻時書中沒有該《表》，這個《表》當時應當是屬於皇宮檔案的。但在王藺校訂前，該《表》已編入《孔叢子》了。

第二，宋咸的注文，在葉氏藏本中，幾乎被全部刪除。此為明人翻刻時所刪，或王藺校訂時所刪？或於王藺校訂前，其所據林公翻刻本或王藺所訪得蜀本已刪？現在不得而知，但其中有一點可以確定，明代與葉氏藏本同一系的本子，均無宋咸注文，說明宋咸注文不是明人翻刻時所刪。就朱熹所用本和巾箱系列諸本來看，已對宋咸注文有不同程度的刪節。朱熹卒於南宋寧宗慶元六年，當公元 1200 年，王藺校訂《孔叢子》在孝宗淳熙十五年，當公元 1188 年。朱熹主持撰寫《儀禮經傳通解》，在時間上幾乎與王藺校訂《孔叢子》同時，而朱熹所用本為宋咸注文刪節本，王藺本為宋咸注文全部刪除本。朱熹所用本於刪節宋咸注文的同時，還把《孔叢子釋文》的每一條反切移到前面雙行小注所相對應詞語的後面，而不再附錄《孔叢子釋文》，王藺本雖然完全刪除了宋咸的注文，但書後卻附錄了《孔叢子釋文》，說明朱熹本與王藺本是北宋時期的《孔叢子注》，在流傳中被分別整理過。

第三，王藺校訂本中的《孔叢子釋文》，與宋嘉祐本比照，已有不同。一是所收反切音注的數量不同，王藺本中刪除了嘉祐本中反切音注四十四條，新增加反切音注五條。二是所收反切音注，被切字不同，如嘉祐本《抗志篇》音注「已已」，王藺本作「食已」。嘉祐本《小爾雅》音注「聚樸」，王藺本單作「樸」。嘉祐本《詰墨篇》音注「苴經」，王藺本作「苴経」。三是所用反切上下字不同，嘉祐本《刑論篇》「五父」下之「方短切」，王藺本為「方矩切」。嘉祐本《居衛篇》「寄帑」下之「他囊切」，王藺本作「與『帑』同」。嘉祐本《小爾雅・廣言》「巢截」下之「楚交切」，王藺本作「楚夜切」。四是在反切音注之下，存在有校語與無校語的不同，嘉祐本《小爾雅・廣義》「曰釐」下之「陵之切，本作『嫠』」，王藺本無「本作嫠」三字。五是嘉祐本《釋文》反切音注中的被切字，如《小爾雅・廣鳥》「鶉鷗」，《公孫龍篇》「瀾」，《陳士儀篇》「梁紇」、「挽父」，《獨治篇》「泜水」等五條，不是《孔叢子》正文的文字，而是宋咸注文中的文字。這五條都在王藺所刪除的四十四條之內。六是同一條音注中的被切字不同，嘉祐本《記義篇》「鍾夫」，王藺本作「鍾籔」，這是由於版本差異造成的。上述六點不同，說明二個問題：首先，宋咸不是《孔叢子釋文》的作者，否則不會在《釋文》中將自己注釋中所使用的某些文字列為反切音注的被切字，這說明《釋文》只能是宋咸之後人所作，

時間上應當出現在宋咸《孔叢子注》書成之後、呂逢付梓之前，即嘉祐三年
至嘉祐八年之間，而作者可能是呂逢。其次，王蘭可能對《孔叢子釋文》進
行了修改，刪除了嘉祐本所見的五條注釋宋咸注文的反切音注，改動了嘉
祐本中某些反切上下字，用當時與之音同的常用字替換了原有被認爲是冷僻
的字。

第四，葉氏藏本反映出王蘭校訂本的僅有二條注文，一在《記問篇》「聞
鳴犢與竇犫之見殺也」下有注文：「《孔子家語》云：『殺竇準、鳴犢及舜華。』
又云：『趙簡子須此二人而後從政。』則竇準、鳴犢爲一人，舜華爲一人也。
《史記・世家》云：『竇鳴犢與舜華。』徐廣注云：『或作「鳴鐸、竇準」，今
備存之。』」此爲引《史記》、《孔子家語》等文，考證竇鳴犢與舜華事。嘉祐
本「聞鳴犢與竇犫之見殺也」下宋咸注：「或作『鳴鐸、竇犫』，又作『竇鳴
犢、舜華』，皆晉國之賢大夫也。」比較文字，葉氏藏本與嘉祐本的差別較大。
另一處在《連叢子・序書》，是注孔子世系，文字與嘉祐本無別。這二條注文
保留在王蘭本中，或爲前人整理時所殘存，王蘭校訂時加以保留，或王蘭本
已刪，明人翻刻時據他本所增。但考察明嘉靖時蔡宗堯刻《孔叢子》七卷本，
也有這二條注文。蔡宗堯本與葉氏藏本雖爲一系，但二本在文字上有很多的
差別，說明這二條注文爲明人翻刻所增的可能性不大。

第五，葉氏藏本保留了王蘭校訂本的二條校記，一在《記問篇》「賢人竄
兮將待時」下曰：「一作『待清時』。」一在《連叢子》上《與從弟書》「不能
已已貴復申之」下，曰：「眾口非非，一作『眾非非正』。」這二條校記，不
見於嘉祐本，可能是王蘭採自其它宋刻本佚文而保留下來的。〔註13〕

第六，葉氏藏本與嘉祐本不僅在文字上差別較大，而且差別出現的頻率
也較高。下以第一、二卷七篇爲例。

《嘉言》第一

嘉祐本「禮樂崩喪，亦正其統紀而已矣」，葉氏藏本「亦」上有「其」字。

嘉祐本「以爲績組紃織紝」，葉氏藏本「爲」下有「紡」字。

嘉祐本「黼黻文章之義」，葉氏藏本「義」作「美」。

嘉祐本「今梁丘已療矣」，葉氏藏本「丘」下有「子」字。

嘉祐本「位卑則人不附也」，葉氏藏本「卑」上無「位」字。

〔註13〕 參見林琳、傅亞庶：《孔叢子宋代刻本考》，《蘭臺世界》2015 年第 11 期。

《論書》第二

嘉祐本「曩師聞諸夫子曰」，葉氏藏本「師」上有「者」字。

嘉祐本「泰誓可以觀議」，葉氏藏本「泰」作「秦」。

嘉祐本「龍子以爲一夫而被以五刑」，葉氏藏本「一夫」作「教一」。

嘉祐本「上有堯、舜之道」，葉氏藏本「道」作「德」。

嘉祐本「常於此彈琴」，葉氏藏本「琴」下有「瑟」字。

嘉祐本「烈風雨各以其應」，葉氏藏本「風」下有「雷」字。

嘉祐本「生則有列於廟」，葉氏藏本「廟」作「朝」。

嘉祐本「小名山視子男」，葉氏藏本「小」作「而」。

嘉祐本「臣有辭爲」，葉氏藏本「爲」作「焉」。

嘉祐本「湯及太甲、武丁、祖乙」，葉氏藏本作「湯及太甲、祖乙、武丁」。

嘉祐本「昔重黎舉夔而進」，葉氏藏本「而」作「爲」。

《記義》第三

嘉祐本「此即所以失之也」，葉氏藏本「即」作「乃」。

嘉祐本「吾知其爲知也」，葉氏藏本作「吾知其爲罪也」。

嘉祐本「若夫觀目之麗靡」，葉氏藏本「麗靡」作「靡麗」。

嘉祐本「故二三子其欲」，葉氏藏本「其」上有「行」字。

嘉祐本「於四月，見孝子之思祭也」，葉氏藏本「四月」作「楚茨」。

《刑論》第四

嘉祐本「左手執轡，右手運策」，葉氏藏本作「右手執轡，左手運策」。

嘉祐本「其防深矣」，葉氏藏本「其」下有「於」字。

嘉祐本「其於怨寡矣」，葉氏藏本「怨」作「恕」。

嘉祐本「其大法有三焉」，葉氏藏本「有」作「也」。

嘉祐本「故善聽者，雖不越辭」，葉氏藏本「雖」作「聽」。

嘉祐本「其狀自反，子姑待之」，葉氏藏本「狀」作「將」。

《記問》第五

嘉祐本「推數究理不以疑」，葉氏藏本「以」下有「物」字。

嘉祐本「伋於進瞻，亟聞夫子之教」，葉氏藏本「瞻」作「膳」。

嘉祐本「聞鳴犢與竇犨之見殺也」，葉氏藏本「聞」下有「寶」字，「竇犨」作「舜華」。

嘉祐本「叔孫氏之車子曰鉏商」，葉氏藏本「子」作「卒」，「曰」下有「子」字。

嘉祐本「麕身而肉角」，葉氏藏本「麕身」作「有麕」。

《雜訓》第六

嘉祐本「子上雜所習，請於子思」，葉氏藏本作「子上請所習於子思」。

嘉祐本「子之先君見子產時」，葉氏藏本「子產」下無「時」字。

嘉祐本「然後與使者宴」，葉氏藏本「與」下無「使」字。

嘉祐本「使而送之，賓也」，葉氏藏本「使」下有「人」字。

嘉祐本「雖國子之尊」，葉氏藏本「子」作「君」。

嘉祐本「是以綴之以食」，葉氏藏本「之」下無「以」字。

嘉祐本「序列昭穆」，葉氏藏本「列」下有「之」字。

嘉祐本「寡人不得，嗣先君之業三年矣」，葉氏藏本「得」作「德」。

嘉祐本「抑亦可」，葉氏藏本「可」下有「乎」字。

嘉祐本「文王舍適立次」，葉氏藏本「立」下有「其」字。

嘉祐本「亦仁義固所以利之乎」，葉氏藏本「亦」下有「有」字，「仁義」下有「而已矣何必曰利子思曰仁義」十二字。「乎」作「也」。

嘉祐本「子思曰上不仁則下不得其所」，葉氏藏本無「子思曰」三字。

《居衛》第七

嘉祐本「伋徒患德之不邵美也」，葉氏藏本「邵」下無「美也」二字。

嘉祐本「有可以為公之尊」，葉氏藏本「公」下有「侯」字。

嘉祐本「昔者吾從夫子巡守於諸侯」，葉氏藏本「巡守」作「遊」。

嘉祐本「斯有此子，道之常也」，葉氏藏本「道」上有「人」字。

嘉祐本「故君子高其行，則人莫能階也」，葉氏藏本「階」作「偕」。

嘉祐本「不可以所為民亡民也」，葉氏藏本「為」下無「民」字。

嘉祐本「文王死於牖里」，葉氏藏本「死」作「厄」。

上述嘉祐本與葉氏藏本的文字異同說明，葉氏藏本當為晚出，其中有些可糾正、彌補嘉祐本之衍、脫、訛、倒諸問題，但有些卻是明顯的訛誤，說明葉氏藏本於刊刻中又發生了新的訛誤。

（二）《孔叢子》七卷，《釋文》一卷

明刻本，四冊。國家圖書館藏，標注為陳李靄如捐。此本半頁八行，行

十七字，四周雙邊，版心第一、二冊有「前」字，三、四冊有「後」字。《孔叢子序》下鈐有「曾在周叔弢處」印一。經與《四部叢刊》本《孔叢子》對校，二者版式、行款、文字完全一致，《四部叢刊》本為二冊裝訂，第一冊版心有「前」字，第二冊版心有「後」字，當為影印裝訂時原本一、二冊訂為一冊，三、四冊訂為一冊。《四部叢刊》本於書前有「上海涵芬樓借杭州葉氏藏明翻宋本影印」的說明。蓋杭州葉氏與周叔弢都收藏過這種明翻宋刻本，後周叔弢收藏的這個本子流入陳李靄如之手。筆者曾將陳李靄如捐本與上海圖書館所藏杭州葉氏藏本對校，二者區別在於葉氏藏本於四冊分題為春、夏、秋、冬，而陳李靄如捐本無此題，其它則無別。

（三）《孔叢子》七卷，漢孔鮒撰

明刻本，二冊。上海圖書館藏。此本半頁十八行，行十七字，白口，四周雙邊。有宋咸《進孔叢子表》、《注孔叢子序》，無注文。曾為潘承弼所收藏，書後有潘承弼《跋》文：

> 《孔叢子》以宋咸注七卷本為善，宋槧原本不可見。舊傳阮文達藏有宋刊巾箱一本，據《孝慈堂目》係安正堂所刊。吾家澇喜齋有元刊宋咸注七卷一本，前後皆有咸序，每半頁十二行，行大二十三、四字，小二十七、八字不等，後有嘉祐八年呂逢刊書序，宋諱遇『敬』『儆』字缺筆，蓋《季滄葦書目》所著錄者。余曾取校俗本，多所是正。此明本七卷，前後所錄序跋與元本同。稱宋咸注本，而實無注文，遇宋諱亦不缺筆，每半葉八行，行十七字，白口，版心記『前』『後』等字。按《四庫》所收為三卷本，明刊自綿眇閣以下，咸不足取，此本當居諸刻之上。以視舊藏元槧則遜而居乙矣。然兩本互有佳處，實為雙璧也。余別藏鄉先輩葉緣督先生手校一本，羅列各本異同，允稱精覈。經亂，未知存佚，為可惜矣！戊寅五月二十八日，□縣潘承弼跋於滬濱斜橋寓廬。」

按潘氏所述，此即與陳李靄如所捐及杭州葉氏所藏為同一版刻之本，取葉氏藏本與此潘承弼藏本對校，二者於文字異同上無別。

（四）《孔叢子》七卷

明嘉靖二十九年蔡宗堯刻本，半頁十行，行十八字，白口，左右雙邊。藏福建省圖書館。此本無宋咸注文，以其前二卷文字核之宋嘉祐本、葉氏藏

本、周叔弢藏本，異同如下：

《嘉言》第一

嘉祐本「長九尺有六寸」，蔡宗堯本「長」上有「其」字。

嘉祐本「禮樂崩喪，亦正其統紀而已矣」，葉氏藏本、蔡宗堯本「亦」上有「其」字，周叔弢本無「其」字。

嘉祐本「以爲績組紃織紝者」，葉氏藏本、蔡宗堯本「績」上有「紡」字，葉氏藏本無「紡」字。

嘉祐本「吾於予，取其言之近類也」，蔡宗堯本「予」作「子」。

《論書》第二

嘉祐本「上有堯、舜之道」，葉氏藏本、蔡宗堯本、周叔弢藏本「道」並作「德」。

嘉祐本「惡覿其宗廟之奧」，蔡宗堯本無「其」字。

嘉祐本「烈風雨各以其應」，葉氏藏本、蔡宗堯本、周叔弢藏本「烈」上並有「雷」字。

嘉祐本「祖迎於坎壇」，蔡宗堯本「祖迎」作「相近」。

嘉祐本「言前後左右近臣當畏敬之」，蔡宗堯本「當」作「皆」。

嘉祐本「湯及太甲、武丁、祖乙」，葉氏藏本、蔡宗堯本並作「湯及太甲、祖乙、武丁」。

嘉祐本「然則政之大本，莫尚夔乎」，蔡宗堯本「夔」作「樂」。

《記義》第三

嘉祐本「此即所以失之也」，葉氏藏本、蔡宗堯本「即」作「乃」。

嘉祐本「貧取於友，非義而何」，蔡宗堯本「何」作「得」。

嘉祐本「於四月，見孝子之思祭也」，葉氏藏本、蔡宗堯本「四月」作「楚茨」。

《刑論》第四

嘉祐本「不失其理之謂也今諸侯不同德」，蔡宗堯本「也今」作「今也」。

《記問》第五

嘉祐本「夫子忻然笑曰」，蔡宗堯本「忻」作「欣」。

嘉祐本「聞鳴犢與竇犨之見殺也」，葉氏藏本、蔡宗堯本「竇犨」作「舜華」。

嘉祐本「麟出而死」，蔡宗堯本「麟」下有「今」字。

《雜訓》第六

嘉祐本「世所希有也」，蔡宗堯本「有」下無「也」字。

嘉祐本「則莫如一切除非法之事也」，蔡宗堯本「一切除」作「除一切」。

《居衞》第七

嘉祐本「不以鬢眉美鬛爲稱也」，蔡宗堯本「眉」下有「之」字，「美」下無「鬛」字。

嘉祐本「吾將黜之」，蔡宗堯本「黜」作「出」。

嘉祐本「滋滋焉，汲汲焉」，蔡宗堯本「滋滋」作「孳孳」。

嘉祐本「故君子高其行，則人莫能階也」，葉氏藏本、蔡宗堯本「階」作「偕」。

嘉祐本「不可以所爲民亡民也」，蔡宗堯本「亡」上有「者」字。

嘉祐本「受珪瓚鬯之賜」，蔡宗堯本「鬯」上有「秬」字。

嘉祐本「下此以訖於秦、費」，蔡宗堯本「此以」作「以此」。

嘉祐本「昔魯委巷亦有似君之言者，仍答之曰」，蔡宗堯本「者」下有「蓋」字，無「仍答之曰」四字。

嘉祐本「文王死於牖里作《周易》」，葉氏藏本、蔡宗堯本「死」作「厄」。

上述說明，在文字異同上，葉氏藏本、蔡宗堯本這些差別首先可能來自與嘉祐本不同的宋刻本，也可能是嘉祐本在長時期流傳中被校改，或爲多次翻刻所出現的差別。其次蔡宗堯本與葉氏藏本有許多相同的地方，但某些文字又與葉氏藏本有區別，經判定，這些區別不是重新雕版產生的問題，而是表明蔡宗堯本與葉氏藏本有其不同的版本來源。

以上我們研核了無宋咸注的四種七卷本，這四種七卷本既與宋刻嘉祐本有別，同時又與巾箱系列諸本差異較大，如：

《刑論篇》「愛民而重棄之」，葉氏藏本、蔡宗堯本、陳李靄如本、潘承弼校跋本、章鈺所據本並作「愛民而重刑之」，巾箱系列諸本無此六字。

《巡守篇》「入其疆」下，葉氏藏本、蔡宗堯本、陳李靄如本、潘承弼校跋本、章鈺所據本並有「土地荒穢」四字，嘉祐本、巾箱系列諸本無此四字。

《小爾雅・廣言》「獲、干，得也」，葉氏藏本、蔡宗堯本、陳李靄如本、潘承弼校跋本並同，巾箱系列諸本無此四字。

《小爾雅‧廣言》「裔，外也」，葉氏藏本、蔡宗堯本、陳李靄如本、潘承弼校跋本並同，巾箱系列諸本無此三字。

《儒服篇》「跪而啄之」，葉氏藏本、蔡宗堯本、陳李靄如本、潘承弼校跋本並作「跑而啄之」，巾箱系列諸本同嘉祐本。

《陳士義篇》「聞之於傳聞者，佞也」，「佞」上，葉氏藏本、蔡宗堯本、陳李靄如本、潘承弼校跋本、章鈺所據本並有「傳者」二字，巾箱系列諸本同嘉祐本，無「傳者」二字。

《論勢篇》「此人過也」，葉氏藏本、蔡宗堯本、陳李靄如本、潘承弼校跋本並同，巾箱系列諸本無此四字。

《獨治篇》「子魚曰」下，葉氏藏本、蔡宗堯本、陳李靄如本、潘承弼校跋本、章鈺所據本並有「吾不爲有用之學，知吾者惟友，秦非吾友，吾何危哉然」二十一字，巾箱系列諸本同嘉祐本，無此二十一字。

《答問篇》「子以爲奚若」，葉氏藏本、蔡宗堯本、陳李靄如本、、潘承弼校跋本、章鈺所據本並同，巾箱系列諸本無此五字。

比照上述各本文字異同可以看出，不保留宋咸注文的王蘭傳本系列的葉氏藏本、蔡宗堯本、陳李靄如本、潘承弼校跋本、章鈺所據本爲一系，在某些文字異同上，與巾箱系列諸本有明顯的區別。在王蘭傳本系列內部，就《孔叢子》全書文字來看，葉氏藏本、陳李靄如本、潘承弼校跋本、章鈺所據本差別不大，蔡宗堯本與葉氏藏本、陳李靄如本、潘承弼校跋本、章鈺所據本等四本雖爲一系，但某些文字與其相比，又有一些差別，其中有葉氏藏本等四本誤而蔡宗堯本不誤者，如《陳士義篇》，葉氏藏本等四本有「以興富於猗氏，故富猗頓」句，蔡宗堯本作「以興富於猗氏，故曰猗頓」，作「故曰」，與嘉祐本、《初學記》卷十八、裴駰《史記‧貨殖列傳》集解引《孔叢子》文合，故蔡宗堯本此文是。葉氏藏本、陳李靄如本、、潘承弼校跋本、章鈺所據本等四本中，章鈺所據又於其它三本微殊，據章鈺《跋》文，其所據本是有《孔叢子釋文》及王蘭《跋》文的明刻七卷無宋咸注文的本子，當與葉氏藏本等三本同，其微殊，恐章鈺有漏校者，故不與其它四本全同。上述說明，宋刻本《孔叢子》存在三系：嘉祐本一系，巾箱本一系，王蘭校訂本一系，後來三系各有傳世之本。

第二節　《孔叢子》三卷、十卷、四卷、二卷刻本流傳

一、明清時期《孔叢子》三卷刻本文獻著錄

（一）明代文獻著錄

1、明徐𤊹《徐氏家藏書目》卷三子部諸子類：《孔叢子》三卷，鮒。（《續修四庫全書》本）

2、明祁承爜《澹生堂藏書目》子部一：《孔叢子》三卷，二冊，漢孔鮒著。（《續修四庫全書》本）

3、明范欽藏清范邦甸撰《天一閣書目》卷三子部儒家類：《孔叢子》三卷，刊本。陳勝博士孔鮒撰。裔孫孔允植校，孔尙達等有序。（《續修四庫全書》本）

4、明錢溥《秘閣書目》不分卷子書：《孔叢子》三。（《四庫全書存目叢書》本）

5、明葉盛《菉竹書》不分卷子雜：《孔叢子》三冊。（《四庫全書存目叢書》本）

6、明孫能傳、張萱等《內閣藏書目錄》卷二子部：《孔叢子》三冊，全，秦末孔鮒著。（《續修四庫全書》本）

（二）清代文獻著錄

1、清丁丙藏，丁仁撰《八千卷樓書目》卷十子部儒家類：《孔叢子》三卷。（《續修四庫全書》本）

2、清丁丙《善本書室藏書志》卷十五子部：《孔叢子》三卷，明刊本，翟氏藏書。漢太傅孔鮒著，裔孫毓圻、毓埏校。前後無序、跋，有「翟瀚之印」、「裳村沈甫溥藏書印」。翟氏居吾杭東鄉，瀚字蕁江，晴江進士之昆弟行也。沈氏設書肆於弼教坊，人以睦親坊陳道人比之，皆百餘年耆舊。（《續修四庫全書》本）

3、清陸心源《皕宋樓藏書志》卷三十九子部儒家類：《孔叢子》三卷，明刊本，題漢孔鮒撰，李濂序。（《續修四庫全書》本）

4、清于敏中《摛藻堂四庫全書薈要》子部：《孔叢子》三卷，三冊。（民國二十七年排印本）

二、《孔叢子》三卷刻本

（一）《孔叢子》三卷（上、中、下），孔鮒撰，三冊

明萬曆五年周子義刊《子彙》本。此本書版半頁十行，行二十一字。有《序》二頁，字已殘缺，《序》文最後一行有「丁丑夏日志」五字，則此當爲李濂《孔叢子序》。無宋咸《進孔叢子表》及《注孔叢子序》，無篇目目錄。於篇名《嘉言》第一下有簡注，其它篇名下則無簡注。正文之下間或有簡注，文字旁間有後人紅筆圈點。檢核周子義本與宋嘉祐本文字之異同，間或有一些差別，下以一、二卷爲例。

《嘉言》第一

嘉祐本「夫死病不可爲醫」，周子義本「不」作「無」。

嘉祐本「政令者，人君之銜轡」，周子義本「銜」作「御」。

《論書》第二

嘉祐本「是故陰陽清和，五星來備」，周子義本「來」作「不」。

《記義》第三

嘉祐本「太顚散宜生」，周子義本「宜」作「容」。

嘉祐本「一一自言觀察之」，周子義本「自」下無「言」字。

嘉祐本「則夫子雖徒步以朝」，周子義本「徒」作「使」。

《刑論》第四

嘉祐本「男女無別同川而浴」，周子義本「川」作「廁」。

嘉祐本「民之所以生者衣食也」，周子義本「食」作「服」。

嘉祐本「乃惟終自作不典式爾」，周子義本「惟」作「爲」。

《記問》第五

嘉祐本「而卒不能賞」，周子義本「賞」作「償」。

《居衛》第七

嘉祐本「文王死於羑里」，周子義本「死「作「困」。

綜上可以看出，周子義本與宋嘉祐本差別的概率極小，嘉祐本出現的文字訛誤，在周子義本中得以改正，而周子義本中的訛誤，基本都是在版刻中校對不精造成的，故周子義本可以說是明代《孔叢子》三卷本中的善本。

（二）《孔叢子》三卷（上、中、下），孔鮒撰，二冊

明萬曆二十年程榮刊《漢魏叢書》本。此本題漢魯人孔鮒著，明新安程榮校。書版半頁九行，行二十字，有篇目目錄，有李濂《序》，無宋咸《進孔叢子表》及《注孔叢子序》。此雖爲三卷，但從各卷文字異同考察，當出自於明竟陵鍾惺評《孔叢子》四卷本

《嘉言》第一

嘉祐本「夫政令者，人君之銜轡也」，鍾惺評本、程榮本「銜」並作「御」。

《記義》第三

嘉祐本「散宜生南宮括」，鍾惺評本、程榮本「括」並作「適」。

嘉祐本「衛人將許之」，鍾惺評本、程榮本「衛」並作「義」。

《刑論》第四

嘉祐本「然後維以刑折之也」，鍾惺評本、程榮本「折」並作「拆」。

嘉祐本「謂下禮以教之」，鍾惺評本、程榮本「下」並作「先」。

嘉祐本「興其賢者而廢其不賢」，鍾惺評本、程榮本「廢」並作「與」。

《雜訓》第六

嘉祐本「寡人不得嗣先君之業三年矣」，鍾惺評本、程榮本「三」並作「二」。

《居衛》第七

嘉祐本「不可以所謂民亡民也」，鍾惺評本、程榮本「亡」上有「者」字。

嘉祐本「宋君聞之，駕而救子思」，鍾惺評本、程榮本「駕」上有「不待」二字。

《公孫龍》第十二

嘉祐本「大道之悖，天下之交往也」，鍾惺評本、程榮本「交往」並作「校枉」。

此本間或有與鍾惺本不同，而與周子義本同者，乃刊刻時據以校改。

（三）《孔叢子》三卷（上、中、下）

明萬曆三十年縣眇閣刊馮夢禎編《先秦諸子合編》本，一冊（亦有明天啓元年刻本）。此本書版每半頁十行，行二十字，左右雙欄，白口，版心有「縣眇閣」三字。有篇目目錄，無宋咸《進孔叢子表》及《注孔叢子序》。《嘉言》

第一下鈐有「葉德輝煥彬藏□書」印一、「臣湄和印」一、「子伊」印一。首頁有《孔叢子評語》，其文爲：

> 大梁李濂氏曰：「《孔叢子》七卷，爲卷（按：「篇」字之誤）二十有三，世傳漢孔鮒字子魚，一名甲，魏相子順之子也。秦併六國，召鮒爲魯國文通君，拜少傅。始皇三十四年，丞相斯議令燔書。鮒懼遺典滅亡，方來無所考證，違令之禍烈也，乃與其弟子襄歸，藏書壁中，隱居嵩山陽。無何陳涉起爲楚王，聘鮒爲博士。鮒以目疾辭，退而著是書。乃蒐輯仲尼而下，子思伋、子上白、子高穿、子順愼之言行，列爲六卷。至漢孝武朝，太常孔臧又以所著賦與書，謂之《連叢》上下篇，合爲一卷附焉，曰《孔叢子》云，蓋言有善而叢聚之也。嘉祐中，宋咸嘗爲之注矣。鳴呼！是書也果鮒之手筆否耶？按：《漢志》無《孔叢子》，而儒家有《孔臧》十篇，雜家有《孔甲盤盂》二十六篇。宋晁氏謂《孔叢子》疑即《漢志》所載《孔甲盤盂》者也，然考顏監注云『甲，黃帝史。或曰夏帝孔甲』，疑皆非。又史稱田蚡學盤盂書，注亦云『黃帝史』，謂鮒著《盤盂》，豈徵信哉？朱子云：『其文軟弱，不類西京，多似東漢人語。』愚謂或子豐、季彥輩集先世遺文而成之，故其書東京始行。謂爲《盤盂書》，則不可知，其自孔氏則無疑也，故彙（按：「故彙」，鍾惺本作「乃去孔臧所贅」）而刻之。丁丑夏日余有丁志。」

此本文字與程榮本十分相近，當出自程榮本，間或有不同者，乃刊刻時據他本校改所致。

（四）《孔叢子》三卷（上、中、下），漢孔鮒撰

明崇禎六年孔胤植刻本，三冊。此本半頁十行，行十九字。有篇目目錄，無宋咸《進孔叢子表》及《注孔叢子序》。首頁有孔胤植《重刻孔叢子序》，曰：

> 昔先聖嘗曰「述而不作」，《庸》（按「《中庸》」）曰「祖述堯、舜」，述固未易言也。漢太傅孔叢子，聖祖九世孫也。余纘承祀統，且衍而至六十五代矣。聖祖以大成之聖，生未造之周，其綏來動和之化，不得見於當時，而《詩》、《書》、禮樂之教猶得垂於後世，誠以及門三千士述於一堂，而奕世之子若孫，自能述於無窮也。堯之後有丹朱，舜之後有商均，前有大美，恒慮後之無傳。余不能理至

作經，氣至作子，而守義明道，不至湮前人之遺跡，幸矣！余考叢子著述，峨峨乎高者躡九峰，津津乎深瀾之泖，斐然成一家言，莫不守家法而垂道脈。余纘其統而不克廣其集，不幾貽譏於蠹魚耶？用是爰進梓人。公之後世述叢子□（按：「子」下之字模糊，疑爲「逮」字）聖祖不作之訓，於吾孔氏家傳，庶無墜云爾。崇禎癸酉重陽，太子太傅襲封衍聖公裔孫孔胤植撰。」

孔胤植是孔氏第六十五代衍聖公，明崇禎三年晉太子太傅，崇禎六年重刻《孔叢子》，此序當作於其時。孔胤植所據哪一種版本重刻，在此《序》中並沒有說明，但孔胤植在三卷本的下卷首頁題曰「明裔孫孔胤植校」。孔胤植在這裏自稱爲「裔孫」，其祖父當爲第六十三代衍聖公孔貞幹。孔貞幹生活在明嘉靖年代，故孔胤植重刻所據的本子，應當是明嘉靖時期的孔氏家藏《孔叢子》三卷本。孔胤植這個重刻本書後附有孔尚達《孔叢子後序》，曰：

予生聖人之鄉，爲哲人之後。時得校閱漢、唐碑記，披覽故府藏書，見古今之作者如林，彬彬代起，未嘗不掩卷而歎予陋也。當弱冠，從先君宦遊，北歷燕、趙，南抵吳、越間。嘗飛一葉攀於尋訪博雅之侶，索未見之書，獲覯《孔叢子》一卷，乃吾家故物也，始覺闕里靈氣甲天下，藏書亦甲天下也。予祖廟中有奎文閣，即聖祖藏書處。代變人殊，半飽蠹魚之腹，半盡兵火之焰。千百什一之藏，不外吾大宗故府中矣。予每於晨窻靜宵時，檢點殘編，收羅斷簡，特以操筆有志，刊木無力。幸際博雅如宗主，百廢俱興，於聖門典籍猶加意焉。一日詔予曰：「家乘告竣，九世祖叢子一書，不可不急爲訂證也。」予遂得專事青黃，校閱成集。因思族中甲第聯翩，俱爲名手，但持節廟廊，而無暇從事鉛槧，予何敢當斯任也？雖然士各有志，不可謂曉藜夕月中，絕無漢官威儀也。昔叢子治則行道，亂則卷懷，其曉曾尹（按：當作「尹曾」）者，一求志達道之家法也。修人和以應天祥，恃吾之不可攻，其諫陳涉者，一持危扶傾之祖訓也。至於三辭不就，五聘後行，鄭重其出處者，又難進易退之宗傳也。予不能效樂天白沙，以布衣執詞壇牛耳，竟得藉宗主之盛舉，遂予四十年之夙志。回思燕、吳風氣，果不能與闕里片席爭甲乙也。至於叢子就錄，自有大宗主裁，予安能從旁贊一詞也。闕里裔孫孔尚達書於仙源之餘芳亭。

孔尙達的「尙」字輩有六十四代衍聖公孔尙賢，當是孔胤植之父字輩，而孔尙達又與孔氏第六十七代衍聖公孔毓圻爲同時代人。孔毓圻於淸康熙六年襲封衍聖公，故孔尙達的《後序》當作於淸康熙時期。《重刻孔叢子序》下，篇目頁分別鈐有「四明張氏約園藏書之印」一、「陽湖陶氏涉園所有書籍之記」印一，《序文》尾行下鈐有「胤植之印」一，卷上第一頁鈐有「詠霓」印一、「壽鏞」印一，《後序》下鈐有「孔尙達印」一。張壽鏞，字伯頌，一字詠霓，號約園，淸末浙江寧波人，故以「四明」稱之。編刻《四明叢書》，編撰有《約園善本藏書志》，從所鈐藏書印看出，此《孔叢子》三卷本曾經張壽鏞之手。陶湘，字蘭泉，號涉園，淸末江蘇武進人，與張壽鏞同時。武進是縣名，淸朝建國後，拆常州府原轄縣武進爲二：一爲武進縣，一爲陽湖縣。故陶湘有「陽湖陶氏涉園所有書籍之記」之印，其所藏之書又號「涉園藏書」。此三卷本亦經陶氏所收藏。

　　孔胤植刻本，各篇文字與周子義本系列有許多差別，卻與王蘭所傳的葉氏所藏明翻宋刻本、明刻巾箱本系列有一些相合之處，又有某些文字他本皆有而孔胤植本獨無者，如《論書篇》「四方皆伐焉，直而無私焉」十字，獨不見於孔胤植本，其或爲脫文，或爲刊刻時有意刪之，尙不得而知。孔胤植重校本校刻不精，出現許多明顯訛誤，如：

　　《論書篇》「聖人在上」，孔胤植本作「聖人在下」，「下」爲「上」之訛。又「唯聖人爲能和六律」，孔胤植本作「唯聖人爲能和五律」，「五」爲「六」之訛。又「夔能若此一而足亦」，孔胤植本作「夔若能此一而足矣」，「能若」二字倒文。

　　《記義篇》「官才任士」，孔胤植本作「官不任士」，「不」爲「才」之訛。又「馬不食粟」，孔胤植本作「爲不食粟」，「爲」乃「馬」之訛。又「寡人未知所以爲罪」，孔胤植本作「寡人未如所以爲罪」，「如」乃「知」之訛。又「後讎以非罪執於衛」，孔胤植本作「後讎以非罪執於義」，「義」乃「衛」之訛。

　　《刑論篇》「《書曰》上下比罰」，孔胤植本作「《書曰》上下比罪」，「罪」爲「罰」之訛。

　　《記問篇》「鳳鳥不識，珍寶梟鴟」，孔胤植本作「鳳鳥不識，珍寶梟鴉」，「鴉」爲「鴟」之訛。又「天下如一欲何之」，孔胤植本脫「一」字

　　《雜訓篇》「征伐革命」，孔胤植本作「徵代革命」，「代」爲「伐」之訛。

《公儀篇》「然伋不幸而貧於財至乃困乏」，孔胤植本作「然伋不幸而貧於財至乃因乏」，「因」乃「困」之訛。又「夫以受粟爲周乏也」，孔胤植本作「夫以受粟爲周之也」，「之」爲「乏」之訛。又「結恩百姓」，孔胤植本作「結恩有姓」，「有」爲「百」之訛。

《小爾雅・廣詁》「逼、尼、附、切、局、鄰、傅、戚」，孔胤植本作「逼、尼、附、切、局、鄰、傳、戚」，「傳」爲「傅」之訛。又「勤、勉、事」，孔胤植本作「勸、勉、事」，「勸」爲「勤」之訛。

《公孫龍篇》「然子爲天下故往也」，孔胤植本作「然子焉天下故往也」，「焉」乃「爲」之訛。又「交友則信，處鄉則順」，孔胤植本作「交友則信，處卿則順」，「卿」爲「鄉」之訛。又「雖十黃帝固所不能治也」，孔胤植本作「雖十黃帝固所不所治也」，「所」爲「能」之訛。

《儒服篇》「似有態者」，孔胤植本作「似有熊者」，「熊」爲「態」之訛。

《論勢篇》「遂寢於家」，孔胤植本作「遂窮於家」，「窮」爲「寢」之訛。

《詰墨篇》「勸下亂上」，孔胤植本作「歡下亂上」，「歡」爲「勸」之訛。

《連叢子》上《序書》「紀綱古訓」，孔胤植本作「紀綱方訓」，「方」爲「古」之訛。

發生錯誤的基本都是一些形近之字，可見孔胤植本校刻之粗，魯魚之甚，其版本價值當在周子義等諸本之下。

（五）《孔叢子》三卷，漢孔鮒撰，二冊

清孔毓圻、毓埏校刻，王韜校並跋。此本半頁十行，行十九字，白口，四周單邊。書前大梁李濂《孔叢子序》下鈐有「弢園王氏眞賞」印一、「紫詮」印一、「王韜柏印」一，卷上《嘉言》題「漢太傅孔鮒著。裔孫毓圻、毓埏校」，鈐有「王韜祕籍」印一、「淞北玉鰤生」印一。卷中《公孫龍篇》鈐有「淞北玉鰤生」印一、「王韜柏印」一、「王韜祕籍」印一、「紫詮「印一。李濂《孔叢子序》下有王韜手書《跋》文：

> 此書有宋宋咸注者，未之見也。咸書凡分七卷，其二十三篇之序仍如其舊。前有咸序及嘉祐三年《進書表》、四年《謝賜金紫表》及有《後序》，爲泰興季滄葦家藏，今已入天府，人間不得寓目矣。余所藏此本猶是明刻，特尚有訛字，不獲善本爲之一讎校也。光緒乙酉仲夏小暑後一日天南遯叟識，時年五十有八。」又「按：晁公武《郡齋讀書志》、陳振孫《直齋書錄解題》皆載有宋咸注七卷，然

則其佚當在宋以後矣。近爲阮文達公所訪得，載入《四庫未收書目》中，言咸注典核簡潔，並唯有揚子口口注，今此注幸存，而揚子注竟不可得矣。每嘗以兩本參校。光緒甲午端午後三日天南遯叟，時年六十有七。」

又《小爾雅》首頁下：

癸未仲秋下，瀚天南遯叟校閱一過，大致與程榮《漢魏叢書》本無異，更求宋刻善本，以正其脫誤。時年五十有六，養疴春申浦上。」又「余藏書東瀛，刊本亦非精刻。以之讎校，約略相同。洵乎善本不易得也。乙酉仲夏之杪，遯叟識，時年五十有八。

孔毓圻生於清世祖順治十四年（公元 1657 年），清康熙六年（公元 1667 年）襲封第六十七代衍聖公，故此本當刻於襲封之後。王韜，清道光八年（公元 1828 年）生於蘇州府長洲縣，十八歲改名爲王瀚，字紫詮，號仲弢、天南遯叟、淞北逸民、弢園老民、玉鰤生等。王韜私人藏書豐富，擬建「香海藏書樓」，有「弢園」、「淞隱廬」，並有《弢園藏書目》附《續目》，著錄圖書近千種。又寫有《弢園藏書志》2 冊，藏書印還有「墨藻」、「南山歸敝廬」、「遯叟藏書」、「天壤第二王郎」、「淞北倦民韜園王氏眞賞」等多枚。王韜寫於所藏《孔叢子》三卷本的幾則《跋》文，最後一則手書於清光緒甲午年，其所謂《四庫未收書目》所載阮文達所訪得宋咸注七卷本，即影鈔巾箱本，說明王韜曾以此孔毓圻本與影鈔巾箱本對校過。

此本當出自孔胤植重刻三卷本，經比照，其中凡孔胤植本「形近而訛」者，在孔毓圻本中，均得以改正，然孔毓圻本於刊刻中又有訛誤，王韜爲之校改，如《刑論篇》「乃惟眚災」，孔毓圻本作「乃爲眚災」，後由王韜校「爲」爲「惟」。又「仲弓問曰」，孔毓圻本作「仲由問曰」，後由王韜校「由」爲「弓」。《小爾雅·廣詁》「俘，罰也」，孔毓圻本沿襲而誤。王韜據《禮記·投壺》校「俘」爲「浮」，當是。《執節篇》「亦各其所見也」，孔毓圻本沿襲而誤。王韜校「其」作「有」，當是。《獨治篇》「子魚居衛」，孔毓圻本沿襲而誤。王韜校「衛」作「魏」，當是。《連從子·鴞賦》「時去不索時來不逆」，孔毓圻本作「時去不索時來不道」，王韜據冢田虎本校「道」作「逆」，當是。《連從子·與從弟書》「何圖古文乃自百篇耶」，孔毓圻本作「河圖古文乃自百篇耶」，王韜校「河」作「何」，當是。從全書文字看，與孔胤植本比較，孔毓圻本明顯的訛誤要少得多。

（六）《孔叢子》三卷（上、中、下），漢孔鮒撰

臺灣影印文淵閣《四庫全書》鈔本。此本書版半頁十七行，行二十一字，無宋咸《進孔叢子表》、《注孔叢子序》。亦無注文。《四庫全書》本就各篇文字異同看，當出自程榮本。

《嘉言》第一

嘉祐本「陳侯默而退，遽竊赦所執吏」，程榮本、《四庫全書》本「遽」作「遂」。

《論書》第二

嘉祐本「是故陰陽清和五星來備」，程榮本、《四庫全書》本「來備」作「不悖」。

《記義》第三

嘉祐本「後讎以非罪執於衛」，程榮本、《四庫全書》本無「衛」字。

《刑論》第四

嘉祐本「男女無別同川而浴」，程榮本、《四庫全書》本「川」作「廁」。

《記問》第五

嘉祐本「哀公使以幣如衛迎夫子而卒不能賞」，程榮本、《四庫全書》本「賞」作「償」。

《居衛》第七

嘉祐本「文王死於牖里」，程榮本、《四庫全書》本「死」作「困」。

《公儀》第九

嘉祐本「則寡人割邑如其邑以償子」，程榮本、《四庫全書》本「償子」作「常宗」。

嘉祐本「君將顛，弗能扶而叛之」，程榮本、《四庫全書》本「顛」作「敗」。

嘉祐本「逆臣制國，弗能以其眾死而逃之」，程榮本、《四庫全書》本「眾」作「身」。

嘉祐本「夫所以受粟為周乏也」，程榮本、《四庫全書》本「乏」作「之」。

《抗志》第十

嘉祐本「子思何得之」，程榮本、《四庫全書》本「思」作「果」。

嘉祐本「厚於財色必薄於德」，程榮本、《四庫全書》本「色」作「物」。

《小爾雅》第十一

《廣言》嘉祐本「卬，我也」，程榮本、《四庫全書》本「卬」作「叩」。

《廣訓》嘉祐本「旁淫曰通」，程榮本、《四庫全書》本「旁」作「勞」。

《廣鳥》

嘉祐本「雅鳥，鸒也」，程榮本、《四庫全書》本「雅」作「鴉」。

《儒服》第十三

嘉祐本「先使之迎於適所從來之方」，程榮本、《四庫全書》本「適」作「敵」。

《論勢》第十六

嘉祐本「五國約而誅秦」，程榮本、《四庫全書》本「約」作「西」。

《執節》第十七

嘉祐本「其有志不得乎」，程榮本、《四庫全書》本「乎」作「白」。

《問軍禮》第二十

嘉祐本「若主命，則卒奠斂玉」，程榮本、《四庫全書》本「玉」作「主」。

嘉祐本「若不幸軍敗，則馹騎赴告」，程榮本、《四庫全書》本「馹」作「驛」。

《四庫全書》本各篇文字間或有不同於程榮本者，乃館臣在影鈔時據別本而校改。

三、《孔叢子》十卷、四卷刻本

（一）《冢注孔叢子》十卷，五冊

日本漢學家冢田虎撰，日本寬政七年（公元 1795 年）京師書坊文林堂刊本，藏國家圖書館。該本半頁九行，行十八字，白口，四周雙欄。首頁題「冢田多門述」、「《冢注孔叢子》」、「京師書坊文林堂梓」，鈐有「闕里正風」印一。冢田虎於書前有《注孔叢子序》文：

> 孔氏之書，爲朱氏所擯也久矣。《家語》之與《論語》耦，猶且間之，何有於《孔叢子》？晦庵曰：「《家語》雖記得不純，卻是當時書。《孔叢子》是後來自撰出。」又曰：「《孔叢子》鄙陋之甚，理既無足取，而詞亦不足觀。」虎太疑焉。蓋此書之所編，自首篇至第十篇，記仲尼、子思遺言，而末附錄《小爾雅》者，則是似孔氏

之所舊藏焉。第十二篇以下，則其家有往往所錄，而孔鮒沒後其弟子之所追纂也與？而以虎觀之，自首篇至第五篇，其聖人之遺言也，則懿訓卲義，固不可以間然矣。自第六篇至第十篇，其子思之言行，亦克負荷其聖業，而與道進退，其清操高志，確乎不可拔，實有使學者興起焉者，非彼孟子輿之好辯以與時馳逐之類也。第十二篇以下，子高、子順、子魚，皆父子相承，善繼其志，善述其事。處縱橫衰亂之世，而不恩於刑名之徒，不瀆於功利之俗，以磨礪聖祖德輝者，則有志之士，孰不慷慨焉邪？亦不歆羨焉邪？而晦庵視此書如土芥者，虎太疑焉。此何事而鄙陋之甚？何理而無足取？何詞而不足觀？虎太疑焉。夫愛其人也，則敬其所芟之樹；怨其人也，則憎其屋上之烏。尊信其道，而可蔑視其家之書乎哉？而朱氏之於孔子，我不審其信之奚若，彼且專說心性之理以髣髴乎佛氏者，則於孔氏世業，固所不論焉。乃欲於孔氏之書，取其所謂理者，觀其所謂詞者，豈可得焉乎？又假令此書實後來撰出，然亦必孔氏之子孫，撰於其所傳，取於其所聞，所以編輯之也。則雖非正其辭，於事無非，於義無失，乃亦所宜以為孔氏之書也。是則子思之所以對穆公，足以喻學者矣。嗚呼！孔氏之冑，世世相承，歷危躡亂，不墜其統。逢權勢不折節，見富利不易介。率由前訓，欲以濟世。其道義之聯綿，其德澤之悠遠，我於此書，益深其信焉。於此乎作之注，而欲齒列之二語，以使後生，瞻仰其緝熙，亦不得已也。孟子輿有言：『君子之澤，五世而斬。』何為其無稽？聖澤之遠，其諸如斯。戰國以降，猶能修其事業，則百世不竇，將與天地不斬矣。至乎漢興，孔臧、安國與修家業，紀綱古訓，而傳之子孫。光武中興後，孔子豐及季彥，復善治古義，而不事章句，皆守其家學而不移於時變者。以《連叢》所記，乃亦可知也已。比之彼後儒，按驗心法，探索性理，殆陷於左道者，豈唯天壤也哉！而《連叢子》二篇，李濂氏之序，則以為孔臧之所附焉。然其篇末記孔季彥之卒，則知季彥之子弟，輯孔臧以來遺記以連乎其家書者也矣。然則此書之出於孔氏，而敷行於世，在東漢延光後也必矣，故《漢志》未之載也。其此書之出焉，雖則在東漢，然此書之所編，至第十篇，則其家所舊藏焉。第十二篇以下，則是往往所附錄，而將非一手之所筆焉，而傳以為

　　孔鮒之所撰，未之詳也。如其以此書爲所謂《孔甲盤盂》者，此依
　　孔鮒一名甲，乃疑之也已。又以《連叢》二篇爲孔臧之所附焉，亦
　　失之矣。李濂氏之考，又亦不盡也。且雖曰宋宋咸嘗爲之注，今印
　　行本，唯注世系名字之類，僅數處而已，亦不足以爲有注矣。故虎
　　之所注，非有所因襲焉，則恐將多鹵莽，冀同志者訂之。寬政七年
　　乙卯，秋八月己未，冢田虎叔貔序。

序文首頁鈐有「酉居」印一、「大得文庫」印一、「皆川藏書」印一、「問堂」
印一。序文尾頁鈐有「冢虎」印一、「叔貔」印一。書後有冢田氏弟子展親的
《跋》文：

　　《書》曰：「無偏無陂，遵王之義。」其學先王者，寧可忘之乎？
　　苟言之有可以徵諸聖經，則不以人廢言，唯義之與比，而不可懷偏
　　頗於彼我也。自古至今，名儒碩學勃興於時，飛辯馳言，雖互張門，
　　其所建設，不過臆斷。考諸經傳，則多有紕繆，未見以爲至公之説，
　　各陷其見與習，而亦不能出於偏頗，實是古今之公患而通者之通蔽
　　也。學之不明，職此之由。我大峰先生嘗有慨焉。耿思聖典，好古
　　之篤，片言集語，壹是斷諸古言而莫所敢私，其所論著固歸至公。
　　吾儕小人，每陪下風，受教之際，使目見未見，耳聞未聞，不啻發
　　蒙，將使後進不沿漢魏以降，而直遡闕里正風，豈不愉快！今茲《孔
　　叢子》之注成矣，令展親校焉。展親豈敢當焉乎？然又不獲命，則
　　音之遺闕，字之訛舛，義之疑似，敢敬而校其一二，若於注文天地
　　乎補焉，乃揭之標。考業既畢而歎曰：於乎，有是哉！聖人之降，
　　上眆於周末，下至東漢，統宗不斬，世世繼業，不墜其聲。於其烈
　　操，實可尊信也。且如《論書》、《記義》二篇，方講經籍古訓可徵
　　者，不亦鮮矣。其它諸篇古言遺事，裨益於學者，大非諸子之比也，
　　如之何其廢之？而自朱之言一出，學者唾棄而不省，何冤也？偏頗
　　之蔽，悲夫！我先生之注此書，誠有由也。夫此注出後，學者左旋
　　右抽，有所折衷，則豁然有所得焉。及附剖厥氏也，先生使余殿焉，
　　不敢揣妄庸附驥於後云。寬政乙卯季秋，岩名展親謹撰。

該頁鈐有「展親之印」一。冢田虎與展親的序文都沒有說明此本是據何本而
刻，但該本於《注孔叢子序》後，收有李濂《序》文，說明冢田氏所據，當
爲三卷本《孔叢子》，其《序》中明言「李濂氏之考，又亦不盡也。且雖曰宋

宋咸嘗爲之注，今印行本，唯注世系名字之類，僅數處而已，亦不足以爲有注矣」，唯注世系名字，即三卷本中殘留的幾處注釋的文字。然檢核冢田氏本中《孔叢子》正文的文字，與周叔弢藏明刻巾箱本相近之處較多，疑其據周叔弢本校改了一些文字。又考其注釋內容，有些與巾箱本系列宋咸的注文十分相近，疑冢田氏有採用宋咸注文而未明示者。

（二）《孔叢子》四卷，漢魯人孔鮒著

明刻本，明竟陵鍾惺評，四冊。此本書版半頁九行，行二十四字，版心白口，天頭有鍾惺評語。鍾惺生於明萬曆二年（公元 1574 年），卒於天啓四年（公元 1624 年），則鍾惺所據本，最遲應當是萬曆時期的刻本，說明《孔叢子》七卷本已經重新分卷，或爲四卷，或爲三卷，或爲二卷。此四卷本即刪除了《連叢子》。書前有李濂《序》，無宋咸《進孔叢子表》、《注孔叢子序》及注文。鍾惺所評的四卷本與阮元影鈔本、周叔弢藏本等明翻宋刻巾箱本的文字十分相近，故其四卷本當出自明翻宋刻巾箱本。但該本中的一些文字又有別於其它本子，其中有些是刊刻時產生的訛字，有些是被手民校改過。

《嘉言》第一
嘉祐本「文武之道，或馳而墜」，鍾惺本「或」作「近」。
嘉祐本「男唱而女隨之義也」，鍾惺本「唱」作「倡」。

《論書》第二
嘉祐本「此言人事之應乎天也」，鍾惺本無「應乎」二字。
嘉祐本「盤庚舉其事以屬其世臣」，鍾惺本「舉」作「居」。
嘉祐本「大臣死難，雖食之公廟可也」，鍾惺本「公」作「功」。
嘉祐本「以此觀之，雖四於三王不亦可乎」，鍾惺本「以」作「由」。
嘉祐本「眾官之長既咸熙熙」，鍾惺本「咸」作「言」。

《記義》第三
嘉祐本「吾何有焉，其亦善此而已矣」，鍾惺本「吾」作「我」。
嘉祐本「於鹿鳴見君臣之有禮也」，鍾惺本「禮」作「初」。

《刑論》第四
嘉祐本「審此二者則上盜先息」，鍾惺本「上盜先息」作「群盜息」。

《記問》第五
嘉祐本「意子孫不脩，將忝祖乎」，鍾惺本「忝」作「承」。

嘉祐本「巾車命駕將適唐都」，鍾惺本「巾」作「申」。

嘉祐本「傷予道窮」，鍾惺本「予」作「子」。

《雜訓》第六

嘉祐本「孟孺子無介而見」，鍾惺本「孺」作「武」。

嘉祐本「使談者有述焉，爲之若何」，鍾惺本「何」作「可」。

嘉祐本「因改正朔若云天時之改爾」，鍾惺本「若」作「皆」。

嘉祐本「故立制垂法，順之爲貴」，鍾惺本「貴」作「是」。

《居衛》第七

嘉祐本「知其所妨者細也」，鍾惺本「知」作「如」。

四、《孔叢子》二卷刻本

（一）《孔叢子》二卷，漢孔鮒撰

明崇禎十年丁丑刻本，一冊，黃之堯閱。此本書版半頁九行，行二十字，版心白口，有李濂《序》，無宋咸《進孔叢子表》、《注孔叢子序》。從文字異同考察，此與鍾惺評本十分接近，當據鍾惺本刊刻，而重新分卷爲二卷。某些文字異同與程榮本雷同，當據程榮本校勘。此二本雖無宋咸注文，但偶有相同的零星殘留者：

《論書篇》「惟高宗報上甲微」下，程榮本、崇禎十年本有注文「上甲微契後八世，湯之先也」十一字。

《刑論篇》「審此二者，則上盜先息」下，程榮本、崇禎十年本有注文「上盜猶大盜也」六字。

《記問篇》「題彼泰山」下，程榮本、崇禎十年本有注文「題，顧也。泰山，謂魯也」八字。

《雜訓篇》「縣子問子思曰」下，程榮本、崇禎十年本有注文「縣子名瑣，魯人」六字。

《居衛篇》「申祥問子張曰」，程榮本、崇禎十年本於「申祥」下有注文「子張之子」四字。崇禎十年本與程榮本當爲一系。就二本文字異同，可見其同源關係，如《公儀篇》嘉祐本「君將顚，弗能扶而叛之」，「顚」，鍾惺本、程榮本、崇禎十年本並作「敗」。嘉祐本「弗能以其眾死而逃之」，「眾」，鍾惺本、程榮本、崇禎十年本、并作「身」。嘉祐本「夫所以受粟，爲周乏也」，「乏」，鍾惺本、程榮本、崇禎十年本、并作「之」。

（二）《孔叢子》二卷，附《詰墨》一卷

清刻明何允中輯《廣漢魏叢書》本，一冊。黃之堯閱。該本不收《小爾雅》及《連叢子》。《詰墨》單獨分出來列爲一卷。考核版本特徵及各篇文字異同，與崇禎十年本同，具題有「黃之堯閱」四字。

（三）《孔叢子》二卷，附《詰墨》一卷

清光緒元年湖北崇文書局刻《百子全書》本，一冊。清張鈺校並跋。此書爲張元善捐，藏國家圖書館。此本書版半頁十二行，行二十四字，分上、下卷。上卷首頁鈐有「潘淑潤圖書記」印一、「潘介祉」印一、「玉荀」印一。下卷李濂《序》頁鈐有「潘氏淵古樓藏書記」印一。全書最後爲篇目目錄，鈐有「叔潤藏書」印一。潘淑潤即潘介祉，字玉荀，號叔潤，晚清藏書家，「淵古樓」爲其藏書樓，是此《孔叢子》二卷本曾爲潘介祉淵古樓所藏。

此書有幾部分內容爲張鈺校書時所手寫配入：1、宋咸《進孔叢子表》、《注孔叢子序》。下鈐有「式之手校」印一，張鈺字稱「式之」，此爲張鈺藏書印。2、《小爾雅》（有宋咸注）。3、《連叢子》。以上三部分是以明刻巾箱本文字補入，半頁八行，行十四字。4、明覆刻宋本所附的王蘭《跋》文。張鈺在相關部分寫有跋語：

> 《孔叢子》宋咸注七卷，宋巾箱本，《孝慈堂書目》云係安正堂刊本。《鐵琴銅劍樓》著錄一本，則云明人翻梓，有「程以進閱」一行。正盦（按：鄧正盦）從姜伯義遺書得一本，雖無「程閱」一行，亦無安正刊的據，且通部不避宋諱一字。王蓮生題爲嘉祐本，未知何故？無注者皆三卷，鄂刻（按：「鄂刻」指此《百子全書》本）不知何出？既刪《連叢》，棄《小爾雅》，無之（按：「之」當作「知」），可謂惡札。既借正盦本（按：「正盦本」指明刻巾箱本）校讀正文，復按行格補錄所缺目，記於卷端。甲寅三月後七日長洲章鈺，時寓析津。

> 《天祿琳琅》有元刊本，有嘉祐四年《謝賜紫金表》及後《序》，並「荼陵桂山書院校正版行」墨記，不言爲巾箱本，是宋本外尚有元本也。明萬曆五年刊《子彙》本篇次蓋同宋注七卷本，復校一遍，與注本同者以「0」識之。四月三十日。

> 廿邐又得明七卷無注本，三校之後，補脫訂誤不知凡幾，所見

各本，以此爲最佳。每半頁八行，行十八字，中縫四卷前有「前」字，四卷後有「後」字（無注。連《序》、《表》還得八十六頁，連《釋文》與《跋》，還得十頁）。無注而有宋《進表》及《注序》，末附《釋文》一卷，爲各本所無。又淳熙王藺《跋》云亦罕見，惟《連叢》上約脫二百八十餘字，爲一大疵。五月二十九日夏至節校畢記（王文敏批註邵佳《西目》有此本，廿遯所得□，即王本也。）（按：張鈺謂「明七卷無注本」即《四部叢刊》借杭州葉氏藏明翻宋刻本。上三段文字寫於全書正文前。）

　　此《志》（按：指李濂《序》）明本有之，首云「《孔叢子》七卷，爲篇二十有三」，又云「嘉祐中，宋咸嘗爲之注」，是明本雖刪宋氏注，併七卷爲三卷，尚未大害。於理鄂刻不知何據，脫出《詰墨》爲外篇，又刪去《小爾雅》、《連叢》，且舉李濂原文刪改，以掩其語妄之跡。前人每云明人刻書而書亡，豈知數百年後，有更謬於明人者，可怪口甚！（按：此段文字書於李濂《序》後）

明代《孔叢子》三卷本通行。三卷本之說，首見清錢東垣集釋、錢侗補遺的宋王堯臣《崇文總目》，《四庫全書提要》謂「今本作三卷，不知何人所併」。今所見明代《孔叢子》二卷、三卷、四卷本，均有李濂《孔叢子序》。李濂生於明弘治元年，卒於嘉靖四十五年，其撰《孔叢子序》末有「丁丑夏日志」文，丁丑爲明正德十二年，當公元 1517 年。《序》文中沒有提及所見本卷數。李濂的《序》文，最早見於明隆慶元年沈津輯《百家類纂》本《孔叢子題辭》所引，但《孔叢子題辭》所引李濂《序》文爲節錄。明鍾惺評《孔叢》四卷本收有李濂《序》文，結尾一句作「乃去孔臧所贅而刻之」，與他本作「故彙而刻之」不同。「去孔臧之贅」指刪除《連叢子》，則李濂所見，可能不是三卷本。因《百家類纂》所收《孔叢子》爲節錄本，因此看不出沈津所據本的卷數。隆慶元年當公元 1567 年，距李濂之《序》後五十年。是先有三卷本通行，李濂得書後爲之《序》？還是李濂將所見七卷分爲三卷，然後爲之《序》？有一點可以肯定，我們從孔胤植重刻本《孔叢子》三卷本卷下「明裔孫孔胤植校」的題記，可知孔胤植的重校，其所據刻本，應當是面對其祖父第六十三代衍聖公孔貞幹的孔氏家藏《孔叢子》三卷本而言的，這說明在明嘉靖時期，孔氏家族即存有《孔叢子》三卷本了。

　　綜上可見明、清七卷本以外四卷、三卷、二卷刻本的源流：第一，周子

義《子彙》本出自宋嘉祐本。第二，鍾惺評本、孔胤植重刻本出自明翻宋刻巾箱本。第三，程榮本、馮夢禎本、崇禎十年本出自鍾惺評本。第四，孔毓圻本出自孔胤植本。第五，《四庫全書》本出自程榮本。第六，清刻何允中本、光緒元年《百子全書》本出自崇禎十年本。清以下《孔叢子》三卷本，有民國六年潮陽鄭氏刊《龍溪精舍叢書》本，是以程榮本爲底本校刻。又有民國二十六年上海商務印書館刊《叢書集成初編》本，乃影印周子義《子彙》本。

第三節　《小爾雅》一卷刻本

一、《小爾雅》一卷刻本文獻著錄

（一）《隋書》卷三十二經籍志一經類論語家：《小爾雅》一卷，李軌《略解》。（影印文淵閣《四庫全書》本）

（二）《舊唐書》卷四十六經籍志小學類：《小爾雅》一卷，李軌撰。（影印文淵閣《四庫全書》本）

（三）《新唐書》卷五十七藝文志經解小學類：李軌解《小爾雅》一卷。（影印文淵閣《四庫全書》本）

（四）《宋史》卷二百五藝文志小學類：孔鮒《小爾雅》一卷。（影印文淵閣《四庫全書》本）

（五）宋王堯臣等撰《崇文總目》卷一小學類：《小爾雅》一卷。（影印文淵閣《四庫全書》本）

（六）宋鄭樵《通志》卷六三藝文略：《小爾雅》一卷楚孔鮒撰，李軌注。（影印文淵閣《四庫全書》本）

（七）宋尤袤《遂初堂書目》小學類：孔鮒《小爾雅》。（影印文淵閣《四庫全書》本）

（八）宋趙希弁續輯《郡齋讀書志後志》小學類：《小爾雅》一卷。（影印文淵閣《四庫全書》本）

（九）明晁瑮《晁氏寶文堂書目》卷上：《小爾雅》。（《續修四庫全書》本）

（十）明徐𤊹《徐氏家藏書目》卷一經部爾雅類：《小爾雅》一卷楚孔鮒撰。（《續修四庫全書》本）

（十一）明祁承㸁《澹生堂藏書目》經部小學類：《小爾雅》一卷，一冊漢孔鮒撰，宋咸注。（《續修四庫全書》本）

二、《小爾雅》一卷單刻本

（一）《小爾雅注》一卷

明代正德、嘉靖間刊顧元慶編《陽山顧氏文房小說》本。該本半頁十行，行十八字，雙行小注，題「明正德嘉靖間顧氏刻本」，卷尾題「夷白齋宋本重雕」。夷白齋是顧元慶藏書堂的堂號，是其以家藏宋本重雕。經檢核此本《小爾雅注》與周叔弢藏本《孔叢子·小爾雅注》文字全同，其中某些版本特徵也相同，如周叔弢藏本《廣器》「樛而絘之爲口口地也墉牆謂之陴」，「爲」字與「地」字之間空二字格，顧元慶本此二字格處爲二個墨釘，標誌此處殘二字，說明二本同源，則顧元慶夷白齋宋本或即宋刻巾箱本。

（二）《小爾雅》一卷

明嘉靖二十九至三十年嘉趣堂刊袁褧編（誤題崔銑著）《金聲玉振集》本。該本半頁十行，行十八字，無小注，題「明嘉靖二十九至三十年嘉趣堂刊本，崔銑著」。

（三）新刻《小爾雅》全

《格致叢書》本，題孔鮒著，宋咸注，明胡文煥校。該本半頁十行，行二十字，有雙行小注，首頁鈐有「長樂鄭振鐸西諦善本」印一。

（四）《小爾雅注》一卷

潘之淙閱。《續百川學海》本。

（五）《小爾雅注》一卷

《增定古今逸史》本。題漢孔鮒著，宋咸注，明吳管校。有雙行小注。

（六）《小爾雅》一卷

務本堂藏清同治七年刻《藝苑捃華》本。

（七）《小爾雅注》一卷

《龍威秘書》本。

（八）清雍正年莫栻《小爾雅廣注》四卷。

此本半頁十行，行二十四字，鈐有「灊高翰之藏經籍記」印一、「翰之鈔藏善本」印一、「國立北平圖書館收藏」印一。書前有陳景鍾《小爾雅廣注序》，左下書欄外有「灊高氏辨蟫居鈔藏善本」十字。有《續修四庫全書》影

印本。

（九）王煦《小爾雅疏》八卷

清嘉慶庚申（五年）孟冬新鐫，鑿翠山莊（後又有光緒十年刻徐幹編《邵武徐氏叢書初刻》）藏版。此本半頁九行，行二十一字。鈐有「沈氏□之藏書」印一、「復旦大學圖書館藏」印一。有《續修四庫全書》影印本。

（十）清宋翔鳳《小爾雅訓纂》六卷

此本半頁十行，行二十一字。有《續修四庫全書》影印本。

（十一）清道光丁亥（七年）胡承珙《小爾雅義證》十三卷、《補遺》一卷。

求是堂藏版。此本半頁九行，行二十二字。有《續修四庫全書》影印本。

（十二）清道光十九年葛其仁《小爾雅疏證》五卷。

此本半頁十三行，行二十二字。有《續修四庫全書》影印本

（十三）清朱駿聲《小爾雅約注》一卷。

此本半頁九行，行二十一字。有《續修四庫全書》影印本。

（十四）胡世琦《小爾雅義證》。

有《影印清代稿本百種彙刊》本。

《小爾雅》各單行本之間，檢核文字異同，可看出其承接關係：

《廣詁》：《嘉祐》本「攻、為、詁、相、旬、宰、營、丘，治也」之「詁」，顧元慶本、袁褧本、胡文煥本、潘之淙本、吳管本、藝苑捃華本、王煦本、胡承珙本、葛其仁本並作「話」。

《廣言》：《嘉祐》本「㝜、艾，老也」之「㝜」，顧元慶本、胡文煥本、王煦本、葛其仁本並作「叟」。

《廣言》：《嘉祐》本「荷、揭，擔也」之「揭」，顧元慶本、袁褧本、王煦本、胡承珙本並作「揚」。

《廣言》：《嘉祐》本「素，空也」之「素」，顧元慶本、袁褧本、王煦本、胡承珙本、葛其仁本、朱駿聲本並作「索」。

《廣言》：《嘉祐》本「視，此也」之「此」，顧元慶本、胡文煥本、吳管本、王煦本、胡承珙本、葛其仁本並作「比」。

《廣訓》：《嘉祐》本「德音不瑕」之「音」，顧元慶本、胡文煥本、吳管本並作「容」。

《廣器》：《嘉祐》本「澤之廣者謂之衍」，顧元慶本、王煦本、胡承珙本、

葛其仁於「廣」下並無「者」字。

　　由此可見，諸家刊刻及諸家注解所據本的《小爾雅》，文字雖各有異同，但與顧元慶本相同的概率較高，可以說顧元慶本是他們校刻與注解的主要參校本。